다시 읽는
아우구스티누스

다시 읽는 아우구스티누스
: 유한자의 조건과 무한자의 부르심

2021년 1월 20일 초판 1쇄 발행
2023년 6월 1일 초판 2쇄 발행

지은이 로완 윌리엄스
옮긴이 이민희·김지호
펴낸이 김지호

도서출판 100
전 화 070-4078-6078
팩 스 050-4373-1873
소재지 경기도 파주시 아동동
이메일 100@100book.co.kr
홈페이지 www.100book.co.kr
등록번호 제2016-000140호

ISBN 979-11-89092-18-4

차례

- 원서 본문에서 라틴어로만 제시된 내용은 우리말로 옮긴 후 라틴어를 병기하였습니다. 단, 특정 표현이 반복되는 경우 해당 표현이 장(章)에서 처음 나올 때만 라틴어를 병기 하였으며, 그 표현의 의미 자체를 다루는 경우는 한글로 음역하였습니다.

- 독자의 이해를 돕기 위해 옮긴이가 첨언한 부분은 다음과 같이 표시하였습니다.
  옮긴이 주: ●
  내용 삽입: 〔 〕
  앞말 보충: 가운데 첨자

- 저자가 대문자로 표기한 단어는 필요에 따라 고딕체로 표기하였습니다(예: Body - 몸).

서문

저는 오랜 기간에 걸쳐 이 책에 실린 글들을 썼습니다. 실제로 25년
도 더 걸렸습니다. 이 중 상당수는 학부 수업에서 아우구스티누스의
여러 저술을 가르치면서 저 스스로 아우구스티누스의 논증들을 이
해하기 위한 시도의 일환으로 시작한 것입니다. 아우구스티누스를
어떻게 읽어야 할지에 대한 포괄적인 이론으로 시작했다고 말할 수
는 없습니다. 그러나—이 글들을 통해 보게 되겠지만—아우구스티
누스 사상의 여러 측면을 한데 묶으면서 특정 주제들이 드러났습니
다. 그래서 독자들께서 이 책을 읽으실 때 어떤 부분은 겹치고, 심지
어 반복된다는 점을 발견하실 것입니다. 지난 사반세기 동안 아우구
스티누스 연구가 전반적으로 어떻게 바뀌었는지를 관찰하는 것은
흥미로운 일입니다. 즉 인간이 처한 조건에서 나오는 주된 긴장—
'우리가 처한 제한적이며 구체적인 상황을 충분히 자각하면서 우리

의 모든 생각과 기도를 시작해야 한다는 사실'과 '제한적이고 구체적인 욕망을 넘어서 삶의 한없는 풍부함에 다다르도록 우리를 창조하신 분으로부터 부름받았다는 사실' 사이의 긴장─을 주의 깊게 성찰한 사람으로 아우구스티누스를 더 오롯하게 인식하는 방향으로 바뀌었습니다. 여기 실린 글들은 학계 안에서의 이러한 강조점의 변화를 약간 반영하고 있습니다─이러한 강조점의 이동에 대해 비판이 없었던 것은 아니지만, 이런 변화를 통해 이 성인을 읽어 나가는 모든 이의 이해가 확실히 신선해졌습니다. 그리고 이는 서방 그리스도교의 몇몇 강박관념(육체적 존재가 지닌 악 또는 성생활의 악함, 공공 윤리의 세계에 대한 무관심, 권위적인 교회 체제, 하나님의 일치에 대한 지나치게 철학적인 이해, 또는 이것 외에도 신학적 폐해의 근원으로 여겨지는 것들)에 대한 책임이 아우구스티누스에게 있다는 식의 상투적인 혐의를 되풀이하기 어렵게 만들었습니다. 교과서들은 애석하게도 종교사를 다루는 통속적인 작업들이 그렇듯이 이런 진부한 주장을 계속 재활용하고 있습니다. 그러나 이제는 이런 혐의에 대한 변호가 대부분의 주요 유럽어로 나온 어마어마한 범위의 학술 논문으로 뒷받침되고 있습니다. 그래서 그저 아무런 비판도 없이 이전의 패러다임으로 돌아갈 것 같지는 않습니다.

저는 지난 수년간 이렇게 아우구스티누스를 읽어 나가면서 많은 동료와 학생에게 제가 선뜻 말하는 것보다 더 많은 도움과 자극을 받았습니다. 아우구스티누스를 새로이 접근하기 위해 많은 초석 작업을 하신 노학자분들─특히 제럴드 보너^{Gerald Bonner}, 헨리 채드윅

Henry Chadwick, 로버트 마르쿠스Robert Markus —에게 큰 격려를 받았습니다. 그뿐만 아니라 수많은 젊은 연구원에게도 큰 빚을 지고 있습니다. 저는 이들 중 몇몇의 연구 일부를 지도할 수 있는 특권을 얻었습니다. 이 젊은 세대 중 루이스 아이레스Lewis Ayres, 마이클 반스Michael Barnes, 로버트 도다로Robert Dodaro, 캐롤 해리슨Carol Harrison에게서 특히 제가 더 배울 수 있었습니다. 더 최근에는 루이지 조이아Luigi Gioia, 마이클 핸비Michael Hanby, 롤런드 캐니Roland Kany, 찰스 매튜스Charles Mathewes, 에드워드 모건Edward Morgan, 리디아 슈마허Lydia Schumacher, 수잔나 티치아티Susannah Ticciati, 그리고 당연히 마일즈 홀링워스Miles Hollingworth와 같은 작가들의 작품을 통해서 많은 유익을 얻었습니다. 훌륭한 종합을 보여 준 홀링워스의 2013년 작품 『히포의 성 아우구스티누스』Saint Augustine of Hippo 는 연구와 해석을 결합한 수많은 줄기를 도출해 냈습니다. 이 외에도 더블린, 랭커스터, 토론토, 마켓 대학교에서 성 아우구스티누스에 대한 여러 컨퍼런스에 참여하신 분들께, 그리고 연속해서 열린 옥스퍼드 교부학 컨퍼런스Oxford Patristics Conferences(여기 실린 글의 몇몇 발상을 처음 발표한 곳)의 세미나 모임과 마스터 클래스에 참여하신 분들께 감사를 표합니다. 아우구스티누스 연구의 '새로운 시각'new look은 아우구스티누스 연구를 넘어서 철학적 신학의 세계에 다소 영향을 미쳤습니다. 여기에서 모아 놓은 연구들은 존 밀뱅크John Milbank, 캐서린 픽스톡Catherine Pickstock, 그레이엄 워드Graham Ward와의 대화를 통해 더 풍성해졌습니다. 그리고 후한 환대와 따뜻한 지원을 해주신 아일랜드, 영국, 미국의 아우구스띠노 수도회Order of Saint Augustine

의 여러 친구들에게도 감사를 드립니다. 저는 수년간 옥스퍼드의 신학 우등 코스Oxford Honours School of Theology에서 예수회 신부 앤서니 메러디스Anthony Meredith SJ와 아우구스티누스의 특별한 주제에 대한 논문을 함께 가르치는 기쁨을 누렸습니다. 텍스트에 대한 그의 성실하고, 예리하며, 엄밀한 해석은 느슨해질 수 있는 마음을 거듭 자극하였습니다(그리고 돌아보게끔 하였습니다). 그리고 마지막으로, 이 에세이들을 하나의 책으로 엮으려는 로빈 베어드-스미스Robin Baird-Smith의 열정은 이 작업으로 돌아갈 수 있도록 자극해 주었습니다. 이 연구의 파편들이 외딴곳에서 출간되었기에 접근할 수 없어 보여서 애석해하고 부아가 치민 연구자가 있다면, 로빈이 저를 설득하여 한데 모으도록 한 것에 대해 감사해야 합니다. 언제나 그랬듯이, 저는 로빈의 지원을 무척 감사해하고 있습니다.

여기 실린 모든 글이 완전한 학술적 연구를 염두에 둔 것은 아닙니다. 그리고 엄격한 역사적 또는 연대기적 문제에 주로 관심을 두고 쓴 글은 없습니다. 1, 2, 7, 8장은 덜 전문적인 독자층을 대상으로 썼습니다. 4, 5, 11장은 아우구스티누스의 텍스트를 사용하여 다양한 주제를 다루는 현대의 논쟁들만큼 텍스트에 대한 세부적인 분석에 초점을 두지는 않았습니다. 저는 또한 도나투스주의 및 펠라기우스주의와의 싸움과 아우구스티누스의 감독 경력에 대한 주요 논란을 지나가면서 언급하긴 하겠지만, 더 확장해서 다루지는 않았습니다. 여기서 다루는 내용은 제가 어떤 텍스트를 가르치게 되었는지에서 대부분 비롯되었지만, 또한 아우구스티누스의 작업이 지니는 근본 범주—하나님과의 관계에서 인간의 정체성 내지 유한한 자아성 selfhood의 본성, 삼위 하나님의 신적 사랑의 특성, 그리고 그것이 그리스도 안에서 체현된 방식—에 관심을 기울인 결과이기도 합니다. 저는 이러한 근본 범주로부터 은혜에 대한 그리고 교회의 경계에 대한 특정한 교리적 관심이 나온 것이리라 생각합니다. 이 여러 글에서 스케치한 주제들을 통해 아우구스티누스가 그런 특정한 논란들에 참여하게 된 특정한 국면들을 더 잘 이해하게 되기를 바랍니다. 그러나 저는 아우구스티누스의 관심사 중 이런 중요한 차원을 다루지 않았기에, 이 책이 이 성인의 작품에 대한 포괄적인 접근이라고 주장할 수 없다는 점을 알고 있습니다.

앞서 말씀드렸듯이, 아우구스티누스에 대한 연구는 지난 수십 년 동안 풍성하게 꽃폈습니다. 보다 최근의 연구를 참작하여 하나하나를 다시 쓰기보다, 몇몇 장 뒤에, 또는 몇 장을 묶어서 그 뒤에 간략한 내용을 추가하기로 결정했습니다. 이를 통해 이 글들이 처음 강연되고 출판된 이후 학계 및 아우구스티누스 해석이 취하고 있는 동향을 조금 제시해 드리고자 합니다. 새롭게 추가된 부분이 참고문헌을 망라하여 제시하고자 한 것은 아니지만, 적어도 이 분야에서 계속 발전되고 있는 몇 가지 방식의 밑그림을 그려 줄 것입니다.

제가 아우구스티누스를 씨름해 볼 만한 최고의 가치를 지닌 사상가로 생각하고 있다는 점이 〔이 책에서〕 분명해질 것입니다—명확히 그리스도교적 정신 때문만이 아니라, 주체성 자체에 대한 그의 이해, 말하고 생각하는 사람의 본질이 무엇인지에 대한 그의 이해가 변함없이 흥미롭기 때문입니다. 근대 이전에 그렇게 한 작가가 거의 없는데, 아우구스티누스는 자아감이 이야기하는 일로 형성되는 방식을 파악하고 있습니다. 즉, 우리가 '정신'spirit의 삶이란 말로 무엇을 의미하든지 그 중심에는 기억이 자리하고 있으며, 기억은 우리가 누구인지에 대한 의식적인 전유이며, 그래서 우리가 변화하는 물질적 환경에서의 삶과 결부되지 않은 우리 자신과 세계에 대한 관점을 추구하고 있더라도, 우리는 시간의 흐름이 (우리 자신과 세계에 대한) 우리의 앎에 새겨지는 방식을 받아들이는 법을 배우지 않을 수 없다는 것입니다. 우리는 우리로 하여금 그저 시간과 육체를 뒤로 하게 해 줄 실천을 개발할 수 없습니다. 오히려 이렇게 시간과 육체에 몰두함으로써 아우구스티누스가, '완벽한' 교회를 찾는 것과 맥락 없이 자유 의지를 이상화하는 것—즉, 아마 도나투스주의와 펠라기우스주의의 기저에 있었던 것들—을 모두 의심했던 이유를 이해하게 됩니다. 자아에 대해, 자아의 현실에 대해, 연속성에 대해 깊은 혼란이 있었던 지적 문화에서, 아우구스티누스는 우리가 자기 자신을 생각하는 존재로 인식하는 가운데, 우리가 아는 것과 모르는 것, 알 수 없는 것과 의심할 수 없는 것에 대해 탐색적이며 건설적인 물음을 내놓습니다. 그리고 이것은 그가 자기 자신의 이야기를—육신을 입으신 하나님의 말씀이, 그 자체로 영원하고 무한하지만 지금 여기 유형의 타자들의 공동체 안에서 배운 것에 늘 뿌리내리고 있는 신과의 관계로 그를 끌어들이셔서, 역사의 현실 속에서 그에게 말을 건네시고 그에게 관여하시는 이야기로—읽는 방식과 불가분의 관계에 있습니다. 아우구스티누스는 수 세기 동안 넘치는 관심을 받아 왔는데, 그는 그런 관심을 모두 받을 만한 사람입니다. 저의 바람은 이러한 성찰들이 그리스도교 신앙 공동체 너머의 사람들까지도 아우구스티누스를 새롭게 읽도록, 그리스도교 신학이 인간다움의 본성—인간의 다양한 자기-노예화, 자기가 자기 자신에게 모호하다는 것, 관계성과 상호성 속에서 자신이 나타난다는 것—에 대해 가장 진지한 성찰의 수단이 될 수 있음을 의심의 여지 없이 보여준 사상가로 그를 새롭게 읽도록 고무하는 것입니다.

2015년 사순절, 케임브리지에서
로완 윌리엄스

약어표

civ.	*De civitate Dei* (*On the City of God*) 『신국론』
conf.	*Confessiones* (*Confessions*) 『고백록』
div.qu.	*De diversis quaestionibus* (*On 83 Diverse Questions*) 『여든세 가지 다양한 질문』
doctr. chr. 『교양』	*De doctrina Christiana* (*On Christian Teaching*) 『그리스도교 교양』
en.Ps. 『상해』	*Enarrationes in Psalmos* (*Discourses on the Psalms*) 『시편 상해』
ep.	*Epistulae* (*Letters*) 『서간집』
Gn. adv. Man.	*De Genesi adversus Manichaeos* (*A Commentary on Genesis against the Manichaeans*) 『마니교도 반박 창세기 해설』
Gn.litt.	*De Genesi ad litteram* (*A Literal Commentary on Genesis*) 『창세기 문자적 해설(미완성 작품)』
serm.	*Sermones* (*Sermons*) 『설교집』
trin.	*De Trinitate* (*On the Trinity*) 『삼위일체론』

• 아우구스티누스 저서의 한국어 제목은 『교부 문헌 용례집』(화성: 수원가톨릭대학교 출판부, 2014)을 따랐습니다.

영역본에 대하여

아우구스티누스의 작품은 모두 영어로 번역되어 있습니다. 하지만 상당수는 19세기에 번역된 것밖에 없으며, 문장이 다소 길고 복잡합니다. 뉴시티 프레스New City Press는 새로운 번역으로 〈21세기를 위한 아우구스티누스 작품집〉*The Works of St Augustine, a Translation for the 21st Century*을 출간하고 있고, 강력히 추천할 만합니다. 이 작품집에는 다섯 권으로 된 탁월한 『시편 상해』와 새롭게 출간된 『그리스도교 교양』이 있습니다. 〈옥스퍼드 월드 클래식 시리즈〉The Oxford World's Classics series에도 이 작품(『그리스도교 교양』)이 있으며, 최고의 현대 아우구스티누스 해설자 중 한 분인 헨리 채드윅이 번역한 『고백록』도 있습니다. R. S. 파인-코핀 Pine-Coffin이 번역한 〈펭귄 클래식〉Penguin Classics 『고백록』도 오랜 기간 진가를 입증해 왔습니다. 하지만 베네딕도회 마리아 볼딩 수녀님Maria Boulding OSB이 옮기시고 이그나티우스 프레스Ignatius Press에서 출간한 『고백록』이 아마 가장 읽기 좋은 최고의 현대 번역본일 것입니다. 『신국론』 중에서는 헨리 비텐슨Henry Bettenson이 옮긴(G. R. 에반스Evans가 2003년에 개정한) 〈펭귄 클래식〉 판이 가장 이해하기 쉬울 것입니다. 『삼위일체론』 구번역판은 베리타티스 스플렌더 퍼블리케이션스Veritatis Splendor Publication(2012)와 에테르나 프레스Aeterna Press(2014)에서 편리하게 재출간하였습니다. 하지만 뉴시티 프레스의 번역본이 완성되면 현대 독자들에게 가장 유용할 것입니다〔2016년에 출간되었습니다〕.

일반 연구서와 전기

아우구스티누스를 전반적으로 다루는 수없이 많은 입문서가 있습니다만, 가장 두드러진 최근의 연구는 아래와 같습니다.

- Peter Brown, *Augustine of Hippo*, 2nd edition, Berkeley CA, University of California Press, 2000. 『아우구스티누스: 격변의 시대, 영혼의 치유와 참된 행복을 찾아 나선 영원한 구도자』, 정기문 옮김(서울: 새물결, 2012).
- Henry Chadwick, *Augustine: A Very Short Introduction*, Oxford University Press, 2001. 『교부 아우구스티누스: 그리스도교 신학의 아버지』, 전경훈 옮김(서울 : 뿌리와이파리, 2016).
- Miles Hollingworth, *Saint Augustine of Hippo: An Intellectual Biography*, Oxford University Press, 2013.
- Robin Lane Fox, *Augustine: Conversions and Confessions*, London, Allen Lane, 2015. 『아우구스티누스: 역사상 가장 위대한 고백』, 박선령 옮김(파주: 21세기북스, 2020).
- James J. O'Donnell, *Augustine, Sinner and Saint*, London, Profile Books, 2005.
- Philip Rigby, *The Theology of Augustine's Confessions*, Cambridge, Cambridge University Press, 2015.

1

'자신에게 던지는 질문'

『고백록』에 나타난 시간과 자기-인식

나는 익숙한 노래 한 곡을 부르고 있습니다. 단순한 행위라고 생각할 테지만, 면밀히 따져 보면 꽤 생경하고 복잡합니다. 노랫소리가 입과 목청을 거쳐 나오는 동안 나는 속으로 이어질 노랫말을 어떤 식으론가 '떠올리고 있습니다'만, 면밀히 따져 볼 수 있게 노랫말을 표출하면서 떠올리는 것은 아닙니다. 이 과정은 한편으로, 좁은 구멍을 통과시켜서 이 통에서 저 통으로 무언가를 밀어 넣는 것 같다고 볼 수 있습니다—미래, 즉 다음 소절이 현재 순간을 통과하여 과거로 들어가고 있습니다. 하지만 이렇게 말하는 것이 완전히 맞다고 할 수는 없습니다—이 노래는 이미 기억 속에, 즉 과거에 있습니다. 현재 순간을 통과하고 있는 것은 이미 알고 있는 곡의 노랫소리입니다. 하지만 이 또한 완전히 맞다고 할 수는 없습니다—노랫소리는 어떤 완벽한 독립체로 존재하는 것이 아닙니다. 노래를 부르는 나보다 선재하여 내 앞에서 기다리고 있다가 내 뒤쪽으로 물러나는 것은 없습니다. 그렇다면 제가 다음 마디를 기억할 수 없다면 어떻게 되나요? 다음 마디는 '거기에' 있는 것일까요, 없는 것일까요? 네, 있는 것입니다. 제가 전에 배웠던 노래이기 때문입니다. 아니오, 없는 것입니다. 다가가서 살펴볼 수 있도록 어딘가에 자리 잡고 기다리는 것이 아니기 때문입니다.

아우구스티누스는 '시간'을 어떻게 정의할지 생각하면서 이와 비슷한 예를 사용합니다.[1] 시편을 읊는 동안 미래적 예상에서 점차 기억으로 흘러드는 과정 전체를 암암리에 염두에 두는 것이죠. 아우구스티누스는 이를 "팽창"distension이라고 불렀습니다. 기억과 예상에서 현재의 인식을 끄집어내는 것이죠. 하지만 '과거'와 '미래'라고 불리는 부피가 변하는 대상이 있다는 말은 아닙니다. 변하는 것은 제 주시attention의 성격입니다. 제 주시는 기억에서 예상으로, 예상에서 기억으로 흘러들어갑니다. 그런데 우리는 자주 **시간** 속에서 작동하는 지성을 **공간적인** 방식으로 상상함으로써, 우리가 이에 대해 명확히 생각하기 어렵게 만듭니다. 아우구스티누스가 하고 있는 일은 사실상 이런 방식에 맞서 질문을 던지는 것입니다. 즉, 우리는 관찰자가 관찰 대상 자체를 주시하는 방식으로 생각하지만, 아우구스티누스가 숙고하고 있는 주시의 이동은 그런 방식으로 작동할 수 없습니다.

---

1   『고백록』(*Confessions*) 10.28.38-31.41. 기억에 관한 더 상세한 논의는 10.8.12-19.28을 보십시오.

우리 자신이 평소 사고하는 방식을 떠올려 보면 공간적 모델이 무용함을 알게 될 것입니다. 가장 일반적인 의미 전달 활동—이해하기 쉬운 문장을 발화하는 일—도 사실 꽤 낯선 일입니다. 문장을 이루는 단어들, 단어를 이루는 음절들은 차례대로 나오면서 의미를 이루기 위해서 차례대로 '사라져야' 합니다. 이렇게 구절의 **사라**짐 into *absence*이 없으면 의미도 없습니다. 우리는 언어에서 연속적인 과정 없이 말소리들을 모아 낼 수 없기 때문입니다. 현재 순간이 그 어떤 다른 가능한 형태더라도, 제가 지금 하고 있는 말도 사라져야 하고, 소리가 없어지며 자취를 감추어야 합니다. 어떤 말을 반복하는 상황을 생각해 보더라도, 먼저 낸 소리가 침묵과 부재로 밀려 들어가면서 다음에 나온 소리가 이 자리를 대체하는 활동이지, 동일한 것을 되찾아 오는 활동이 아닙니다. 그리고 혹시 이미 말한 것을 되찾아 오려 한다면, 앞서 언급한 문제들과 다시 맞닥뜨리게 됩니다—내 기억은 한눈에 조망할 수 있는 영역이나 공간이 아닙니다.

내 현재의 의식은 전체가 동시에 현전하지도 부재하지도 않고, 부분적으로 파악하거나 상기하여 연결된 연속적인 것들의 흐름에 접해 있습니다. 나 자신을 이해하는 것, 내가 무엇을 말하고 있는지를 이해하는 것은 내가 확실히 본 것을 말하는 일과 관련될 뿐만 아니라 그러한 '흐름들'에 귀 기울이며 조심스레 톺는 일과도 관련됩니다. 하지만 '나'는 무엇이며 어디에 있는지에 대해 기대만큼 분명한 답을 얻지 못합니다. 그런 게 톺는 일입니다. 나에 관한 물음은 '기억'으로 불리는 또 다른 것과 별개가 아니며, 그럴 수도 없습니다.

(아우구스티누스가 분명히 말했듯이[2]) 지금 내가 무엇인지는 결정적으로 기억에 의존합니다. 당혹스러운 점은 내가 무엇인지에 관한 대부분이 의식적 인식 안에 없다는 것입니다. 기억의 역할을 인정한다는 것은 '나'라는 게 면밀히 분석하여 드러낼 수 있는 단순한 역사가 아니며 자신을 투명하게 추론해 내는 주체도 아님을 인정하는 것입니다. 시간 속에서 이해한다는 것은 지속적으로 자신을 탐색하면서도 불가피하게 미완의 상태로 남아 있는 것입니다. 나는 정확한 '그곳에' 있지 않습니다. *Je est un autre,*[●] 즉 "나는 타자입니다"라는 말이 아우구스티누스가 『고백록』에 남긴 기나긴 성찰을 요약해 주고 있지 않나 싶습니다.

이것이 고대적 의미로든 현대적 의미로든 『고백록』을 자서전으로 읽기 매우 어려운 이유입니다.[3] 초기 고전 작가 및 그리스도교 작가들은 자신들의 삶 전부 또는 일부를 이야기로 만들어 냈습니다. 아우구스티누스는 어떤 식으로든 명백함 내지 최종성을 주장하는 이야기를 제시하지 않았습니다. 그런 방식을 거부한 것이 아우구스티누스의 독특성입니다. 그 핵심은 단면적이지만 세례 받기로 결심했

---

2   『고백록』 10.9.15, 11.18, 특히 17.26을 보십시오.

●   아르튀르 랭보(Arthur Rimbaud)의 문장. 주어는 1인칭 단수인데, 동사는 1인칭 단수 (*suis*)가 아닌 3인칭 단수(*est*)입니다.

3   이에 대해서는 탁월한 안내서에 있는 다음 글을 참고하십시오. Charles Mathewes, "Book One: The Pre-sumptuousness of Autobiography and the Paradoxes of Beginning", *Reader's Companion to Augustine's Confessions*, ed. Kim Paffenroth and Robert Peter Kennedy (Louisville, KY: Westminster John Knox Press, 2003), pp. 7-23.

던 시절을 회상하며 기록한 8권에 분명히 나타납니다. 하지만 10권에서는 이 구심점을 이루는 논의가 또 다른 방식으로 나타납니다. 그는 현재 해결하지 못한 자기 감정의 본성을 샅샅이 늘어놓으며 기억의 문제 전체를 성찰합니다—이러한 성찰은 (현대 독자들이 놀라움을 느끼는) 시간과 창조를 다룬 다음 세 권의 책으로 이어집니다. 작품 전체를 관통하는 통일성을 찾기 어렵다고 말하는 독자들은 아우구스티누스가 교훈적이고 정합적인 삶을 기록하고 있는 게 아니라 두 가지 상이한 작업을 수행하고 있다는 사실을 놓친 것입니다. 그가 10권에서 말했듯이, 자신의 계속되는 혼란과 결단력 없음을 그대로 보여 준 이유는 다른 사람들에게 용기를 주기 위해서입니다. 신실한 그리스도인이 되기 위해서 자기 삶을 좋은 이야기로 채워야 할 필요는 없다는 것이죠. 그리고 다른 하나, 그가 하고 있는 일이 기도라는 사실입니다.

형식으로만 보면 『고백록』 전체는 하나의 기도입니다. 즉, 자신이 누구인지에 대한 답을 얻으려면 하나님께 말해야 하고 또 귀 기울여야 한다는 것입니다. 그는 고백*confessio*이라는 단어 자체에 담긴 다양한 의미를 충분히 활용하고 있습니다. 고백이라는 단어는 모든 종류의 인정(예컨대 죄에 대한, 영적 확신에 대한)을 의미합니다. 하지만 아우구스티누스가 봤을 라틴어 성서에서는 기도와 찬미로 하나님을 인정하는 것도 고백의 의미에 포함됩니다.[4]

---

4   다음을 참고하십시오. *Recherches sur les 'Confessions' de saint Augustin* (Paris: Boccard, 1950), pp. 13 이하.

아우구스티누스는 이 책의 시작부에서 어떻게 인간이 하나님을 '고백'하는 이 낯선 행위를 할 수 있는지 묻고 있는데, 사실상 책 전체의 의제를 제기한 것입니다. 물론 (『고백록』에서 가장 많이 인용되는 구절 중 하나인[5]) 우리가 하나님 안에서 '안식할 때까지' 쉴 수 없다는 점에 비추어 보면, 하나님을 고백하는 행위는 아주 자연스러워 보입니다. 하지만, 어디에나 현전하지만 도무지 어떤 인간의 생각으로도 닿을 수 없고 알 수 없는 실재에게 빌거나 말을 건네는 일이 어떻게 말이 될 수 있겠습니까?

아우구스티누스는 이어서 자기 자신을 탐구합니다. 그의 자기-탐구는 유한한 존재와 측량할 수 없이 은혜로우신 창조주의 관계를 다소라도 밝히고자 애쓰고 있고, 또한 자기 자신에 대한 물음 자체도 불가해하여 품어 낼 수 없다고 주장하고 있기 때문에, 하나님을 향한 간구가 어떻게 가능한지를 변론하는 것으로 읽힐 수 있습니다. 이는 무한하신 하나님께 말을 거는 유한한 주체에 관한 문제라거나, 아는 사람에서 알지 못하는 존재로 나아간다는 말이 아닙니다. 그 이상입니다. 우리는 우리에게 우리 자신이 얼마나 모호한지를 깨달아야, 무한하신' 하나님과의 관계 안에서만 우리가 어떤 존재인지에 대한 실마리를 얻을 수 있음을 그럭저럭 보게 됩니다—무한한 타자와의 만남에서, 시간을 거쳐 변하며 우리 자신으로 '성장'하면서 말이지요. 하지만 이는 결국 시간에 얽매인 유한한 실존이 무엇인지

---

5   『고백록』1.1.1에 나오는 구절로, 영혼은 일자(the One) 안에서만 안식할 수 있다는 신플라톤주의적 확신을 반향하고 있습니다.

를 보여 주는 그림 전체가 요구되는 작업입니다. 그런 까닭에 이 책의 각 권들은 불확실하게 끝맺습니다.

아우구스티누스는 고전(특히 스토아) 전통을 배경으로 글을 썼습니다. 당시 고전 전통은 합리적 선택의 자유를 함양하고 옹호하는 데 굉장히 몰두하고 있었습니다. 그래서 논증 가능한 명확한 결정을 내리는 데 우리의 정신 자원을 어떻게 효과적으로 사용할지에 관심을 두었습니다.

그의 초기 작품들에는 이런 전통의 흔적이 아직 많이 남아 있습니다. 그럼에도 『고백록』에서는 그의 생각이 철저히 다른 방향으로 전환됩니다. 찰스 매튜스Charles Mathewes가 말했듯이, "우리의 삶은 대개 우리가 생각하는 것보다 훨씬 이해하기 어려우며, 아우구스티누스는 우리가 이 사실을 목격하기를 원했습니다."[6] 그는 의지나 욕망이 추론에 앞서 작용하는 방식, 확실한 결정을 내리기 위해 정신 자원을 총동원하는 것이 불가능하다는 점, 자기 의지로 자기 결정을 행사할 때도 명백한 우연의 역할이 있다는 점, 아기들이 보이는 터무니없는 질투심, '입에서 맴돈다'라고들 하는 생각이 날듯 말듯 한 현상, 음악을 들을 때 올라오는 모호한 감정과 사별한 사람이 느끼는 혼란스러움에 주목했습니다.

이는 모두 『고백록』에서 다룬 내용으로, 고대 세계의 다른 어떤 필적할 만한 작품에서도 발견되지 않는 것들입니다. 이 『고백록』이라

---

6   각주 3에서 소개한 찰스 매튜스의 책 p. 9를 참고하십시오.

는 책 자체가 제가 앞서 '연속적인 것들의 흐름'drift of sequences으로 특징
지은 자기-인식을 재생산합니다. 섬세하고, 성찰적이며, 갑자기 내용
이 끊기기도 하고, 철학적 당혹감을 난폭에 가깝게 분출하기도 하는
생생한 일화들로 말이죠. 그의 이야기에서 어떤 일관성이 발견된다
면, 그것은 화자가 의도적으로 부여한 것이 아닐 것입니다(하지만 순
전히 문필적인 의미에서는 텍스트가 사실상 화자의 통제 아래 있다
고 볼 수도 있습니다). 매튜스가 지적하듯이, 어떤 단일한 방식으로
완전히 화자의 통제 아래 있는 그리스도인의 자기-묘사란 있을 수
없으며, 아우구스티누스는 이러한 점, 즉 문제의 근원 내지 '발단'이
항상 다른 어딘가에 있다는 점을 지속적으로 강조하고 있습니다.

이 일관성은 신적 청자/관찰자, 즉 기록되고 있는 것을 '읽는' 하
나님이 부여한 것입니다. 만일 그렇다면, 인간이 검열할 수 있는 것
으로 기록된 것의 최종적인 정의를 내려서는 안 됩니다. 따라서 최
종적으로 공식화하려는 시도를 자연스럽게 피할 것입니다. 나는 나
자신이 아닌 하나님을 향해서 존재합니다. 나는 내 삶을 설명해 줄
연결 고리를 만들지 못합니다. 나 자신을 정직하게 안다는 것은 부
재를 받아들이고자 언어와 상상으로 말하고 있는 주체를 아는 것입
니다. 하나님이 하나의 대상으로서 존재하지 않는다는 부재, 항상
공간적으로는 부재하나 어디에나 편만하신 하나님을 생각하니 만
족을 주는 최종적인 대상들이란 존재하지 않는다는 부재, 최종적으
로 결정된 자기 자신이란 존재하지 않는다는 부재를 말입니다. 나
는 질문하는 행동으로, 결핍과 탐색으로, 이생에서 영원히 만족하지

못함으로, 그럼에도 좌절하지 않음으로 나 자신을 이해합니다. 자기 자신의 원래 분위기가 소유에 대한 불안이 없는 일종의 에로스로 보이게 됩니다.

아우구스티누스가 자아의 의미를 상실과 관련하여 이해한 최초의 주요 사상가일까요? 『고백록』 4권(4.7-10.14)은 현대인의 귀에 프로이트의 반향으로 들릴 수 있는 애도와 우울증에 대한 분석을 제시합니다. 아우구스티누스는 절친한 친구가 죽은 후 그 친구의 부재로 인해 어떻게 그와 관련된 장소들을 미워하게 되었는지 설명합니다. 그 친구와 함께했던 장소들은 이제 "봐, 그가 오잖아!"라고 말해주지 않습니다.[7] 아우구스티누스는 죽고 싶다고 느꼈지만, 죽음보다는 삶의 비참한 고통이 더 낫다는 사실을, 그리고 친구와 함께 죽는 환상에 잠기는 것은 자신에게 관대한 드라마일 뿐임을 깨달았습니다. 또 다른 측면에서 보면, 아우구스티누스는 자신마저 죽으면 친구에 대한 어떤 것도 남지 않을 것 같아서 더욱 죽음이 두려웠던 것입니다. 눈물은 어느 정도 위안으로 변합니다. 죽은 친구에 대한 애착이 불행 자체에 대한 애착으로 바뀐 것이죠.

결국 아우구스티누스는 친구에 대한 기억들을 회피하려고 사별 장소를 떠납니다. 훗날 그는 자신이 친구를 인간답게 *humaniter* 사랑하지 못했다고 회고합니다.[8] 아우구스티누스는 필멸하는 인간 타자를 마치 불멸할 것처럼 사랑했고, 마치 자신의 자기됨 selfhood을 완성시

---

7   『고백록』 4.4.9.

8   『고백록』 4.7.12.

커 줄 사람이라는 듯이 그를 필요로 했습니다. 그는 그 친구를 유한한 타자로 여기지 않았던 것입니다. 클라니안 이론Kleinian theory*(이는 아우구스티누스의 성장 과정을 프로이트보다 훨씬 더 잘 설명해 줍니다)을 적용해 보면, 아우구스티누스는 편집-분열적 단계(이 단계에는 타자가 무조건적으로 자신을 위해 있지만, 자신을 위한 삶도 없고 자신의 욕구를 충족시키는 이러한 관계와 별개로 존재하는 타자도 없습니다)에서 우울적 자리(상실을 회피할 수 없지만 견딜 수 있는 단계)로 넘어가지 못했습니다. 우리는 "외부 현전의 상실을 겪더라도 견뎌 내어, 부재, 의심과 불확실, 망가진 신뢰, 심지어 사랑하는 사람의 배신에 대한 두려움과 마주하더라도 그 상실한 현전을 내적으로 간직할 수 있는 능력"[9]에 이르기까지 성장해야 합니다. 이는 아우구스티누스가 남은 생애 동안 사로잡혔던 주제입니다(다른 맥락에서 이 주제가 어떻게 다시 등장하는지 이후의 장들에서 다룹니다). '인간답지 않은' 사랑, 즉 불가능한 것을 기대하며 유한한 존재를 사랑하는 것, 즉 사람 또는 사물이 나 자신의 의미, 내 안정감 및 자기 정체성과 마술 같은 공생 관계에 있도록 사랑하는 것은 우리를 시험에 들게 하는 아주 지독한 유혹입니다.

● 　프로이트가 제안한 대상관계 개념을 구체화한 이론 중 하나로 대상관계 이론에서 대상은 다른 사람(중요한 타인)을 의미합니다. 이 이론에 따르면 생애 초기에 양육자와 형성한 관계에서 비롯된 경험은 개인이 전 생애 동안 타인을 지각하고 이해하며 관계를 형성하는 데 기본 틀로 작용하며, 생애 초기의 관계에 대한 경험은 일생 동안 재현됩니다.

9　Margot Waddell, *Inside Lives: Psychoanalysis and the Growth of the Personality* (London: Duckworth, 1998), p. 172.

아우구스티누스가 한 문장을 발화하는 단순한 행위에서 부재 내
지 상실이 차지하는 핵심 역할을 언급하는 것은 이러한 맥락에서입
니다. 흘러가는 시간 속에서 어떤 대상에 대한 집착은 고통에 대한
집착이고 자기 영혼을 와해시키고, 따라서 언어를 소멸시킵니다.[10]
우울한 애착, 편집-분열적 슬픔은 **말하기를** 거부하는 것입니다. 즉,
표상과 의미가 생길 수 있게 하는 시간의 흘러감을 거부하는 일입
니다. 시간의 흐름은 위안이 아니라, 해명이 아니라, 인정하고 의사
소통할 수 있는 세계 내[A] 자리가 생기게 합니다. 이러한 자리를 잡
는 일, 즉 성숙한 어른처럼 내가 있는 곳을 인정하는 일은 내가 '거
기에' 있지 않음을, 나 자신을 어떤 존재로 확정 지을 수 없음을, 내
가 욕구와 욕망을 최종적으로 목록화하여 결정할 수 있는 완전한
자기-표현이 가능한 실체가 아님을 발견했을 때에만 일어날 수 있
습니다. 이것이 아우구스티누스에게 익숙했고 헤겔이 재발견한 역
설입니다. 우울적 자리, 또는 헤겔의 불행한 의식, 또는 아우구스티
누스의 욕망의 치유는 자아의 성숙함에 대한 포괄적인 그림을 보여
주고자 하는 게 아니라, 어떤 것을 성숙하다고 부르기 위해 요구되
는 필요조건들을 제시하려는 것입니다. 거기에 굳건한 본연의 자기
됨이 있어서 성장의 흔적인 애도의 과정을 겪기도 전에 자신을 점
검해 볼 수 있다는 [영아기적] 믿음에서 젖을 뗀다는 점에서, 성장의
필요조건이라는 것이죠.

---

10   『고백록』 4.10.15.

하지만 자아를 상실과 부재로 형성되는 것, 불완전하고 일시적인 것으로 정의했다는 데 아우구스티누스의 독창성이 있다고 말한다면, 그의 작품에서 분명히 이것은 종교적 이해다 할 만한 점이 있을까요? 그리고 만일 그렇다면, 자기됨에 관한 그의 설명에 신학적인 틀을 부여하면서 결국 내용에 변화가 발생할까요? 헤겔에 대한 현대의 주요 논의로, "불행한 의식은 부모가 사라짐을 느끼는 바로 그때 부모를 굳건한 실체로 여기며 갈망하고 부모라는 원천에 과대평가를 부여하는데, 신※은 불행한 의식이 그러한 갈망과 과대평가를 투사한 개념이다"라는 주장이 있습니다.[11] 여기에는 약간의 설명이 필요합니다.

다른 자아, 곧 무한하고 불변하는 자아에 마음을 기울이며 다가갈수록 욕망에 끝이 없음을 깨닫습니다만, 타자 안에 있는 이 '내적인' 끝없음이 무한한 선의지이기도 하므로 무한히 욕망할 만한 실재라고 우리를 안심시킵니다. 애도를 통해 그런 자아의 비실체성 및 자아가 창작물임을 깨달으면, 끝없는 또는 통제되지 않는 결핍과 갈망의 가능성 자체로도 두려움을 느끼게 됩니다. 하지만 이 두려움은 결핍의 순간마다 우리를 충족시켜 주는 무한한 관심을 투사함으로써 완화될 수 있습니다. 무한한 관심의 투사가 욕망하는 자아를 완성시키며 시간의 위험으로부터 저 자아를 내보내 줄 대상이 될 수는 없다 하더라도 말이죠. 하지만, 결국 이것이 남기고 간 자아의 실

---

11 Walter Davis, *Inwardness and Existence: Subjectivity in/and Hegel, Heidegger, Marx and Freud* (Madison, WI: University of Wisconsin Press 1989), p. 62.

제 모습은 우리의 원대로 통제되지도 않으며, 공상으로 그려 낸 하나님의 타자성과 관련하여 정의된 자아일 뿐입니다. 우리는 '바로' 우리 자신이 될 수 없습니다. 즉, 이런 종교적 헌신은 자기-소외와 자기-비하로 이어진다는 의미입니다. 쾌락은 종교 담론이 용납하거나 허용할 수 없다고 선언하는 자기-일치와 자기-만족을 대표하기 때문에 의심받습니다. 성적인 것에 관해 자주 반복되는 아우구스티누스의 난점을 고려할 때, 『고백록』에서 연상되는 피상적인 근대적 자아나 심지어 포스트모던적 자아가 붕괴되었다고 말해야 할까요? 있는 그대로 생각하지 **못하게끔** 하나님에 대한 생각으로 정신을 소비하게 하는 신앙의 조야한 자기-소외적 주관성으로 후퇴했다고 말해야 할까요? 신학이란 불행한 의식을 정지시켜서 변증법적 자유의 가능성을 남기지 않는 것일까요?

이는 고민해 볼 만한 흥미로운 문제입니다. 저는 여기서 아우구스티누스가 성적인 것에 대해 말한 것과 말하지 않은 것이 무엇인지를 길게 논하지 않을 것입니다. 성적인 것이 『고백록』에서 반복되는 주요 관심사임을 부정할 수는 없습니다(물론 어떤 이들이 생각하는 것만큼 강박적이지는 않습니다). 그렇다고 성적인 것이 자기-소외를, 육체가 마음 내지 의지와 대립하는지를 파악하는 하나의 지표라는 듯이 단순하게 다루어지고 있지는 않습니다. 분명 아우구스티누스가 간혹 그런 식으로 언어를 사용했을 수는 있습니다. 하지만 그는 적어도 성욕이 문제가 되는 지점을 확인하는 데 관심이 있었습니다. 왜냐하면 성욕은 '비인간적' 사랑이 되기가 특히 쉽기 때문입니다. 아우구스티누스는 개인적인 이유와 철학적인 이유 등 다양한 이유로 성욕을 환상이나 탐욕 또는 상실감을 회피하려는 추구와 연결시킵니다. 그리고 이 지점이 조금 전 약술한 식의 비판을 손쉽게 받아들이기에 앞서 잠시 멈춰 서게 하는 지점입니다. 아우구스티누스는 자기-만족으로서의 쾌락을 비판하는 데 골몰했다기보다는 자기-만족에 대한 **조급하고** 제한적인 설명에 도전을 가했던 것입니다. 기쁨을 덧없이 지나가는 순간적인 것으로 보면 기쁨을 축소시킬 수밖에 없기 때문에 그러한 설명에 도전을 가한 것이죠. 여기서 우리가 이야기하고 있는 것은 쾌락pleasure으로, 연속된 감정 상태, 번갈아 맞는 현전과 부재, 언어가 재현하는 다양성과 불안정성에 관련된 것입니다. 우리의 창조 목적인 기쁨joy, 곧 하나님과의 연합은 그런 식으로 '말해질 수' 없으며, 지나간 혹은 일시적인 자기-일치의 순간도 아닙니다.

이것이 아우구스티누스를 다룰 때, 그가 하나님을 하나의 대상으로, 이를테면 욕망을 충족시켜 줄 여타 대상 중에 '월등한' 대상으로 여길 수 있다는 생각을 거듭 거부했다는 사실을 심각하게 고려해야 하는 이유입니다. 그는 10.6.8 이하에서 하나님을 사랑한다 말할 때 저자가 사랑하고 있는 게 과연 무엇인지 묻습니다. 그리고 그것은 감각-인상 같은 것이 아니라고 답합니다―물론 그는 여기서든 다른 작품에서든 하나님과의 만남의 즐거움을 감각적 즐거움에 빗댄 유비로 장황하게 논하고 있지만 말입니다. 하나님은 "내 영혼의 생명의 생명"이십니다. 그리고 하나님은 영혼의 생명이시기에 영혼

특유의 활동으로, 그래서 무엇보다도 기억 — 기억된 지각의 대상이 아니라, '기쁨'에 대한 기억 내지 진리 안에서 기쁨을 갈망한 기억 — 속에서 하나님을 찾아야 합니다(10.21.30-23.33).

좀 더 풀어 보겠습니다. 아우구스티누스는 모든 사람이 하나님 안에서의 기쁨을 본능적으로 상기한다고 주장하고 있는 것이 아닙니다. 우리가 가치를 두고 되찾고자 하는 실재에 우리가 맞춰져 있는 상태를 모두가 알고 있다고 단순하게 주장하는 것이 아닙니다. 우리는 우리가 진실하기를 바랍니다. 우리가 스스로를 기만하길 원한다는 말은 쉽게 이해가 안 됩니다. 우리는 기만하지 않는 상태를 갈망하고, 간혹 기만하지 않고 있음을 경험합니다. 이것이 의미하는 바를 안다면, 하나님을 사랑한다는 것이 의미하는 바도 알 것입니다. 비록 그 앎이 이제 겨우 시작 단계이긴 하더라도 말이죠. 하지만 우리는 이미 『고백록』에서, 진리에 대한 지식은 늘 우리의 불완전함에 대한 지식임을 보았습니다. 따라서 우리는 우리를 만족시킬 단순한 욕망의 대상으로 하나님을 알 **수는 없습니다**. 하나님의 현실을 향한 개방은 진리를 향한 모든 개방에 함축되어 있으며, 우리가 들을 준비가 되지 않았던 것, 즉 우리가 욕망했던 것에 대한 우리 자신의 설명에 도전을 가하는 것을 듣기 위한 개방을 수반합니다(10.26.37). 우리는 현실에서 만난 것에 비추어 욕망을 다시 생각하거나 새롭게 형성하는 고통스러운 과정을 점진적이고 중요한 방식으로 겪습니다. 아우구스티누스는 교정되지 않은 욕망, 곧 감각적 쾌락을 하나님과의 만남의 상태와 간단명료하게 분리시키기보다는 쾌락에 대해, 곧 충족된 욕망에 대해 늘 의문의 여지를 둔 정처 없는 불안정한 상태로 우리가 쾌락을 전유하게 합니다. 그는 묻습니다. 쾌락에 '부여한' 것은 무엇입니까? 우리가 만족의 순간에 머물며 상실을 견디게끔 만드는 것은 무엇입니까? 이런 맥락에서 하나님은 최소한 감각 쾌락에 만연하면서도 정처 없이 불안하게 만드는 부재이시며, 아무리 파악하거나 형상화하려 해도 물질세계의 의미로는 말하거나 담아낼 수 없는 의미이십니다.

하지만 이게 전부일 수는 없습니다. 하나님은 욕망이 수없이 투사된 대상, 곧 결정 가능한 확정적인 대답이 아니라, 인간적으로는 답할 수 없는 물음 내지 갈망입니다. 그러나 하나님은 비판적 불안정성이라는 공허한 원리도, 포스트모던적인 미미한 간극도 아닙니다. 하나님은 욕망과 설명을 넘어서는 분이십니다. 하지만 우리가 하나님과의 만남에 대해 말하려면, 우리보다 전적으로 앞서 계시며 우리에게 전혀 의존하지 않으시는 실재에 대해 말하려면, 욕망과 감각의 언어를 빌려올 수밖에 없습니다. 하나님께 말하려는 시도, 아우구스티누스가 『고백록』에서 착수한 시도는 말하고 기억하는 주체의 교정 불가능한 불완전성을 드러내려는 시도입니다. 인간의 말이나 힘에 의해서가 아니라, 하나님께서 보고 들으시는(또는 읽으시는) 행위에 의해 이해되는 어떤 통일성(따라서 말과 힘을 폭력적으로 불안하게 배치하여 **지켜** 낼 필요가 없는 통일성)을 얻기를 기대하면서 말이죠. 그것은 사실 우리를 주시하시는 신적 행위로, 편재하는 행위입니다. 그렇다고 이러한 접근성이 언제든 전유될 수 있다거나, 비판 혹은 숙고되지 않은 현재의 욕망으로 형상화될 수 있다거나, 인간의 재현으로 고백될 수 있다는 의미는 아닙니다. 이 노출된 말하기에 인간 자아를 순전히 부여했기 때문에, 하나님에 대해 말한 것의 정서적 방향은 감각 경험과 연결된 격정적인 무언가를 갖게 됩니다. 그러나 보이는 것은 고정된 실체인 그것 자체가 아니라 그것의 의존성과 무능력이라는 진리로 이루어진 마음의 일치이기 때문에, 이생에서 하나님에 대한 경험은 직접적인 성과나 영속적인 소유에 대한 경험, 즉 공상 속에 계신 자아의 완성으로서의 하나님에 대한 경험일 수 없습니다.

아우구스티누스는 자기 자신을 인식할 때 자신도 모르는 미완의 자아로 인식해야 한다는 주제로 여러 번 돌아갑니다.[12] 특히 그의 탁월한 후기작인 『삼위일체론』*De Trinitate*에서는 이 주제를 몇 번이고 다룹니다. 우리는 하나님을 이러한 미완을 '목격하신' 분, 즉 자아가 설정한 의제로 규정될 수 없음을 목격하신 분이자 불완전한 자아가 앙망하는 목표로 이해해야 합니다. 하나님의 현전은 '무한한 주시'입니다. 그러나 이 주시는 우리 마음대로 조정되지 않고 우리가 생각하는 우리의 필요대로 결정되지 않는 철저히 다른 시각입니다. 이를 자기-소외로 생각한다면 오해입니다. 아우구스티누스가 사실상 내비치고 있는 진짜 자기-소외는 유한한 자기-일치라는 개념에 있습니다. 만족된 욕망으로 불완전함을 인식하지 못하는 상태에 있습

---

12   이 책 9장을 참고하십시오.

니다—아우구스티누스의 관점에서 보면, 이러한 상태는 말하기 또는 사유에서 벗어난 상태를 의미할 것이며, 우리 인간의 조건 속에서 사는 방법을 배울 필요가 없는, 유한함과 상실로부터의 도피를 의미할 것입니다.

이는 『고백록』에서 착수한 한 걸음 더 나아간 차원으로 이어집니다. 7권에는 보편 그리스도교Catholic Christianity로 돌아오기 직전 그가 겪었던 지적 투쟁들, 특히 신플라톤주의에 빠졌던 이야기가 상세히 나와 있습니다. 그는 (플로티노스Plotinus 혹은 그의 제자들이 쓴) '플라톤주의 서적들'의 권고를 따르면서 지적 통일성이라는 비전에 도달하는 데 비교적 성공했다고 유창하게 설명합니다(예를 들어, 7.10.16, 16.22). 그는 유한한 지성에 능력을 불어넣는 어떤 **능동적** 진리, 즉 마음의 영원한 빛이라는 개념을 파악하면서, 이원론의 신화가 남긴 마지막 잔재를 털어 버렸습니다. 그는 하나님의 본질이 비물질적임을 이해하면서 영혼의 본질이 비물질적임을 더욱 명확히 알게 되었고, 그래서 악의 본질이 비실체적임을 알게 되었습니다.[13] (이는 악이 사소하다는 말이 아닙니다. 다만 악은 실체적 실재를 변형한 것이며 그 자체로는 어떤 주체가 아니라는 사실을 말하는 것입니다.) 아우구스티누스는, 내적인 정신의 대상들을 고찰한다는 의미가 아니라 정신의 과정이 실제 작동하는 방식을 고찰한다는 의미에서, 체계적인 내적 성찰을 통해 몸이 없는 하나님이라는 이해에 이르게

13　이 책 5장을 참고하십시오.

되었고, 결국 몸의 제약으로부터 영혼의 자유를 강화하는 인식에 이르게 되었습니다. 하지만 이러한 인식이 습관이나 생각의 변화를 가져오지는 못합니다.

가장 많이 기억되고 있는 아우구스티누스의 글귀 중 하나에 나와 있듯이, 플라톤주의자들은 "그저 보여 줄 뿐만 아니라 거기에서 살도록"[14] 하는 실재를 드러내지 못합니다. 무시간성에 대한 비전 자체로는 시간 안에서의 변화를 가져오지 못합니다. 아우구스티누스 자신의 말로 표현하자면, 그것은 카리타스*caritas: 사랑*를, 편견 없이 관대하게 새로운 대상들을 향하려는 욕구를 낳지 못합니다. 그러한 비전들이 안정된 시각, 즉 영원으로부터의 관점에 이른다는 것이 어떤 의미인지 제시한다면, 그것은 참된 비전을 모호하게 만드는 교만, 즉 거짓 자신감을 부추기는 일입니다.[15] 카리타스로 방향이 바뀌는 일은 하나님이 그리스도 안에서 인간이 되신 결과로만 발생합니다. 하나님께서는 지상의 형태, 즉 상실과 고통에 취약한 시간 속의 정체성을 취하셨습니다. 이는 우리와 소통하시는 하나님의 수사법, 논쟁이 아니라 육신의 삶을 취하신 하나님의 설득법의 중심축입니다. 하나님의 약하심, 즉 사멸의 삶 속에서의 하나님의 현전은 우리가 강함—특히 아우구스티누스가 탐구해 왔던 비전을 보여 주는 형이상학류에서 나온 지적 또는 영적 강함—이라고 생각한 것이 무엇이든 이를 약화시킵니다. 믿음의 세계에서 의미는, 마음의 작용 과

14　『고백록』 7.20.26.

15　예컨대, 『고백록』 7.18.24, 20.26에서 끝까지 보십시오.

정을 **내용**으로 하여 영원한 진리라고 호소함으로써가 아니라, 시간과 육신의 한계를 받아들이신 하나님의 수용에 융화됨으로써 발견됩니다. 실제로 그러한 의미는 예수님과의 친교와 연계하여 사랑을 공동체적으로 배움으로써 발견됩니다. 공교회의 세례Catholic baptism를 통해 발견됩니다.

아우구스티누스는 『고백록』에서 그리스도를 주로 천상에서 전달된 지혜를 가르치는 교사로 묘사하지 않습니다. 그리스도는 실제로 지혜, 곧 사피엔티아sapientia를 전달하시지만,[16] 당신께서 시간 안에 들어오신 모범에 참여하게 하심으로써 그렇게 하십니다.[17] 아우구스티누스는 그리스도께서 우리의 연약한 위장이 다른 방식으로는 소화할 수 없는 지혜를 인간의 육체와 결합시키셨다고 말합니다(7.18.24). 그러나 우리가 이 지혜를 소화하려면, 우리의 자신의 육적인 조건을 인식하고 받아들여야 합니다. 아우구스티누스에 따르면, 우리가 이렇게 하기 전에는, 이렇게 하지 않는다면, 아직 겸손하신 예수님을 하나님으로 인정할 만큼 충분히 겸손하지 못한 것입니다(7.18.24). 예수님의 삶 속에 나타난 하나님의 약하심은 우리가 마음을 돌이키도록 도전합니다. 우리는 약하신 하나님께 '우리 자신을

---

16   이 책 8장과 10장을 참고하십시오.

17   아우구스티누스의 생각이 하나님–신비주의(Gottesmystik)에서 황홀경의 길에 의한 가로막힘 없는 그리스도–신비주의(Christusmystik)로, 즉 무한자에게 이르기 위한 자기–의존적 시도에서 그러한 길이 바로 성육신하신 그리스도라는 점을 수용하는 것으로 변하는 것에 대해서는 Jean-Marie Le Blond, *Les conversions de saint Augustin* (Paris: Aubier, 1950), pp. 143-145를 참고하십시오.

내던질' 때, 바닥까지 엎드릴 때, 우리를 천국까지 끌어올리는 하나님의 지혜를 배우게 됩니다(7.18.24).

성육신하신 분께 자신을 내던지지 않으면, 이러한 포기의 행위가 없으면, 아무것도 배울 수 없습니다. 천국으로 올라가려면 먼저 우리의 땅으로 내려와야 합니다. 그리스도와 마찬가지로 우리도 그러해야 합니다. 이것이 아우구스티누스의 영적 이야기에서 신비주의적 비전에 대한 플라톤주의적 열망을 넘어서게 만든 가장 결정적인 요인이었습니다. 앞서 언급했듯이, 아우구스티누스는 플라톤주의적으로 자신을 성찰한 것이 실제 도움이 되었지만 제한적이었다고 설명합니다. 하지만 이제 천국의 지혜는 그저 바라보는 비전의 대상이 아니라, 시간 속에서 계속되는 경험, 시간을 통해 변하는 방식, 그리스도의 길을 따르는 것이 됩니다.

하나님을 아는 것은 새로운 방식으로 시간의 흐름에 매이는 것입니다. 그래서 하나님에 대해 말하는 것과 하나님에 대한 지식은 항상 어떤 방식으로든 이야기와 연결됩니다. 내가 누구이며 정확히 무엇인지에 대한 물음은, 즉 자아 내지 영혼의 본성은, 그리스도께서 사멸이라는 약함을 받아들이신 이야기와 관련시킬 때 이해됩니다. 만일 나의 정체성이 닿을 수 없지만 실패하지 않는 하나님의 사랑의 주시로 결정된다면, 하나님의 말씀의 성육신은 이러한 하나님의 주시가 인간의 이야기로 전달되는 일련의 구체적인 세상의 사건들을 통해 우리에게 닿아서 우리를 변화시킨다는 선언입니다. 교회라는 역사적 몸을 통해 일하고 계신다는 선언입니다. 그래서 하나님이 우리에게 주시는 것을 받기 위해서는 우리가 현재 처한 시간적이며 필멸하는 상황을 받아들이는 겸손이 필요합니다—구체적인 역사로 이어져 온 교회의 권위를 받아들이는 겸손을 포함해서 말이죠.

내가 누구인지를 교회가 말해 줄 것이라는 제안은 우리가 이 문제에서 잠시 멈춰야 할 정도로 (아마도) 대부분의 현대 종교적 의식과는 아주 많이 다른 낯선 것입니다. 이는 신정주의적 야망처럼 들립니다. 아우구스티누스는 간혹 불공정하게도 이에 대한 책임이 있다고 비판받습니다. 역사적 제도와 하나님의 음성을 혼동하는 것, 수많은 사람이 그리스도교 역사의 폐해로 보는 그것에 아우구스티누스의 책임이 있다는 것입니다. 아우구스티누스는 상상 속 진공상태에서 얻은 자기-검열은 자신의 실제 행동 방식에 변화를 줄 수 있는 자신에 관한 지식을 가져오지 않는다고 아주 확신했습니다. 나는 그리스도의 길을 따르기 시작할 때에만, 필멸성과 한계 너머의 생명을 얻기 위해 필멸성과 한계를 받아들이면서 그분의 윤곽을 따라 자기 삶의 이야기를 은혜로 말미암아 그리기 시작할 때에만 변화됩니다. 하지만 이러한 길은 신자들의 공동체 안에서, 교회의 공통적인 언어 및 실천 안에서 구체화되며 형태를 지니게 됩니다.

이러한 방식으로 자신의 한계라는 실재를 받아들이는 것은 완벽한 자기-일치를 인식하는 순간에도 〔있을〕 부재를 받아들인다는 것의 또 다른 표현입니다. 기억을 통제하지 못하는 취약성을, 내가 나 자신에 대해서 무엇을 볼 수 있는지를 통제하지 못하는 현저한 취약성을 받아들인다는 것입니다. 패배한 그리스도, 죽은 그리스도에게까지 낮아지는 겸손 안에 나타난 포기는 『고백록』 전체 이야기의 중심축을 이루는 포기와 같은 종류의 것입니다. 즉, '완성된' 자아라는 발상을 거부하는 것입니다. 우리는 그리스도와 동행할 때 자신을 이해하게 됩니다. 흘러가는 시간에 대한 경험, 상실과 부재의 자각은 그것을 하나님의 '상실', 성육신 사건의 하나님이 겪으신 하나님의 '부재'라는 맥락에 둘 때 새로운 방식으로 이해할 수 있게 됩니다.[18]

상실로 특징지어진 의식意識으로서의 내가 누구인지를 배우는 일은 상실의 이야기에서 하나님의 진리와 만나는 것과 밀접하게 묶여 있습니다. 성육신이 하나님에 대해 우리에게 보여 준 것과 별개로 우리가 상상해 볼 수 있는 하나님은 우리로부터 소외된 하나님이며 자기-관련성이 없는 하나님일 뿐입니다. 성육신하신 그리스도의 빛에 비추어 볼 때, 사멸성을 수용하신 하나님의 명백한 자기-소외는 단조로운 정체성이라는 자기-일치에 대한 보증이 아니라, 우리가 그 안에서 우리 자신의 현실이나 진리를 찾을 수 있는 자기-관련성의 보증이 됩니다. 우리가 삼위일체라고 부르는 신적 삶의 삼중적 상호 작용에 근거를 두고 말이죠. 그리고 『고백록』 13.11.12에서, 아우구스티누스는 후기 작품에서 완전하고도 창조적으로 발전시킬 삼위일체에 대한 논증의 초안을 제시합니다. 우리 의식적 존재(이 특정한 텍스트의 맥락에서의 존재, 인식과 의지가 있는 존재)의 유동적인 자기-관계성을 하나님의 자기-관련성과 나란히 두면서 말

---

18 이것이 어떻게 그리스도의 포기와 고통에 관한 신학에서 산출되는지 보려면, 우리는 아우구스티누스의 시편 설교로 가야 합니다. 이 책 2장을 참고하십시오.

이죠. 우리의 자기-관련성은 신적 삶의 영원한 다수성을 반영하는 유동적인 이미지입니다. 시간에 얽매인 움직임 속에서 하나님의 무시간적인 관계성에 대한 무언가를 보여 주는 것이죠. 그리고 아우구스티누스는 저 후기 작품에서, 우리 자신의 내적 자기-관련성이 자기뿐만 아니라 유한한 실재의 중심에서 일하는 영원한 사랑과의 관련성이 아니라면, 성부, 성자, 성령의 삶과의 관련성이 아니라면, 어떻게 그것이 실상 공허의 한복판을 향하게 될지를 상술할 수 있었습니다.

왜냐하면—아우구스티누스가 다른 작품들에서도 자세히 다루듯이—우리가 카리타스의 삶을 적절하게 공유하는 일,[19] 즉 사랑이 향해야 할 것을 향하는 일, 사랑이 철저히 타자를 지향하는 일은 오직 공교회적 친교 안에서만 가능하기 때문입니다. 그제야 비로소 나는 교회 안에서 나 자신을 이해하게 됩니다. 낯선 제도와 기관이 바깥에서 나에게, 의식을 지닌 인간 주체로서 내가 누구이며 무엇인지를 말해 준다는 것이 아닙니다. 다만 공교회적 믿음이 신적 생활의 본질에 대해 선포한 것과 동떨어진 채로는 시간 속에서 사람이 된다는 것을 이해할 수 있게, 납득할 수 있게 설명하지 못한다는 말입니다. 그리고 오직 그리스도의 몸 된 교회의 공동체적 삶에 참여함으로써만 저 선포된 비전이 나 자신의 것으로 빚어질 수 있습니다.

아우구스티누스는 일찍이 자기-이해의 불안정성에 대해 '현상학

---

19 이것은 그가 도나투스주의에 맞서 논쟁한 핵심 주제입니다.

적인' 관심을 두었습니다. 이런 관심은 신학적 비전을 이루는 필수적인 부분으로 꾸준히 나타납니다. 나는 나 자신을 모릅니다. 하지만 하나님은 나를 아십니다. 나에 대한 하나님의 앎은 내가 파악할 수 있는 그림이나 하나의 정보처럼 이해할 수 있는 것이 아닙니다. 하나님의 사랑을 신뢰하는 형태로—다시 말해 신앙으로—이해할 수 있는 것입니다. 그러한 신뢰는 그리스도의 역사歷史를 기반으로 하며, 그리스도의 역사로 가능하게 된 것입니다. 저 역사는 사랑이라는 신적 삶을 드러냅니다. 신적 삶의 방식 안에 나를 위한 영원한 자리가 안전하게 보증됩니다. 이를 교회 안에서 배우고 깨닫는다는 말은 겸손, 신뢰, 제자도를 통한 자기-이해가 결코 혼자만의 일일 수 없다는 의미입니다. 그리고 이러한 시각으로 『삼위일체론』을 비롯한 여러 저서에서 나의 안녕과 이웃의 안녕이 불가분함을 도출합니다.

아우구스티누스는 현대 독자가 던져 볼 법한 몇몇 문제에는 관심을 보이지 않았습니다—따라서 가시적 몸 바깥의 사람들에게 인간의 자기-이해가 어떤 식으로 가능할지, 인간의 자기-인식에 관한 몇몇 진리를 명확히 함에 있어 비신학적 담론이 어떤 역할을 갖는지에는 관심을 보이지 않았습니다. 그의 대답을 추정하면 안 됩니다—그의 대답이 단 한 가지일 것이라고 가정해서도 안 됩니다. 그러나 핵심은 『고백록』이 개인적인 자기-발견에 대한 책이 아니라 세례 받기로 결정하고 예상치 못한 소명을 복잡하게 발견하는 과정에 대한 책인 한, 이 책에서 추적하는 주제들이 그리스도론, 은총, 삼위일체에 대한 그의 광범위한 관심과 잘 어우러진다는 점은 너무 당연합니다. 그는 자기-인식에 관한 매우 뛰어난 '현상학자'이자 자기 시대의 신학자였습니다. 그의 작품을 잘 읽는다면 이 두 면모 모두에 민감할 것입니다. 그의 신학을 수용하지 않는 사람이라도 현상학적인 그의 순수한 진단 기술을 인정할 것입니다.

하지만 빽빽이 엮인 신학적 언급을 잠깐 뒤로하고『고백록』에서 수행한 실제 자기-검열의 과정으로 돌아가려면, 이 그리스도론적이고 삼위일체적인 믿음의 구조에 비추었을 때 어떻게 자신을 중심으로 아우구스티누스가 착수한 식의 포괄적인 탐구와 질문을 하는 일이 **가능하게** 되는지가 명확해져야 합니다. 내가 구성할 수 있는 어떤 구체적인 자아의 형태도 틀림이 없는 최종적인 진실이 아닙니다. 달리 말하면, 나는 나의 정체성에 관한 궁극적 진리를 이해하는 데 관련된 것이 무엇인지를 하나님만큼 알지 못합니다. 따라서 나는 일치하지 않고 다양함을, 나에게 마침 기억나는 것이 명백히 임의적이고 기이함을 거리낌 없이 인정할 수 있고, 모호하게 뒤섞인 동기로 계속되는 현실을 거리낌 없이 (아우구스티누스가 10권에서 하듯이) 성찰할 수 있습니다.

이는 아우구스티누스가 초기 작품 중 일부를 의식의 흐름을 따라 기록했다는 의미가 아닙니다. 그 책은 어마어마하게 주의를 기울여 구성한 책입니다. 하지만 그렇게 주의를 기울인 까닭은 바로 화자가 특정한 질문을 제기하게 만든 우발적 사건과 만남을 강조하기 위한 것이지, 삶을 펼쳐 보임에 있어 명백히 '공적으로' 중요한 사건과 만남을 강조하려는 것은 아닙니다.

왜 사별에 대해 그런 식으로 반응할까요? 왜 이렇게 청소년기에 수많은 비행을 저질렀을까요? 무엇보다도 7권과 8권에서, 공교회의 신앙을 받아들이기까지 왜 그렇게 망설였을까요? 이러한 질문들은 대답되지 않은 채 이야기 속에 던져지기만 합니다. 이러한 질문들은 하나님의 현전에서 스스로에게 묻는 일이 실제로 어떻게 기능하는지를 보여 주기 위해 있는 것입니다. 자신을 '의심하게' 되는 방식, 겉보기에 제멋대로인 삶의 측면들에 대해 주목하고 궁금해하는 wondering 방식은 하나님과 대화하고 하나님께 아뢰는 일로 이어집니다. 우리가 발견한 자아의 불확정성은 각 발달 단계마다 경험한 온갖 영역에 관심을 가져도 된다는 일종의 허가입니다. 왜냐하면 우리는 그것들이 하나님의 눈으로 봤을 때 어떤 기여를 할지 알 수 없기 때문입니다. 그리고 이 점은 이 책에서 가장 혁신적인 측면 중 하나로 여겨져야 합니다.

고대나 현대에 집필된 다른 자서전 양식과 비교할 때 이러한 특성이 두드러집니다. 프랜시스 영Frances Young은 1998년 성 아우구스티누스 강좌에서[20] 아우구스티누스와 고대의 다른 연대기 작가들을 비교했습니다. 고대의 자서전에 관하여 게오르크 미쉬Georg Misch가 수행한 1907년의 연구에 비추어 비교했고, 특별히 나지안조스의 그레고리오스Gregory Nazianzen가 쓴 장문의 자전적 시에 주목했습니다. 고대 세계의 자서전은 보통 해명적apologetic이지만, 또한—아주 넓은 의미

---

20 Saint Augustine Lecture "The Confessions of Saint Augustine: What is the Genre of this Work?," *Augustinian Studies*, 30.1 (1999), pp. 1–16.

에서―모형론적이기도 합니다. 즉 개인이 어떤 이상적인 모형을 구현하는 것으로 자신의 이야기를 썼습니다. 나지안조스인에게는 성서의 모형, 더 정확히 말해 성서에 나오는 한 무리의 모형들을 구현해 내는 것이었죠. 이러한 이야기는 모범적인 전형을 제시합니다―탁월한 업적이나 일종의 영웅담을 표방한다는 의미에서가 아니라, 모범적인 예로, 다른 이들이 따라야 할 하나의 '기준'canon으로 알맞게 읽힐 수 있기 때문입니다. 그래서 자서전에는 자신의 이야기가 규범적 혹은 전형적 이상을 보여 주는 것으로 받아들여지기 위한 노력이 담겨 있습니다. 이런 이유로 꽤 자주 해명이 필요했습니다. 어수선하고 의심스러운 부분이 있다면 자신의 전체 주장과는 부합하지 않음을 보여 주어야 했습니다. 화자인 나와 개별 독자들 모두 우리가 공유하고 있는 신념을 더 잘 이해하도록 요청받을 것입니다. 하지만 여기에는 내가―이러한 방식 내지 관습 속에서 자신의 이야기를 들려주는 화자가―나 자신을 오해할 수 없다는 중요한 인식이 깔려 있습니다.

영은 아우구스티누스의 이야기에도 모형론적 요소가 있으나 자주 간과되어 왔다고 논증하는데, 매우 설득력 있습니다. 아우구스티누스는 그레고리오스처럼 성서의 특별한 이야기에 많이 호소하지 않고, 오히려 성서에 나오는 평범한 사람의 정체성 같은 것에, 시편에 가장 잘 표현된 갈망, 실패, 배신, 수용, 여행과 귀향에 대해 말하는 성서의 '목소리'에 호소합니다. 아우구스티누스는 성서에 나오는 보통 사람인 것이죠. 하지만 이 사람과 다른 고대의 인물들 간에는 여전히 간극이 있습니다. 그리고 그 간극은 영의 논의가 함의하는 것보다 훨씬 더 넓습니다. 이 책에 담긴 아우구스티누스의 개인적인 해명은 다른 사람들이 여러 가지로 해석할 수 있는 사건들을 교정하는 표현이 아니라, 이전의 도덕적 무방비 상태를 드러내는 표현입니다. 그렇습니다. 그가 지나온 역사는 죄와 머뭇거림 가운데 실제 잘못을 저지른 이야기이고 누가 보더라도 시간을 허비한 이야기입니다. 그러나 그 모든 것을 고백할 수 있다는 것이, 그 모든 것을 빛에 가져갈 수 있다는 것이 기적입니다. **여기까지** 나를, 하나님의 자비하신 얼굴 앞에 내가 지금 하나님의 성직자로 서 있는 자리에까지 나를 데려온 역사로 이야기할 수 있다는 것이 기적입니다. 어떤 하나의 사건이, 그것이 호의든 배신이든 간에, 여기 내 존재에 어떻게 기여해 왔는지는 모호하여 헤아릴 수 없습니다만, 지금 이 자리에 있다는 점이 나를 변호해 주는 근거입니다.

그래서 나는 내 이야기를 쓰는 것입니다. 모범이 될 만한 모습을 제시하려고 쓰는 것이 아니라, 자기 자신의 무질서한 망설임과 회피가 자아와 엮여서 하나님께, 하나님을 향해, 말씀드릴 수 있는 자아가 될 수도 있음을 다른 이들에게 보여 주려고 쓰는 것입니다. 이는 10.3.3에서 자세히 설명됩니다. 저자가 진리를 말하고 있을 때 독자는 어떻게 알 수 있을까요? 오직 카리타스의 작용으로 알 수 있습니다. 저자가 말하고 있는 것을 하나님께서 독자에게 건네신 것으로, 하나님께서 독자 본인에 대한 진리를 전하시고자 수단 삼으신 것으로 여기고 들음으로써 알 수 있습니다. 독자는 아우구스티누스의 약함을 읽으면서, 은총에 의해 자기 자신의 약함을 잘 알게 될 수 있습니다. 그렇게 독자는 그리스도인에게 관건인 유일한 방식을 통해 강해집니다. 즉 실패를 인정하고 도움을 구하는 능력을 통해 강해지고, 고백이라는 단어가 의미하는 모든 의미로 고백할 수 있을 만큼 강해집니다.

그래서 아우구스티누스의 삶을 오독할 가능성이 있는 부분에 대한 그의 대답, 그의 변론은 담대하게 도전의 방향을 바꾸는 것이었습니다. 즉, 자기-검열은 불가결하게 오해에 휘말리는데, 그 내용에 최종성을 부여할수록 오해가 더 심각해지므로, 저자에 대해 묻지 말고, 시간과 변화 속에 있는 우리 자신의 위치를, 우리 자신의 자기-기만을 생각해 보라는 것입니다. 독자는 자기 자신을 참회하고 하나님 앞에 서 있되, 다른 그리스도인들에게도 동일하게 자비로우신 분이심을 의식하면서 다른 그리스도인을 이해하는 길을 발견할 것입니다. 믿음의 공동체의 사랑 안에서 말이죠. **위선적 독자여!**_Hypocrite lecteur!_● 그리고 아우구스티누스의 변론이 어떤 식에 해당하든지 간에, 무결함 내지 완전함을 확립하기 위해 비판에 맞서는 식의 관습적인 해명으로 특징지을 수는 없습니다. 그 대신 아우구스티누스는 급진적 개념, 즉 신자들이 서로를 사랑으로 이해함으로써 자신의 무능력함 및 무지함_hiddenness_을 모두 인정하게 되고, 서로를 이해하기 위한 토대로 하나님이라는 공통의 준거를 둔다는 개념을 제시합니다. 자신을 톺는 자기-인식이 연대적으로 이루어지는 것임을 호소하고 있습니다.

앤 하틀Ann Hartle 역시 아우구스티누스와 또 다른 자서전 작가를 흥미롭게 비교합니다.[21] 하틀이 비교하고 있는 루소는 과거에 대한 복구 가능성을 자신하며 시작합니다. 기억 그 자체는 전적으로 의존할 만한 것도 전체를 포괄하는 것도 아니지만, 기억이 작동 중인 현재의 의식은 기억의 빈틈을 **상상력**으로 메꿀 수 있습니다. 여기서 흥미로운 물음이 하나 생깁니다. (루소가 믿은 대로) 상상력을 통해 가능한 내용으로 채워 재구성한 삶의 이야기와 루소가 이따금 제시하는 가능한 미래possible futures를 투사한 이야기가 어떻게 다릅니까? 루소의 방식으로 과거를 서술한 것의 진실성은 정확히 복원했는지 여부에 달려 있지 않습니다. 그보다 상상력이 현재의 의미와 '잘 들어맞는지' 여부가 그 진실성을 좌우합니다. "그렇다면 루소는 그의 삶의 세세한 것들을 모아 놓은 총합이 **아닙니다**. … 진실은 누군가의 삶의 세세한 일들이 무엇**이든 간에** 그 사람은 '늘 어느 때나 동일한 사람'이라는 점입니다."[22] 이러한 측면에서 확실히 루소는 근대의 자서전 작가라기보다 포스트모던 자서전 작가라고 말할 수 있습니

● 이는 T. S. 엘리엇(Eliot)의 시 「죽은 자의 매장」(The burial of the dead)의 마지막 행에 나오는 문구로, 마지막 행은 다음과 같습니다. "그대! 위선적 독자여!—나와 닮은 자—나의 형제여!"(You! hypocrite lecteur!—mon semblable,—mon frère!)

21 *The Modern Self in Rousseau's Confessions: A Reply to Saint Augustine* (Notre Dame, IN: University of Notre Dame Press, 1983); "Augustine and Rousseau: Narrative and Self-Knowledge in the Two *Confessions*", in Gareth B. Matthews, ed., *The Augustinian Tradition* (Berkeley/Los Angeles/London: University of California Press, 1999), pp. 263-285.

22 "Augustine and Rousseau", p. 278.

다—'진정한' 자아의 토대를 이루는 것은 현재 의지를 창의적으로 발휘하는 것입니다(여기에 어떤 실질적 의미가 있다면 말이죠).

이는 결국 자아가 상실에 관련될 필요가 없음을 함의합니다(따라서 시간에 관련될 필요도 없습니다[23]). 루소의 설명대로라면 자신을 이해하는 데 부재와 대체라는 복잡성이 수반되지 않습니다. 이 장을 시작하며 논한 문제인 마음과 시간에 대한 아우구스티누스의 일반적인 관점에 비추어 보면, 루소의 접근 방식이 어떻게 언어 자체에 대한 일관적인 설명 같은 것을 제시할 수 있을지 알기 어렵습니다. 만일 현재의 의식적 자아가 상상력을 동원하여 과거를 반박 불가능하게 구성 또는 재구성할 수 있다면, 과거가 공유된 담론에 중요하다는 인식은 있을 수 없습니다. 타자의 현실 안에서, 타자를 지각하면서, 내가 해 온 것 또는 내가 무엇인지가 생생해진다는(아우구스티누스의 하나님을 지각하면서 생생해진다는 것은 말할 것도 없고) 인식은 있을 수 없습니다.

나는 항상 말을 합니다만, 결코 말에 담기지 않습니다. 따라서 내 과거가 임의적이거나 불가해하더라도 전혀 낯설다고 생각하지 않습니다. 본래부터 접근 불가능한 관점의 존재를 인정한다는 것, 즉 하나님을 주된 독자 혹은 청중으로 다루는 이야기의 방향은 과거의 의미가 늘 낯설어서 물음이 나올 법한 쪽으로 흘러갑니다. 그것이 '나의' 과거임에도 말이죠. 하지만 바로 낯설음을 인식하기에, 과거는

---

23   "Augustine and Rousseau", p. 266. "루소는 시간 바깥의 관점에서 자신을 본다고 주장하는 것입니다."

같이 하는 방식 또는 대화하는 방식으로 성찰해 볼 수 있는 것이 됩니다. 자아에 대한 성찰과 자아에 대한 표현은 현재의 상상으로 빚어낸 황홀경의 분출과는 아무런 관련이 없습니다. 자아를 성찰하고 표현하는 것은 말하고 귀 기울이는 시간, 침묵과 단절gaps을 견디고자 하는 마음, 자신으로부터 피할 수 없는 자신의 부재를 수반합니다―이는 또한 말해진 것에는 항상 **뒤따르는** 게 있는, 말해진 것이 반복되어야 하는, 대답되어야 하는, 설명되어야 하는, 반박되어야 하는 공유된 언어의 현실이기도 합니다.

이런 맥락에서, 아우구스티누스의 자아성은 아이러니할 수밖에 없습니다. 현재 나를 온전히 나타낼 수 있다는 의미에서라면, 나는 내가 지금 말하고 있는 것과 단순히 그대로 일치하지 않습니다. 내가 발견할 것이 전혀 남아 있지 않다고 확신할 수 있다는 의미에서라면, 나는 내가 지금 보고 있는 것과 일치하지 않습니다. 그러나 이러한 아이러니는 안전하게 거리를 두는 것, 변호 전략이 아닙니다. 내 무지를 인정하는 것은 어떤 회의주의를 취하는 것이 아니라, 나 자신을 온전하게 이해하고 싶은 소망을 모두 하나님의 손에 맡기는 것입니다. 그래서 내가 누구인지에 관하여 어떠한 진리를 보든지 간에 그것은 나와 하나님의 관계, 즉 나의 통제 아래 있지 않은 관계에 달려 있습니다. 따라서 내가 보거나 말하고자 하는 진리의 대부분을 정말로 알 수 없다고 인정하는 아이러니는 불안과 희망이 공존하는 신뢰와 얽혀 있습니다. 앎과 사랑이라는 하나님의 불가분한 행동이 나의 전체 역사를 목격하시고 이끌어 내시기에, 하나님의 행동이 나의 전체 역사를 '받아들이시고' 붙드신다는 신뢰와 말이죠.

이렇게 얽혀 있는 아이러니는 아우구스티누스가 『고백록』의 담화로 드리는 기도 속에 (기쁨과 더불어) 지속되고 있습니다. 하나님의 목적이 어떻게 무질서한 인간의 행동 및 동기와 상호작용하는지를 반복적으로 묻고, 하나님의 타자성과 위엄, 즉 우리의 물음을 넘어서는 하나님의 초월성을 반복적으로 고백하는 기도 속에서 말이죠. 책의 맨 마지막(13.38.53)에서 아우구스티누스는 어떻게 어떤 이가 다른 누구에게(인간이 인간에게는 물론이거니와 천사가 천사에게) 진정으로 진리를 가르칠 수 있는지를 묻는 플라톤주의적 물음을 되풀이합니다. 그러나 그는 (진정한 플라톤주의자라면 그랬을 법한 방식으로) 우리 모두가 이미 어떤 진리를 이미 소유하고 있어서 가시 세계에 나타나게끔 자극하기만 하면 된다는 식으로 대답하지 않습니다. 그 대신 우리는 하나님께 구하라는 당부를 듣습니다─따라서 우리가 담아낼 수 있는 단일한 답이 아니라, 찬미와 참회가 끊임없이 반복되는 삶 속에서 우리 물음의 해결을 찾으라는 당부를 듣는 것입니다.

하나님만이 일하시는 동시에 안식하십니다. 쉬시는 동시에 멈추시지 않는 하나님의 완전히 안정된 활동은 우리로 하여금 시간과 변화가 어떤 것인지를 파악할 수 있게 해 줍니다(13.37.52). 하나님께서는 하나님이시고, 하나님이 하시는 일을 완전하게, 자유롭게, 영원토록 하십니다. 우리가 우리의 행하는 대로 살고 우리가 아는 것을 아는 이유는 하나님께서 그러하시기 때문입니다. 하나님의 적극적인 사랑이 창조주와 피조물 사이의 거리를 가로질러 우리를 끌어당깁니다. 끌어당기는 과정이 바로 우리가 배우고 변화하는 시간 자체입니다. 창조주와 피조물 사이의 간극은 보통의 차이나 거리가 연상되는 방법으로는 결코 개념화될 수 없기 때문에, 우리는 하나님과의 관계에서 우리가 어디쯤 위치하는지 알려 줄 명확한 지도를 가지고 편안히 정착할 수 없습니다. 이러한 일시적인 질서 안에 안식할 수 없습니다. 우리의 거룩은 우리에게 안식이 없음을 받아들이면서 시작됩니다. 안식 없음 그 자체를 선하게 받아들이는 것은 아닙니다. 안식 없음을 더 나은 것을 바라는 전환이나 바람의 좌절로 받아들이는 것도 아닙니다. 다만 불완전함과, 하나님의 끝없으심을 바라는 우리 욕망의 근본적인 본성을 꾸준히 받아들이는 것일 뿐입니다. 어떤 의미에서 아우구스티누스는 우리가 천국에서 분명히 안식할 것이라고 믿었습니다―비록 그가 이에 대해 가끔씩 감질나게 애매한 태도를 취했지만 말이죠. 비록 천국에서 쉰다는 것이 그저 멈춰 있는 상태는 아니겠지만, 여하튼 간에 우리의 시간이 지금과 같지는 않을 것입니다. 그러는 동안 우리는 지금 여기에서 하나님의 영원한 삶을 모방합니다. 혹은 동화됩니다. 상상으로 만들어 낸 영원성이나 동시성이나 자기-일치로(혹은 무시간적 관점에서 만들어 내는 루소식 자아-구성으로) 도피하면서가 아니라, 시간을 통과하는 의식의 흐름 속에서 동화되는 것입니다. 『고백록』은 이 책이 담은 주제를 상연하는 정신적, 영적 훈련이라 할 수 있습니다. **이렇게 고백으로 말하는 것은 하나님에 대해 진정으로 말하는 것입니다.** 틀릴 수 있는 불완전한 방식으로 나 자신에 대해 말하는 것이며, 불확실한 의문으로 나 자신을 검사하는 것이죠. 끝이 보이지 않는 이러한 자기-심문은 내가 하나님을 알아가는 방식이며, 따라서 나 자신을 알아가는 방식이기도 합니다. 그리고 하나님의 성육신은 하나님께서 시간의 세계 속에서 나와 동행하시고 시간적 활동의 한복판에서 행하심을 드러내는 효과적인 표지입니다.

그래서 나는 혼란으로 가득한 나의 역사로 돌아갑니다. 정당성이나 일관성을 찾으려는 것이 아닙니다. 만족스러운 자화상이라는 위험한 사치를 거절하게 만드는 침묵들과 실패들, 나 자신이 되려 하고 나 자신을 알려 하는 자의식적 분투로부터 나와서 하나님을 향하게 이끄는 침묵들과 실패들을 찾으려는 것입니다. 우리를 끊임없이 놀라게 할 하나님의 가능성을 찬미하고 경이하며 당황스러워하는 저 행동 속에서 말입니다. 아우구스티누스는 우리가 모르는 것에 대해서 어떻게 말할 수 있는지 묻습니다. 바로 우리가 모른다는 발언, 즉 그리스도로 물든 겸손의 목소리가 일종의 앎이 될 때에만 말할 수 있습니다. 그리고 그것이 『고백록』 전체를 통해 아우구스티누스가 시험하고 가다듬은 목소리입니다.

우리는 『고백록』을, 어떻게 우리가 자기 자신을 완전하고 투명한 방식으로 떠올리려고 분투하지만 그럼에도 계속 실패하는지에 대한 이야기로 읽을 수 있습니다. 하지만 왜 이것이 불행이나 비극이 아닌지에 대한 이야기로도 읽을 수 있습니다. 왜냐하면 우리는 자기 자신의 자원으로는 합치거나 유지할 수 없는 것을 함께 묶어 주는 어떤 사랑을 떠올리기 때문입니다. 아우구스티누스에게 믿는 자아란, 아무런 방해 없이 자아에게 말을 건네고 귀를 기울이는 어떤 실재에 대한 믿음이 있기 때문에, 스스로에게 투명하지 않음을 안심하고 받아들이는 자아입니다―따라서 이 실재는 우리가 완전한 자기-이해에 이르렀다는 우리의 환상을 '방해할' 수 있습니다. "만일 아우구스티누스가 자기 자신을 온전히 떠올리는 상태에 이르렀다면, 기억 가능한 모든 것을 초월하신 하나님을 잊어버리고 말았을 것입니다."[24] '자아됨'에 대한 아우구스티누스의 접근 방식에 관한 연구들은 점점 늘어나고 있습니다. 이 연구들은 이 성인聖人의 사상 속에서 그가 '느꼈을' 이러한 불완전성의 새로운 가치를 탐구해 왔습니다. 가장 분명히 플라톤주의에 영향을 받은 아우구스티누스의 초기 작품들을 일정하고 확정적인 것으로 여긴 이전의 연구들을 수정하면서 말이죠. 이러한 초기의 작품들―이를테면, 『독백록』Soliloquies이나 『참된 종교』de vera religione―은 우리가 불멸하며 지적인 영혼을 가지고 있으며 이 영혼은 육체와 독립적인 것으로 분별될 수 있고 생각될 수 있다는 발견에 더 분명히 주목하고 있으며, 또한 이로부터 따라오는 정신적 삶과 육체적 삶의 규칙들에 주목하고 있습니다.[25] 아우구스티누스는 우리가 물질적인 존재, 시간에 얽매인 존재 이상이

---

24 James Wetzel, "The Force of Memory: Reflections on the Interrupted Self", *Augustinian Studies*, 38.1 (2007), pp. 147-159; 인용문은 p. 156.

25 하지만 아우구스티누스의 초기 작품과 후기 작품 사이에 너무 큰 차이를 두는 것에 대한 교정으로, 다음을 보십시오. Carol Harrison, *Rethinking Augustine's Earlier Works: An Argument for Continuity* (Oxford: Oxford University Press, 2006).

라는 확신에서 뒤로 물러난 적이 없습니다만, 이를 매우 독특한 방식으로 전개했습니다. 우리가 발견하는 영혼, 즉 지적이고 영적인 철저한 정화 과정의 끝에서 우리가 인식하게 되는 내적 자아는 측량할 수 없고 규정할 수 없는 두 지평을 향해 여전히 열려 있는 자아입니다. 즉 무한한 하나님의 신비라는 지평과, 우리가 누구이며 누구였는지에 관한 우리 인간의 깨달음이라는 지평입니다. 후자는 그 내용이 지속적으로 바뀌고 기만적인 지평입니다. 이러한 앎의 주체는 신을 담아내거나 통달할 수 없습니다. 또한 자기 자신을, 자신의 기억이라는 '동굴'을 담아내지도 통달하지도 못합니다. 그저 자기 성찰을 통해 얻은 우리가 누구인지에 대한 최종적이고 명확한 결론이란 있을 수 없습니다. 앞서 인용한 웻젤Wetzel은 마사 누스바움Martha Nussbaum이 어떻게 이러한 인식을 플라톤주의와 플라톤화된 그리스도교의 윤리적 위험의 증거로 사용하는지[26] 주목합니다. 즉 실제 역사적 자아됨의 우연성들을 탐구하지 않음으로써 초래한 윤리적 위험의 증거라는 것이죠. 그러나 웻젤이 내비치듯이, 이것은 오히려 핵심을 놓치고 있습니다. 자기 검열에 내재한 오류 가능성 및 사심에 대한 자각은 단지 원자화된 자아성에 대한 탐구가 아니라, 공동체적으로 형성됨에 기초하고 영적 분별력을 공유하는 윤리의 열쇠가 됩니다.

웻젤의 연구와 더불어 아우구스티누스적 자아 연구에서 하나의 분수령인 존 캐버디니John Cavadini의 연구도 주목해야 합니다. 이 연구

---

26   Martha Nussbaum, *The Therapy of Desire* (Princeton, NJ, Princeton University Press, 1994).

로부터 보다 최근의 여러 연구자들의 의제가 설정되었습니다. 「가장 난해한 수수께끼: 아우구스티누스의 사상에서 자아를 다시 생각하기」The Darkest Enigma: Reconsidering the Self in Augustine's Thought[27]라는 제목의 이 연구 논문은 '자아'에 관한 아우구스티누스의 견해에 대해 말하는 것조차 선결문제 요구의 오류를 범한다고 예리하게 지적합니다. "우리는 이 내적 실재인 '자아'를, 하나님께서 그 위에서 무형의 빛으로 안정되게 운행하시는 안정된 사적 공간으로, 또는 적어도 정화된 내적 시선으로 언제든 살펴볼 수 있는 내면의 안정적인 실재로 그릴 수 있다"[28]는 전제가 이미 상정되어 있다는 것이죠. 캐버디니는, 아우구스티누스가 기만이 줄어든 지점에 이르기를 기대하면서 자신이 누구인지를 자기 자신에게 나타내는 다양한 방식을 시험하고, 도전하고, 변화하는 과정을 추적하는 데 가장 관심을 기울이는 부분에서 그가 사용한 언어를 '구체화함'에 있어 우리에게 굉장한 조심성이 필요하다는 점을 분명히 밝혔습니다. 그리고 기만이 가장 덜한 지점은 우리가 하나님의 진리에 참여하는 순간 외에는 정직해질 수 없음을 마침내 인정하는 곳입니다—또한 우리가 그리스도 안에서 나와 하나님 사이의 경계가 모호해져 왔음을 보게 될 수밖에 없는 지점입니다. "그리스도 없이 텍스트처럼 해독 가능한 '자아', 독립적인 자아가 어디 있습니까?"[29]

27   "The Darkest Enigma", *Augustinian Studies*, 38.1 (2007), pp. 119-132.
28   "The Darkest Enigma", p. 122.
29   "The Darkest Enigma", p. 131.

아우구스티누스에 대한 이런 식의 접근은 보다 덜 전문적인 문헌에서 여전히 폭넓게 발견되는 불균형을 교정하기 위함입니다. 찰스 테일러Charles Taylor는 『자아의 원천들: 현대적 정체성의 형성』[30]이라는 탁월하고 당연히 영향력도 큰 저서에서, 아우구스티누스가 **성찰**을 자아의 삶에서 근본적인 것으로 설정하는 방식, 진리를 발견함에 있어 어딘가 권위 있는 것으로 설정하는 방식의 참신함을 강조함으로써 아우구스티누스에 대한 옛 시각을 강화합니다. "아우구스티누스는 알고 있는 대상들이라는 영역에서 알아 가는 행위 자체로 초점을 옮깁니다. 하나님은 여기서 발견됩니다."[31] 아우구스티누스는 자신을 보는 것이 하나님을 보는 하나의 길을 연다는 점에서 의식적으로 일인칭 시점을 채택하면서, 의도하지 않게 전형적인 현대적 자아 구조의 문을 열었습니다. 이러한 현대적 자아의 내적인 자기-인식 또는 자기-해석은 점점 비판의 여지가 없게 됩니다. 아주 양가적인 유산을 남긴 것이죠. 테일러의 분석이 결코 틀렸거나 잘못된 것은 아닙니다만, 캐버디니 같은 학자들이 논의의 핵심으로 되돌려 놓은 두 가지 요소를 간과하고 있습니다. 하나는 아무리 자신을 알려고 노력해도 순전히 불완전할 뿐이라는 생각이 점점 아우구스티누스를 사로잡았다는 점입니다. 물론 일인칭 시점으로 담화하고 생각할 수 있는 우리의 재귀적 자기 인식은 중요한 돌파구입니다. 이는

---

30   Charles Taylor, *Sources of the Self: The Making of the Modern Identity* (Cambridge University Press, 1989). 『자아의 원천들』, 권기돈 · 하주영 옮김(서울: 새물결, 2015).

31   Taylor, *Sources of the Self*, p. 130.

(『고백록』에 상술되어 있듯이) 하나님과 자아가 모두 **사물** 같은 것이 아님을, 물리적 범위로 파악되는 대상이 아님을 명확하게 해 줍니다. 자아는 본질적으로 물질과 공간으로 국한되지 않는 어떤 작인 agency으로, 우리가 '내부에서 바라볼' 때에만 분명해집니다. 아우구스티누스는 우리로 하여금 내부에서 바라보도록, 우리의 물질적 조건에 따라 변하지 않는 어떤 것을 찾도록 북돋웁니다. 그러나 이러한 작인은 자립적인 실재가 아닙니다. 먼저 자신을 인식하고, 그다음 자기 자신의 빛에 비추어 하나님을 보는 데로 나아가는 존재가 아닙니다. 하나님의 선물이라는 단연코 무조건적이고 무제한적인 행동에 자신이 의존함을 볼 때, 그래서 또한 의존, 사랑, 예배를 거부할수록 자신의 성장이 멈추는 방식을 볼 때, 자기 자신을 가장 깊이 인식합니다. 앞으로도 보겠지만 아우구스티누스는 삼위일체를 다룬 논문에서 자신이 이해한 것을 가장 정교하게 진술하면서, **흔히 말하는 것**과는 달리 우리가 자신을 하나님의 형상으로 이해하고 있지 않다고 주장합니다. 우리가 선행하는 하나님의 행동에 의존함을 이해하고 관계성을 이해할 때 비로소 하나님의 형상으로 자신을 이해하게 된다는 것이지요. 테일러의 설명에 필요한 두 번째 요건은 단순합니다. 우리의 자기-이해가 믿는 공동체의 공동생활 및 규율과 밀접한 관련이 있다는 점을 아우구스티누스가 점점 분명히 했다는 것입니다. 내면을 향하는 것이 창조주와의 관계를 외면하는 것이 아니듯 다른 이들과의 관계를 외면하는 것이 아닙니다—역설적이죠. 공동체적 삶의 양식은 자기-응시라는 망상으로부터 자아를 구출하

는 것입니다. 자신의 사랑의 본성을 (타인을 향하는 사랑 자체의 본성으로) 정화함으로써 말이죠.

아우구스티누스의 자아 모델을 다룬 연구 중에는 특권적이고 투명한 내면성을 강조하는 쪽에 가깝게 되돌아가려는 연구들이 있습니다. 캐버디니가 강조했고 앞장에서 내비쳤던 협력적이고 관계적인 측면은 최소화하면서 말이죠.[32] 그러나 아우구스티누스를 읽어 내는 경향은 전반적으로 점점 캐버디니의 방향으로 가고 있습니다.[33] 이 중 한 요인은 『고백록』과 같은 시기에 집필했던 나머지 작품과 분리하여 『고백록』을 읽을 수 없다는 주장이 점점 더 인정받는 추세라는 것입니다. 『고백록』에는 아우구스티누스의 주해적 관심이

---

32 예를 들어, Philip Cary, *Augustine's Invention of the Inner Self: The Legacy of a Christian Platonist* (Oxford: Oxford University Press, 2000)를 보십시오. 아우구스티누스 연구의 새로운 접근방식의 여러 측면을 비판한 다음과 같은 웨인 행키 (Wayne Hankey)의 백과사전적인 글들도 있습니다. "Re-Christianizing Augustine Postmodern Style: Readings by Jacques Derrida, Robert Dodaro, Jean-Luc Marion, Rowan Williams, Lewis Ayres and John Milbank", *Animus*, 2 (1997), pp. 387-415; "Stephen Menn's Cartesian Augustine: Metaphysically and Ahistorically Modern", *Animus*, 3 (1998), pp. 183-210; "Between and Beyond Augustine and Descartes: More than a Source of the Self", *Augustinian Studies*, 32.1 (2001), pp. 65-88. 행키의 몇몇 논점에 대해서는 나중에 살펴보겠지만, 지금은 행키의 주장이 아우구스티누스가 재귀적 인식 과정에서 완전히 진실된 자기-현전 같은 것에 전념했다는 주장이라는 정도만 언급해도 충분할 것 같습니다. 하지만 저 진정한 자기-현전이 무엇을 보는지—자립적인 정신 실체를 보는지, 아니면 늘 이미 관계적이고 따라서 불완전하여 질문하는 자아를 보는지—가 핵심입니다. 마이클 핸비(Michael Hanby)는 아우구스티누스와 데카르트의 관계에 관한 문제 전체를 신중하고 권위 있게 다룹니다. Michael Hanby, *Augustine and Modernity* (London: Routledge, 2003), 5장.

33 예를 들어, 다음을 보십시오. Matthew Drever, *Image, Identity, and the Formation of the Augustinian Soul* (New York, NY: Oxford University Press, 2013).

그의 사색 방식을 어떻게 형성했는지가 아주 선명하게 반영되어 있습니다. 아우구스티누스는 성서를 읽을 뿐만 아니라, 사제로서, 주교로서 설교했습니다. 그리고 그가 관여한 모든 성서 본문 중에서 시편이 특별한 위치를 차지한다는 점은 『고백록』에 분명히 나타납니다. 그렇다면 『고백록』에 대한 성찰에서 설교자 아우구스티누스에게로 방향을 돌려, 그가 시편을 연구한 작가일 뿐만 아니라 목회자로서 어떻게 시편을 읽고 해석했는지를 경청하는 것이 타당합니다.

2

주해 중인 영혼

시편 해석자로서의 아우구스티누스

아우구스티누스의 『고백록』*Confessiones*은 시편 말씀으로 시작합니다. 그리고 거의 매 쪽마다 최소 한 번씩은 시편 말씀을 언급합니다. 시편을 쓴 시인의 목소리와 자기 이야기를 하고 있는 『고백록』 작가의 목소리가 정연하게 혼합되어 있다 해도 과언은 아닐 것입니다. 브라이언 스톡Brian Stock은 아우구스티누스가 "자기 행동의 윤리적 방향"을 재설정할 때 시편 사용이 그 중심에 있다고 관찰하였습니다. 즉 윤리적 방향 재설정이라는 "목표를 향해 나아갈수록, 자신이 살아 내고자 지향하는 삶의 이야기 안에서 시편의 시어, 시구, 행이 재해석되고 있다"는 것입니다.[1]

---

1   B. Stock, *Augustine the Reader: Meditation, Self-Knowledge, and the Ethics of Interpretation* (Cambridge, MA: Harvard University Press, 1996), p. 114.

아우구스티누스는 시편 말씀이 회심 직후 자신에게 미친 영향을 기술하였습니다. 몇 번이고 그는 시편 말씀들로 "불타오른" 언어를 사용했습니다. 그리고 시편 말씀이 어떻게 그에게 "가장 친밀한 정감"*de familiari affectu animi mei*(『고백록』9.4.8) 어린 표현을 불러일으켰는지 설명합니다. 아마 가장 두드러진 부분은 아우구스티누스가 익숙한 시편을 읊는 일을 한 인간이 거쳐 온 삶의 역사에 견줄 수 있었다는 것입니다(『고백록』11.28.38). 그러한 시편의 구조는 그 자체로 의미가 있으며, 한 영혼의 역사라 할 수 있습니다. 그리고 아우구스티누스가 주장하기를, 영혼에게는 하나님과의 대화 안에 있는 역사밖에 없습니다. 신적 대화자가 없는 자아는 깨지고 흩어진 상태입니다. 자아에 대한 완전한 이해는 시편 한 편을 낭송할 때 그 시 전체를 알고 있는 것과 비슷합니다(『고백록』11.31.41) ─하지만 이런 경험이 우리에게 일상적이지는 않습니다. 우리가 할 수 있는 것은 마치 삶 자체가 하나의 텍스트라는 듯이 우리의 삶 속에서 경험된 역사를 하나의 전체로 상상하는 것입니다. 마치 하나님과 나눈 대화의 기억이 한 곡의 일부 내지 이해 가능한 이야기의 일부를 나타낸다는 듯이 말이죠.

『고백록』의 독자라면 아우구스티누스가 시편을 단순히 정보나 교훈을 얻기 위해 읽은 것이 아님은 말할 것도 없고 성스러운 텍스트를 '경건하게' 읽는 것 이상으로 읽었음을 알 것입니다. 시편 시인의 목소리는 아우구스티누스적인 신자에게 근본적으로 중요한 두 가지를 표출하는 목소리입니다. 이 목소리는 깊은 자리들, 즉 파지 않았으면 묻혀 있었을 감정들을 열어 보입니다. 그리고 믿음으로 살았던 한 인생의 통일성을 비춰 줄 유비를 제시합니다. 여기에 기승전결을 지닌 하나님과의 대화가 있습니다. 그리고 이렇게 하나님과 대화하는 동안 인간 화자는 철저히 근본적으로 변화되고, 변화되지 않았더라면 자기 속에 그대로 감춰 두었을 것들을 표현할 수 있게 됩니다. 아우구스티누스는 자신이 논하고 있는 시편(4편, 내가 부를 때에Cum invocarem)이 자신을 어떻게 만들고 있는지를 이야기합니다. 그러니까 암송하는 행위가 변화시키는 은총의 행위의 발단이 된 것이죠(『고백록』 9.4.8).

신적 목소리와 인간 목소리의 일치

이와 같이 『고백록』에 사용된 시편은 믿음이라는 활동 자체를 다룬 일종의 요약이라 할 수 있습니다. 이러한 이해의 뿌리에는, 하나님의 은총은 우리가 하나님께 할 수 있는 말을 변화시키고 따라서 우리 자신에 대해 할 수 있는 말도 변화시킨다는 가정이 놓여 있습니다. 물론 이런 그림은 더 그려 내야 할 상당한 신학적 가정들을 안고 있습니다. 이 신학적 가정들이 『고백록』에 전부 정리되어 있지는 않습니다. 하지만 아우구스티누스는 이미 390년대 초부터 이를 다루는 작업을 하고 있었습니다. 그리고 이는 『시편 상해』詳詩篇解: Enarrationes in Psalmos를 통일성 있게 만드는 주제가 됩니다. 이 책은 그가 사제presbyter일 때 시작하여 주교가 된 후에도 계속 설교단에서 전한 설교문들로 구성되어 있습니다. 이 설교문의 대부분은 연도를 특정할 수 없습니다만,[2] 주석가들은 이 놀라운 텍스트에 강한 신학적 통일성이 있다고 입을 모읍니다. 제 생각은 간단히 말해, 『상해』의 명시적인 주제들을 『고백록』에 이미 개괄된 성찰들과 연결시키고 『그리스도교 교양』*De doctrina Christiana*과 같은 다른 작품에 있는 주해를 더 폭넓은 주제들과 연결시킴으로써 이러한 신학적 통일성unity이 조명된다는 것입니다.

간략히 말하자면, 시편이 영혼에 관한 통일성 있는 이야기를 들려주기 위한 구조를 제시한다고 볼 때, 이러한 시편 개념은 『상해』에 있는 통찰, 곧 시편이 하나님의 목소리와 인간의 목소리가 그리스도 안에서 통일되는 과정을 나타낸다는 통찰에 의존합니다. 그리스도를 해석 작업의 중심으로 보는 것은 『그리스도교 교양』에 나타나 있는 생각, 즉 그리스도가 하나님을 가리키는 하나의 '표지'로서 피조 세계 전체를 드러낸다는 생각을 전제한 것입니다. 그리스도가 하나님의 실재를 나타내는 최고의 표지signum이기 때문이라는 것이죠. 우리가 그리스도께 다가간다면, 특히 그의 십자가에 겸손히(이것이 없이는 그리스도에 대해 아무것도 이해할 수 없습니다) 다가간다면, 어떻게 성육신과 수난이라는 겸손한 자기-비움이 하나님의 온전한 의미를 실체적인 것res으로 개시開示하는지를 배움

---

2   *Enarrationes in Augustine Through the Ages: An Encyclopedia*, ed. A. Fitzgerald, OSA (Grand Rapids, MI: Eerdmans, 1999), pp. 290-306에 실린 마이클 캐머런 (Michael Cameron)의 탁월한 글은 복잡한 연대기 문제에 관한 간략하고 유용한 개관을 제시합니다.

니다. 이 땅의 제한적인 모든 표지가 궁극적으로 가리키는 실체적인 것으로 말이죠.

『상해』의 핵심 구절은 아마도 시편 140편을 강해한 부분일 것입니다. 여기서 아우구스티누스는 두 개의 본문—예수께서 다메섹 도상에서 바울에게 던진 질문("네가 어찌하여 나를 박해하느냐?")과 마태복음 25장에서 예수께서 자기 자신을 "형제 중에 지극히 작은 자"와 동일시하신 최후의 심판에 대한 비유—을 모든 그리스도교 해석학에서 근본적인 것으로 여깁니다. 이 두 본문은 모두 교회 안에서 머리와 몸의 일치를 주장합니다. 즉 예수께서 고통당하는 그리스도인의 목소리 안에서 말씀하신다는 것이죠. 이 원리는 시편 본문들이 영적 황폐와 분투를 표현하는 부분에서 특히 중요합니다. 시편은 예수님의 언어, 곧 성서 전체에서 이야기하시는 바로 말씀이신 분의 말씀입니다. 하지만 하나님으로부터의 소외를 암시하는 언어들이 예수님의 입을 통해 나타날 때, 우리는 이 언어들을 어떻게 이해할 수 있을까요? 나뉨이 없는 전체 그리스도, 즉 그 몸의 모든 지체들과 함께 계신 그리스도께서 이 언어들을 발화하신 것으로 읽을 때에만 이해할 수 있습니다. 그리스도께서는 우리를 대변하시고, 괴로워하며 항변하는 인간의 부르짖음을 자신의 것으로 취하십니다. 아버지께 드리는 그 자신의 타당하고 완전한 기도가 우리의 기도가 될 수 있도록 말이죠.[3]

---

3   이러한 예는 많이 있지만, 특별히 다음을 보십시오. 『시편 상해』 30.2.1.3-4; 56.1; 62.2; 68.1-2 외 여러 곳, 74.4; 87.14; 90.1-2 외 여러 곳; 140.5-7.

그 결과는 목회적 연민의 교육학으로, 여기에 부분적으로 제시된 것입니다. 우리는 영적 어둠의 상태에 있을 때 하나님이 계시지 않다고 생각하고픈 마음이 듭니다. 그러나 그리스도께서 '우리'가 비통에 차서 내뱉는 언어들을 사용하여 말씀하고 계신 것이 우리 귀에 들릴 때, 우리는 하나님께서 계시지 않을 수 없음을 알게 됩니다. 예수님의 인성은 하나님과 나뉠 수 없게 연합되어 있어서, 우리는 예수께서 우리의 고통을 토로한다면 그러한 고통이 하나님을 침묵시키지 않는다는 것을 압니다. 이를 복음서에 나타난 그리스도의 말씀에 해당한다고 보는 것은 아주 단순해 보이지만, 이는 또한 시편 속 외침들을 그리스도의 외침으로 해석할 가능성에 근거를 둔 것이기도 합니다.[4] 분명 시편 22편(아우구스티누스가 사용한 칠십인역에서는 21편)의 도입부는 가장 중요하며, 아우구스티누스는 여러 번 이 구절로 되돌아갑니다. "내 하나님이여 내 하나님이여 어찌 나를 버리셨습니까?"라는 부르짖음은 어떻게 머리이신 그리스도께서 몸을 대변하시는지를 보여 주는 일종의 전형인 것입니다.[5] 『상해』에는 시

---

4 『시편 상해』 93.19에서 아우구스티누스는 겟세마네에서 그리스도께서 겪으신 극심한 고통을 언급합니다만, 시편과 관계된 핵심 질문은 『시편 상해』 37.6에 간결하게 제시되어 있습니다—어떻게 그리스도께서 시편 21(22):4의 언어를 '내 죄악들'과 연관하여 '발화'하실 수 있습니까? 그리스도께서는 비록 죄가 없으셨음에도, 통절한 죄의 결과들을 맡으셔야 했습니다.

5 이 점에 관하여는 이미 언급한 예들과 시편 21편에 관한 해설에 더하여 『시편 상해』 93.15를 참고하십시오. 베르트랑 드 마르제리(Bertrand de Margerie)는 아우구스티누스가 그리스도께서 실제로 겪으신 구체적인 인간의 고통을 일반적인 인간의 조건과 연결함으로써 그 고통의 실상을 축소하지 않으려고 노력했음을 잘 관찰하였습니다(*Introduction à l'histoire de l'exégèse : Tome 3, Saint Augustin* [Paris: Cerf,

편 66편에 대한 흥미로운 설명도 나오는데, 이 시편의 부르짖음을 두고 아우구스티누스는 "하나님께서 하나님께 자비를 호소하는 것"으로 묘사합니다(『시편 상해』 66.5). 이는 마치 한스 우르스 폰 발타사르Hans Urs von Balthasar가 발전시킨 그리스도의 유기에 관한 20세기 신학을 앞질러서 본 것 같습니다. 삼위일체적 삶 속에서 아버지와 아들의 영원한 차이는 아들을 하나님으로부터의 분리 내지 '타자임'이라는 가장 극단적인 상태로까지 인지할 수 있게 만드는 것입니다.[6]

우리는 여기서 '연민의 교육학'만을 다루고 있는 것이 아닙니다. 이러한 관점에서 시편을 낭송하는 것은 그리스도의 몸에 산다는 것과 그리스도의 기도에 사로잡힌다는 것이 무엇인지 배우는 수단이 됩니다. 바로 그리스도께서 모든 비극이 가득한 인간의 조건을 자기 몸의 내용으로 삼으심으로써 우리의 애통, 통회, 두려움을 자신의 것으로 취하셨기에, 우리는 그리스도께서 하나님이신 자기 아버지께 말씀하신 것에 필연적으로 공명하게 됩니다(예를 들어, 『시편 상해』 30.2.3-4; 74.4; 142.3). 그리스도와 우리의 관계는 다양한 층위로 나타납니다. "그는 우리의 제사장으로서 우리를 위해 기도하시고, 그는 우리의 머리로서 우리 안에서 기도하시며, 그는 우리의 하나님으로서 우리의 기도를 들으십니다"(『시편 상해』, 85.1). 우리의 구원이란 우

1983] p. 120 n. 31).

6   특히 발타사르의 *Mysterium Paschak: The Mystery of Easter*, tr. A. Nichols (Edinburgh: T & T Clark, 1990)와 그의 *Theo-Drama* (San Francisco, CA: Ignatius, 1998) 5권을 보십시오.

리가 그의 삶에 포함된다는 것, 그의 신적 목소리로 말할 권리가 주어진다는 것, 우리가 인간의 목소리로 어둠과 고통 속에서 말한 것이 그분 자신의 목소리인 양 그분의 것으로 취해짐을 재확인한다는 것, 그래서 어떤 식으론가 하나님의 생명으로 나아가게 되어 치유와 용서를 얻는다는 것입니다.

아우구스티누스는 그리스도를 본받기 위한 정확한 처방을 내려 주지는 않습니다. 아우구스티누스는 우리가 신적인 아들의 목소리로 온전히 말하려거든 반드시 십자가를 통과해야 한다고 강조합니다. 이는 본받는 것 그 이상입니다. 그는 이를 『상해』 119.1에서 제법 길게 설명합니다.[7] "그는 그리스도의 남은 고난을 채운다"(골 1:24)는 바울서신 혹은 제2바울서신의 발상을 『상해』 51.4에서 신선하게 비틀어 표현합니다. 여기서 그는 우리가 시민권을 둔 나라 *res publica*에 고통을 통해 지불해야 할 것을 지불하는 것에 대해 말하고 있었습니다. 즉 현재 우리가 참고 견디는 것은 그리스도의 몸 전체가 겪어야 하는 고통인 것입니다. 역사적 측면에서의 몸은 물자체로 여겨지는 머리 이상입니다. 따라서 세례 받은 그리스도인으로서 우리가 고통을 겪는다면, 특히 불신자들에게 박해를 당한다면, 이는 그리스도의 몸 전체가 견뎌야 하는 것의 일부입니다—이미 영원하신 아들께서 그리스도의 세상 치유 수단으로 받아들이신 것의 일부입니다. 이와 같이 우리는 머리-와-몸 신학을 통해 신자들이 겪는

---

7 다음을 참조하십시오. 『시편 상해』 51.1; 52.2; 53.4; 93.5; 102.4.

고통을 목회적으로 이해할 뿐만 아니라, 이러한 고통이 그리스도의 구원 활동의 완성을 건설해 나가는 것이라고 해석할 수 있습니다. 이는 단지 그리스도께서 고통당하는 자들과 동행하신다는 말, 아픔을 나누신다는 말이 아닙니다. 궁극적으로 모든 죄와 슬픔을 극복하신 그리스도의 활동 속으로 고통당하는 자들을 끌어들이신다는 말이기도 합니다.

겸손의 기독론

해석학, 기독론, 은혜의 교리들, 구원론, 교회론은 서로 굉장히 단단하게 연결되어 있습니다. 아우구스티누스가 보통 그렇듯이, '순수' 교리적 설명이라고 할 만한 것을 구별해 내기란 쉽지 않습니다만, 『상해』가 그의 기독론의 핵심을 이해하기 위한 주된 자료임은 분명한 것 같습니다(『상해』는 이상하게도 이 주제에 대한 여러 논의에서 충분히 사용되지 않았습니다). 『고백록』의 독자들은, 그리스도가 선택하신 삶의 위치까지, 즉 상흔이 서린 무너진 인성의 자리까지 내려갈 때에만 진정한 그리스도와 만날 수 있기 때문에 겸손낮아짐이 없이는 그리스도인의 신앙을 이해할 수 없다는 (특히 7권을 맺는 장들에 나오는) 아우구스티누스의 주장에 익숙할 것입니다(『고백록』 7.18.24). 그리스도의 생애는 그의 인격과 사역의 신비를 이해할 수 있는 길이며, 저 삶에 참여하는 것이 그리스도에 대한 참된 교리의 밑바탕입니다. 그리스도는 그 길을 보여 주실 뿐만 아니라 그 길 **자체**이십니다(『시편 상해』 58.1.7). 그래서 시편의 언어—찬미와 감사의 언어뿐만 아니라 의심, 절망, 후회, 외로운 고통의 언어—를 우리의 언어로 취하는 일에 내재된 겸손은 성육신을 통해 그리스도께서 들어가신 저 인간의 조건을 받아들이는 겸손입니다.

우리가 고통을 겪고 발버둥 치는 인간 전형인 시편 기자의 정체성에 진정으로 동화될수록, 그러한 시편의 언어를 자신의 언어로 선택하셨던 그리스도의 정체성에 동화됩니다. 그리하여 우리는 그리스도께서 아버지께 아뢰신 언어로 말하게 됩니다. 왜냐하면 우리 인간 조건의 수용에 기초를 둔 겸손과 사랑은 그와 아버지를 연합시키는 영원한 사랑의 표현이기 때문입니다. 시편 해석학에서 독특한 점은 시편을 노래하는 일이 아주 단순히 문자 그대로 그리스도의 삶을 전유하는 일이라는 점입니다. 역사 속에서 그리고 영원 안에서 말이죠. 그리고 이러한 전유하는 활동으로부터, 하나의 전체로서의 교회는 인간됨이 무엇인지를 실패와 고통의 측면에서 십분 말할 수 있게 되는 공동체로 나타납니다. 그래서 교회는 만들어진 목적 그대로의 공동체가 될 수 있는 것입니다. 아버지를 향한 말씀이신 분의 응답이 여러 사람의 목소리로 메아리치는 공동체가 되는 것이죠. "그리스도의 인격 안에서 말해진 것을 들을 때, 그리스도의 몸의 지체인 여러분들과 아무 관련이 없다는 듯이 듣지 마십시오"(『시편 상해』 143.1).

『고백록』과 『상해』에서 찾아볼 수 있는 아우구스티누스의 주장은 당연히 예상할 수 있듯이 『신국론』*De civitate Dei*의 주장과 연결됩니다. 아우구스티누스가 정의한 신적인 국가divine commonwealth는 상상해 볼 수 있는 어떤 개인이나 집단의 자기-주장과도 대립됩니다.[8] 『신국론』에는 아우구스티누스가 펠라기우스주의를 반박하는 작품들에서 보다 완전하게 발전시킨 주제들도 많이 있습니다. 펠라기우스주의를 반박하는 작품들에서 아우구스티누스는 하나님과의 화평을 추구하는 개인의 의지가 신학의 시작점으로 여겨질 수 있을 만한 사상을 모조리 거부했습니다. 지금까지 우리의 텍스트에서 신학의 이중적 토대는 먼저 인간의 육체를 취하기로 한 아들의 결정과 결부된 삼위일체 안에서 아버지와 아들의 영원한 차이이며, 이에 따라 아버지를 향한 아들의 반응인 사랑과 기쁨에 찬 차이에 포괄될 수 있게 된 피조물의 차이입니다. 달리 말해, 신적 행위를 반드시 먼저 고려해야 한다는 것입니다. 이 행위는 일차적으로 그야말로 행동하시는 하나님의 존재 방식, 즉 삼위일체의 삶 속에서 신의 본성을 행사하는 하나님의 능동적인 존재 방식으로, 파생적으로는 아들의 성육신에 모아지고 표현된 삼위일체의 활동입니다. 우리는 시편을 낭송함으로써 성육신 행위의 윤곽을 더듬고, 이 매우 독특한 행동을 통해 저 실재 안에 있는 참다운 것들에 효과적으로 닻을 내립니다.

---

8   전거 구절은 『신국론』 14.28입니다.

교회

그렇다면 교회의 예배는 교회의 존재에 부수적인 것 내지 주변적인 것이 아닙니다. 아우구스티누스는 우리 자신이 교회라는 몸을 이루고 있음을 발견하기 위한 최고의 현장인 성만찬에 대해 여러 차례 분명하게 언급합니다.[9] 그렇기는 하지만 시편 낭송이야말로 그리스도의 목소리와 동화되는 가장 일상적이고도 가까운 방식입니다. 그리고 이러한 동화됨은 교회 생활을 구체적으로 정의 내리는 상호 관계 같은 것에 대한 함의를 담고 있습니다.

우리는 아우구스티누스가 우리의 연약함의 표현을 그리스도, 즉 우리를 대변하시는 분께 귀속시킨 사실의 목회적 함의를 살펴보았습니다. 하지만 『시편 상해』는 그 몸 안에서 규범적이어야 하는 생활 방식에 대해 더 많은 말을 하고 있습니다. 왜냐하면 아우구스티누스는 (이 주제에 대한 바울의 고전적 설명을 따라) 각 지체가 서로의 결핍을 보충하는 하나의 공동체여야 한다는 개념을 지지하기 때문입니다. 몸은 다른 이의 구체적인 필요에 주의를 기울이기 위한 현장이어야 합니다. 이는 물질적인 필요일 수도 있고 영적인 필요일 수도 있습니다(『시편 상해』 125.13). 바울이 경고했듯이, 우리는 가장 중요한 은사가 무엇인지(그러니까 가장 중요한 사람이 누구인지) 알고 있다는 생각을 조심해야 합니다. 기적을 행할 수 있는지 없는

---

[9]   예를 들어 『설교집』 229.1; 272를 보십시오.

지를 왜 걱정합니까? 하나님께서는 하나님의 일을 수행할 많은 종이 있으며, 일상적 과업이라는 성실한faithful 행위가 바로 교회 생활의 필수 요소입니다. 비록 눈이 손가락보다 몸의 생활과 안녕에 명백히 더 '큰' 기여를 한다 하더라도, 병들거나 시력을 상실한 눈보다 건강한 손가락이 더 낫다고 아우구스티누스는 특유의 날카로운 어조로 말합니다(『시편 상해』 130.8).

그래서 서로에 대한 관심과 섬김의 장소로서의 몸 개념은 우리가 다시 한번 인간의 한계 수용이라는 핵심 주제로 돌아가게 합니다. 인간 실존의 평범함에 대한 성육신적 수용은 진정한 믿음과 순종이라는 화려하지 않은 행위가 하나님께 인정받는다는 의미입니다. 설사 우리가 극적인 성공에 집착한 나머지 우리 눈이 가려져서 이를 보지 못한다 하더라도 말이죠. 그리고 이 원리는 눈에 보이는 교회의 불완전함과 더불어 사는 삶에도 적용됩니다―이는 분명 도나투스주의자들을 겨냥한 것입니다. 우리는 누구의 믿음이 항상 안전하고 확실한지를 의기양양하게 입증할 길을 전혀 알지 못합니다. 따라서 우리는 어떤 사람에게 우리의 도움이 필요 없다거나 반대로 우리에게 다른 이의 도움이 필요 없다고 결정할 길이 없습니다. 만일 이것이 사실이라면, 사악하다고 짐작되는 사람과 우리 자신을 분리해 내려 하는 일은 상당히 위험한 일입니다(『시편 상해』 99.9-11). 사랑이 많을수록, 교회 안에서 다른 이들의 사랑 없음이 더 아프게 다가올 것입니다(『시편 상해』 98.13. 아우구스티누스는 여기서 고린도후서 11장의 바울에 대해 말하고 있습니다). 그러나 이러한 사랑은 바로 몸 안에 있지만 사랑이 없는 이들에게 베풀어야 하는 것입니다. 따라서 우리는 그 비용을 감당해야 합니다.

깊은 곳에서

거의 모든 아우구스티누스 신학은 우리가 시간과 육체를 벗어날 수 없는 우리의 조건 속에서만 하나님에 대해 생각하고 하나님께 아뢴다는 가정이 그 중심에 있습니다. 『시편 상해』는 이를 다양한 방식으로 표현합니다. 예를 들어, 『상해』 129.1("내가 깊은 곳에서 주님께 부르짖었습니다")에서는 '깊은 곳'을 현재의 삶과 동일시합니다. 마찬가지로 『상해』 41.13에서는 심연과 인간의 마음을 동일시합니다. 인간의 마음은 이 땅에서 사는 동안 결코 온전히 다 알 수 없기 때문입니다(『상해』에서 반복되는 주제입니다).[10] 마찬가지로 (『시편 상해』 89.15; 129.10; 138.20을 비롯해 수없이 많은 곳에서와 같이) 소망과 성취되지 못한 욕망을 그리스도교 제자도의 핵심으로 강조하고 반복함으로써 시편 시인을 불완전함과 갈망의 세계, 그리고 그로 인한 고통이 있는 세계에 굳건히 배치해 놓은 것을 볼 수 있습니다. 아우구스티누스에게는 적어도 성서의 이 부분을 '영적'으로 읽는 것이 '역사적' 의미를 회피하거나 상대화하는 것이 아닙니다. 단지 성서

---

10 마음이 서로에게 감추어져 있는 이 세상의 '밤'에 대해 이야기하는 『시편 상해』 118. 15.7-8을 참조하십시오.

의 과거에만 뿌리내리는 것이 아니라 지금 우리 자신의 역사에 뿌리내리는 것입니다. 아마 더 정확히 말하자면, 우리가 시간에 결속된 고통과 참회의 제자도 없이 무시간적인 평화를 손에 넣고자 하는 유혹을 포기할 때, 성서에 기록된 불완전하여 발버둥치는 과거의 목소리, 특히 시편에 가장 통렬하고 솔직하게 기록된 목소리가 우리의 목소리가 될 수 있다는 것입니다. 이는 『고백록』 7권의 주제들과 한 번 더 매우 명백하게 연관되어 있습니다. 여기서 좌절된 신비주의(비전을 가져다줄 뿐 삶의 습관을 가져다주지 않는 플라톤주의적 관조)라고 할 만한 것에 대한 아우구스티누스의 경험은 논박되며 또한 해결됩니다. 성서 속 그리스도께서 겸손에 뿌리내린 우리의 성장을 인도하는 읽기 방식을 강권하고 계시다고 이해함으로써 논박되고 해결된 것이죠(특히 7.21.27을 보십시오).

이와 같이 아우구스티누스에게는 가장 영적인 읽기 방식이 언제나 우리를 겸손으로 곧장 이끌어 가는 읽기 방식입니다. 여기에는 문자주의가 있을 자리가 없습니다. 왜냐하면 문자주의는 성서의 내용을 고정된 대상인 양 우리가 손에 넣을 수 있는 지식으로 제시하고 있고 따라서 더 큰 하나님의 충만함을 갈망하도록 우리를 휘젓지 못하기 때문입니다.[11] 그래서 아우구스티누스의 해석학에는 역설적 차원이 있습니다. 즉 가장 우리를 이 땅의 모든 현실 속 경험 안에 위치시키는 것이 가장 더 온전한 감각을 열어 주는 것입니다.

---

11   『그리스도교 교양』의 첫 권에 자세히 설명되어 있습니다. 본서의 3장도 참고하십시오.

왜냐하면 그것이 우리의 욕망을 가장 자극하는 것이기 때문입니다. 그리고 앞서 언급했듯이, 시편은 현재가 언제나 그리스도의 미래를 향하도록 신자의 삶에 주어진 시간을 구성하는 특별한 방식을 제시합니다.

거룩함

우리는 어떻게 거룩한 삶이 항상 그리스도와 같이 인간의 유한성을 수용하는 것으로 시작되는지를 보았습니다. (나 자신의 죄와 동료들의 죄가 모두 포함된) 불완전하고 죄 많고 절망스러운 현재의 순간을 수용하는 것으로 말이죠. 이러한 수용이 어떻게 영혼에 관한 참된 **이야기**로 들어가는 문이 됩니까? 시편이 표현하는 그리스도와 인간 자아의 교환*exchange*은 현재의 순간이 피조물의 목적을 향해 가게 합니다. 그리스도께서 하신 행동 때문이죠. 하나님께서 의도하신 결실들을 가져오기 위해서 그리스도께서는 이 세계의 조건들을 받아들이시면서 그것들이 가져오는 것을 사용하십니다. 지금의 나는 그러한 그리스도의 역사 속 한 순간으로 변모됩니다. 그리스도는 최고의 표지*signum*입니다. 이 세상 안에서 그 신적 기원을 가장 투명하게 가리키는 표지입니다. 따라서 신자가 받아들인 인간의 현재는 그리스도 안에서 하나의 표지, 즉 성서를 한 번 더 써 내려가는 기록이 됩니다.

이와 같이 아우구스티누스가 내린 거룩함의 정의는 성서에 묶여 있습니다. 하지만 이는 성서가 우리에게 거룩함이 무엇인지 **말해** 준다는 의미에서라기보다(비록 이것도 의심의 여지없이 성서가 하는 일의 일부이긴 하지만) 성서의 언어가 모형이라는 점, 즉 세계가 하나님을 드러내는 방식을 보여 주는 모형이라는 점에서 그렇습니다─참회와 성장의 언어에 가장 명백히 나타납니다.『고백록』7권에서 플라톤주의에 실망한 아우구스티누스는 바울에게로 시선을 돌립니다(9권에서, 자신의 회심하지 않은 의지가 자신의 기능과 자유를 어떻게 방해하는지 최종적으로 깨달았던 결정적인 순간 아우구스티누스가 향하는 곳도 바울입니다). 그에게 시편은 바울이 분석한 인간 상태를 극화하여 보여 주는 기능을 했습니다. 공연으로 각색된 바울인 것이죠. 성서는 한 인생의 특징을 하나님과의 대화와 교통 속에서 정의 내립니다. 그리고 성서가 그러한 대화의 '대본'을 제시할 때 신자들에게 가장 유익합니다. 하지만 다른 무엇보다도 우리는 그리스도께서 성육신 가운데 하신 행동의 본질이 인간의 목소리를 '변모'시키는 문제임을,[12] 결국 본질적으로 이것은 개인의 참된 인격적 목소리의 유일한 매개인 **공동체적** 목소리를 정의하는 문제임을 깨달아야 합니다. 그리스도교의 수사법은 잘못된 공연이나 파생된 공연이 반박할 수 없는 곳으로 내몬다는 점에서 독특합니다. **이러한** 수사가 세상 속의 이러저러한 주장이나 당파가 아닌 하나님의 '주장'을 확인

---

12   M. Cameron, "Transfiguration: Christology and the Roots of Figurative Exegesis in St. Augustine", *Studia Patristica* 33 (1997), pp. 40-47을 보십시오.

시키려 한다는 사실을 우리는 그런 공연을 통해 상기하게 됩니다. 성실한 담론은 그 담론 자체가 불충분함을 분명하게 주장합니다.[13]

'표지'로서의 영혼

표지의 역할을 하는 그리스도인의 삶은 죄의 자각(죄에 대한 슬픔)으로 인해 균열이 생깁니다. 하지만 이는 십자가에서 절정에 이른 부서지고 고통당한 그리스도의 삶을 나타내는 표지와 의식적으로 동일시되는 삶이기도 합니다. 이러한 동일시는 성사를 통해 일어날 뿐만 아니라, 좌절과 소망을 담은 고전적 글, 즉 하나님께서 인간의 목소리를 차용하고 계심이 예리하게 드러나는 시편을 낭송하는 동안에도 일어납니다. 이러한 문장들을 낭송하면서 인간 마음의 깊은 곳, 즉 우리에게 온전히 알려지지 않은 곳이 하나님에 의해 열리게 됩니다. 우리의 것임에도 우리가 알지도 못하고 알 수도 없는 우리 자신의 과거, 현재, 미래에 대한 것이 하나님께 맡겨졌습니다. 하나님은 우리에게 숨겨져 있는 것들이 점점 더 명확한 목소리를 갖게 하는 부르짖음과 염원을 우리 안에서 끌어내실 분입니다. 우리가 아는 것은 우리 안에서 자각되지 못한 이 모든 규정하기 어려운 인간

---

13   『그리스도교 교양』 4를 보십시오. 또한 카를라 폴만(Karla Pollmann)의 연구서 *Doctrina Christiana* (Freiburg: Universitatsverlag, 1996)와 그녀의 논문 "Hermeneutical Presuppositions", *Augustine Through the Ages*를, 특히 p. 428을 보십시오.

의 문제들이 성육신 안에서 받아들여졌으며, 그리스도께서 자신의 사역 가운데 이를 사용하실 것이라는 점입니다.

아우구스티누스는 『고백록』에서 시편이 자신에게 미친 영향을 자신이 지나온 과정에 비추어 설명합니다. 『그리스도교 교양』에서 묘사한 것처럼 사용해야 하는 것을 관조하려 했던 잘못된 사랑, 즉 수단이어야 하는 것을 목적으로 취급했던 사랑에서 벗어나 교화되는 과정에 비추어서 말이죠. 비록 그가 정확히 이렇게 표현하지는 않았지만, 우리는 영혼을 관조의 대상이 아닌 '표지'로 간주하는 법을 배웠다는 측면에서 그의 시편 신학을 요약할 수 있습니다. 아우구스티누스는 종종 위대한 자기 성찰의 변증가로 여겨지는데, 이런 평가가 언뜻 보기에는 이상하게 들릴 수도 있습니다. 그러나 핵심은 이것입니다. 즉, 그리스도인으로서 우리 자신에 대한 점검은 내면의 삶이 안정감을 주는 도피처가 아님을, 우리에게 불가사의한 심연 (『상해』에서는 어두운 심연, 『고백록』 10.8.13에서는 '창고')이자 좌절을 가장 깊이 자각하는 장소임을 인식하기 위한 일입니다. 아우구스티누스가 390년대에 이미 정의하고 있었던 시편을 노래하는 방식은 후기 저서인 『삼위일체론』*De Trinitate*에서 이 주제를 최종적으로 분석하기 위한 길을 닦아 놓습니다.[14] 성찰은 변화하지 않는 존재의

---

14 아우구스티누스 학자들 사이에서 이를 해석함에 있어 최근 일어난 변화들에 대한 훌륭한 개관을 L. Ayres, "The Fundamental Grammar of Augustine's Trinitarian Theology", *Augustine and His Critics: Essays in Honour of Gerald Bonner*, ed. R. Dodaro and G. Lawless (London and New York: Routledge, 2000), pp. 51-76에서 볼 수 있습니다.

우월한 본성을 진정으로 드러내 줄 수 있습니다(『고백록』 7.17.23). 마음속을 관찰하다 보면 환경에 휘둘리지 않는 실재를 바라봐야 한다는 지극히 바람직한 목표를 감지할 수 있습니다. 하지만 이를 인식하는 것은 정확히 마음이 할 수 있는 일이고, 아우구스티누스에게 있어 겸손을 명령하고 겸손을 가능케 하는 성육신을 통해서만 해결될 수 있는 문제를 제기하는 통찰을 품는 것은 마음이 할 수 없는 일입니다.

그렇다면, 『고백록』의 시작 부분으로 돌아가 봅시다. 책을 여는 시편 말씀은 책 전체의 분위기를 설정합니다. 아우구스티누스는 하나님께 직접 아뢰는 형식으로 자기 삶의 이야기를 묘사하는 방식을 선택함으로써, 시편의 언어로 말을 건네는 자기 고유의 돈호법apostrophes을 만듭니다. 나 자신에 대한 진실한 이야기를 하려면, 인상의 저장소로서 내 기억을 관찰할 뿐만 아니라 하나님을 품은 기억으로서 관찰해야 합니다(『고백록』 10.24.35). 내 기억은 욕망을 향한 정적이고 제한적인 목표들에 대한 불만족을 여기저기서 볼 수 있는 기록입니다. 내가 지금 서 있는 곳에서는 완전히 결정되거나 기술될 수 없는 어떤 목표를 향하는 과도한 희망의 기록입니다. 그래서 나 자신에 관한 진실한 이야기를 하려면, 또 하나의 우연적 관점을 제시할 뿐인 시간 속에 있는 또 다른 주체가 아닌 유일하신 대화 상대에게 말하고 있어야 합니다. 나는 진리 자체이신 분 앞에 직접 드러나야 합니다.

시편은 그러한 아룀으로 일종의 통일성이 형성될 수 있음을 보여줍니다. 이를 '미학적' 일치라고 부른다면 아우구스티누스의 목적과 실천의 핵심을 놓칠 수 있습니다. 이는 최상의 현재 상황에서 정점에 달하는 개념의 진전 내지 경험의 축적이라는 단순한 기록으로 쉽게 환원될 수 없는 그런 일치입니다. 아우구스티누스는 『고백록』 10권에서 자신의 현재 상황이 내적 평온함 내지 덕의 성취로 인한 안정기와는 완전히 거리가 멀다고 분명히 표현합니다. 유명한 부분이죠. 아마 이 일치라는 것은 어조나 음색의 일관성에 보다 가까울 것입니다. 나는 그 내용이 앞으로 어떻게 될지 전혀 알지 못합니다. 다만 내가 아는 것은 그것이 하나님의 목적에 부합하도록 노래되기 위해서 무엇이 중요한지입니다. 만일 앞으로의 노래들이 하나님과 솔직하고 정직하게 관계한다면 하나님은 하나님이 기뻐하시는 대로 그것을 형성해 가실 것입니다. 이 땅에서 그 형태를 보게 될지 여부와 상관없이 말이죠. 우리가 하나님이신 텍스트를 희미함 없이 읽게 될 곳은 천국입니다—말씀이신 분 곧 아들의 급진적인 사랑이요, 동시에 질서 있는 창조 세계이자 또한 성서인 텍스트를 말이죠(『고백록』 13.15.18).

시편 찬송의 구조는 『고백록』이 '자서전'인 이유와 '자서전'이 아닌 이유를 설명해 줍니다. 『고백록』은 이 사람의 과거를 빠짐없이 설명하려 하지 않으며, 자신에게 유리하게 자기 정당성을 입증하려 하지도 않습니다. 다만 한 편의 시편에서 발견되는 통일성 같은 것이 있는 글을 쓰려 한 것입니다. 이는 왜 갑자기 결론부를 시간, 창조, 삼위일체와 같이 가장 광범위하다고 할 만한 주제들로 변덕맞게 화제를 돌렸는지 그 이유를 설명해 줄 수 있습니다. 저 이야기의 통일성을 창조하는 과정에서 우리에게 이해될 수 없는 것들을 이해해야 할 의무는 없습니다. 시간 속에 펼쳐지는 저 이야기의 끝에 가서야 닿을 수 있는 판단을 미리 예측해야 할 의무도 없습니다. 다만 우리는 하나님께 인격적으로 아뢰고 인간의 욕구와 실패의 민낯을 보면서, 시편을 노래하는 목소리의 '음색'에 계속 충실하면 됩니다. 이 점을 『상해』에서 반복되는 주장과 나란히 두면, 어떻게 이 점이 우리 개개인의 이야기를 예수님의 이야기와 동일시하기 위한 처방이기도 한지를 볼 수 있게 됩니다. 예수께서 우리의 객관적인 유죄함과 동일시되신 것처럼 우리가 그저 즉각 예수님의 객관적인 무죄하심에 동화된다는 말이 아닙니다. 이 두 이야기를 동시에 붙든다는 것은 인간이라면 예외 없이 짊어지게 되는 타락하여 발버둥치는 조건을 그리스도께서 받아들이셨듯이 우리도 받아들인다는 것입니다. 그리고 이러한 동일시 속에서 이야기된 인간적인 신자의 삶은 하나님에 대한 하나의 표지가 됩니다.

결론

저는 아우구스티누스의 사상을 체계화하려고 하였습니다. 물론 아우구스티누스는 그렇게 하지 않았습니다만, 그의 저술과 설교들, 특히 4세기 끝자락의 십 년 간 쓴 글들은 서로 연결될 수밖에 없습니다. 이 글들은 은총에 관한 교리, 그리스도에 관한 교리, 표지와 성사에 관한 교리, 시편 기도에 나타난 자신을 점검하는 겸손의 실천 사이에서 식별될 수 있는 가장 명확한 연결점들을 제시합니다. 아우구스티누스의 신학적 강해는 그리 체계적이지 않습니다. 그래서 우리는 그와 함께 그가 만든 연결점들을 따라서 작업해야 합니다. 이러한 수고는 적어도 그가 저술하고 설교한 것들 안에 있는 이 주제들의 불가분성을 명확하게 하며, 그가 이야기한 교리를 그의 목회 활동과 분리하여 추상화하지 못하게 합니다. 제가 앞서 넌지시 비췄습니다만, (그가 말한 대로) 시편이 어떻게 '그를 형성했는지'를 이해하고자 노력한다면, 『신국론』과 『삼위일체론』의 핵심 주장 중 일부를 더 잘 읽어 낼 수 있습니다.

이미 언급했던 『고백록』의 거의 마지막 부분에서(13.15.18), 아우구스티누스는 천사들이 하나님을 찬미하는 모습을 상상합니다. 우리가 물질로 이루어진 텍스트 속에서 판독해 내야 하는 하나님의 의도들을, 천사들은 아무런 문제없이 '읽어' 냅니다. 천사들은 그렇게 읽음으로써 무엇을 선택하고 어떻게 사랑하는지를 압니다. 아우구스티누스는 이를 *Legunt, eligunt, et diligent*라고 표현했습니다. 즉 '그들은 읽고, 선택하고, 사랑한다'라는 뜻인데 번역하면 언어유희를 살릴 수 없습니다. 아우구스티누스는 여기서 천사들에 대해 논하고 있지만, 시편을 노래하는 단순한 행위와 관계된 이러한 분석은 우리에게도 똑같이 적용될 수 있는 세 가지 행동을 제시합니다. 이는 기억하기도 쉽고, 일단 우리가 적절하게 읽는 기술을 배우기만 하면 됩니다. 일단 예배 가운데 그리스도의 몸의 목소리를 우리 자신의 목소리로 만드는 법을 발견하면, 우리는 ('기호'signs, 표지의 세계에 갇히지 않고) 하나님을 선택하기 위해 읽습니다. 그리고 아버지를 사랑하기 위해, 그리고 그리스도의 몸을 사랑하기 위해 읽습니다. 아버지는 그리스도의 몸이 은혜로 말미암아 항상 아뢰고 있는 대상이십니다. 그 몸에는 역사에서 드러난 불완전함과 갖가지 인간적인 욕구들이 있지만, 우리는 소망으로 특징지어진 공동체의 삶 속에서 우리에게 가능한 유일한 완벽함을 발견합니다.

시편의 독자로서의 아우구스티누스에 대한 연구는 풍성하고 방대하게 계속되고 있습니다. 1971년 윌리엄 밥콕william Babcock의 예일 학위 논문에서부터,[15] 특히 『상해』를 참고하여 중보자로서의 그리스도를 인간 주체가 지닌 기억의 '중재적'mediatorial 기능과 관련시킨 최근 케임브리지 학위 논문에 이르기까지,[16] 아우구스티누스의 주해를 연구하는 학자들은 이 설교들을 아우구스티누스의 그리스도론(이 책 7장과 8장에서 더 상세히 다루고 있습니다)과 주해 방식을 연구하기 위한 하나의 중요한 열쇠로 본다는 점에서 일치합니다. 미하엘 피드로비치Michael Fiedrowicz는 1997년 출간한 권위 있는 연구서에서,[17] 그리스도께서 시편 속에서 우리의 모습persona으로 말씀하심에 대한 핵심 개념

---

15 "The Christ of the Exchange: A Study in the Christology of Augustine's *Enarrationes in Psalmos*."

16 Kevin Grove, "Memory and the Whole Christ: Augustine and the Psalms" (Cambridge PhD thesis, 2015).

17 *Psalmus vox totius Christi: Studien zu Augustins Enarrationes in Psalmos* (Freiburg: Herder, 1997).

을 아주 상세히 논합니다. 그러니까 언제나 시편 텍스트는 그 몸이 겪는 모든 경험과 고통을 취한 머리이신 분의 목소리로 말하고 있는 교회 전체라는 논의입니다. 영어권에서는 마이클 캐머런의 작업이 특히 중요합니다. 캐머런의 작업에는 각주 2에서 언급한 논문과 더불어 아우구스티누스의 비유적figurative 주해 방식을 다루는 몇몇 논문과 포괄적인 책도 있습니다.[18]

이러한 연관성들이 갖는 신학적 중요성과는 별개로 강조되어야 할 방법론적인 요소도 있습니다. 앞서 이 책 1장의 결론부에서 다루었듯이, 아우구스티누스가 전례적 맥락에서 교사로서 작업했다는 사실을 잊는다면 우리는 아우구스티누스를 오독할 것입니다. 오리게네스와 같은 몇몇 초기 그리스도교 주해가들과 대조적으로, 그에게는 다른 해석자들을 전문적으로 훈련시키는 '학파' 같은 것이 없었습니다. 그는 성서를 연구하고 상해할 때 다양한 무리를 맡은 목회자로서 그렇게 한 것입니다. 정교회 학자인 앤드루 라우스Andrew Louth는 "'순례하는 마음': 시편 해석자로서의 아우구스티누스"Heart in Pilgrimage": St Augustine as Interpreter of the Psalms라는 강연에서[19] 아우구스티누스가

18　Michael Cameron, *Christ Meets Me Everywhere: Augustine's Early Figurative Exegesis* (Notre Dame, IN: University of Notre Dame Press, 2012); 특히 "The Christological Substructure of Augustine's Figurative Exegesis", in *Augustine and the Bible*, ed. Pamela Bright (Notre Dame, IN: University of Notre Dame Press, 1999), pp. 74-103과 "*Totus Christus* and the Psychagogy of Augustine's Sermons", *Augustinian Studies*, 36.1 (2010), pp. 59-70.

19　*Orthodox Readings of Augustine*, ed. Aristotle Papanikolaou and George E. Demacopoulos (Crestwood, NY: St Vladimir's Seminary Press, 2008), pp. 291-304.

목회적 인도자로서 작업했음을 보이려고 설교 한 편을 자세히 읽어 냅니다. 라우스가 말하는 아우구스티누스의 목표는 신학을 진공 상태에서 정교하게 다듬는 것이 아니라, 신자들로 하여금 시편의 문장을 그들 자신의 것으로 만들 수 있게 하는 것, 즉 신자들이 자기 자신의 염려와 불안을 가져와서 시편을 말할 수 있게 하는 것이었습니다. 그리고 여기서의 핵심은 그리스도께서 먼저 시편의 언어를 자기 **자신의** 것으로 삼으셨음을 아는 것입니다. 이 시편이 '자비와 심판'을 함께 말할 때, 우리는 그리스도 밖에서 나뉘어 있었던 것들이 그리스도 안에 한데 모여 묶임을 되새기게 됩니다. 그러므로 우리는 그리스도 안에 살기 때문에 자비에 대해서뿐만 아니라 심판에 대해서도 노래하는 것이 가능합니다. 자비의 소망이 굳건하더라도 미래에는 심판 앞에 설 것임을 또한 알기에, 하나님의 용서와 은혜를 구하는 것이 가능한 동안 그것들을 구해야 하는데, 지금이 그런 때이기에, 현재 우리는 하나님의 자비를 노래합니다. 그리스도 안에서 현재와 미래는 한데 모입니다. 그래서 우리는 자비와 심판 모두 안에 '거할' 수 있습니다. 그래서 우리는 하나님의 자비를 찬미하는 중에도 심판을 잊지 않으며, 마치 하나님께서 자비를 약속하지 않으셨다는 듯이 심판을 두려워하지도 않습니다. 핵심은 설교의 **목회적** 목표가, 우리는 그리스도께 결합되고 그리스도는 우리 인간의 목소리를 취하신다는 명확한 신학적 원리와 분리될 수 없다는 것입니다. 우리가 아우구스티누스를 이해하려 한다면, 라우스가 말했듯이, 이렇게 목회적 가르침과 신학적 통찰 사이의 경계를 허무는 그에게 귀를 기울여야 합니다. 다시 한번 반복해서 말하면, 그저 아우구스티누스의 작품 표면만 보고 그를 순전히 이론적인 사상가로만 읽는다면, 심지어 그의 글 중 가장 '사변적인' 글을 다루더라도 글의 온전한 깊이가 드러나지 않는다는 점을 주의해야 합니다.

아우구스티누스가 남긴 설교에 대해 생각하다 보면 그것이 그리스도교의 형성에 영향을 끼친 만큼 그의 수사학적 이해 및 설득의 기술까지 고찰해 보게 됩니다. 그래서 우리는 그가 실제 가르치는 과정을 가장 광범위하게 다룬 『그리스도교 교양』에서 그가 이에 관하여 이야기하려던 것 중 일부를 살펴보는 쪽으로 나아가는 게 적절할 것입니다. 『교양』의 처음 세 권은 『상해』에 실린 여러 설교와 동일한 시기, 그러니까 『고백록』을 기록하기 바로 전에 썼습니다. 『교양』은 그리스도인의 마음이 형성되는 것에 대해 다루는 논문으로, 아우구스티누스가 가장 지속적으로 생각했던 성서의 언어와 이 언어가 지닌 다양한 의미에 대한 내용도 일부 들어 있습니다. 뿐만 아니라 언어의 본질 자체에 대한 여러 중요한 생각의 밑그림도 그리고 있습니다—이는 말과 표지에 대한 보다 이른 시기의 이론들, 특히 『교사론』*De Magistro*에서 발견되는 이론에서 상당히 진전된 것입니다. 『교사론』에서 아우구스티누스는 말로부터 실제 배울 수 있는 것이 전혀 없다고 주장합니다. 즉, 우리는 살아 있는 진리, 곧 하나님께서 내면에 가르치신 것들을 바라봄으로써 진리를 배운다는 것입니다. 단어는 단어가 지시하는 대상과 필연적인 관계가 없습니다. 우리는 이미 관찰하여 알게 된 대상을 단어에 연결하도록 배운 것이죠.

아우구스티누스에 따르면, 이는 단어가 기껏해야 정신의 내용을 가리키는 지칭어라는 의미입니다(『교사론』33이하: "기호는 사물에 관한 우리의 인식으로부터 익힌 것이다"). 만일 우리 스스로 저 내용에 접근할 수 있다면, 우리에게는 정보를 실어 나르기 위한 단어가 필요 없습니다. 그래서 정신의 내용에 직접적으로 접근해서 앎으로써 언어를 대체하는 상태가 이상적인 상황으로 보입니다. 우리가 세계에 있는 개별적 대상들이 아닌 실재들에 대해 생각하고 있다면(예를 들어 보편자들), 우리는 하나님께서 우리 안에 심어 놓으신 비물질적 실재들에 대한 본유적인 인식에 의존하여 생각하는 것입니다. 이 모델은 『교양』을 저술할 때까지 많이 수정되었습니다. 이렇게 점차 수정하게 된 중요한 요인 중 하나는 아우구스티누스가 설교자로서 성서의 언어들과 씨름한 경험이었다고 결론 내릴 수 있을 것입니다. 이후에도 살피겠지만 『교양』에서는 표지sign와 사물thing 간의 긴장이 그리스도론과 관련되면서 중요해져서 보다 미묘한 의미가 나옵니다. 즉 그리스도는 최고의 진리이자 실재이면서 또한 모든 다른 표지가 수렴되는 표지라는 것, 인간의 말과 이해 속 모든 의미의 맥락이시라는 것입니다. 그리스도께서 무조건적인 사랑으로 기꺼이 자신을 비우심으로써 세상에서 하나님을 가리키며 선명하게 보여 주심을 우리가 이해할 때, 한편으로 우리는 모든 표지를 하나님의 사랑을 가리키는 것으로 읽는 방식을 배우며, 다른 한편으로 우리가 그리스도의 '자기 비우심'을 따라 하나님의 '표지'가 될 수 있는 방식을 배웁니다.[20] 다음 장에서 말씀드리겠지만, 언어에 관한 아우구스티누스의 생각은 이제 단지 그리스도론이 아니라 구체적으로 십자가에 못 박히신 그리스도에 관한 신학에서 형성됩니다. 그리스도께서 인간이 겪는 고통을 자신의 것으로 삼으신 『시편 상해』에서의 신학과 완전히 일치하는 결론입니다.

<hr/>

20 이 주제에 대한 최근의 정교한 논의는 다음을 참고하십시오. Susannah Ticciati, *A New Apophaticism: Augustine and the Redemption of Signs* (Leiden and Boston: Brill, 2013). 특히 5장과 6장을 보십시오.

3

언어, 실재, 욕망
그리스도인 형성 과정의 본성

그리스도교 교육(현대적 의미에서의 '교리'가 아닌)을 다룬 논문인 『그리스도교 교양』*De Doctrina Christiana*은 그리스도교에서 해석학을 다룬 최초의 논문으로 일컬어집니다. 이는 단순히 성서 주해나 주해에 필요한 기술에 대해 논하는 게 아니라 낯선 언어와 문화로 된 생경한 텍스트를 이해하는 방식 전반을 다루고 있습니다. 그리스도교의 경전이 고대 말 지성인들에게 **얼마나** 이상했을지는 다른 그리스도교 문화권에서 자란 사람은 거의 상상하지도 못할 정도입니다. 아우구스티누스는 당시 '교양 있는 사람들'의 관점에서 틀림없이 반문화적이었을 내용이 담긴 문헌에 대해 쓰고 있습니다. 북아프리카인들이 보는 성서의 라틴어는 우리 대다수에게 래스터패리의^{Rastafarian}* 독특한 종교 영어가 그러하듯 당시 지식인 독자들에게 괴이했을 것입니다.

여기에는 탐구해 볼 만한 여지가 많이 있습니다―어떤 종교 공동체에 특수화된 언어의 기능과 영향에 대해서, 이러한 점이 외부에서 이 공동체를 인식하는 방식에 어떤 영향을 미치는지에 대해서, 특히 공동체에 속한 각 개인이―아우구스티누스처럼―이러한 이중 언어를 구사하고 이중 문화에 거주하는 것이 어떻게 가능한지에 대해서 말이죠. 하지만 지금 우리가 다룰 주제는 이렇게까지 어마어마하지 않습니다. 『그리스도교 교양』(이하『교양』)에서 해석에 관한 아우구스티누스의 설명은 실재와 재현, 즉 사물^{res}과 표지^{signum}의 관계라는 단일한 주제에 대한 다양한 변주곡 모음이라 할 수 있습니다. 저는 그저 이를 개괄적으로, 현대적 관심과 적실성이 어느 정도 있을 법한 이러한 도식의 한두 가지 측면을 살펴보려 합니다. 저는『고백록』 Confessiones에 일찌감치 나오고[1] 특히『교사론』De magistro에 전개되는 언어에 대한 이 성인의 사유 전체를 자세히 다루진 않을 것입니다. 또한『교양』에 담긴 사상의 배경을 면밀히 따져 보지도 않을 것입니다(이미 다른 사람들이 한 훌륭한 작업이 있습니다[2]). 저는 여기서 언어에 대한 아우구스티누스의 사유(매우 신학적으로 조건 지어져 있으면서

- 1930년대 자메이카에서 시작된 신흥 종교. 야(Jah)를 숭배하는 유일신교로 기존 그리스도교의 어휘와 개념을 차용, 변형하여 사용합니다.

1 예를 들어,『고백록』1.8.

2 중요한 연구로는 R. A. Markus, "St Augustine on Signs", *Phronesis*, I.I, pp. 60-83 이 있습니다. 또한 R. Lorenz, "Die Herkunft des augustinischen Frui Deo", *Zeitschrift für Kirchengeschichte*, 64, pp. 34-60과 O. O'Donovan, "*Usus* and *fruitio* in Augustine, *de doctrina christiana I*", *Journal of Theological Studies*, n.s.33, pp. 361-397도 보십시오.

또한 학술적인 자신의 언어 이론들과 긴장 관계에 있는)의 몇 가지 특징을 개괄하는 것으로 『교양』을 읽어 가려 합니다. 아우구스티누스의 글들이 대개 그렇듯, 그 자신은 딱히 철학적이라고 의식하지 않았던 생각들이 우리에게 아주 철학적인 흥미를 불러일으킵니다.

아우구스티누스는 "표지를 통하여 사물을 익힌다"라고 말합니다(『교양』 1.2). 사물이란, 무엇보다도 다른 무언가를 의미하는 기능으로 그 존재가 결정되지 않는 것입니다. 사물은 바로 그 사물이지, 어떤 재현 체계에 속한 것이 아닙니다. 물론 사물도 그러한 체계의 일부가 **될** 수도 있고, 사물인 동시에 표지일 수도 있습니다. 그리고 **실제로** 나타내는 기능에 의해 그 존재가 전적으로 결정되는 사물들도 있습니다―단어(말소리의 결합체)가 그렇습니다. 단어의 실재는 그 단어 너머를 가리키는 일과 긴밀히 관련되어 있습니다(물론 이것은 관습입니다. 말소리의 결합체는 본질적으로 공기의 진동이고 본유적으로 무언가를 나타내는 게 아니라는 점에서 여전히 사물입니다). 이는 완전히 새로운 생각도 아니고,[3] 언뜻 보기에 그리 정교한 묘사도 아닙니다. 재현 체계와 무관하게 정의될 수 있는 사물이라는 개념에는 명백한 문제가 있습니다. 아우구스티누스는 단어와 사물이 맺는 관계의 임의성과(『교양』 2.1, 2) 자연적―의도적이 아닌―표지와 까닭 없이 같은 것을 지시하는 관습적 표지의 차이를 주장하면서

---

3   이는 『교사론』 4권과 8권에 개괄되어 있습니다. Markus, "St Augustine on Signs", pp. 60–63은 표지〔기호〕(signs)에 대한 고전적 논의를 요약하고 있으며, 표지〔기호〕에 대한 아리스토텔레스의 정의를 그 존재 자체가 다른 무언가의 존재에 관여하는 것으로 설명합니다.

도, 이러한 문제에 대한 설명을 내놓지는 않습니다.[4] 하지만 아우구스티누스는 앞선 고대 학자들과는 달리 표지에 관한 학설이 언어에 관한 보다 일반적인 이론으로 가기 위한 단계라고 주장했으며, 이를 자기 고유의 특수한 주제와 융합시키는 데까지 나아갔습니다. 결국 사물의 세계는 간단하게 정의되지 않습니다. 한 분석에 따르면 자기 외에 다른 어떤 것에 대해 '말하거나' '알리지' 않는 사물도 있습니다. 하지만 인간 존재가 인지적인 삶만 사는 것은 아닙니다. 우리는 의지와 사랑의 주체로서 세상 속에서 활동하며 세계와 관계를 맺고, 각각의 사물은 우리의 의지와 사랑에 따라 두 가지 방식 중 하나로 작동합니다. 즉, 사물은 '향유'되어야 하는 것, 완전히 그 자체로 만족을 주는 것, 또 다른 측면의 해석이 이어지거나 요구되지 않는 것일 수도 있습니다. 혹은 '사용'되어야 하는 것, 보다 궁극적인 만족을 위한 수단, 그 자체 너머의 다른 무언가를 의미 또는 '의도'하는 것일

---

4   아우구스티누스는 표지(기호)가 사물의 자연스러운 인상이라는 스토아주의의 학설을 피하고자 했습니다. 그는 단어를 표지(기호)에 포함시킴으로써 기호학이 일종의 자연주의적 결정론으로부터 벗어나기 위한 매우 중요한 걸음을 내디뎠고, 언어와 의미를 보다 문화적인 방식에서 설명할 수 있는 여지를 주었습니다. 움베르토 에코(U. Eco)는 이 점을 지적하지만, 아우구스티누스가 그 자신이 열어 놓은 길을 따르길 거부했다고 고찰합니다(*Semiotics and the Philosophy of Language* [London: Macmillan, 1984], pp. 33 이하. 『기호학과 언어철학』, 김성도 옮김[파주: 열린책들, 2009]). 이는 상당 부분 타당한 설명입니다만, 저는 여기서 아우구스티누스가 에코가 생각했던 것보다 상당히 더 멀리 나아갔음을 주장하려 합니다―적어도 아우구스티누스의 기호학을 『교양』에서의 신학적 계획과 밀접히 연관하여 읽는다면 말이죠. 저는 존 밀뱅크(John Milbank)의 논문 "Theology Without Substance: Christianity, Signs, Origins: Part One", in *Literature and Theology* Volume 2, Issue 1 (March, 1988), pp. 1-17에 많은 빛을 지고 있습니다. 에코의 견해에 대한 논의는 "Part Two", Volume 2, Issue 2 (September, 1988), pp. 133-152를 보십시오.

수도 있습니다. 그리고 아우구스티누스는 향유하는 일과 사용하는 일을 하는 사물들—주체들—이 있다고 덧붙입니다—중요한 덧붙임입니다. 아우구스티누스는 '의미하는 일'을 이중적인 일이 아니라 삼중적인 일로 상정합니다. 즉, 표지가 무언가를 의미할 때 누구를 위해 의미하는지도 연루된다는 것이죠. 우리는 의미 작용에 관한 논의가 의미 내지 '의도' 내지 이해에 관여한 존재들에 관한 논의이기도 하다는 점을 지나칠 수 없습니다.[5] 따라서 향유*frui*와 사용*uti*의 구별이[6] 사물-표지의 구별에 덧붙여지게 되며(1.3), 이는 『교양』 전체에 녹아들어 있습니다. 그것은 아우구스티누스가 언어에 대해 해야 할 말과, '의미'를 발하는 존재 및 그러한 존재의 근원적인 욕망하는 본성에 대해 해야 할 말을 연결시키는 수단입니다—이러한 연결 방식은 분명 『교양』의 가장 독창적이고 흥미로운 특징입니다.

그리스도인에게 하나님은 지고의 사물입니다(1.5). 하나님만이 다른 어떤 것에 의해 결정되지 않고, 어떤 기능으로 국한되지 않으며, 어떤 맥락이나 해석도 필요 없는 스스로 계신 자what he is이십니다. 하나님은 모든 것의 '맥락'이시며, 엄밀한 의미에서는 역설적이게도 전혀 사물이 아니시며, 어떤 계열에 속한 존재가 아니십니다(후대의 신학 전통에서는 이를 *non aliud*다른 무언가가 아닌라고 표현합니다). 하나님

---

5   Markus, "St Augustine on Signs", p. 72는 이를 매우 명료하게 드러냅니다.

6   이에 대해 볼 수 있는 자료로는 Lorenz, "Die Herkunft des augustinischen Frui Deo"와 로렌츠의 결론에 단서가 되는 O'Donovan, "*Usus* and *fruitio* in Augustine, *de doctrina christiana I*", pp. 365-367이 있습니다.

은 모든 명명※※ 너머에 계십니다(1.6). 아우구스티누스가 딱 그렇게 말하지는 않았지만, 어떤 표지도 하나님의 존재에 알맞지 않다는 말을 했을 법합니다. 그럼에도 하나님께서는 육신을 입은 말씀 속에서 자신을 하나의 표지로 제시하셨습니다(1.11-13). 하나님 자신의 선수행위로 인해 하나님에 대해 말하는 것이 가능해졌습니다. 우리의 생각이 우리의 말에 나타나듯이, 하나님의 마음이 그리스도 안에 구현되었습니다. 이런 방식으로 우리는 하나님을 진정으로 향유할 수 있습니다. 하나님의 자기-충족하심 안에서 하나님을 인식하고, 응시하며 사랑할 수 있습니다.

하나님은 사물이시고, 하나님의 측면에서 다른 모든 것은 표지입니다. 하나님만이 홀로 향유되어야 합니다. 하나님께 있어, 하나님의 측면에서, 모든 다른 것은 사용되어야 하는 것입니다(1.22). 아우구스티누스도 인식했듯이, 이러한 표현을 곧이곧대로 받아들이면 오해가 생깁니다.[7] 이웃에 대한 적절한 사랑이 하나님께 더 가까이 가기 위해 이웃을 '사용'하는 것이라고 말한다면 어딘가 이상합니다. 그리고 이러한 도식을 하나님께 적용하면 상당한 문제가 생깁니다(1.31). 이러한 어려움이 종종 지적되어 왔습니다. 하지만 우리는

---

7 오도노반의 견해는 이와 상반됩니다(O'Donovan, *"Usus and fruitio* in Augustine, *de doctrina christiana I"*, pp. 383 이하). 그는 아우구스티누스가 향유와 사랑을 동일시하려 했다고 주장합니다(따라서 엄밀히 말하면 향유되지 않은 것은 사랑하지 않은 것입니다). 또한 아우구스티누스가 사용을 이해함에 있어 도구적 의미와 '존재론적' 의미 사이에서 머뭇거렸다고 주장합니다(후자는 단순히 존재의 계층에서 대상의 자리에 관한 것입니다). 저는 후자가 담고 있는 내용에 수긍하지 않는데, 이후의 내용에서 명확해질 것입니다.

피상적으로 읽지 않도록 주의해야 합니다. 아우구스티누스는 애매하고도 도전적인 개념을 의도적으로 여기에 가져오고 있습니다. 우리의 최종 목적은 자기-충족적인 진리와 실재를 향유하는 것입니다. 이를 언뜻 보거나 직관한 것이 모든 이해와 모든 지적인 삶을 조금이라도 가능하게 만드는 것이기에, 우리는 이보다 더 좋은 것이 있다는 생각을 할 수 없습니다(1.11).[8] 따라서 우리의 최종 목적은 전혀 우리에게 달려 있지 않은 것 혹은 우리의 방식으로 정의되지 않는 것을 응시하는 것입니다(오히려 이것이 우리를 정의해야 합니다). 그래서 이러한 목적을 위해 이기적인 방식으로 사랑해야 할 대상을 사용할 수는 없습니다. 이웃 사랑과 자기 몸에 대한 사랑을 '사용한다'는 것은 다만 그러한 사랑 속에서 대가를 바라지 않는 혹은 사심 없는 애정_dilectio_이 시작될 수 있게 하는 것, 여타 그런 식의 사랑이 그 이상으로 훨씬 더 나아가는 발판이 되게 하는 것입니다. '사용'은 유한한 사람 또는 대상을 대하는 태도, 그 대상의 관점에서 내 의미를 상상하고 내 관점에서 그 대상의 의미를 상상하며 그 대상을 욕망의 목적처럼 다루는 태도를 경계하기 위한 말입니다. 유한한 대상이 내 욕구를 만족시킬 수 있다는 태도가 오히려 그 대상의 의미를 말소하고 맙니다.[9] "만약 당신이 그것을 기쁨의 전부이자 궁극

---

8 영원하고 불변하는 진리에 대한 암묵적인 때로는 의식적인 인식에 대한 모든 지적인 지각의 의존성에 대해서는 『고백록』 7.10.17, 『자유의지론』(_de libero arbitrio_), 2.12.33-34를 보십시오.

9 『고백록』 4.4-9에서 아우구스티누스는 다른 인간 존재의 궁극적 의미와 자기 자신의 의미가 서로를 정의하는 듯이 다른 인간 존재를 사랑하는 것의 함정을 제시합니다.

의 기쁨으로 여기고 저 기쁨 안에 정착하여 그 안에 머무른 것이라면, 그렇다면 엄밀한 의미에서 실제로 당신이 그것을 향유하고 있는 것이라고 말할 수 있습니다"(1.33). 사랑의 대상이 유한하다는 이유로 욕망을 중단하는 것은 타당하지 않습니다. 다만 우리가 받은 것으로 여전히 형성되고 변화되는 여정 가운데*in via* 있을 때, 우리의 탐구를 결론 내리는 것은 자신과 다른 이들을 파괴하는 것만큼이나 몹시 부조리합니다(1.33).

『교양』의 첫 권에서는 도덕적, 영적 오류를 수단과 목적을 혼동한 측면에서 정의합니다. 하나님 홀로 욕망의 목적the end of desire이십니다. 이는 우리가 거주하는 세계에 어떤 최종성도, '종결성'도, 안정적인 의미나 본유적인 의미도 없음을 함의합니다. 그리고 하나님은 여러 대상 중 하나가 아니시며, 여러 표시points와 연결된 세계에 계신 하나의 표시도, 여러 표시가 자연스럽고 분명하게 스스로를 조직하는 측면의 세계에 계신 하나의 표시도 아닙니다―'세계 안에서' 하나님을 완전히 투명하게 가리키는 하나의 '표시'가 있다는 사실을 제외하면 말입니다. 그것은 바로 성육신한 말씀입니다. 표지가 **아닌** 다른 것으로 착각할 수 없는 하나의 권위 있는 표지가 있습니다. 예수님의 삶, 죽음, 부활은 세계 역사 속에 있는 사물이지만 또한 독특한 의미에서 표지이기도 합니다. 예수님의 삶, 죽음, 부활은 하나님의 발언이며, 그래서 우리의 발언처럼 예수님의 삶, 죽음, 부활은 그것들이 가르치는 바, 그것들이 가리키는 바에 의해 정의됩니다. 땅에 계시지만 순전히 땅에만 있는 대상으로 생각하고 그런 대상으로 향유된다고 오해할 수 없는 사물이 있습니다. 이 사물은 '사용'의 대상으로 완전하고 권위 있게 드러나시기 때문에 우리가 역사 안에서 이를 붙들고 있는 한 궁극적인 향유로 우리를 이끌어 가실 수 있고, 이끌어 가십니다. 이와 같이 하나님께서 우리의 역사에 현전하시는 방식이 우리가 역사 밖으로 나갈 수 있다거나 역사를 멈춰 세울 수 있다는 교만한 망상으로부터 우리를 지켜 줍니다(그리고 우리는 성육신을 다루는 『교양』 1권의 상당 부분을 밀접하게 반향하고 있는 『고백록』 7권에 나오는 플라톤주의자들에 대한 비판과 이를 비교해 볼 수 있습니다). 말씀이 육신을 입으신 것은 영원한 진리가 세상의 일부를 장악하는 것 같은 역사의 용해가 아닙니다. 아우구스티누스가 언급하듯이(1.12), 하나님은 하나님이 전에 계시지 않았던 곳에 오신 것이 아닙니다. 오히려 성육신은 세계 자체가 '표지' 내지 이를 만드신 분의 흔적이라는 본질적 특성을 나타내는 사건입니다. 그것은 영적인 눈이 통상 지각해야 하는 것을 드러내기 때문에, 표상이라는 변동하고 유동적인 영역 안에 우리의 정체성이 있으며 최종적이지 않고 성장과 배움이 있다는 점을 단호하게 지적합니다. 모든 창조가 하나님의 말씀으로 되고 하나님께 '의미'를 부여받기 때문에, 그 자체로는 아무런 의미가 없습니다. 우리가 이를 이해하지 못하면, 우리는 배우고 욕망하는 과정을 차단한 채 피조계 안에서 최종적인 것들을 찾거나 스스로 만들어 냅니다. 그리스도의 은총에 의해, 우리가 완전히 표지들의 세계에 살고 있음을 알 때에만, 이성적인 피조물의 운명인 쉼 없는 상태에서 자유롭게 됩니다.

말씀이 육신을 입음으로써 육신적 존재의 본성을 말로, 표지로, '사용'의 편만함으로 확립합니다. 다시 말해 우리는 의미가 쉼 없이 유동하는 세상에 삽니다. 모든 말과 그 말들이 이름하는 모든 대상은 더 넓은 맥락에 대해 말하게 됨으로써 그 자체를 넘어 확장될 수 있으며, 그래서 우리가 파악하거나 체계화하거나 (파악과 체계화가 어우러져) 우상화하려는 시도에 계속 머무르기를 거부합니다. 아우구스티누스가 논의 가장 초반에 언급했듯이(1.2) '나무, 돌, 짐승'은 모두 일견 사물입니다. 하지만 모세가 물을 달게 만든 나무 조각, 야곱이 천사의 환상을 볼 때 머리를 베고 누운 돌, 아브라함이 자기 아들 대신 도살한 짐승도 있습니다. 사물이 언제나 "표지인 것은 아닙니다"(1.2). 하지만 그리스도의 빛에 비추어 볼 때, 어떤 사물도 홀로 남을 수 없습니다. 사물은 사용될 수 있고, 그래서 표지가 될 수 있습니다. 사물은 그것이 아닌 것을 의미할 수 있습니다.[10]

『교양』 2권에서는 이 모든 것을 성서에 적용합니다. 아우구스티누스는 1권에서 성서를 그리스도의 사역에서 주로 파생된 것, '사용'해야 할 독특한 대상으로 상정합니다. 우리가 사랑 안에서 온전히

---

10 이는 에코의 결론들에 단서를 달도록 만드는 지점입니다. 아우구스티누스의 작업은 여전히 개별화된 실체들이 서로를 지칭하거나 가리키는 기호의 세계로 작동합니다. 하지만 일반적으로 인정되듯이, 대상이 표지의 영역으로 흡수될 수 있는 방식은 '지시의 비애매성' 이상의 것을 암시합니다. 통속적으로 보면, 단어는 어떤 대상을 지시하며, 그 대상은 또 다른 대상을 지시합니다(숫양이 이삭을 '의미'하듯이). 하지만 숫양이 이삭을 지시하고 이삭을 통해 그리스도를 지시하는 것의 요지는 정보나 수사학적 장식이 아니라 경고입니다. 즉, 그리스도교의 카리타스(*caritas*: 사랑)에 관한 '문화'와 별개로 '숫양'이라는 단어가 정확히 무엇을 의미하는지, 모리아산의 숫양이 무엇을 의미하는지를 우리가 안다는 가정에 대한 경고입니다.

이루었다면, 우리에겐 성서가 필요 없을 것입니다(1.39) ─ 즉, 우리가 창조 질서를 '읽는' 방식을 안다면, 성육신이 필요 없었을 것이라는 말과 같습니다(1.12). 이렇듯 성서는 우리가 적절히 읽을 때 우리 안에 적절한 사랑과 즐거움을 불러일으킵니다. 우리를 유효하게 진척시키는 수단에 어울리는 즐거움입니다(1.35). 이와 같이 성서는 그리스도에 버금가는 최고의 표지입니다. 2권에서는 우리의 연구에서 성서의 실천적 영향력에 대해 고민합니다. 표지가 다양하기에, 우리에겐 이것들을 읽는 기술이 필요합니다. 따라서 이러한 논의의 대부분은 필수적인 언어적, 의미론적, 역사적 기술skills을 다룹니다. 하지만 앞서 다룬 내용에 비추어 볼 때, 가장 중요한 부분 중 하나는 2권 초반에서 결론 없이 꽤 어색하게 마무리된 곳입니다(2.6). 성서는 '모호함과 애매함'으로 가득 차 있어서, 경솔한 독자에게는 열려 있지 않습니다. 만일 성서가 저편에 있는 궁극적 사물─삼위일체─을 가리키기 위한 것이라면, 왜 그러한 어려움이 만연해 있을까요? 이에 대한 아우구스티누스의 대답의 핵심은 우리가 재빨리 쉽게 발견한 것에는 적절한 가치를 부여하지 않는다는 점입니다. 이는 고대의 수사학이나 교부 신학에서 익숙한 주장이기도 합니다만,[11] 모호함이 풀릴 때 즐거움이 생긴다는 또 다른 상당히 표준적인 주장과 결합된 것이기도 합니다. 아우구스티누스는 이렇게 말합니다. "나는 왜 그런지는 잘 모르지만 사람들에게서 오류를 깨물어

---

[11]   예를 들어, Gregory Nazianzen, *Second Theological Oration* (*Oration* 28), § 12.

끊어 놓는 교회의 치아로 성인들을 보면 그들을 더 적절히 이해하게 됩니다"(2.6) ─ 아가서의 한 구절인 "네 이는 양 떼 같구나"(4:2)를 알레고리적으로 해석했다고 볼 수 있습니다. 이렇게 직유로 표현할 때 추가적인 정보를 얻는 것은 아닙니다. 그럼에도 아우구스티누스는 자신이 그 이유는 모르겠지만 이러한 것이 더 감미롭게*suavius* 읽힌다고 말합니다.

아우구스티누스는 어려운 문학을 높게 쳐주는 문화 속에서 살았고, 이러한 그의 말은 후대 사람들에게 성서는 이해하기 어렵고 다의적이며 그 은유가 유동성을 지니는 게 타당하다는 점을 옹호하기 위한 헌장 같은 것이 되었습니다. 성서는 고대 후기의 독자들이 어떤 것에 가치를 두었는지를 보여 주는 전형이 되었습니다. 하지만 아우구스티누스는 성서를 당시 지나치게 지적인 기교를 부렸던 문학 비평을 연습하기에 알맞은 장이라고 칭송하는 것 이상의 일을 하고 있었습니다. 그는 (나중에 작업한) 4권(6, 8)에 자신의 논증을 총괄하면서, 성서로부터 배우는 것이 하나의 **과정**임을 ─ 간파하고 통달하는 득의양양한 순간이 아니라, 도전과 탐험이 넓어지는 활동(이러한 은유들의 반향은 의도적인 것이며, 아우구스티누스의 어휘에 전혀 없는 것이 아닙니다) ─ 확신하고 난해함의 역할을 훨씬 더 강조했습니다. 우리가 보았듯이, 그리스도인의 생활 자체에 성급한 결론의 위험이 늘 도사리고 있습니다. 역사와 언어의 애매함들을 뒤로한 채 욕망의 목적에 다다랐다고 추정하며 성급한 결론을 내리는 것이죠. 성서의 난해함 자체가 이와 같이 인간의 조건에 대한 일종의 비유입니다. 우리는 재빠르고 확실하게 소유한 것을 적절히 향유할 수 없습니다. 이러한 소유는 나태함으로 귀결되고, 결국 그 대상을 업신여기게 됩니다(2.6).

계시의 언어에서 모호함은 우리로 하여금 시간성이라는 조건에 닻을 내리게 하는 것 중 하나입니다. 아우구스티누스가 다른 곳에서도 설명했듯이, 즉각적인 명료함과 투명함을 추구하는 것은 플라톤주의자들이 황홀경이라는 '벗어남의 순간'unattended moments을 추구했던 것과 다를 바 없습니다. 실현 내지 향유를 무기한 연기하는 언어는 영적으로 안주할 정처를 두지 않는 그리스도인의 훈련, 즉 믿는 삶의 순례적인 특성과 어울립니다. 그러나 동시에, 성서는 본향으로 가는 여정을 위한 효과적인 교통수단이기도 합니다. 그리고 성서의 목적은 완전무결하며 대가를 바라지 않는 카리타스caritas: 사랑를 온전하게 하는 것입니다. 인간은 이런 사랑을 위해 지음받았습니다. 그래서 복잡한 성서의 상징을 밝혀내는 일, 모호한 계시를 끝없이 해독하는 일은 도덕과 어긋나지 않도록 통제되어야 하는 일입니다. 이는 오리게네스Origen의 알레고리적 독해 방식이 내비치는 것처럼 성스러운 텍스트의 난해함이 고등한 영혼들의 고상한 오락 거리라는 의미를 내비치지 않습니다.[12] 계시가 타락한 정신에 명료하지 않다는 점을 인식하는 일은 우리를 겸손하게 하며, 겸손은 카리타스가

---

12   오리게네스는 『원리론』(de principiis; 이성효·이형우·최원오·하성수 역주, 서울 : 아카넷, 2014) 1권 서문, 3장, 8장에서 자신의 알레고리적 독해 방식의 기초가 되는 원리들을 제시합니다.

자라나기 위한 필수적인 토양입니다. 사물들things은 다른 어딘가에 분명하게 진술되어 있습니다. 아우구스티누스는 그리스도교 계시의 핵심이 고급 해석학적 기술을 지닌 이들에게만 국한되는 경우는 없다고 인정합니다(2.6). 하지만 명백하게 진술된 것이라 하더라도 그에 대한 수많은 변형이 존재합니다. 이 사실은 우리가 어떤 것을 한번 이해했다고 해서 이것을 순식간에 결정적으로 파악했다고 추정하는 어리석음을 범하지 않도록 주의하게 만듭니다.

아우구스티누스에게 모호성은 기괴함―고대 라틴어 문체나 구약 성서 윤리의 경악스러움―까지 포함된 의미일 수 있습니다. 신앙심 없는 독자들에겐 이런 모호함이 그저 방해 거리일 수 있습니다(4.8). 그리고 이 점이 어쩌면 다행스러운 것일 수도 있습니다. 왜냐하면 이러한 독자들이 본문의 핵심을 놓치기 때문입니다. 핵심은 그리스도께로 회심하는 것이고, 기괴함과 이상함이 다른 한편으로 적어도 어느 정도 회심으로 초대하는 역할을 할 수 있는데 말이죠. 하지만 믿는 자들에게는 이것들이, 입맛에 맞지 않는 불쾌하고 당황스러운 것들로부터 배울 것이 전혀 없다고 가정하며 멀리하는 '결벽증'fastidiousness을 예방해 줍니다(토머스 머튼Thomas Merton이 리지외의 데레사Thérèse of Lisieux 의 글들의 난해함에 대해 말하던 것이[13] 떠오릅니다―이는 젊은 날 자신의 현대적 감수성에 상당한 도전을 가했습니다). 이는 결론을 짓

---

13 *The Seven Storey Mountain* (New York: Harcourt, Brace and Company, 1948;
London: Sheldon Press, 1975), pp. 353-354. 『칠층산』, 정진석 옮김(서울: 바오로딸, 2009).

고 그대로 닫아 두는 우리의 습성에 대한 경고입니다. 우리는 예상치 못한 것으로부터, 선뜻 문화적으로 동조되지 않는 것으로부터 배울 수 있고 배워야 합니다. 애매함과 마찬가지로 기이함은 표현할 수 없는 욕망의 최종 목적에 우리를 계속 열어 두는 역할을 합니다.

우리가 사는 세상은 모든 것이 잠재적으로 표지이고 잠재적으로 언어인 세상, 그것이 무엇인지에 대해 논란의 여지가 없는 사물의 분명한 윤곽을 그리는 것으로 보이는 의미의 경계들이 계속 허물어지고 있는 세상입니다. 아우구스티누스의 주해에 분명히 나타나 있듯이, 명백히 은유적인 무질서로 인해 경계들이 무너지고 있는 것이죠—이 모든 것이 제멋대로인 상대주의에 이르지는 않으며, 자기 자신을 위한 의미 창안력과 수사학을 높게 쳐주는 것도 아닙니다. 상당 부분이 『교양』 2권의 뒷부분, 특히 24-40에서 명료하게 다루어집니다. 우리는 모호함 없이 하나님을 가리키는 저 실재, 창조 세계는 우리가 머물 곳이 아님을 최종적으로 보여 주는 저 실재에 비추어 볼 때에만 사용과 표지가 모든 곳에 편만함을 이해하게 됩니다. 성서 주해는 표면적으로 볼 때 무질서할 수 있습니다—무엇이 무엇을 의미할지를 결코 완전하게 알 수 없습니다. 하지만 **궁극적으로** 주해에서 일어나는 의미의 교환과 대체는 "모든 상징이 바라보는"● 십자가로 수렴됩니다. 2.41은 이를 조금 더 자세히 설명합니다. 즉, 십자가는 제자도 전체를 상징하며, 우리는 이 십자가라는 제자도를 살아 내면

●　리처드 크래쇼(Richard Crashaw)의 시구.

서 그리스도의 카리타스의 깊이와 풍성함을 배웁니다. 십자가는 최종적인 '유월절'이며, 노예 상태와 자유 상태가 분리되는 지점입니다. 다만 오직 겸손으로만 이를 이해할 수 있습니다—아마도 시간과 상징의 영역에서 살며 이를 완전하고 최종적인 것으로 향유하지 않는 법을 배워 온 겸손함, 유월절 이야기에서 보잘 것 없는 식물인 우슬초에 나타난 겸손함일 테지요. 이렇게 겸손하게 받아들이는 사랑 속에 '뿌리내리고 기반을 두면서' 우리는 십자가 속에서 그리스도의 사랑의 넓이를 봅니다. 우리는 이를 앞의 내용 및 거의 같은 시대의 글인 『고백록』 7권과 연결하여, 그리스도의 사랑의 넓이가 바로 아무런 대가를 바라지 않고 역사의 한계들을 받아들이신 그리스도의 수용에 있다고 말할 수 있습니다. 하나님의 영원한 지혜, 곧 유일하게 사물이신 분은 유일하고 전적인 표지가 됩니다. 즉 그것이 아닌 것을 의미하는 땅의 것이 됩니다. 십자가를 바라본다는 것, 그리고 십자가로 우리 자신을 '표시'sign하는 것은 동일한 한계들을 받아들인다는 것이며, 따라서 소망하며 산다는 것입니다—그리고 아우구스티누스는 덧붙이기를 언뜻 보기엔 이상하지만, 이는 성사에 대한 적절한 경외감을 갖는 것이기도 합니다. 만일 우리가 이 말을 영적인 안주나 안정을 위한 근거를 제공하는 것이라기보다, 교회의 상징적인 삶이 교회 자체 너머를 가리키는 것으로 보아야 한다는 추가적인 설명으로 이해한다면 그렇게 이상하지는 않습니다(아우구스티누스는 여기서 도나투스주의자들을 염두에 둔 것 같습니다).

십자가는 특수하게, 그리고 성육신한 삶은 총체적으로, 하나님과 피조물의 연합을 드러내면서 그 사이의 거리도 드러냅니다. 하나님께서는 어떻게 세상에 현전하실까요? 어떤 죽음 속에서, 즉 약함, 무기력, 비존재negation 속에서, 『고백록』 7.18에 나오는 신의 약함infirma divinitas 즉, 우리의 발치에 놓인 약함 속에 현전하십니다. 이것은 성육신하시고 십자가에 처형당한 그리스도의 '공허함'—세상의 측면에서—입니다. 성육신과 십자가는 하나님과의 **차이**를 확증합니다. 그리스도를 최고의 표지로 만드는 것은 이러한 의미와 능력의 공허함입니다. 그가 세상적으로는 '침묵'이시기 때문에 하나님의 발언이신 것입니다. 그는 향유될 수 없는 것이며, 그 안에서 안식할 수 없는 것입니다. 우리는 오직 이를 사용할 수 있을 뿐입니다(우리가 이와 조금이라도 관련되어 있다면 말이지요)—우리는 그것이 우리를 자기-충족적 만족감으로부터, 이미지와 기대로부터 떠나게끔 허용할 수 있을 뿐입니다. 이러한 '반-표상'anti-representation 곧 십자가를 통해 영원한 사물과 이 땅의 모든 표상 사이의 메울 수 없는 간격이 드러났습니다. 선물에 대한 이해 내지 계시에 대한 이해는 이 간격에 대한 인식 속에 묻힙니다. 여기에 그 자체로 또한 오랜 기간 교회의 형성에 미친 영향을 통해 죄 용서 또는 재창조에 대해, 은총에 대해 말하는 사건이 있습니다. 그 사건은 대상이나 사건을 '소유'하려는 태도에 도전하고 세상을 '향유'하려는 충동에 도전하고 의미의 문제를 종결하려는 충동에도 도전하면서, 우리를 교만이라는 정체 상태로부터 구출합니다. 『고백록』에 오도되고 오인된 욕망의 열매로 생생히 묘사된 자기-마비라는 상태로부터 말이죠. 『고백록』에서 플라톤주의는 우리의 갈망이 사물의 영역에 있지 않은 것을 향할 수 있도록, 먼저 욕망에서 해방시켜서 유한한 대상들에 대한 향유를 멈추게 합니다. 하지만 그 다음에 욕망은 정화를 겪어야 합니다. 정화는 무시간적 비전을 추구하지 않습니다. 물질세계의 영고성쇠로부터 벗어나기 위한 **장소** 같은 것으로서 참된 것과 영원한 것을 추구하지 않습니다. 정화는 이 세상에서 사람들이 함께하는 생활을 통해(아우구스티누스에게 궁극적으로는 교회를 통해) 갈망을 규정합니다. 필멸하는 한 인간의 삶, 죽음, 부활 속에 있는 불변하는 진리의 완전한 차이 곧 초월성과 조우한 결과, 교만으로부터 결정적으로 해방된다는 사실은 공동체의 생활 속에서 욕망의 정화를 안내하고 가르치고, 또 가능케 합니다.

이 모든 것은 대부분 플라톤주의적 반명제를 전혀 재구성하지 않은 채 파편적으로 묻혀 있습니다.[14] 그럼에도 플라톤주의(아우구스티누스가 이해하고 경험했던 플라톤주의)와의 균열은 아마 다른 어느 때의 저술에서보다 390년대 말에 저술한 작품들 속에 더 명확하게 나타납니다. 아우구스티누스는 썩지 않는 비물질적인 것의 우월성에 대한 플라톤주의의 비전을 개괄한 다음, 이제 자신은 성육신하신 그리스도와 관련되었기에 흔히 말하는 식의 썩지 않는 비물질적인 것이 물질적, 역사적, '욕망적' 존재의 인식 대상일 수 있다는 점

---

14 아우구스티누스의 작품에 나타난 플라톤주의의 형이상학적인 해결 방안과 질문하는 믿음 사이의 긴장을 명석하게 해석한 다음의 글을 참고하십시오. Joseph S. O'Leary, *Questioning Back. The Overcoming of Metaphysics in Christian Tradition* (Minneapolis, MN: Winston Press, 1985), 4장.

을 **부인**해야 했습니다. 오직 역사적 관계들과 역사적 '만족감'의 비 최종성 속에서, 따라서 우리를 능동적이고 주의 깊게 하는 쉼 없음 속에서, 불변하는 진리에 접촉할 수 있습니다. 『고백록』 9.10의 언어 와 배경을 이루는 그 유명한 오스티아Ostia에서의 '환상'이 이를 생생 하게 보여 줍니다. 서로를 더 나아가게 촉진하고 고무시킨 어느 **대 화** 속에서 순전한 향유를 엿보는 순간이 찾아왔습니다. 아우구스티 누스는 피조물을 통해 영혼으로, 그리고 가장 높은 존재에게까지 정 화되어 고양되는 과정을 표현하고자 플라톤주의의 용어를 가져다 썼습니다. 그럼에도 이 이야기는 그 대화적 성격으로 인해 언어와 물질로부터 각자 벗어나는 '플라톤적' 모형에 강력히 도전하고 있습 니다. 천국은 아우구스티누스와 모니카가 공유했던 눈 깜빡할 전율 의 순간ictu trepidantis aspectus,• 곧 향유의 순간의 영속일 것입니다. 우리가 지금 저 향유에 대해 말할 수 있고 이해할 수 있는 부분은 모두, 열 정적으로 언어를 주고받을 때 그로부터 흘러나와 상호적으로 경험 할 수 있는 투명성의 순간의 이미지를 통해서입니다. 발화 자체의 유동성, 즉 물질적인 사람들 사이의 관계를 수정하고 재형성하는 것 이기도 한 말놀이는 그 자체의 미완적일 수밖에 없는 본성을 나타 냅니다. 더 정확하게는 그러한 본성을 구현합니다. 환원될 수 없는 하나님의 '차이'를 나타내도록 혹은 안내하도록 말이죠.

"절대적 지식이란 없으며 다만 텍스트의 무한함, 끝없는 텍스트

●   『고백록』 7.17.23.

내지 해석의 망이 있다"(제프리 하트먼Geoffrey Hartman[15]). (말이나 행위로 이해할 수 있게 재현된 모든 구조와 관련하여) '텍스트의'라는 말을—항상 그렇게 해야 한다는 듯이—가능한 넓은 의미로 생각한다면, 아우구스티누스가 실재와 재현을 다루는 것이 이러한 방향으로 가는 것이라고 볼 수 있습니다. 아우구스티누스가 사물과 이름을 피상적으로 거칠게 구별했긴 하지만, 세상의 사물은 스스로를 '의미하는' 고정된 대상으로 확고하게 자리 잡을 수 없다거나 혹은 고정된 명칭에 묶어 둘 수 없다는 뜻에서, 세상의 어떤 사태도 인간의 욕망을 종식시킬 수 없다는 의미에서, 우리의 언어로 나타난 모든 것이 재현될 수 없는 하나님에 관한 잠재적인 표지라는 점에서, 『교양』의 도식은 확실히 모든 것이 언어이며 모든 것이 해석이라는 통속적인 개념과 유사합니다. 우리가 아는 것은 우리가 '읽은' 것입니다. 하지만 이를 아우구스티누스에 대한 적절한 설명으로 여기기를 그쳐야 하는 지점이 바로 다음과 같은 논의가 시작되는 지점입니다. 그리스도 곧 기준적인canonical (규범이 되는normative) 재현을 목격한 정경 텍스트에 관한 논의, 단지 카리타스를 '보여 줄' 뿐만 아니라 형성하기 위해 존재하는 텍스트에 관한 논의 말입니다. 궁극적으로, 무한한 것은 텍스트성이 아니라, 우리의 사랑을 형성하는 하나님의 사랑입니다.

성서는 하나의 중심점이 있는 텍스트입니다. 성서는 십자가에 달리신 그리스도에 비추어 해석되어야 하며, 오직 그래야만 합니

---

15   *Criticism in the Wilderness* (New Haven, CT: Yale University Press, 1980), p. 202.

다.[16] 여기에 포함된 고정된 개념들—하나님, 육신, 시간, 영원, 필멸성, 창조, 소멸, 능력과 무력함—이 중요하게 전치된다는 점은 세계 속 표지-특성을 단순한 암호 체계로, 해법을 산출해야 하는 수수께끼로, 부동의 비물질적 대상 하나 또는 일군을 나타내기 위해 고정된 물질적 상징들로(마치 암호를 알면 내용을 읽어 낼 수 있다는 듯이) 소박하게 치부할 수 없음을 상기시켜 줍니다. 아우구스티누스가 『교양』 3.5-10에서 표지를 사물로 오해하는 근본적인 오류를 경고할 때, 그는 어떤 사람들이 성서의 상징적 표현을 푸는 암호를 모른다고 한탄한 것이라기보다 그리스도인과 유대교인 사이에서 발생한 주된 해석학적 충돌의 중요성을 언급한 것입니다. 아우구스티누스가 볼 때 유대인의 문제는 그들이 유용한 표지들을 가지고 있었음에도 오랫동안 의식하지 않고 살았다는 점입니다. 옛 언약의 백성들은 이를 온전히 이해하기 위한 신학적 개관이 없는 상태에서도 율법, 상징적 행위들, 예식들, 행동 방식들 속에 자리한 표지들을 '사용하는' 방식을 알았습니다. 하나님의 섭리로 이러한 표지들은 카리타스를 가르치기 시작했으나 향유로 안내하지는 않았습니다. 그러나 사실 이 상징 질서들 전체가 그런 것으로 **보이게** 되는 지점을, 결국 표지가 되는 것으로 드러날 때를 고대합니다. 그리스도의 강림, 수난, 부활과 더불어 신적이고 인간적인 카리타스의 총체적 전망이

---

16   모리스 퐁테(Maurice Pontet)가 이를 상세히 설명했습니다. *L'exégèse de s. Augustin prédicateur* (Paris: Aubier, 1945), 특히 pp. 377 이하 "La croix donne le sens méme de l'Écriture"를 참고하십시오.

드러났습니다. 그래서 그리스도를 이해하는 빛에 비추어 본 이전의 역사, 결과적으로 그리스도께서 새로운 이해를 부여하신 이전의 역사는 이 결정적으로 자유롭게 하는 사건과 관련하여 쓸모 있어 보이고 '유용해' 보입니다. 그리스도를 믿는 신앙은 이제 옛 상징적 형태들을 엄격히 따르는 의식을 불필요하게 만듭니다. 관습에서 나온 옛 상징 형태들은 그저 글자들, 곧 율법이라는 기록이 됩니다. 왜냐하면 유의미하고 '유용한' 실천은 이제 교회 안에서의 부활의 삶이기 때문입니다. 이는 새롭고 보다 한정적이며 간결한 상징으로 이루어진 생활입니다(『교양』 3.9).

어떤 표지가 무엇인지 알지 못한 채 유용하게 관찰할 수 있습니다. 하지만 이것이 표지**인** 것으로 보이면 선택이 뒤따릅니다. 모든 율법, 모든 의례, 모든 이미지를 한데 모으는 결정적인 표지가 나타날 때, 상징적 형태를 관찰하거나 또는 의도적으로 언어와 이미지의 상징적 구조에 옛 방식으로 계속 머무르는 것은 표지들의 옛 질서를 다른 무언가로 바꾸는 것이고, 그것을 '향유'하기 시작한 것이며, **표지 자체를 위해** 표지를 선택하는 것이고, 그래서 시간과 역사로의 부르심을 거부하는 것이며 표지가 전하려 했던 카리타스의 가능성으로의 부르심을 거부하는 것입니다. 표지 자체를 위해 선택된 표지는 그리스도라는 최종 표지가 제시한 단 하나의 참된 사물을 향한 해방과 대조되며, 이것은 가짜–사물^a pseudo-*res*이 되고 있습니다. 상징적 실천이 그 순수함을 잃은 것입니다.

예상대로 이런 논의는 반유대주의적 논쟁의 수사학에서 나온 것이지만(예를 들어, 아우구스티누스는 **유대교** 석의가 무엇을 중심 표지 또는 확정적 표지로 제시하려 했는지, 또는 실제로 율법이 유대인들에게 무엇**에 대한** 표지인지 묻지 않았습니다), 그는 사물과 표지를 혼동하는 문제를 보다 일반적인 문제로 받아들였습니다. 그리스도인도 교회의 성사를 올바르게 '사용'하지 않으면서 성사를 다룰 수 있습니다. 유용한 표지를 무용하게 해석한 것입니다. 표지를 잘못 이해하는 것—아마도 카리타스와 분리된 이해—보다 차라리 표지의 용도에 관한 해석을 모르는 편이 낫습니다(3.9). 하지만 이 모두를 성서에 적용하는 것이 중요한 이유는 아우구스티누스가 사실상 성서를 자기-의식적인 상징적 자각의 전형으로 정의했다는 데 있습니다. 표지들이 재현의 영역과는 다른 하나님의 타자성이 나타난 십자가와 부활에서의 핵심 활동과 연결되기 때문에, 성서는 성육신한 말씀을 둘러싸고—성육신한 말씀에 따라—조직된 표지들의 전형인 것입니다. 모든 표지가 그대로 표지로 **남아 있고**, 하나님의 지평을 향해 계속 개방되어 있는 방식으로 말이죠. 이런 식으로 (*non aliud*, 즉 어떤 계열이나 종류에 있어 다른 어떤 것이 아닌) 견줄 수 없이 다른 하나님만이 마침내 카리타스의 차원에서 욕망이 가능하도록 하실 수 있습니다. 정열적이면서(참여하고, 적극적으로 헌신하며, 겉으로 드러나는) 동시에 사심이 없는 사랑, 자신을 잊은 사랑의 차원에서 말입니다. 그리스도인이 사물과 표지의 차이를 아는 것은 하나님의 다르심을 아는 것이며, 하나님의 형상으로, 곧 끝없이 확장되는 사랑으로 살아가도록 갖추어진다는 것입니다.

하트먼은 다음과 같이 말합니다. "성스러운 것에 대한 생각과, 특히 그것을 매개한다고 주장하는 관습들과 단절하는 것은 큰 안도감을 줄 수 있다. 그럼에도 언어라는 관습은 그러한 단절이 전부 진정성이 없어 보이게 만든다. 언어라는 관습은 우리로 하여금 '언어의 오염' 속에서 계속해서 거룩하거나 숭고하다고 여겨지는 것을 만나고, 죽이고, 정화하게 만든다. 게다가 언어 정화라는 아주 많고 다양한 이상들이 오래 지속되면서 명목상으론 아니더라도 정신 속에 어떤 종교적인 것을 드러낸다."[17] 하트먼의 생각은 현대의 몇몇 다른 비평가들처럼 언어와 해석에 관한 사실들, 곧 담론의 완결불가성에 기초한 '자연신학'에 가깝습니다. 어떤 것이 일단 말해지면, 그것의 미완료성, 침묵들, 당혹감들은 다른 발화 즉, 이미 말해진 것에 대한 '지지자 또는 반대자'friend or antagonist를 요구한다는 점에서, 타자는 불가피한 존재입니다.[18] 모든 것이 말해졌을 때에도 여전히 우리는 자기-정화를 요구하는 언어의 압박 속에서 스스로 드러나는 한 가지 물음, 심지어 요구에 직면합니다. 이는 주의를 기울여 다루어야 하는 주제입니다(그것은 이른바 모든 자연신학들처럼 추상적인 결론만 내놓습니다). 하지만 언어적 세계의 미완결적이고 유동적인 특성을 고려하지 않으면, 별개의 대상들을 나타내기 위한 별개의 원자적인 '재현 체계들'이란 것이 함정이자 망상임을 확신하지 않으면, 어떤 종교적 세계관도 살아남을 수 없다는 점에는 적어도 동의할

17   Hartman, *Criticism in the Wilderness*, p. 249.

18   Hartman, *Criticism in the Wilderness*, p. 260.

수 있습니다. 아우구스티누스의 도식에서 흥미로운 점은 그가 이러한 확신을 단순화하지 않으려 했다는 것입니다. 그는 이름이 사물에서 기술되지 않은 부분과 기술될 수 없는 부분을 '잔여물'로 남긴다는 카파도키아인들의 사상으로[19] 우리에게 익숙한 주장보다 더 나아갑니다. 그가 지식을 사랑과 분리할 수 없다는 점에 부단히 주목했기 때문에, 그의 관심은 그러한 잔여물을 확실히 하는 것이 아니라, 언어가 그 유동과 전치 속에서 어떻게 근본적으로 인간적인 것인 욕망의 개방성 내지 동요restlessness와 불가분하게 뒤섞일 수 있는지를 이해하는 것이었습니다. 언어는 명명에 성공한 별개의 행위들을 모은 집합이 아니듯이, 명명에 성공하지 못한 별개의 행위들을 모은 집합도 아닙니다. 우리의 담화에서 '성공'이란 물질적 역사와 관계가 만들어 낸 서로 연결된 인식의 전환을 **계속 이어 나가는** 기술입니다. 아우구스티누스가 제시한 예를 들어 보겠습니다. 어떤 동물을 사물, 곧 이름을 가진 분명한 대상이라고 가정하며 출발해 봅시다. 그런데 이삭을 구하기 위해 도살당한 숫양이 있습니다. 이 숫양은 언약과 희생 제물이라는 이야기의 궤도에 들어왔기 때문에, 울타리에 두거나 목자에게 이끌리는 양으로만 단순히 생각하기는 어렵습니다. 이제 숫양들에 관한 이야기를 듣게 되면, 아무리 사소한 이야기더라도 이 은유가 쉽게 연상됩니다. 오직 하나님만이 다른 무엇

---

19 바실리오스(Basil), 『유노미오스에 대항하여』(*adversus Eunomium*) 1.1.6, 2.4; 닛사의 그레고리오스(Gregory of Nyssa), 『유노미오스에 반대하여』(*contra Eunomium*) 10 등.

이 아닌 하나님을 의미합니다.

　그리고 더 나아가 아우구스티누스는 우리가 성서라고 부르는 특정한 표지들의 모음에 우리의 관심을 주목시킴으로써, 유동적인 언어와 열린 욕망의 뒤섞임이 어떻게 변화시키는 은혜의 자리인지를 설명합니다. 성서의 모든 표지가 향하는 십자가와 부활은 표지들을 우상 숭배할 위험으로부터 우리를 완전히 벗어나게 합니다. 표지는 불가피한 것이면서 동시에 잠정적인 것입니다. 하나님은 "자기 자신을 표지들로 이루어진 질서 안에 두셨습니다"(들 라 따이유de la Taille의 유명한 문구). 그래서 유일무이한 사물이신 자신의 본성과 관련하여 모든 표지의 본성을 밝히 드러내셨습니다. 카리타스는 담화를 '계속' 전환시키는 기술 안에 그리고 너머에 있는 목표입니다. 왜냐하면 그리스도인에게 언어는 인간 존재 자체가 그렇듯이 '중립적'이고, 자기-반영적이며self-reflexive, 닫혀 있는 행동 양식일 수 없기 때문입니다. 이러한 관점—꽤 다루기 힘든 큰 쟁점이 나오는—의 '실재론'은 사랑을 향하는 해석의 지향성에 내재되어 있으며, 적절한 해석이 그리스도 안에서 일어난 태곳적 '비-세상적인'non-worldly 사랑으로 **시작**된다는 확신에 함의되어 있습니다. 아우구스티누스에게 인간 담화의 세계는 창조와 구속 안에 나타난 하나님의 사랑과 지복직관Beatific Vision 사이에서 확장되는 것입니다.

　은유의 편재성은 명확한 형이상학적 지식을 마련하는 돌파구(아우구스티누스는 이러한 해결책의 매력과 끊임없이 씨름했지만, 항상 성공적이지는 않았습니다)가 아닌, 표지들의 세계 전체가 관련된 핵심 은유에 의해, 즉 모든 표지의 본질인 어떤 표지에 의해 '통제'됩니다. 성육신하시고 십자가에 못 박히신 말씀은 표지의 근본인 부재와 유예를 표상합니다. 또한 이 말씀은 부재와 유예가 우리의 욕망을 종결, 현전, 소유의 유혹으로부터 자유롭게 하시려고 하나님께서 우리의 욕망에 관여하시는 수단이라는 사실도 표상합니다. 그리스도께서는 궁극의 약속의 전달자로서, 우리 신자들이 세례에서 (그리고 우리가 신앙이라고 부르는 실천에서 날마다 하나님의 얼굴을 상실하고 또 갈망하면서) 맞는 죽음의 전조인 자신의 죽음으로써, 또한 우리의 피조성을 파괴하는 것이 아니라 피조성에서 피조물의 '애착'을 떼어 내는 부활로써, 저 약속을 유예하고 변형시키실 때, 비로소 하나님의 수행enactment이 되심이 드러날 수 있습니다. 지혜는 필멸자가 되는 길을 선택했습니다. 그리고 우리가 지혜를 필멸성의 세계와 **동일시**하도록 이 선택이 간단한 신의 현현theophany이 되는 것을 막아주는 것은 우리와 더불어 말하는 지혜의 발화가 바로 **필멸성** 자체이며, 한계, 불완전함, 부재라는 점입니다. 필멸성의 세계에서 그 필멸적 요소들이 제거되어야만 그 세계가 신의 현현(순수한 '현전'이라는 의미에서)일 수 있습니다. "동방의 불멸하는 밀"• 속에서나 보게 되는 현현 말이죠. 하지만 그러한 '무시간적' 순간(이것은 원숙한 아우구스티누스가 연연한 것이 아닙니다. 그는 자연 세계 안에서 변증법적인 방식으로 하나님을 감지하는 것보다 두려움과 신비를 보려

•   Thomas Traherne, *Centuries of Meditations*.

하는 경향이 있습니다)의 종교적 의미가 무엇이든지 간에, 지혜는 여기에서가 아니라 자신의 죽음을 재촉하고 우리에게 그 뒤를 따르라고 부르시는 그리스도의 부재-중-현전 속에서 적극적으로 세상을 변화시킵니다(『교양』 1.34. 『고백록』 4.12에 동일한 인상이 있습니다). 지혜는 우리를 위해, 우리와 함께 사멸합니다. 이는 우리가 실제로 사는 세계, 육신의 세계, 시간과 언어의 세계, 부재와 욕망의 세계를 파괴하기 위함이 아니라 긍정하여 변모시키기 위함입니다. 참으로 하나님의 백성에게 안식*requies*이, 천국의 '현전'이자 하나님의 얼굴을 보는 것이 있습니다. 하지만 정의상, 지금은 이에 대해 미래의 소망에 대한 신화적 언어로밖에는 이야기할 수 없습니다(이는 마치 다른 미래의 상태들과 같이, 내가 내일 느끼게 될 무언가와 같이, 미래의 어떤 상태인 것 같습니다). 신화적 언어로 표현된 미래의 소망은 우리 자신의 끝에, 우리의 죽음에, 우리를 위한 시간의 마지막에, 그리고 어떤 의미에서는 향유하는 가운데 우리의 욕망이 끝나는 때에 마주할 하나님의 현전입니다. 따라서 지금은 믿음의 언어로든 혹은 다른 어떤 언어로든 이를 소유할 수 없습니다.

아우구스티누스의 언어 및 의미에 대한 접근 방식을 그의 성서 설교와 관련하여 다룬 이 논의는 그의 해석 이론을 사랑의 교육학과 묶어서 읽는 것이 중요함을 강조하고 있습니다. 해석은 우리가 하나님에 대한 더욱 철저한 사랑으로 나아가게 합니다. 하나님의 사랑이 우리 안에 뿌리를 내리고, 결국 우리는 그 사랑의 표지가 됩니다. 우리는 다른 이들이 읽도록 세상 속에 있는 '텍스트'입니다. 대중 연설가로, 고전적 유형의 수사학자로 훈련받은 아우구스티누스는 그리스도교의 수사학적 원리들을 고전적 방법과 일관되면서도 자신이 다루고 있는 전혀 고전적이지 않은 자료들까지(그리고 전혀 고전적이지 않은 자신의 해석 활동의 영적 목표들까지) 적절하게 설명할 수 있는 길을 모색하고 있었습니다(특히 『교양』 첫 세 권보다 한참 후인 426/7년에 집필한 4권에서).[20] 캐롤 해리슨Carol Harrison은 「성서와 설교의 수사학: 고전적 쇠퇴 혹은 그리스도교적 미학?」The Rhetoric of Scripture and Preaching: Classical Decadence or Christian Aesthetic?[21]에서, 이 논의에서 진행 중인 것에 대해 매우 명쾌하고 신선하게 설명합니다. 이 논문은 아우구스티누스의 수사학 이론에서 새로운 것에 대해 논증합니다. 좋은 연설이란 연설자의 기술이 아닌 연설의 주제—즉, 이 경우에는 신적 진리—로 '기쁨'을 낳아야 한다는 생각이 그의 수사학 이론에서 새로운 점이라는 것입니다. 해리슨은 이렇게 씁니다. "타락 이후의 언어에 대해 매우 부정적 그림을 그렸던 아우구스티누스의 생각을 변화시킨 것이 기쁨이라는 개념이다. 기쁨 개념은 그의 기쁨에 영감을 불어넣어 그를 즐겁게 하며 달라지게 했고 그래서 선한 것을 사랑하고 행하게 하는 방식으로 그의 생각을 변화시켰다. 기쁨 개

---

20 『교양』에 관한 다음과 같은 탁월한 논문 모음집이 있습니다. *De Doctrina Christiana: A Classic of Western Culture*, ed. D. W. H. Arnold and P. Bright (Notre Dame, IN: Notre Dame University Press, 1995). 또한 R. A. Markus, *Signs and Meanings: Word and Text in Ancient Christianity* (Liverpool: Liverpool University Press, 1996)도 참고하십시오.

21 *Augustine and His Critics: Essays in Honour of Gerald Bonner*, ed. Robert Dodaro and George Lawless (London: Routledge, 2000), pp. 214-230.

념은 그가 언어를 하나님께서 타락한 사람에게 자신을 드러내시는 주요 방식 중 하나로 생각하게 만들었다."[22] 우리는 앞서 2장에서, 아우구스티누스가 은유는 말해진 것을 통해 우리가 느끼는 즐거움이 커지게 한다는 뜻밖의 사실에 대해 어떻게 성찰했는지 살펴보았습니다. 이렇게 언어가 작동하는 방식에서 즐거움을 인정하는 것은 『교사론』에서 진행한 모델의 금욕성을 가장 명확하게 한정하는 방식 중 하나입니다. 해리슨이 주장하듯이, 이는 아름다움에 관한 아우구스티누스의 신학 일반과 완전히 일치합니다. (이는 해리슨의 박사학위논문의 주제이기도 합니다.[23] 즉, 아우구스티누스는 성서가 아름다우며 또한 성서가 우리로 하여금 성서를 사랑하게 만들려면 아름다워야 한다는 점을 보여 주어야 했습니다. 이 아름다움은 기쁨에서 나온 것입니다. 이처럼 설교도 아름다워야 합니다. 하지만 감명 깊은 미사여구로 아름답게 해야 한다는 것이 아니라, 다만 가장 깊이 끌어당기는 것, 곧 자신을 주신 그리스도의 사랑에 호소함으로써 아름다워야 한다는 것입니다.[24])

---

22 *Augustine and His Critics: Essays in Honour of Gerald Bonner*, p. 223.

23 *Beauty and Revelation in the Thought of Saint Augustine* (Oxford: Clarendon Press, 1992). 2장은 특히 아우구스티누스의 언어에 관한 논의와 관련됩니다. 해리슨은 아우구스티누스가 상징주의의 변증법적 특성에 관심이 없었다는 R. J. 오코넬 (R. J. O'Connell, *Art and the Christian Intelligence in Saint Augustine* [Oxford: Blackwell, 1978])의 주장을 매우 효과적으로 반박합니다. 그것이 의미하는 것과 별개로 반박하기도 하고 또한 그것을 포함하여 반박하기도 합니다.

24 *Augustine and His Critics: Essays in Honour of Gerald Bonner*, pp. 224-227. "The Rhetoric of Scripture and Preaching." 설교와 영적 발달의 관계에 대해서는 다음과 같은 최근의 훌륭한 연구도 보십시오. Paul R. Kolbet, *Augustine and the*

에드워드 모건Edward Morgan도 그의 연구서 『말씀의 성육신: 히포의 아우구스티누스의 언어에 관한 신학』The Incarnation of the Word: The Theology of Language of Augustine of Hippo[25]에서 비슷한 주제들을 다룹니다. 모건은 아우구스티누스가 그의 가장 원숙한 작품에서 인간의 상황과 하나님의 영원성 사이의 차이에 관한 가장 명확한 표시로서의 언어를 보았고 또한 언어의 유형성materiality을 통해서만 "언어와 사유보다 높으신 하나님의 존재에 다가설"[26] 수 있음을 주장했다고 언급합니다. 더 나아가 모건은 아우구스티누스의 언어 신학에는 화자와 청자 혹은 작가와 독자의 관계를 상정하는 차원이 늘 있다고 말할 수 있을 만큼 그가 공적으로―설교와 전례에서―사용되는 언어에 꾸준히 집중하였음을 강조합니다.[27] 다시 말해, 그의 이해에는 대화적 요소가 있으며, 따라서 항상 사회적 관점이 내재되어 있습니다. 모건의 연구는 어떻게 이것이 『고백록』과 『삼위일체론』을 통해 발전하게 되었는지를 추적합니다. 우리는 또 다시 앞서 언급했던 최근 아우구스티누스 학계에서 주목하는 주제로 되돌아오게 되었습니다. 즉, 아우구스티누스를 시간 속에서 상호작용과 대화로 형성된 하나의 자아로 읽기보다 완전히 개별적인 개인의 내면에 특권을 부여하는 자로 읽는 것은 그에 대한 오해라는 인식입니다.

    Cure of Souls (Notre Dame, IN: Notre Dame University Press, 2010), 특히 6장.

25   London: Routledge, 2010.

26   Morgan, *The Incarnation of the Word*, pp. 38-39.

27   Morgan, *The Incarnation of the Word*, pp. 95-100.

그러나 언어와 시간과 자아에 관한 이러한 논의들 뒤에는 더 광범위한 문제들이 한 뭉치 놓여 있습니다. 우리는 아우구스티누스의 사상에서, 특히 초기 작품에서, 욕망할 만한 대상들로 이루어진 외부의 균열 난 세계로부터 유일하게 참으로 욕망할 만한 타자이신 하나님께로 돌아서도록 독려하는 측면과, 유한한 실재(유한한 언어를 포함하여)의 다양성과 분열성이 영적 성장에서 필연적인 출발점이라는 인식을 점점 구체화하는 측면 사이에서 어떻게 움직임이 일어났는지를 이미 보았습니다. 그러한 인식은 있는 그대로를 소중히 여기게 되는 것입니다—하나님을 향한 움직임에서 없어서는 안 될 우리의 기반이며, 더 풍성한 기쁨과 비전에 대한 약속을 전달하기 위한 하나님의 수단입니다.[28] 우리와 하나님이 철저히 다름을 받아들이지 않으면, 우리는 하나님과 연합할 수 없습니다.[29] 하지만 이를

---

[28]   Micahel Hanby, *Augustine and Modernity* (London: Routledge, 2003), 3장, 특히 pp. 82–90이 도움이 됩니다.

[29]   이런 이유로 저는 웨인 행키(Wayne Hankey)의 비판 중 일부, 특히 "Stephen Menn's Cartesian Augustine: Metaphysically and Ahistorically Modern", *Animus*, 3 (1998) 에서의 비판이 의문스럽습니다(예컨대 pp. 198–200). 그는, 육체를 입은 인간의 상태와 그로 인한 한계를 강조하는 아우구스티누스 해석자들은 어떻게든 하나님과 창조 세계 사이에 메울 수 없는 틈을 창조하고 있으며, 따라서 (아우구스티누스와 신플라톤주의를 떼어 놓는 척하지만, 모든 관계를 넘어서는, 심지어 자기 자신까지 넘어서는 초월적 일자가 자리 잡은) "이교도적 신플라톤주의"를 부활시키고 있다고 불만스러워하는 것 같습니다. 하지만 이를테면, 우리의 지혜는 결코 하나님의 지혜가 하나님께 **본유적인** 것과 같은 식으로 우리에게 본유적인 것이 아니며 심지어 우리의 지혜가 은혜와 영광 중에 있더라도 우리 고유의 것이 아니라고 말하는 것은 그저 피조됨과 피조되지 않음, 유한과 무한의 문법에 대해 말하는 것입니다. 이러한 문제에 대한 관심이 유한한 영혼들을 영원한 지옥으로 정죄하는 것(왜냐하면 유한한 영혼은 하나님과 완전히 연합할 수 없으므로)이라는 기이한 진술은 아우구스티누스—그리고 대부분의 정

이해하려면 우리가 창조 자체를 어떻게 이해하고 있는지를 좀 더 살펴보아야 합니다. 다음 장에서 설명하겠지만, 어떤 이들은 아우구스티누스가 창조를 지배 행위라고 주장했다고 혹은 이를 암시했다고 보았습니다. 우월하신 하나님이 우연적이고 물질적인 세계에 능력을 행사한 지배 행위라는 것이죠. 저는 이러한 이해가 창조주와 창조의 관계에 대해—아우구스티누스뿐만 아니라 모든 고대 그리스도교 신학자들이—실제로 했던 말을 완전히 오해한 것이라고 주장할 것입니다. 우리는 창조적 관계에 무엇이 개입되는지를 아우구스티누스가 이해한 방식을 고찰하면서, 사랑 자체에 대해 그가 탐구한 개념의 가장 깊은 뿌리들까지 볼 것입니다.

통 그리스도교 신학자—가 하나님과의 연합에 대해 말했을 법한 내용을 아주 근본적으로 오해한 것이라 생각합니다. 그것은 유한자와 무한자의 연합을 중단시키지 않습니다. 그것이 (우리의 지혜나 덕이 우리의 존재와 동일시되는 그런 식의) 실체에 대한 어떤 정체성이 되는 것은 아닙니다. 하지만 이것은 그리스도 안에서 아버지와의 연합, 즉 우리가 믿는 천국에서 영원하며 나뉘지 않고 피조물이 누릴 수 있는 최고의 친밀한 연합의 사실성을 부정하는 것이 전혀 아닙니다. 핸비(Hanby)는 *Augustine and Modernity*, pp. 145-146에서 몇몇 관련된 언급을 하고 있습니다.

4

'좋으실 게 없다'?

창조에 관하여

공유된 신조의 둥지가 되었던 기존 견해에서 우리가 가장 크게
관심하는 것은 두 가지인데, 하나님이 '무로부터'*ex nihilo* 창조했다는 것,
그리고 하나님이 물질적인 것을 영적인 것에 종속시킨 창조의 위계.
… 전통적 창조론은 말씀에 의해 지성적으로든(이성적 창조)
기술에 의해 미학적으로든(손으로 창조) 세상을 만드시는 하나님을
상상력 있게 그려 내지만, 두 경우 모두 하나님과 전혀 다른 것에서
생성되었고 인간을 자연 위에, 영을 몸 위에 두는 방식을 취했다.[1]

---

1 Sallie McFague, *Models of God: Theology for an Ecological Nuclear Age* (Philadelphia,
PA: Fortress Press and London: SCM, 1987), p. 109. 『어머니, 연인, 친구: 생태학적 핵
시대와 하나님의 세 모델』, 정애성 옮김(서울: 뜰밖, 2006).

서구 문화는 그 토대가 된 텍스트[창세기 1–3장]를 특정한 방식으로
읽어 가면서 우주가 위계적이라는 사상을 토대로 삼게 되었다.
즉, 위에서 내려온 영적인 힘이 질서 체계를 부과했다는 것이다.
… 물리 세계란 하나님이 활력 없는 질료로 만드신 또는 구성하신
가공물이라는 생각이 있다. … 우리는 "천지를 만드신 하나님"을
믿는다고 고백할 때마다 이러한 창조자의 상을 언급하고 있는 것이며,
질료보다 우위에 있는 '영적인 힘'을 갖고 이를 행사해야 한다는
주장을 강화하고 있는 것이다.[2]

두 인용문은 전통 신학의 어떤 특정한 측면들에 대한 제법 최근의
비판으로, 둘 모두 공교롭게도 생태학적 관심을 적극적으로 드러내
는 여성 신학자의 글입니다. 이들은 새롭게 '수용된' 어떤 견해를 대
표하며, 무로부터의 창조라는 고전적 창조 교리와 관련된 이해를 불
편해합니다. 둘 모두—매우 다양한 양상을 지닌 여러 훌륭한 신학
자들과 마찬가지로—창조에 관한 담론에서 이원론적 요소를 모두
제거하고자 합니다. 하나님과 세계 사이의 메울 수 없는 극단적인
간극을 모두 없애고 싶어 합니다. 우리가 살폈듯 여타 모든 종류의
이원론—영육 이원론뿐만 아니라 남녀 이원론, 인간과 자연 이원
론—을 찬성하거나 뒷받침한 바로 그런 간극 말입니다.[3] 협력해야

2   Anne Primavesi, *From Apocalypse to Genesis: Ecology, Feminism and Christianity*
(London: Burns & Oates, 1991), p. 203.

3   이미 인용한 작품들 외에도, 아우구스티누스가 이런 경향을 띤다고 보는 다음의 글을

할 관계를 능동적 동반자와 수동적 동반자로 구분하여 근본적 괴리를 조성하고 전자에 어마어마한 형이상학적 특권을 부여하면, 우리는 결국 테크노크라시한 인간성, 남성성, 지배적인 합리성을 하나님과 결부하게 됩니다. 그 결과는 지금 이 엉망진창인 지구뿐만 아니라 그 누구에게도 (특히 역사적으로 교묘한 지배를 당한 사람들에게는 전혀) 좋은 소식을 제공하지 못하는 하나님 모델입니다. 지금 우리가 겪는 위기는 새로운 모델들을 요구합니다. 앞서 언급한 두 저자 모두 이제 창조 세계에 '체현된' 하나님 상※, 또는 자신의 존재와 묶여 있는 창조 세계를 '낳은' 하나님 상에 특권을 부여해야 한다고 열정적으로 주장합니다.

이런 신학적 분위기에서 아우구스티누스라는 이름은 좋은 징조가 아닙니다.[4] 보통 그는 위계적 이원론에 관한 이 모든 전제를 표준

살펴보십시오. Elaine Pagels, *Adam, Eve and the Serpent* (London: Penguin Books, 1988). 『아담, 이브, 뱀: 기독교 탄생의 비밀』, 류점석·장혜경 옮김(고양: 아우라, 2009). 또한 Rosemary Radford Ruether, *Gaia and God: An Ecofeminist Theology of Earth Healing* (San Francisco, CA: Harper Collins and London: SCM, 1992/3). 『가이아와 하나님: 지구 치유를 위한 생태여성학적 신학』, 전현식 옮김(서울: 이화여자대학교출판부, 2000). 콜린 건턴(Colin Gunton)의 가장 최근 작업인 "Augustine, the Trinity and the Theological Crisis of the West", *SJTh*, 43 (1992), pp. 33–58과 *The One, the Three and the Many: God, Creation and the Culture of Modernity* (Cambridge: Cambridge University Press, 1993. 『하나 셋 여럿: 현대성의 문제와 삼위일체 신학의 응답』[서울: IVP, 2019])에는 아우구스티누스의 유산으로 여겨지는 윤리학 및 형이상학과의 중대한 연관성이 나타납니다.

4 현대 신학에서 반(反)아우구스티누스적인 견해들을 아우르는 특징이 무엇인지를 규정하기는 어렵습니다만, 이 견해들이 공통적으로 철저한 반(反)데카르트적 관점을 고수한다고 이야기할 수는 있을 것 같습니다. 아마 부분적으로는 데카르트가 자기 나름의 방식으로 아우구스티누스를 활용했기 때문일 것입니다. 대개 아우구스티누스는 데

으로 만들었다는 점, 가장 받아들이기 어려운 형태로 원죄(더 정확하게는 원죄책original guilt) 교리를 후세에 남겼다는 점, 성적 욕망에 관하여 아주 오랜 세기 동안 혼란을 야기했다는 점에 대해 책임이 있다고 여겨집니다. 창조에 관한 그의 가장 유명하고 가장 쉬운 논의(『고백록』Confessiones의 마지막 세 권)에서 거의 무작위로 두 부분만 살펴보더라도, 이렇게 비난할 만한 증거가 명백해 보입니다. 그는 창조와 형상 없는 질료에 관하여 다음과 같이 이야기하고 있습니다.

> 그때에 전체 세계는 거의 무에 가까웠습니다. 왜냐하면 아직 아무런 형상이 없었기 때문입니다. 그럼에도 그것은 형상이 더해질 수 있는 것이었습니다.
> 오 주님, 당신께서는 형상 없는 질료로부터 세상을 만드셨습니다. 이 무형의 질료는 당신께서 무로부터 창조하신 것입니다. 이 질료 자체는 거의 무였지만, 당신께서는 이것으로부터 우리가 감탄할 만한 모든 위대한 것을 만드셨습니다(12.8).

그리고 하나님과 창조 세계 사이의 철저한 차이와 거리에 대해서 다음과 같이 언급합니다.

카르트가 지식과 확실성에 대해 문제 삼기 시작한 방식으로 강하게 채색된 안경을 통해 읽히고 있습니다. 저는 "The Paradoxes of Self-Knowledge in *De Trinitate* X", *Collectanea Augustiniana*, 1993, pp. 121-134에서 이런 읽기 방식을 약간 조정하여 균형을 바로잡으려고 시도했습니다.

당신께서 저를 필요로 했던 것도 아니었으며, 저는 당신께 도움이 될 만큼 쓸모 있지도 않습니다.

… 창조 세계가 존속함은 선#으로 말미암음입니다만, 당신께서 그 선으로부터 유익을 취하시는 것도 아니며, 그 선이 당신의 본체로부터 나온 것도 아니니 당신과 동등한 것도 아닙니다. 다만 그 선은 당신께로부터 그 존재가 비롯될 수 있기에 존속하고 있는 것입니다(13.1-2).

이 구절들이 우리 시대 작가들이 제시하는 그림을 확실히 지지해 주나요? 아우구스티누스가 말하는 창조자는 피조물들과 전적으로 이질적입니다. 이런 창조 이야기에서는 창조자가 창조를 시작하면서, 다루기 어렵고 본유적으로 무가치한 질료로 된 생명체에 영적인 형태 내지 의미를 부여해야 합니다. 저는 이것이 아우구스티누스의 도식을 완전히 잘못 이해한 것임을 이어질 내용에서 논증할 것입니다. 하나님과 세계의 관계에 대한 그의 생각이 옳든지 그르든지 간에, 소박한 질료-영혼 이원론을 고안했거나 강화했다는 혐의를 단순히 그에게 씌울 수는 없습니다. 또한 저는 우리가 받아들일 만한 그리스도교의 창조 신학은 **모두** 아우구스티누스의 독창적인 통찰을 어느 정도 고려할 수밖에 없어서 이 장의 시작부에서 제가 언급한 글을 포함하여 현대 신학자들이 수정을 제안한 부분을 탐구할 때에도 조심스럽게 다루어야 할 차원이 있음을 제안하려 합니다.

아우구스티누스가 창조에 관하여 말하고 있는 내용을 이해하려면, 그가 하나님과 우주 사이의 연속성과 불연속성을 어떤 방식으로 봤는지를 파악해야 합니다. 그는 창조된 것이 모두 하나님 '안에' 있다는 점을 반박한 적이 한순간도 없습니다. (『고백록』 7권과 10권에서 분명히 알 수 있듯이) 창조에 관한 그리스도교적인 생각에 이르려면 기본적으로 만물이 "당신의 진리 안에" 있음을 인식해야 합니다(7.15). 이는 질료가 신적 생명의 '미립자'를 포함하고 있음에도 신에게 동화되지 않고 포함되지 않으므로 본질적으로 신에게 침투될 수 없는 것이라는 마니교의 교리와 대조됩니다―또한 『고백록』 7.1, 5에 묘사한 그의 과도기적 견해와도 대조됩니다. 거기서 그는 우주에 편만한 하나님의 현전을 아주 미세한 질료들이 우주 전체에 침투한 것과 같다고 여겼습니다.[5] 『고백록』에서 '하나님의 진리 안에' 존재한다는 것은 환상이 아닌 현실 속에 존재하는 것, (그 결과) 일관성 있게 존재하는 것과 주로 관련됩니다. 다시 말해, 세계가 선재하시는 하나님의 실재에 대해 갖는 투명성은 사물들에 관한 지각에서 발견됩니다. 즉, 우리가 확실한 방식으로 따르거나 계획할 수 있는 상호작용의 형태, 최종적인 자기-분열의 여지 곧 자의적으로 벌인 사건들로 인한 혼돈의 여지를 두지 않는 상호작용의 형태를 유지하며 **능동적으로** 존재하는 사물들에 관한 지각에서 발견됩니다. 이러한 질서 정연함은 우리가 아름다움이라고 부르는 것의 본질입니다. 우

---

5   엄밀히 말해 여기서 말하는 내용과 동일하지는 않지만 그래도 사실상은 스토아주의적 견해입니다. 예를 들어, *Stoicorum Veterum Fragmenta*, ed. J. von Arnim, II.774를 보십시오.

리에게 아름다움을 판단하는 능력이 있다는 점, 우리가 아름다움을 판단할 때 본능적으로 이상적인 조화로움의 기준에 호소한다는 점은 아우구스티누스가 우리 마음에 본유적으로 하나님을 향하는 지향성이 있다고 주장할 때 사용하는 가장 익숙한 근거입니다(『고백록』 7.17. 『참된 종교』*de vera rel* 21, 56, 67 등을 참고하십시오).

그렇다면 우리는 창조 세계가 **일관된 체계로 존재함으로써** 하나님을 분유*分有*한다고 혹은 하나님께 참여한다고 말할 수 있습니다. 사물에 관한 아우구스티누스의 도식에서는 창조 세계가 다른 방식으로는 참여할 수 없습니다. 하나님은 물질 실체가 아니시므로, 창조 세계는 문자 그대로 하나님의 '일부'일 수 없으며, 아우구스티누스에게 하나님으로 존재한다는 것은 변화와 상호작용의 영역 바깥에 존재하는 것이 분명했으므로, 창조 세계는 신적 본질의 유출일 수 없습니다(이는 나중에 다시 살펴볼 것입니다). 아우구스티누스는 여러 곳에서 이러한 참여가 어떻게 구성되는지를 지혜서의 한 구절(11:21)*을 들어 논합니다. 여기에서 우리는 하나님께서 만물을 측량*한정*하시고 헤아리시고 저울질하심으로*in mensura, et numero, et pondere*[6] 질서를 부여하신다는 내용을 읽을 수 있습니다. 아마 아우구스티누스

●   "주님은 모든 것을 잘 재고, 헤아리고, 달아서 처리하셨다"(『공동번역 개정판』에서는 11:20).

6   『마니교도 반박 창세기 해설』(*De Gen. c. Man*) 1.16.26, 21.32. 해당 용어에 관한 연구는 다음 글을 참고하십시오. W. Roche, "Measure, Number and Weight in St. Augustine", *New Scholasticism*, 15 (1941), pp. 350-376. 또한 *numerus*의 한 변형으로서의 형상(*forma*)에 대해서는 『선의 본성』(*de nat. boni*)에서 살펴보십시오.

가 이 구절을 처음 사용한 것은 세계에 볼품없는 또는 혐오스러운 동물이 존재하는 이유의 문제를 다루면서 이 구절을 인용한 부분일 것입니다. (『고백록』, 7.16에서처럼) 그는 그런 동물들이 볼품없고 인간에게 적개심을 품는 이유가 우리의 죄와 영적 무지함과 관련된다고 결론 내립니다. "나는 조화로운 통일성을 향하는 척도, 비례, 질서가 발견되지 않는 동물의 몸이나 지체를 생각할 수 없습니다. 나는 불변하며 불후한 하나님의 숭고함 가운데 존재하는 지고의 척도한도, 비례, 질서에서가 아니라면 이 모든 것이 어디에서 유래하는지 이해할 수 없습니다"(『마니교도 반박 창세기 해설』 16.26). 15년 남짓 후 아우구스티누스가 『창세기 문자적 해설』*de Gen. ad litt* 4권을 쓸 무렵, '척도, 비례, 질서'라는 초기 표현은 '척도, 비례, 무게'라는 보다 친숙한 표현으로 바뀝니다—이는 그가 플로티노스*Plotinus*에게 직간접적으로 신세졌을 수도 있는 『고백록』에서 무게라는 은유를 사용한 것과 강한 관련이 있습니다.[7]

이제 아우구스티누스가 『창세기 문자적 해설』 4.3.7 이하에서 이 지혜서 구절에 대해 말한 것을 살펴봅시다. 분명한 것은 하나님께서 척도, 비례, 무게를 '따라' 창조하신다고 말하더라도 하나님의 창조 사역이 하나님이 아닌 다른 어떤 것에 의존한다는 의미는 아닙니다. 하나님께서 '따르시는' 것은 하나님의 삶 그 자체입니다. 그렇다고 결과적으로 하나님이 창조된 현실의 요소인 척도, 비례, 무게

---

7   『엔네아데스』(*Enneads*) 2.1.3.

와 동일하다는 의미일 수도 없습니다. 오히려 하나님은 모든 것의 양태*modus, 한계*를, 구체적인 존재 방식을 정하시는 존재입니다. 사물의 아름다움*species*을, 미적 판단과 지적 판단 모두에 호소하는 형상 구조를 부여하시는 존재입니다. 그리고 사물이 균형 상태를 향하도록 이끄시는 존재입니다. 하나님은 "만물의 한계를 정하시고, 만물에 지적인 형태를 부여하시며, 만물이 그 목적을 향하게 하시는"*qui terminat omnia et format omnia et ordinat omnia* 분이십니다(4.3.7). 우리는 이런 원리들이 물리적 양에만 적용되지 않고 능동적인 정신적 주체에도 적용됨을 볼 수 있습니다. 도덕적 내지 영적 행위 주체는 이런 원리에 따라 행동합니다. 즉, 척도에 따라(행동은 획일적인 에너지의 흐름이 아니며, 그 자체에 한계가 있습니다), 비율에 따라(지혜는 감정과 덕이 적절히 발휘되게 하며, 혹은 상황에 맞는 반응이 나오도록 관여한다고 말할 수도 있습니다), 무게에 따라(우리의 사랑이라는 목적에 부합하는지 여부에 따라 행동 방침을 선정하거나 거부합니다) 행동합니다. 그리고 여기서 우리는 우리 마음 너머의 형성 작인*formative agency*이 어떻게 **우리의** 현실을 형성하는지 더 분명하게 봅니다. 아우구스티누스에게 생각하는 존재가 된다는 것은 언제나, 우리보다 앞선 것에 반응한다는 것입니다. 그리고 질서 있는 정신적 삶의 형태(이 맥락에서는 정서적인 삶도 포함한다는 것을 기억하십시오. 아우구스티누스는 정서가 마음에 포함된다는 점을 결코 부인하지 않습니다), 즉 행동의 목적론적 성격 및 우리가 경험한 역사를 이해하거나 혹은 균형 맞추려는 시도는 척도*mensura*, 정도*numerus*, 무게*pondus*의 원리가 우리에게 작용한다는 점을 보여 줍니다. 그리고 이 원리들이 하나님께 작용할 수 없기 때문에(그 무엇도 하나님께 영향을 주지 않습니다), 이 원리들은 하나님의 행위여야 합니다(4.8). 이것들은 세계가 하나님께로부터 직접 영향을 받았음을 나타내는 것이지, 추상해 낸 것이 아닙니다. 사실 세계의 모든 것은 색을 지니지만, 그렇다고 여기서 색이 신적 행위라는 것은 아닙니다. 사물의 지적 구조는 색에 따라 달라지지 않으며, 그래서 우리는 하나님께서 사물에 색을 입히는 것과 같은 방식으로 사물을 구성하신다고 말하지, 하나님께서 자연색이라는 원리를 '따라' 혹은 이 원리'로' 사물을 만드신다고 말하지 않습니다(5.11). 그러므로 이 결론은 다음과 같습니다. 이 세계가 지닌 아름다움과 이해 가능성intelligibility은 하나님의 활동이 조화로운 결과를 생산하는 식의 활동이라는 진리를 우리에게 전하며, 따라서 하나님의 본성은 다른 것들 위에 있는 하나의 조화롭고 사랑스러운 사물이 아니라, 모든 조화와 사랑스러움의 원인이라는 점을 간접이지만 확실하게 말해 줍니다.

이는 플라톤주의에서 매우 익숙한 주제의 한 형태이며, 진부한 말로 설명할 수 있습니다.[8] 즉, 하나님을 선하다고 말하는 까닭은 하나님이 선의 **원천**이시기 때문이지, (어떤 음식이 건강을 **낳는** 부류에 속할 경우 이를 '건강' 식품이라고 부를 수 있다는 아리스토텔레

---

8   예를 들면, Albinus, *epitomé* X.5에 나와 있습니다. 전체적 문제에 대해서는 다음을 참고하십시오. R. Williams, *Arius: Heresy and Tradition* (London, 1987), 제III부의 B장과 C장.

스의 유명한 논의에서처럼[9]) 하나님이 선한 것들이라는 부류에 속하시기 때문이 아닙니다. 이런 설명은 하나님에 대해 말하는 모든 고전적 유비 이론의 초석입니다. 그러므로 우리가 만물을 지배하는 척도와 비례가 하나님의 삶에 속한다고 말한다면(우리는 그렇게 말해야 합니다), 이는 척도와 비례가 하나님의 활동 방식을 재현하기 때문이지, 그것들이 하나님께서 활동하셔야 하는 방식을 지시하는 '규칙'이기 때문이 아닙니다. 자연스러운 형태의 신적 활동은 아름다움을 낳는 것입니다. 이와 같이 하나님의 존재 외에, 하나님의 활동을 통제하는 다른 어떤 원인은 없습니다. 따라서 세계에 질서가 있고 목적이 있다면, 세계를 형성하는 행위가 질서를 마련한다는 결론에 이를 수 있습니다. 우리 자신의 정신생활에 대해 생각해 보면, 정신생활이 변치 않는 기준들에 반응하며 형성된다는 점을 인식한다면, 이것이 아주 생생하게 다가옵니다. 또한 신적 활동이 하나님 외에 어떤 것에도 통제되지 않음을 이해하면, 하나님의 **본성**이 이를테면 아름다움을 낳는 것임을 알게 됩니다. 하나님 되심이 어떤 것인지에 대해 세계의 아름다움이 우리에게 말해 주는 이런 방식으로 말입니다―하나님께서 아름다운 것들의 계층 구조 꼭대기에 서 계시기 때문이 아니라, 하나님의 삶이 어떤 것이든(우리는 이를 개념으로 파악할 수 없습니다) 그것이 조화를 마련하는 것이라는 점을

---

9   아리스토텔레스, 『범주론』. 이 점을 중요하게 확장하고 개선한 설명에 관해서는 『범주론』에 대한 포르피리오스(Porphyry)의 주석을, 특히 66.15-21을 보십시오.

우리가 이해하기 때문입니다.[10]

이런 이해는 이 논의의 궁지로 보일 수 있는 것을 헤쳐 나가는 데 도움이 됩니다. 아우구스티누스는 이 세계가 모든 면에서 하나님'처럼' 합리적이고 조화롭다고 투박하게 주장하고 있지 않습니다. 당연히 이 세계는 그렇지 않습니다. 아우구스티누스가 말년에 점점 강경하게 주장했듯이, 이 세계는 위험한 곳입니다. 우리는 좌절과 공포의 장소에 서 있습니다.[11] 이곳은 우리의 이해나 통제가 잘 들어맞지 않는 장소이며, 우발적인 사건들로 목적이 좌절되어 이른바 악[12]으로 이어지는 장소입니다. 어떻게 세상이 질서 정연함을 통해 하나님을 가리킨다고 보는 시각이 이런 장소와 어울릴 수 있을까요? 이에 대해 아우구스티누스는 하나님의 선을 제외한 모든 선은 과정의 산물이라고 답합니다. 그래서 그의 사상에서는 척도와 정도뿐만 아

---

10   이는 (종종 무시되거나 축소되는) 아우구스티누스에게 있는 부정신학적 요소를 인지하는 것입니다. 블라디미르 로스키(Vladimir Lossky)가 제시한 고전적 논의를 보십시오. "Les éléments de 'théologie negative' dans la pensée de saint Augustin", *Augustinus Magister* (Paris: Edition des Etudes Augustiniennes, 1954), pp. 575–581.

11   아우구스티누스의 글 중 세계의 비참함들이 마음에 일도록 울림을 주는 부분들이 있는데, 예를 들면 『율리우누스 반박 미완성 작품』(*Contra Iulianum opus imperfectum*) 4가 그렇습니다.

12   우리는 유전하는 타락의 역사로 인해, 우리 의지가 스스로 뜻한 바 선한 의도를 이룰 수 없게 되는데, 우리가 이런 방식을 '악'으로 식별한다는 뜻입니다. 아우구스티누스는 모든 죄가 하나님께 맞서는 적나라한 반역은 아니라고 주장합니다. 어떤 죄는 견딜 수 없는 상황으로 인해, 무지로 인해, 패배한 단순한 사실일지도 모릅니다. 혹은 그저 연약함 때문에 말이죠. 이에 대한 예로 『본성과 은총』(*De natura et gratia*) 29.33 및 피터 브라운(Peter Brown)이 훌륭하게 요약해 놓은 글을 보십시오. *Augustine of Hippo*, (London, 1967), p. 350. 『아우구스티누스』, 정기문 옮김 (서울: 새물결, 2012).

니라 무게도 마찬가지로 중요합니다. 척도와 비례는 변화하게끔 만들어진 것들의 현실을 지배합니다. 그리고 이것들이 있어야 할 적절한 장소로 끌어당기는 것이 '무게'입니다. 과정에 대한 이러한 관심은 어느 정도 배종이성설胚種理性說, rationes seminales 교리에 담겨 있습니다. 이는 스토아철학에 기원을 둔 아우구스티누스의 유명한 교리로, 예측 가능한 패턴에 따라 유기체의 발전을 통제하는 내재적 원리가 있다는 것입니다(예를 들어 도토리는 그 내재적 원리에 따라 수선화나 젖소가 아닌 상수리나무로 자라납니다). 하지만 더 넓게 보면(이는『신국론』de civ. 19권에 나오는 평화와 질서에 관한 논의의 주요 주제이기도 합니다) 사물들 내지 힘들이 어느 시점에서든 균형을 이루며 평형 상태를 잡아 가고 있을 만큼 이 세계는 매우 질서 정연합니다. 개별 사물들이 발전하며 그 결과 다른 사물들과의 관계가 달라질수록, 무게는 지속적으로 균형을 보장합니다. 그래서 자연질서 안에서 대립하는 힘들은 무질서하지 않습니다. 20세기 들어서야 알게 됐듯이 에너지는 보존됩니다. 사물들은 시간이 지날수록 변화하고 자라도록, 그래서 최적의 형태를 실현하도록 만들어졌습니다. 하지만 이러한 변화의 유동성은 어떤 보편적인 패턴으로 짜여 있으며, 지속적으로 그 안정성을 갱신하고 있습니다. 아우구스티누스의 유명한 말처럼, 이성적 존재들에게 무게는 사랑입니다(『고백록』8.9.10). 우리에게 알맞은 곳으로 우리를 끌어들이는 사랑, 안정과 조화로 되돌아가도록 우리를 끌어 주는 사랑입니다. 그리고 아우구스티누스가 자주 언급했듯이, 우리가 욕망하는 존재임을 알고 또 우리의 욕망이 의식적으로 하나님을 열망하게 되어야 욕망이 궁극적으로 그리고 자유롭게 그 자체일 수 있음을 알 때, 우리는 우리 자신을 가장 온전하고 진실하게 이해할 수 있습니다.[13]

여기에는 두 가지 점이 있습니다. 첫째, 아우구스티누스의 우주는 움직이는 우주입니다. 그는 규칙적인 발전 원리에 대한 철학적 클리셰를 취해서 이를 더 포괄적인 그림과 연결시킵니다. 모든 것이 그 자신의 위치 또는 자리를 '추구'합니다. 하지만 이 자리는 민감한 상호작용의 관계망 안에 있는 자리이며, 질서 정연하고 목적이 있는 세계의 아름다움을 파악한다는 것은 이런 질서정연한 유동성과 상호 의존성을 하나의 전체로 본다는 것[14]—우리는 이렇게 말할 수도 있습니다: **세계**가 무엇인지를 본다는 것, 하나의 일관적 체계임을 본다는 것—입니다. 이 세계가 하나의 전체로서 작동함을 이해하기 위해, 우리가 발전의 각 과정을 도표로 나타낼 수 있어야만 하는 것은 아닙니다. 아우구스티누스는 굉장히 색다른 관용어로 표현하고 있습니다. 이는 종종 오해되고 있는 『논고』의 결론부인데, 다음과 같습니다. "신비로운 것은 **세계**가 존재하는 방식이 아니라 존재한다는 [사실] **자체**이다. 영원의 상相 아래에서 *sub specie aeterni* 세계를 본다는 것은 세계를 (한정된) 하나의 전체로서 본다는 것이다. 한정된 전체로서의 세계에 대한 느낌은 신비스러운 것이다." 비트겐슈타인의 논리 분석은 완전한 우연성 같은 것은 없다고, 이해 가능한

<hr>

13   특히 『신국론』 19.12-14를 참고하십시오.

14   『마니교도 반박 창세기 해설』 1.22.33.

방식으로 기술할 수 없는 것은 없다고 부인해야 일관성 있게 말할 수 있음을 인정하라고 합니다. 이는 모든 주어진 기술 체계(예를 들어 과학 '법칙들')가 최종적이고 철저한 설명을 제시한다는 말이 아니라, 우리에게 환원 불가능한 통찰 내지 직관이 있는데 담화의 논리적 형식에 기초하여 일관적인 기술이 가능하다는 말입니다.[15] 따라서 중요한 것은 우리가 전체를 직관한다는 것이며, 그리고 우리가 어떤 개별자를 따로 떼어 **생각**할 수 없음을 아는 것입니다(비트겐슈타인은 물론 헤겔도 이러한 지평에 있습니다). 아우구스티누스의 시각은 이전에 플라톤주의 전통에서 그가 품었던 것과 온갖 종류의 접점이 있습니다. 그러나 그는 변화하는 상황 속에서 무언가를 **추구**하며 '위치를 찾는다'는 의미를 함축하는 **무게**를 핵심 은유로 사용함으로써, 단지 구체적인 질서 정연한 과정들의 총합이 아니라 목적이 있는 총체라는 생각에 예리하게 초점을 맞추게 합니다. 그가 독창적이라는 평가는 과장일 수 없습니다.

둘째, 평형 상태를 추구함 또는 (유비적으로) '욕망'하는 이 보편적 움직임은 창조가 하나님을 드러내는 방식의 일부입니다. 세계와 하나님의 삶의 '연속성'의 일부입니다. 우리가 봤듯이, 하나님은 세계를 지배하는 법칙에 지배받으실 수 없습니다. (논리적으로) 하나님은 서로 맞물리는 전체 체계의 원인**이면서** 동시에 그 체계의 구성원일 수 없습니다. 따라서 우리는 하나님과 세계 사이의 공통된

---

15 Ludwig Wittgenstein, *Tractatus Logico-Philosophicus* (London: Routledge & Kegan Paul, 1961), p. 149. 『논리-철학 논고』, 이영철 옮김(서울: 책세상, 2006).

특징들에 대해 논할 수 없습니다. 우리가 연속성이라는 언어를 사용하는 경우는 창조 활동의 특성을 그 나타난 효과들 속에서 추적할 때, 우리가 우리 주위의 사물들이 끊임없이 유동함을 이해할 수 있다는 사실 속에서 추적할 때입니다. 이 또한 시간이 '영원의 움직이는 이미지'라는 플라톤주의의 진부한 설명입니다. 아우구스티누스는 신적 안정성을 추구하는 사물들의 '욕망'에 하나님이 반영되어 있다는 또는 이미지화되어 있다는 발상으로 이를 약간 더 선명하게 합니다.[16] 『삼위일체론』으로 가 보면 이러한 관점이 어떻게 인간 주체 안의 하나님의 형상image에 관한 신학적 논의에 제법 새로운 것을 도입하고 있는지를 볼 수 있습니다. 인간 주체 안의 하나님의 형상은 더 이상 단일한 특징 또는 일군의 특징으로 여겨지지 않고 하나님을 향한 주체의 지향성으로, 근본적으로 끝이 없는 생각과 바람이라는 특성으로 여겨집니다.[17] 다른 말로 하면, 우리가 신적 본성이라고 생각한 것과 창조 세계가 명백히 많이 **다를** 때, 창조 세계는 우리에게 하나님에 대한 많은 것을 말해 줍니다. 창조 세계는 그 시간성과 가변성을 통해 하나님에 대해 말하는데, 이는 계속 사유될 수 있고 일관성 있게 말해질 수 있는 끝없는 조율 과정입니다.

이와 같이 아우구스티누스의 사상에서 하나님과 창조 세계 사이의 연속성과 불연속성을 따로 떼어 생각하기는 어렵습니다. 연속성

---

16 『마니교도 반박 창세기 해설』 6.32 이하, 6.36 이하, 6.362, 6.372.

17 이는, 일자는 일자를 향하는 지성의 에로스에 어떤 식으론가 반영되어 있다는 플로티노스의 암시와 비교될 수 있습니다. 예를 들어 『엔네아데스』 6.7, 8을 보십시오.

들, 즉 창조 세계가 하나님의 것인 생명과 같은 것을 공유하는 방식은 근본적인 차이로 돌아가도록 우리를 가차 없이 내몹니다. 하지만 여기서 얻은 것이 있다면, 그것은 제가 이 논문의 시작 부분에서 인용한 저자들이 공격한 개념을 사실상 결코 낳지 않을 모델이란 점입니다. 세계가 있어야 하고, 한정된 하나의 전체가 있어야 하며, 일관성이 있어야 하고, 안정성으로의 수렴이 있어야 하기 때문입니다. 물론 이 안정성은 시간이 경과하면서 순간순간 계속 대체되고 고쳐지는 것이긴 합니다. '바깥'에서 또는 '위'로부터 강요될 여지가 없습니다. 논리적 공간의 경쟁적 자리에서 인과적으로 작용하는 경쟁 체계라는 의미에서의 바깥이나 위는 없기 때문입니다. 그저 체계가 **있을** 뿐이며, 이해 가능성이 없이는 이에 대해 아무것도 말할 수 없습니다. 질서는 곁다리가 아닙니다. 그렇다면 '형상'과 '질료'에 대한 아우구스티누스의 언어는 어떤 의미일까요? 이에 대해 대답하려면 『고백록』 12권, 특히 6-13장에 나온 아우구스티누스의 꽤 복잡한 논증을 한참 살펴봐야 합니다. 창조가 하나님이 변하시는 지점이 아니라는 것(시간은 오직 우리 세계의 변화와만 관련될 수 있기 때문에, 하나님께서는 우리와 환경을 공유하지 않으시며, 따라서 우리처럼 환경에 반응하며 변하지 않으십니다[18])을 일찍이 확립한 아우구스티누스와 그의 독자들은 창조가 오직 하나님의 뜻으로 야기된다고만 결론 내릴 수 있습니다. 다른 모든 것의 논리적 전제 조건으

---

18   더 자세한 논의는 각주 4에서 언급한 글을 참고하십시오.

로 확립되어야 하는 사태는 세계가 변할 수 있어야 한다는 점입니다(12.6). 우리는 이 조건이 우선임을 인정하지 않으면 세계에 대해서 아무것도 이해할 수 없습니다. 세계가 하나님이 되지 **않으려면**, 세계가 한정된 하나의 전체인 세계 그 자체로 존재하려면, 세계는 과정들의 복합체여야 합니다. 변화는 무엇을 함축하고 있습니까? 변화의 **매개** 혹은 변화의 수단입니다. 다른 말로 하면, 안정성과 다양성 사이의 상호작용을 함축합니다. 만일 변화가 전체적 변화, 포괄적 변화라면, 우리는 변화에 대해 어떤 이야기도 할 수 없을 것입니다. 전체가 변한다면 변화 전후를 아우를 개념적 구조가 없기 때문입니다. 그래서 아우구스티누스는 이러한 요구에 비추어 창세기 1:1, "하나님이 천지를 창조하셨다"를 해석해 나갑니다. 우리는 땅이 원래 "형상form이 없었다"라고 들었습니다. '하늘'은 아마도 전체 영역 중 '땅'의 반대편 끝부분에 있겠죠. 따라서 아우구스티누스는 두 개의 극단적 경우의 창조 현실을 상정합니다—피조물이 하나님께 직접적으로 개방되어 있기에 형상적 안정성이 가장 높은 수준에 있는 상태, 그리고 최소한의 형상이 있는 사실상 불확정적인 현실의 상태입니다. 전자('하늘들의 하늘')는 틀림없이 하나님의 사랑에 전적으로 헌신하는 지적 행위자들의 상태일 것입니다. 이들은 원리적으로는 계속 변할 수 있지만, **사실** 변하지 않습니다—지금으로서는 우리가 그저 염원할 수밖에 없는 상태에 있는 천사들, 구속된 영혼들이 그렇습니다. 이들은 더 나아질 필요가 없으며, 이들의 사랑이 진실로 정결케 되었다면 나빠질 수도 없습니다. 그래서 이들은 '역사' 너머의 일종의 순수한 지속duration을 경험합니다(12.11). 반대편 끝에는 형상이 없는 질료, 더 정확히 말하자면 형상이 거의 없고 최소한의 안정성만 있는 질료가 있습니다(우리는 실제로 완전한 무형성으로 존재하는 상태 개념에 어떤 내용도 담아낼 수 없습니다. 이는 그저 가능태이기 때문입니다. 이게 도대체 무엇을 의미할 수 있겠습니까?). 우리가 이에 대해 말할 수 있는 것이라고는 한층 더 형상이 형성될 수 있다는 점뿐입니다(12.8). 우리가 아는 창조는 이 양극단 사이에 존재합니다. 질료를 계속 꾸준히 일관성 있는 세계로 만들어내는 형상과 함께 존재합니다. 그리고 시간은 우리가 경험하듯이 이 사이에 속한 것입니다. 형상이 없으면 변화도 없습니다(12.11). 왜냐하면 차이를 측정할 수 없기 때문입니다. 질료만으로는 역사가 있을 수 없습니다. 또한 형상이 안정성에 도달한 상태에서도 역사가 있을 수 없습니다. 더 이상 최적의 조건을 탐색하지 않을 것이기 때문입니다. 이 사이에서 형상과 질료는 끊임없이 상호 관계합니다. 우리는 정말로, 우리가 명확히 아는 창조는 형상이 질료에 작용하는 과정**이며**(현재형) 우주 속에서 점점 정교해지는 체계성과 상호 의존성의 이야기**이다**고 말할 수 있습니다.

여기서 잠시 논의를 멈추고, '형상'과 '질료'가 실제 의미하는 바를 명확히 하는 것이 좋겠습니다. 17세기 이후의 정신은 순수 사물과 관념을 깔끔하게 구분 짓는 경향이 있습니다. 그 결과, 우리가 시작 부분에서 인용한 글들이 띠고 있는 듯한 방식으로—유형의 물질로 된 세계와 투쟁하는 어떤 '영적' 힘을 상정하여—형상과 질료에 대한 아우구스티누스의 진술들을 읽게 됩니다. 하지만 이는 곡해한 것입니다. 아우구스티누스에게 '질료'란 순수 가능태입니다.[19] 플로티노스와 마찬가지로 말이죠.[20] 질료가 그 자체로는 선하지 않다거나 심지어 악의 원천(플로티노스는 거의 이렇게 말했습니다)이라고 말한다고 해서, 육체, 나무, 돌, 심지어 아미노산에 어떤 사악한 것이 있다고 말하는 것은 아닙니다. 이는 터무니없는 말입니다—아우구스티누스는 이런 터무니없는 말을 타파하기 위해 많은 시간을 쏟아 마니교도를 반박하는 글을 썼습니다. 오직 마음만이 사악할 수 있는데, 욕망하고 결정을 내리는 존재들만이 도덕적 평가와 관련되기 때문입니다. 즉 우리는 순수한, 텅 빈 가능성에 대해 어떤 평가도 내릴 수 없다는 것입니다. 우리는 오직 무언가 혹은 다른 무언가**로의** 잠재력으로서만 가능성에 대해 언급할 수 있습니다. 일단 우리가 그 특성과 구조를 인식할 수 있는 무언가 혹은 다른 무언가로의 잠재력에 대해 이야기하기 시작하면, 우리는 **형상**에 대해 이야기하고 있는 것입니다. 이런 관점에서 실현되지 않은 또는 좌절된 가능태는 기껏해야 결핍이고 미완성이고, 최악의 경우 사물의 목적에 알맞은 작용을 약화시키는 것입니다. 질료에 대한 형상의 작용은 한 사물을 다른 사물에 부과하는 것이 아닙니다. 어떤 체계system를 다른 체

19　『고백록』 12.11 등 여러 곳.

20　『엔네아데스』 2.4, 1.8을 참고하십시오. J. M. 리스트(Rist)의 글 "Plotinus on Matter and Evil", *Phronesis*, VI.2 (1961)는 여기서 다루는 복잡성 중 일부에 대해 전적으로 신뢰할 만한 안내를 제공하는 것으로 추천할 수 있습니다.

계에 부과하는 것은 말할 것도 없습니다. 질료에 대한 형상의 작용은 단지 그 자체로 현실태화의 과정입니다. 우리는 이러한 아우구스티누스의 글을 읽으면서, 하나님께서 의기양양한 권능의 행위를 통해 원재료를 이질적인 구조로 구현하신다는 상상을 접어야 합니다. 이렇게 말하면 핵심을 더 잘 표현할 것 같습니다. 즉 하나님은 하나님과는 완전히 다른 실재가 존재하기를 뜻하시며, 여기에는 변화할 수 있는 실재가 상정되어 있다는 것입니다. 만일 그렇다면, 이는 가능태와 현실태의 변증법도 함축하며, 사물들이 자기 자신이 되어가고 시간이 흐를수록 더 성공적으로 알뜰하게 스스로를 구성하는 유동적이면서도 목적이 확실한 세계를 함축합니다. 가능성들은 끊임없이 실현되지만, 질서 정연하고 이해 가능한 방식으로 실현됩니다. 형상이 있는 변화는 측정 가능한 변화를 의미합니다. 즉 우리가 말할 수 있는 종류의 변화만을 의미합니다(하나 덧붙이자면, 이것은 아퀴나스가 창조 행위 자체가 변화나 과정은 아니라고 말할 수 있었던 이유입니다[21]).

그렇다면 창조 세계는 선, 아름다움, 안정성(즉, 모든 것이 다른 모든 것과 균형을 이루며 가장 자유롭고 조화롭게 그 자체로 존재하는 상태)이 추구되고 **있고** 형성되어 **가는** 영역입니다. 물론 이는 하늘로 가는 지름길이 없는 이유이기도 합니다. 『고백록』이 계속 상기시켜 주듯이, 우리는 새로운 생명으로 **성장해야** 합니다.[22] 그리고

21　『신학대전』(Summa Theologiae) 1.45.2 ad 2.

22　예를 들어,『고백록』7.10, 20; 10 등 여러 곳.『시편 상해』37도 참고하십시오.

우리는 우리가 물질적 존재로 존재하며 변하고 있는 자리에서 시작해야 함을 배워야 합니다. 신적 삶과 여기에 우리를 어떻게 개방할 수 있는지에 대한 하나님의 결정적 실마리는 영속적인 말씀과 지혜가 인간의 물질적인 역사를 형성하고 이 역사 안에서 말하고 이 역사를 연출한 사건입니다. 이 역사가 시간을 통하지 않고는 하나님께로 이를 길이 없다고 말해 주기 때문입니다. 하나님을 알기 위해서 우리는 하나님의 마음이 무시간적으로 침투하기를 고대할 게 아니라, 성육신하신 말씀의 경로를 따라야 합니다.[23] 아우구스티누스에게 가장 중요한 두 주제가 여기서 모아집니다. 바로 사물들의 이야기에 보편적으로 함축되어 있는 질서를(그리고 겸손함 없이는 이 질서 안에서 충만하게 살 수 없음을) 인식하는 것과, 필멸하는 우리의 연약함을 피하지 말고 육체를 통해 우리에게 말씀하시고 우리와 관계 맺으시는 하나님을 신뢰하며 그 연약함을 있는 그대로 받아들일 때에**만** 하나님을 진정으로 만나게 됨을 인식하는 것입니다. 창조에 관한 아우구스티누스의 강해 전체는 성육신하신 말씀의 역할에 관한 강해와 함께 다루어져야 할 것입니다. 종종 이 두 주제를 함께 보지 못해서 아우구스티누스, 특히 395년 이후의 아우구스티누스에 대한 이해가 나아지질 않습니다. 또한 아우구스티누스의 글을 읽을 때, 그가 완성된 비전보다는 자라남에 점차 몰두하게 되었다는 점, 그래서 우리가 우리에게 주어진 순간순간마다 사물의 과정 전체를

---

[23] 성육신하신 그리스도를 뒤따르는 신자의 이미지에 대해서는 『고백록』 4.12와 『그리스도교 교양』 1.34를 참고하십시오.

통달할 수 없는 우리의 무능력을 직시하게 된다는 점을 아는 것이 필수입니다. "저에 대해 말하자면, 저는 형태와 의미를 알지 못하는 이 시간 속에 조각조각 깨져 있고, 제 생각과 제 영혼의 가장 내밀한 골수는 파란만장한 시간의 변화로 산산조각 나 있습니다. 제 전부가 당신의 사랑의 불로 정화되고 녹아내려 당신께로 흘러들어가기까지는 그렇습니다"(『고백록』 11.29). 이 고백 바로 앞에서, 그는 익숙한 시편 한 편을 노래한 경험에 대해 논하고 있었습니다. 조금씩 기대는 줄어들고 기억은 확장되는 경험에 대해서 말이지요. 그래서 그는 자기 삶 전체와 우리가 공유하는 역사 전체도 이 경험과 마찬가지라고 말합니다(11.28). 하지만 이러한 관점에서는 어느 누구도 그 노래의 끝을 알지 못합니다.

창조란 잠재적인 선*들을 끊임없이 실현하는 과정입니다. 이는 하나님과 창조 세계 사이의 차이를 무시할 수 없는 이유입니다. 하나님께 잠재적으로 선한 것은 없습니다. 만약 그런 게 있다면, 하나님의 자기-실현은 불완전한 것입니다. 자기-실현의 과정들이 상호작용과 결부된다는 것은, 어떤 행위자가 (외부의 영향을 받는) 다른 어떤 존재에게 그 존재가 스스로 가지지 못한 것을 공급해 줌으로써 더 충만한 삶으로 이끈다는 것이며, 이는 하나님을 어떤 체계의 한 부분으로 다루고 있음을 함의하게 됩니다. 독립적인 행위자들이, 신적 존재에게 필요하나 신적 존재에게 없는 것을 하나님께 공급할 수 있는 체계를 상정하면서 말이죠. 아우구스티누스는 특히 『고백록』 13.1-4에서 이런 사고방식과 싸우고 있습니다. 여기서 아우구스티누스는 하나님의 삶이든 의식이든 어떤 것이든 창조 세계가 하나님의 것을 증진시킨다고 여기는 모든 이론을 철저히 반대합니다.[24] 하나님께서는 신적 삶 속에 지복의 충만함을 위한 자원을 가지고 계시며, 어떤 경우에도 이를 본질적으로 변화시키거나 확대시키는 신적 활동은 없습니다. 혹 하나님께 이러한 자원들이 없다면, 다른 행위자들로부터 이러한 신적 결핍을 보충받아야만 합니다— 그리고 이런 식의 다른 행위자를 상정하면, 일관적인 우주 개념을 단념해야 할 수도 있습니다. 이런 이유로 아우구스티누스는 13.1-2에서 창조가 하나님께 어떤 '득'도 되지 않는다는 개념을 주장합니다. 이는 하나님과 세계의 관계를 논의의 여지가 없는 완전한 비대칭성으로, 절대 자기-충족과 반대되는 절대 의존으로 고정시킨다는 이유로, 최근 몇몇 집단에서 매우 인기 없는 교리가 되었습니다. 이

---

24   말이 나온 김에 이야기하자면, 이는 아우구스티누스가 온갖 과정신학들 및 하나님과 세계 사이의 (견줄 수 없는) 철저한 차이를 축소하고자 하는 어떤 계획에도 단호히 반대할 것이라고 보는 것입니다. 반면 아우구스티누스와 헤겔의 관계는 더 상세히 논할 가치가 있는 훨씬 더 복잡한 문제를 보여 줍니다. 저 자신은 아우구스티누스를 비롯한 대다수의 전통적 신학자들이 당연하게 여긴 것을 충실히 따르는 창조 교리가 반드시 헤겔 철학적 설명과 처음부터 끝까지 적대적이어야 한다고 생각하지 않습니다. 왜냐하면 헤겔 철학적 설명을 다른 방식으로 읽을 수 있기 때문입니다. 제가 견줄 수 없는 차이라고 부른 것을 완전히 다른 언어로 다루면서 말이죠. 어떤 이들이 추정하는 것과는 달리, 헤겔이 가르치지 않았던 것 하나는 창조의 과정을 통해 영이 증대된다는 주장입니다. 혹은 어떤 의미로든 하나님이 역사에서 하나의 주제(subject)라고 가르치지 않았습니다. 하지만 이런 논의를 본격적으로 진행하려면 현재 우리가 다루는 목적들에서 멀리 벗어나게 됩니다. 저는 필립 블론드(Phillip Blond)가 편집자로 계획 중인 철학자들과 신앙에 관한 책에 헤겔의 종교에 대한 글을 기고하여 이 논점을 더 완전하게 발전시켜 보고자 합니다("Logic and spirit in Hegel" in Phillip Blond (ed.), *Post-Secular Philosophy: Between Philosophy and Theology* (Oxford: Routledge, 1998)로 출간됨).

원론의 문제와 위계 혹은 가부장주의의 문제가 여기에 집중되어 있는 것으로 보입니다. 하지만 짚고 넘어가야 할 점이 있습니다. 연합되어야 하고 상호 의존적이어야 하는 체계 **안에서**의 관계로서 이원론과 위계가 문제가 된다는 점입니다.[25] 아우구스티누스의 측면에서 보면 어떤 의미에서든 하나님을 우리와 동일한 준거 틀 안에 둘 수 없다는 점을 이쯤 되면 매우 확실하고 충분하게 말한 것 같습니다. 하나님의 행동을 피조물의 행위에 **견줄** 수 없습니다. 하나님은 어떤 경쟁적 존재를 이기셔야 하는 것이 아닙니다. 하나님의 창조 능력은 다른 어떤 힘들 위에서 일방적으로 행사되는 힘이 아니라, 그 자체가 모든 능력의 토대이며 창조 세계 안의 모든 행위 작용의 토대입니다. 하나님께서는 (맥페이그McFague, 프리마베시Primavesi 등 여러 사람에겐 미안하지만) 어떤 고집스럽게 저항하는 물질에 하나님의 뜻을 강요함으로써 세상을 만드시지 않았습니다. 그리고 진지한 신학자 중에 이를 주장한 사람은 없습니다. 오히려 하나님께서는 전체 과정의 원인이시며, 우리는 이 전체 과정 속에서 이해 가능한 구조를 볼 수 있습니다. 창조된 생명체는 하나님의 활동에 반응하면서 균형 잡힌 통일체로 스스로를 형성해 갑니다. 물리학자들이 동적 평형dynamic equilibrium이라고 부르는 것을 계속 추구하면서 말이죠. 그러나 이 모든 것은, 그리고 이와 같이 현실화된 가능태들은 순전히 신적 자유의 결과입니다.

---

25 이를 기민하게 관찰한 다음 글을 참고하십시오. M. J. Scanlon, "The Augustinian Tradition. A Retrieval", *Augustinian Studies*, 20 (1989), pp. 61-92, 특히 pp. 80-84.

따라서 창조는 정말로 '좋으실 게 없는 것'입니다. 이 말의 **요지**는 신적 필요에 기여하는 바가 없다는 것입니다. 우리가 여기서 어려움을 느끼는 이유는 (낙담스럽게도) 필요와 무관한 사랑을 상상하기 어렵기 때문입니다. 이는 현대인들만큼이나 고대인들도 어려움을 느끼는 부분입니다. 하나님께서 무로부터 창조하셨다는 초기 그리스도교의 주장은 친족 관계나 닮은 점에 근거하지 **않는** 사랑의 가능성과 현실성을 전제로 합니다. 왜냐하면 무로부터의 창조는 하나님의 삶과 전적으로 다른 어떤 실재를 기꺼이 창조하시는 하나님, 이 실재에 기꺼이 아름다움, 합리성, 자유를 부여하고자 하시는 하나님을 전제하고 있기 때문입니다. 알렉산드리아의 클레멘스 Clement of Alexandria가 말했듯이[26] 이는 코이노니아 κοινωνία에서 자연스럽게 요구되는 것 너머까지 나아가는 사랑입니다. 그리스도교에서 사용하는 말인 코이노니아는 친절의 공동체—혹은 요즘 유행하는 말로 '연대'라고도 할 수 있겠습니다—로, 사랑의 기반이 아닌 사랑의 결과입니다. 여전히 뿌리 깊이 낯설고 다른 것에 자유롭게 다다른 결과입니다. 사도 바울도 그런 암시를 내비쳤고, 아우구스티누스도 도나투스주의를 반박하는 글에서 사랑과 성찬에 대해 길게 논하며 이를 암시하고 있습니다.[27] 부족적 또는 종파적 사랑 이야기를 거절하는 것과 창조라는 선물 gratuity에 대해 말해야 하는 것 사이에는 한 가닥의 연결 고리가 있습니다. 이는 『그리스도교 교양』(1.31-32)에서 거

---

26 『양탄자』(*Stromateis*) 2.16 (GCS edition, pp. 151.27-152-26).

27 특히 『세례론』(*De baptismo*) 3을 보십시오.

의 반어법에 가깝게 미묘하게 뒤틀어 놓은 것을 이해할 수 있는 지점입니다. 모든 사랑이 도구적인 것과 관조적인 것, 사용하는 것과 향유하는 것, 다른 무언가를 얻으려고 혹은 다른 무언가와 연관해서 사랑하는 것과 그것 자체를 위해서 사랑하는 것으로 나뉜다면, 우리를 향한 하나님의 사랑은 어떤 것이라고 말할 수 있을까요? 만일 우리가 하나님을 향유하고 관조하듯이 하나님께서 우리를 '향유'하고 관조하신다면, 이는 하나님께서 자신의 행복을 위해서 우리를 필요로 하신다는 말이 될 것입니다. 그러니까 우리가 신적 삶을 풍요롭게 하거나 증진시킨다는 말이지요. 하지만 빛이 비추는 대상이 빛을 밝게 하지 않기 때문에, 우리가 하나님을 증진시키는 일은 일어나지 않습니다. 그렇다면 우리를 향한 하나님의 사랑은 '도구적' 사랑입니까? 네, 하지만 하나님께서 더 궁극적인 무언가를 얻으려고 우리를 '사용'하시지는 않습니다. 하나님이 **바로** 궁극의 선이시기에 세상 만물이 사랑을 받게 하려고 사용하시는 것입니다. 그래서 하나님께는 신적 삶을 관조하는 것 말고는 궁극의 목표가 없습니다. 반복하자면, 신적 삶을 관조하기 위해서 하나님께 다른 어떤 것이 필요하지는 않습니다. 그래서 우리는 이렇게 말해야 합니다. 하나님은 우리가 가장 큰 선을 얻도록 우리를 '사용'하신다고 말이죠. 당연히 이 가장 큰 선이란 하나님을 사랑하는 것입니다. 하나님은 우리가 **최고의** 선에 이르게 하려고 우리를 사랑하시는 것이지, 우리가 **하나님의** 선에 기여하게 하려고 사랑하시는 것이 아닙니다. 우리의 선은 하나님입니다. 그래서 우리의 선은 결과적으로 하나님을 향해서 하나님 안에서 서로 사랑하는 것입니다. 하나님의 사랑은 우리의 선을 위한 도구이며, 그래서 완전히 이타적인selfless 사랑입니다. 내가 하나님을 향유하는 것이 나에게는 가능한 최대의 복이지만, 하나님의 한없는 복에는 아무런 보탬이 되지 않기 때문입니다.

다른 누군가의 기쁨을 바라는 순수한 욕망. 아우구스티누스의 창조 교리는 이를 전제로 하고 있습니다. 이는 그가 종합한 생각에 문제를 제기하며 개선책으로 제시한 생각들이 문제가 되는 지점입니다. 하나님과 하나님이 만드신 것을 이간하는 신학을 반대하는 온갖 종류의 타당한 논리가 있습니다─그리고 우리가 보았듯이, 아우구스티누스는 그런 논리들을 이해했을 것이고 또 공유했을 것입니다. 하지만 이런 반대가 하나님의 유익과 피조물의 유익을 사실상 구분할 수 없다고 하는 신학으로 이어질 때 문제가 발생합니다. 바로 하나님께서 피조물을 사랑하시는 것이 하나님께서 자신을 사랑하시는 어떤 기능이 되는 지점입니다. '유익'이 한층 더해진다고 볼 수 있는 것이죠. 궁극적으로 이는 친친親親, kinship을 넘어서는 사랑, 이익 공유를 넘어서는 사랑이 없다는 암시를 던져 주면서, 우리의 영적 상상력과 도덕적 상상력을 빈곤하게 합니다. 저는 이런 어려움이 어느 정도 정치─가장 넓은 의미에서의 정치─와 관련되지 않나 생각합니다. 서구인들은 사랑에 대한 특정한 모형들을 의심하게 되었습니다. 즉 권력 관계로 이루어진 체제를 검토하지 않고 당연시하고 있는 사랑에 대한 모형들─가진 자가 빼앗긴 자에게 베푸는 자선 행위로서의 사랑, 소유와 강탈의 구조를 바꾸기 위해서는 그 어떤 것도 하지 않고 그대로 두는 그런 사랑―을 의심하게 되었습니다. 이는 마땅한 의심입니다. 온갖 종류의 집단이, 같은 고통과 궁핍을 공유하며 서로를 보살피는 연대의 경험을 통해 사랑을 재발견하고 있습니다. 이러한 돌봄은 용기의 원천이며, 서로를 강화시키는 시초이며 따라서 변화의 시초입니다. 이는 제3세계에서의 해방신학, 소위 선진국global north에 사는 여성들과 흑인들 등의 해방신학과 같이 수많은 해방신학의 기저를 이루는 경험이 되어 왔습니다. 그리고 다양한 평화 운동에서도 중추적인 역할을 하고 있습니다. 그러나―엘렌 채리Ellen Charry가 최근 강력하고 논쟁적인 글[28]에서 지적했듯이―다른 피해자 집단이나 주변의 집단이 자신들의 특수한 준거 틀 속에 고착되어 있을 수 있는 위험도 있습니다. 그래서 서로 실질적으로 연합을 구현할 길을 찾지 못하게 되거나, 혹은 궁핍을 공유하며 서로를 강화시키는 것을 넘어서는 상황을 상상하지 못하게 되는 것이죠. 만일 사랑의 패러다임이 오로지 공통의 경험과 공통의 필요에만 뿌리박고 있다면, 어떻게 우리가 철저히 다른 이방인(압제자는 말할 것도 없고, 새롭게 고쳐진 질서에서의 이방인)을 사랑할 수 있을 것인가라는 이 기저에 놓인 물음을 피해가게 됩니다.

이는 연대의 도덕적 무게 및, 연대의 정치에서 나타나는 무력함속에서의 힘의 발견이라는 어마어마한 힘을 무시하는 것이 아닙니다―결코 그렇지 않습니다. 또한 아우구스티누스가 위계적이고 가

---

28 "Literature as Scripture: Privileged Reading in Current Religious Reflection", *Soundings*, lxxiv (1991), pp. 65-99.

부장적인 우주의 모습을 **지지**한다는 확실한 사실을 대충 얼버무리면서 넘어가는 쪽으로 유도하려는 것도 아닙니다. 그러나 창조에 대한 그의 사상의 근본적인 구조는 우리가 마음 놓고 무시할 수 없는 일련의 문제들을 확고하게 의제로 설정합니다. 여전히 타자로 **남아 있는** 사람, 내가 확실하게 통제할 수 없는 타자, 어쩌면 불안감을 주기도 하는 타자가 있습니다. 그런 타자의 기쁨 내지 선을 바라는 욕망이라는 개념을 통해, 우리는 연대가 모든 것을 말하지는 않는다는 점을 상기해야 합니다. 그 이상으로 더욱 말해져야 하는 것은 우리가 창조와 구속에 나타난 하나님의 사랑을 이해하는 방식과 굉장히 많이 관련됩니다.[29] 자신을 향한 이익이 없는 사랑을 믿지 않는다면, 우리는 파벌과 경쟁을 넘어서는 인간 공동체에 관한 복음을 전하는 것이 우리가 상상했던 것보다 더 어렵다고 생각할지도 모릅니다. 아우구스티누스의 창조 신학은 탁월하고 진지하게 세계를 하나님의 자기-전달로 다룹니다. 하지만 하나님의 모든 '수사법'이 그렇듯이, 세계도 인식 가능하고 무시간적인 진리들을 그저 단조롭게 복제하여 제공하지는 않습니다.[30] 창조의 의미와 가치를 진지하게 대한다

---

29 윤리학의 근본적인 개념인 '타자성'의 의미에 대해서는 다음을 보십시오. Edith Wyschogrod, *Saints and Postmodernism: Revisioning Moral Philosophy* (Chicago: IL: University of Chicago Press, 1990) (제가 쓴 다음의 리뷰는 이 책의 내용에 대해 의구심[reservations]을 표현하고 있는데, 이를 감안하여 보십시오. *Modern Theology*, 8 (1992), pp. 305-307).

30 하나님의 '수사법'에 관한 다음의 1992년 옥스퍼드 박사학위논문을 참조하십시오. Robert Dodaro, OSA, *Language and Justice: Political Anthropology in Augustine's De Civitate Dei*.

는 것은 움직이고 변화하는 이미지로, 한계가 있고 유동적인 전체로 (그것이 곧 하나님은 아니나 하나님이 편만하신 것입니다), 그 오롯한 상태를 적절하게 측정한다는 것입니다. 무엇보다도 아우구스티누스는 까닭 없이 시작한 행위, 다른 이의 기쁨 외에 그 어떤 목적도 없는 행위라는 판단하에 사랑에 대해 생각해 보도록 우리를 초대합니다. 아우구스티누스의 관점에서 볼 때, 우리는 시인이 구속을 노래한 것을 창조 자체에 대한 것으로 말할 수 있습니다.

사랑스럽잖은 이들을 향한 사랑,
사랑스럽기라도 하단 듯이.•

창조가 더없이 자기 이익을 꾀하지 않는 하나님의 활동으로 이해되어야 한다면, 하나님의 영원한 본성과 삼위일체적 관계에 대한 언급 없이는 창조에 대해 생각할 수 없습니다. 앞서 언급했던 마이클 핸비의 『아우구스티누스와 근대성』은 이러한 연관성을 추적하여 아우구스티누스에게 있어 창조란 은혜임을 명확히 합니다. 하나님께서 세상을 만드신 것이 세상의 안녕이라는 분명한 목적과 불가분하게 연결되어 있다는 의미에서 말이지요—따라서 인간 존재의 경우에는 창조가 성화와도, 그리스도와의 연합과도 불가분하게 연결됩니다.[31] 삼위일체의 창조 활동은 아들을 기뻐하는 아버지의 즐거

• 사무엘 크로스맨(Samuel Crossman)이 지은 찬양시 "My song is love unknown."

31 Hanby, *Augustine and Modernity*, p. 22, pp. 82-83, 87-88.

움과 아들을 향한 아버지의 무한한 선의를 토대로 합니다. 창조 안에서 생겨난 것과 성육신하신 말씀 안에서 재창조된 것은 아버지가 즐거워하시는 영원한 아들의 **아름다움**입니다. 따라서 우리의 지혜와 거룩함이 자란다는 것은 창조에 깃든 궁극의 아름다움을 향한 갈망이 자라난다는 것이자 영적인 아름다움이 자라난다는 것입니다.[32] 핸비가 주장한 것처럼, 이는 펠라기우스와의 논쟁의 배후에 유용한 실마리를 던져 주었습니다. 아우구스티누스가 보기에 도덕적 선택지들을 자유롭게 고를 수 있는 펠라기우스적 자아는 **즐거움**의 근본 동기가 되는 에너지로부터 단절된 것이며, 따라서 자발적 자아에 대한 진정한 그리스도 중심적 설명으로부터도 단절된 것입니다. 펠라기우스적 주체는 정말로, 핸비가 말하는 "송영하는 자아"일 수 없습니다. "일단 인간의 작인이 더 이상 하나님에 대해 송영하는 작인에 참여하는 것으로 이루어지지 않으면, 일단 **그리스도 안에서의** 인간의 위치가 위격적 연합에 참여하는 것에서 **그저** 모방 내지 흉내로 축소된다면 […] 일단 우리의 행동이 아들을 향한 아버지의 기쁨으로 촉발되는 것으로 이해되지 않는다면, 의지는 더 이상 사랑하는 이와 사랑받는 자의 관계를 말하지 않고, 오히려 '데카르트적' 인과 관계를 말하게 됩니다."[33]

핸비의 논증은 다음과 같이 약간 다르게 표현될 수 있습니다. 즉,

---

32   Hanby, *Augustine and Modernity*, p. 84. "아들의 아름다움에 대한 우리의 차등적 참여."

33   Hanby, *Augustine and Modernity*, p. 104.

우리는 (창조에 관한 것이든 하나님과 관련된 인간의 자유의지에 관한 것이든) 아우구스티누스가 쓴 모든 것이 그의 신론에 조건 지어져 있음에 계속 확고하게 초점을 맞출 필요가 있습니다. 우리는 영원한 삶이 기쁨이며 상호성이신 하나님에 대한 믿음의 중요성이 아우구스티누스에게 핵심임을 인정하지 않고서는, 그의 신학 중 어떤 부분도 분별력 있게 논할 수 없습니다. 물론 이 주제도 시간이 지날수록 점점 확연해지고, 점점 주제 자체가 드러납니다. 그리고 삼위일체에 관한 책에서 가장 완전한 표현에 다다릅니다. 하지만 그의 생각 전체에서 이 주제가 어떻게 작용하고 있는지를 보는 것이 중요합니다. 또 다시 『고백록』에 이러한 관심이 엮여 있는 모습이 특히 명확하게 나타납니다—예를 들어 11.8.10-9.11에서, 창조, 진리에 대한 지식, 죄로부터의 구원, 삼위일체 신학이 현재 하나님의 은총에 의지하고 있다는 '고백'과 인정 속에 함께 어우러져 있는 것처럼 말이죠. 그리스도의 육체 안에서 말해진 말씀은 만물의 시작인 말씀입니다. 육체 안에서 이 말씀을 듣는 것은 우리의 존재의 불변하는 중심으로 소환되는 것입니다—'가만히 서서 경청함'으로써 진리를 배우도록 부름받는 것입니다. 이 결과 우리는 "신랑의 음성을 들었기 때문에 기쁨이 충만해지며"(요 3:29), 우리 자신을 이 신랑에게 기꺼이 내어 드리게 됩니다. 우리의 근원, 우리의 '시작'이 우리에게 말하시고 우리를 사로잡으시는 것은 전적으로, 성육신하신 그리스도께서 발하신 말씀이 주는 기쁨을 통해서입니다. 그러나 이것이 우리를 이끌어 가는 곳은 영원한 현실입니다. 하나님께서는 이 영원한 현실 안에서, 이 현실을 통해, 우주를 만드시고 이를 자신의 빛으로 채우십니다—이 현실은 또한 하나님의 구원의 의지이자 행동입니다. 이는 밀도 있고 복잡하지만, 바로 이런 조밀함이 다음과 같은 점을 보여 줍니다. 즉, 자유로운 창조의 사랑, 성육신, 즐거움, 아들과의 혼인의 연합, 생명의 근원과의 화해라는 주제가 서로 맞물려 있어서 분리할 방법이 없다는 것입니다. 인간 자아가 신의 선물과 복이라는 패턴 안에 있다는 자신의 위치와 본질을 기쁘게 인정하며 그 자신이 됨으로써, 이 풍성하게 엮인 관계를 통해 송영하는 자아로 나타난다고 설명한 핸비의 주장은 타당합니다.

이 모든 것에서 기본은 아우구스티누스가 『고백록』의 한가운데(특히 7권)에 기록한 개념적 발견으로, 그가 세례를 망설이게 된 지적 교착 상태를 타개한 다음과 같은 점입니다. 즉, 만일 하나님께서 유일한 창조주시고 그리스도인들이 말하는 그런 분이시라면, 악에는 실체가 있을 수 없다는 점입니다. 하나님께서는 자신의 지혜와 사랑을 통해 교제로 더욱 끌어들일 수 없는 것을 창조하시지 않았습니다. 다음의 표현wording은 중요합니다. 선하신 하나님께서 단지 선한 것들로 이루어진 세계를 창조하신 게 아니라, 자신의 존재 안에 있는 자신의 기쁨을 점점 더 깊이 공유할 수 있는 세계를 만드셨습니다. 무생물인 피조물들은 그 질서와 비례를 통해 분유합니다. 의식이 있는 영혼들은 그리스도 안에서와 이 땅에 있는 그리스도의 몸, 즉 세례 받은 공동체 안에서 전달된 양자녀 삼으신 은총을 받음으로써 공유합니다. 이 책 6장에서도 보겠지만, '잘 사는 것' 내지 '복되게 사는 것'은 우리가 사는 공동체에 의해, 그 공동체가 무엇으로 사는지에 의해, 또 무엇을 사랑하고 욕망하는지에 의해 크게 좌우됩니다. 그래서 교회에 관한 이러한 아우구스티누스의 견해는 하나님에 대한, 그리고 하나님을 향해 우리가 자라나는 것에 대한 그의 견해와 불가분합니다. 하지만 하나님께서 자신과 교제할 수 없는 어떤 것도 만드시지 않았다는 주장의 핵심은 '악의 문제'—악은 어디에서 옵니까? *unde malum?* —에 대한 아우구스티누스의 응답입니다. 다음 장에서 다룰 예정입니다만, 아우구스티누스의 접근 방식을 악의 심각성을 어떻게든 약화시키는 것으로 읽었다면 피상적으로 읽은 것입니다. 악에 대한 우리의 올바른 도덕적 반응의 본질과 악을 이해하기 위한 적절한 개념적 틀을 혼동한 것이지요. 어떤 것은 형이상학적으로 '비실체적'이면서 동시에 도덕적으로 흉측하고 적극적인 파괴력을 지닐 수 있습니다. 우리가 인간적으로 성숙하고 영적으로 영원한 말씀과 가지런히 포개어지도록 자라나는 것이 욕망과 즐거움의 문제라면, 아우구스티누스의 창조 교리를 살피는 맥락에서 보았듯이 우리는 잘못된 방향의 욕망과 부적절한 즐거움의 가능성까지 염두에 두어야 합니다. 지혜를 향한, 그리고 지혜와 연결된 최고의 기쁨을 향한 **자동적인** 성장이란 없습니다.

그러나 보통 말하는 그런 식의 악의 체현이란 있을 수 없다는 것이 그의 주장에서 핵심입니다. 하나님은 자신의 성품 및 목적과 일관된 분이시며, 어떤 의미에서는 자신과 '일'치할at 'one' 수 없는 어떤 실체나 주체를 만드실 수 없는 그런 분이십니다. 마찬가지로 자신의 성품 및 목적과 일관되신 하나님은 당신이 받으셔야 할 만큼 어쩔 수 없이 당신을 사랑하도록 강요당하는 의식적 존재를 만드실 수 없는 그런 분입니다. 다시 말해, 아우구스티누스가 이 주제에 대해 말하려던 것은 근본적으로 자신이 믿는 하나님에 대한 것이었습니다. 그리고 이는 『고백록』의 논의에서 악의 본성과 하나님의 본성에 대한 그의 생각이 서로 보조를 맞추며 나아간 이유이기도 합니다. 일단, 하나님과 악을 물리적으로 제한된 공간 안에 두 물질이 있는 것처럼 경쟁하는 존재자로 상상하는 일념을 깬다면, 하나님과 영혼과 악이 공간을 점유하는 고체 같은 실체가 아니라 영적 실재, 즉 작인의 형태임을 이해하게 될 수 있습니다. 하나님은 제한되지도 조건 지어지지도 않는 활동이십니다. 창조된 자아는 유한하며 무언가에 영향을 받아 반응하는 활동입니다. 악은, 자기 자신을 대상 내지 목표로 여기며 스스로에게 집중하여 그것이 연합되어야 할 저 무한한 활동에서 멀어지는 유한하며 반응적인 활동입니다. 그리고 이러한 이해는 궁극적으로, 악의 문제에 대한 시각만 형성하는 게 아니라 어떤 사회의 윤리 전체를 형성하는 그림입니다.

5

실체가 없는 악

악에는 실질적 본성이 없습니다. 다만, 선의 상실을 악이라고 부를 따름입니다 *Mali enim nulla natura est; sed amissio boni mali nomen accepit.*[1] 이와 같이 아우구스티누스는 악의 '문법'이라는 말로 가장 잘 표현될 만한 것에 대한 자신의 견해를 아주 간략한 경구로 요약합니다. 악에 대해 이야기하는 것은 어떤 사물에 대해 이야기하는 것과는 다르며, 세계를 구성하는 온갖 종류의 사물이 그 자신이게끔 하는 것에 대해 이야기하는 것과 다릅니다. 악에 대해 이야기하는 것은 어떤 **과정**에 대해 이야기하는 것이며, 우주 안에 있는 사물들에 발생한 무언가에 대해 이야기하는 것입니다. 악은 무슨 대상 같은 것이 아니라―그

---

1   『신국론』(*ciu.*) 11.9.

래서 『신국론』의 저 구절을 옮길 수는 있습니다만—선이 상실된 저 과정에 우리가 '악'이라는 이름을 붙인 것일 따름입니다.

아우구스티누스에 관심이 많은 사람들이라면 알겠지만, 『고백록』 Confessions에 이런 원리가 형성된 방식이 기술되어 있습니다. 즉 아우구스티누스가 마니교와 애당초 마니교에 빠지게 된 문제들로부터 벗어나는 핵심적인 순간으로 기술되어 있습니다. 악의 문법을 분류해 내는 일이 '하나님'의 문법을 분류하는 일에 없어서는 안 되는 부분이라 해도 과언이 아닙니다. 이는 그가 보편Catholic 그리스도교로 돌아오는 길을 열어 주었습니다. 이는 그의 신정론의 장단점을 논하기에 앞서 살펴야 할 두 가지 예비적 고찰도 제시합니다(신정론이라는 단어는 사실 아우구스티누스를 비롯한 대부분의 근대 이전 신학자들이 어디에 관심을 두었는지를 오해하게 만듭니다).[2] 첫째, 우리는 아우구스티누스가 하나님에 관하여, 더 나아가 인간성과 구원에 관하여 어떤 생각을 갖고 있는지에 어느 정도 주의를 기울이지 않고서는 악에 대한 그의 생각도 이해할 수 없습니다. 둘째, 악에 관한 아우구스티누스의 설명에 도전하거나 반박하려면, 그의 신론에 어떤 함의가 있는지를 물어야 합니다. 그가 씨름한, 특히 『고백록』 7권에서 씨름한, 두 가지 문법적 관심이 신론을 손상시키지 않고 드러나도록 충분히 구분될 수 있을까요? 모두가 인정하듯이 아우구스티누스는 서방 교회western Catholicism에서 정통 신론으로 통하는 것을 형성하는 데 영

---

2 특히 다음 책의 서론(Introduction)을 보십시오. K. Surin, *Theology and the Problem of Evil* (Oxford: Basil Blackwell, 1986).

향력을 미친 인물이기에, 이 문제를 중요하게 다루어야 합니다.

이어지는 내용에서 그가 악에 대해 말한 것을 모두 요약하여 제시할 계획은 아닙니다. 이에 대해 충분히 설명한 몇몇 글이 나와 있습니다.[3] 저는 이 문제에 대한 현대의 논의에서 나온 구체적인 네 가지 비판점을 취해서, 그것들의 중요성gravity을 평가하고자 합니다. 그 중 셋은 신정론의 역사를 조망하는 거의 고전이라고 할 수 있는 존 힉John Hick의 『신과 인간 그리고 악의 종교철학적 이해』*Evil and the God of Love*[4]에 있는 설득력 있고 명료한 진술입니다. 네 번째는 최근 캐슬린 샌즈Kathleen Sands의 매우 면밀한 논문인 『낙원으로부터의 탈출: 페미니스트 신학 속의 악과 비극』*Escape from Paradise: Evil and Tragedy in Feminist Theology*[5]이 개략적으로 그리고 있는 비판인데, 약간 더 진술하기 어렵습니다. 제 생각에는 논의가 진행될수록 이 비판들 모두 사실상 하나의 단

---

3 여전히 권위 있는 요약인 G. R. Evans, *Augustine on Evil* (Cambridge: Cambridge University Press, 1982); (놀랍게도) 결여로서의 악의 논리를 폭넓게 다루지는 않습니다만 리스트(J. Rist)의 *Augustine: Ancient Thought Baptized* (Cambridge: Cambridge University Press, 1995)에서 "Evil, Justice and Divine Omnipotence" 는 유용한 장입니다; D. A. Kress, "Augustine's Privation Account of Evil: A Defence", *Augustinian Studies*, 20 (1989), pp. 109-128은 이러한 측면에 집중하면서, 최근의 철학적 비판들에 대한 반박을 제시합니다; 그리고 Brian Horne, *Imagining Evil* (London: Darton, Longman and Todd, 1996)의 4장은 아주 간략하지만 매우 유창하게 그리고 뛰어난 상상력을 발휘하여 아우구스티누스적 입장을 요약합니다.

4 London: Collins, 1966. 『신과 인간 그리고 악의 종교 철학적 이해: 아우구스티누스에서 플란팅가까지 신정론의 역사』, 김장생 옮김(파주: 열린책들, 2007). 3장과 4장이 아우구스티누스에 대한 긴 논의입니다.

5 Minneapolis: Fortress, 1994.

일한 문제에 초점을 맞추고 있다는 점이 명확해질 것입니다. 이 문제는, 우주가 창조주와 맺는 관계에 대해 이 문제가 함축하고 있는 모든 것과 더불어 '하나의' 세계에 대해 말한다는 것이 도대체 어떤 것인지를 묻는 질문으로 표현될 수 있습니다.

존재와 선

아우구스티누스는 현존existence을 사물의 가변적 속성 같은 것으로, 즉 개별 존재자가 더 지니거나 덜 지니는 성질로 가르쳤다는 혐의를 받고 있는데, 존 힉은 위에서 언급한 책에서 아우구스티누스가 받는 혐의를 조심스레 벗기려 합니다.[6] 이는 간혹 아우구스티누스가 '현존'의 '가치론적' 의미—예컨대 예술가가 다른 사람보다 더 충만하게 산다고 말할 때 머릿속에 떠올리는 존재의 강도나 활력의 정도—를 순전히 거기 있음thereness이라는 의미와 혼동하고 있는 것처럼 들릴 수도 있습니다. '더 낮은' 형태의 현존이 **존재의 정도**가 덜 한 것은 아닙니다. 힉은 순전히 거기 있음이라는 개념을 가지고 있지 않았던 아우구스티누스를 이런 식으로 보는 것은 부당하다고 주장합니다. 적어도 있다는 것은 사물들이 서로 맞물린 질서 속에서 어떤 특정 위치를 갖는다는 것, 즉 '척도, 형상, 질서'를 갖는다

6　Hick, *Evil and the God of Love*, pp. 56-58.

는 것입니다.[7] 말하자면, 현존한다는 것은 필연적으로 어떤 '선'을 나타내고 있는 것입니다. 즉 어떤 선한 신의 창조 세계에 속한 질서 있고 상호 의존적인 삶을 능동적으로, 특정한 방식으로, 행사하고 있다는 것입니다. 이런 의미에서, 현존이 '등급'을 가질 수 있다는 말은 '거기 있음'의 정도가 다양할 수 있다고 어리석게 오해한 것이 아닙니다. 다만 현존에 수반되는 선의 행사는 처한 환경에 따라 다소 제약될 수도 있고 처한 환경을 다소 바꿀 수도 있다는 말입니다. 상호 의존이라는 전체적인 개념 안에서 어떤 실재들은 다른 실재보다 더 의존적입니다.

그럼에도 이것이 힉의 의구심을 완전히 만족시키지는 못합니다. 그는 묻습니다. **왜** 우리가 '척도, 형상, 질서'를 선하다고 가정해야 하나요? 어쨌든 누군가에게는 선하다는 것인가요? 세상에 있는 어떤 특정한 실재에게 선한 것인가요, 아니면 하나님께 선한 것인가요?[8] 이는 분명한 이의를 제기한다기보다 다음과 같은 것을 의미하는 듯합니다. 즉, 개별 존재의 관점에서 질서 있는 현존이 선하다는 말은 그런 존재가 올바르게 그리고 지적으로 자기 생명이 지속되길 바란다desire는 말이란 것이죠. 하지만 우주의 모든 존재가 영원히 살도록 운명 지어져 있지는 않습니다. 영적인 존재와 반대되는 의미로 단지 생명체에 불과한 피조물에게 지속적인 현존은 자신들의 연

---

7   Hick, *Evil and the God of Love*, p. 57. "아우구스티누스에게 그저 현존하기만 하는 것은 없습니다."

8   Hick, *Evil and the God of Love*, pp. 58-59.

수를 넘어서는 것으로 바람직하지desirable 않습니다. 하나님이 보시기에 그런 존재들은 연수가 다했을 때 소멸하는 것이 선입니다(그 존재들이 어떻게 생각하든 무엇을 바라든 간에). 마찬가지로 영적인 피조물은 아무리 타락했다 하더라도, 영적 현존과 결부된 특정한 종류의 선을 계속 드러내기 위해서 계속 존재하는 것이 선입니다. 힉은 이러한 도식 전체가 '윤리적이라기보다 미학적인' 것이라고 특징 짓습니다. 신은 우리에게, "자신이 창조한 사람들과 개인적인 관계를 맺으려 하는 인격보다 … 자신의 창조 활동의 산물을 즐기는 예술가"[9]에 더 가까운 존재로 인식됩니다. 궁극적으로 형이상학적인 고려들이 아우구스티누스의 신정론이 제시하는 관점을 결정합니다. 즉—제가 앞서 사용한 언어를 사용하자면—창조된 우주 속의 '본질과 실체'의 문법에 대한 고려들이 결정합니다. 앞으로 살펴보겠습니다만, 이러한 반박은 힉이 제기하는 다른 것들과 비슷합니다. 즉 이것이 미학적 기준에 좌우되는 신정론인 한, 인격적 존재를 공정하게 다루지 못한다는 것입니다. 정당성이 신적 주시자, 즉 체계 전체가 그 앞에 나타나는 혹은 보이는 단 하나의 '주체'의 눈에 달려 있기 때문입니다.

저는 여러 글에서 관찰자의 관점에 특권을 부여하는 신정론은 신학적으로나 영적으로나 무의미하다고 주장해 왔습니다. 악을 '미학'적으로 보는 것은 유용한 설명이라 하더라도 저 문제에 대한 적절한

---

9 Hick, *Evil and the God of Love*, p. 59.

신학적 응답이 아닙니다.[10] 아우구스티누스가 그렇게 응답했을까요? 힉은 논쟁에서 누구의 '관점'에 호소하고 있는지가 문제의 본질이라고 강조했는데, 명백히 이는 인간의 관점이 아닌 (따라서 엄밀히 말해 논의가 불가능한) 본디 접근할 수 없는 관점에 호소함으로써 해결될 것이라는 말이기도 합니다. 힉은 자신의 도식을 그런 것으로 여기고 있는 것이죠. 하지만 저는 이것이 아우구스티누스의 복잡성을 단순화시키기 위한 것이며 심지어 그에게 시대착오적인 해석의 틀을 부과하고 있다는 의심을 지울 수 없습니다. 『고백록』 7권의 악에 대한 논의는 관점에 대해 꽤 많은 이야기를 합니다만, 결코 신적 관점에 호소하지 않습니다. 구체적인 현실의 존재자들의 관점이 고려되지 않은, 그저 하나님의 눈에 현존이 '선'하다는 생각에 호소하지 않습니다.[11] 아우구스티누스는 새롭게 '보는' 법을 배우는 것에 대해 여러 번 언급합니다. 그가 7.13에서 "당신께는 악이 전혀 없습니다"*tibi omnino non est malum*라고 인정하면서, 동시에 이 사실이 창조 세계 전체에도 마찬가지라고 말하는 데까지 나아갑니다. 그야말로 악 같은 것이 없다는 말인데, 단지 '하나님의 관점'에서 악 같은 것이 존재하

---

10 Rowan Williams, "Redeeming Sorrows", in *Religion and Morality*, ed. D. Z. Phillips (London: Macmillan, 1996), 특히 pp. 135-136을 보십시오.

11 볼 수 있는 것의 언어와 볼 수 없는 것의 언어가 유행하는 것은 주목할 만합니다. 특히 다음을 보십시오. 7.1.1-2(유물론적 이미지들로 흐릿해진 마음의 눈, 자기 자신에게도 **확연하지** 않음), 7.4.6(부패한 자보다 부패하지 않은 자가 낫다는 것을 앎), 7.5.7(유물론적 이미지 반복), 7.7.11(거짓 이미지들로 막힌 내면의 빛), 7.8.12(시야를 모호하게 하는 부기를 가라앉히는 하나님의 치유의 손길), 7.11.17-15.21(새로워진 마음으로 세계를 '바라볼' 때 보이는 것) 등.

지 않기 때문이 아니라, 아우구스티누스가 정교하게 다듬고 있는 모든 이유를 고려할 때 악 같은 것이 존재할 수가 없기 때문입니다. 우리에게는 근거가 충분하지 않은 **판단**을 하나님께서는 내리실 수 있는 입장에 계시기 때문에, 하나님이 보시기에는 악이 없다는 말이 아닙니다. 악이라는 것은 어떤 성질들이 귀속될 수 있는 주체가 아니기 때문입니다. **실체**가 아니기 때문입니다. 거기에는 하나님께 보일 만한 것이 없습니다. 물론 하나님께서는 우리가 악이라고 부르는 사태들이 어떤 상태인지 **알고** 계십니다. 하지만 우리와는 달리 하나님께는 논증을 건너뛰고픈 유혹이 없습니다. 결코 악이 가지고 있지 않은, 가질 수도 없는 실체적인 생명을 악에 귀속시켜 버리고픈 유혹이 없습니다.

그러므로 중요한 것은 힉이 말한 식의 미학적인 것이 아닙니다. 하나님은 창조 세계 전체를 바라보시고 특정한 존재자들의 관점과 상관없이 창조 세계가 하나의 전체로서 나타나는 가치 내지 선을 승인하십니다. 우리는 악을 일종의 사물로 생각하는 것이 개념적 허구임을 파악함으로써, 꽤 간단한 방식으로 하나님께서 보시는 것을 정확히 '보는' 방법을 배울 수 있습니다. 그러나 사실 이것이 가장 적절한 응답은 아닙니다. 아우구스티누스가 말하고 있는 것이 보고 이해하는 기능의 왜곡으로 악의 본질을 파악하면서도 동시에 지식과 사랑 안에서 하나님의 현실을 향해서는 열려 있는 능력에 대한 것일 때, 견해와 관점이라는 언어에는 전부 관찰하는 주체가 전제되어 있습니다. 악을 결여로 보는 것은 악을 나에게 선한 것이 무엇인지에 대한 나의 인식에 영향을 미치는 것으로 보는 것입니다. 즉, 만일 악이 선의 부재라면, 나의 욕망을 왜곡하는 것은 바로 이런 세계에 대한 오독입니다. 그래서 세계를 정확하게(창조주 하나님과 관련하여) 읽는다는 것은 또한 회개한다는 것입니다. 게다가 세계를 정확하게 읽는다는 것은 하나님과 피조물로서의 나 자신의 관계가 회복됨으로써 발생하는 일이며, 하나님의 참된 본질을 알맞게 나타내는 하나님과의 관계로 나 자신이 변화할 때 발생하는 일이며, 따라서 하나님에 대한 나의 불완전하고 부패한 혹은 무의미한 그림들로 이루어진 악을 극복할 때 발생하는 일입니다.

다시 말해, 악에 대한 어떤 특정한 '교리'를 채택하는 것과 적절한 목적을 향하도록 욕망을 재정리하는 것은 밀접하게 연결됩니다. 하나님과 피조물이 비교 가능하며 잠재적으로 경쟁한다는 관점을 가지고 생각하는 것은 아우구스티누스의 준거 틀에서 이치가 맞지 않는 이야기입니다. 피조물의 관점 그 자체를 고려해 볼 때, 그것은 중립적인 견지 _locus standi_가 아니라, 그 자체로 악이 무엇인지에 관한 하나의 설명입니다. 피조물의 관점은 하나님께서 질서를 부여하시고 사랑하시는 우주에서의 자기 위치와 분리된 피조물의 선에 대한 설명입니다.[12] 그리고 하나님의 관점(이런 언어를 사용하기 시작하는 것이 가능하다면)은 다른 관점들과 나란히 둘 수 있는 관점이 아닙니다. 신의 '유익'은 채워져야 하는 다른 존재들의 '유익들'과 나란

---

12   악의 이러한 차원, 즉 마음의 소외로서의 악을 강조한 것은 에반스(Evans)의 연구(각주 3)가 지닌 장점 중 하나입니다.

히 두고 고려될 수 있는 것이 아닙니다. 아우구스티누스는 『그리스도교 교양』*De doctrina Christiana*에서 하나님과 피조물의 관계가 (피조물들의 상호 관계와는 달리) '사용'이나 '향유'로 엄밀하게 분류될 수 없음을 분명히 합니다.[13] '사용'은 사용하는 이가 목적한 바들을 증진시키는 또 다른 존재와의 관계입니다. 더 나은 선을 위한 도구로 사용하는 것이지요. 반면 '향유'는 자신의 행동, 비전, 에너지를 자기 밖의 어떤 실재에 집중시키면서 자신의 성취를 발견하는 것입니다. 하나님께는 신적 목적들을 증진시키기 위한 어떤 것도 필요하지 않습니다. 우리는 전략과 기술을 가지고 한정된 자원을 효율적으로 사용해야 하지만 하나님은 우리처럼 활동하시지 않고, 하나님은 스스로 완전히 만족하시며 영원히 필연적으로 복을 소유하시는 하나님 자신 외에 다른 어떤 것에서 성취를 찾으실 수 없기 때문입니다. 아우구스티누스에 따르면, 하나님께서 피조물을 '사용하신다'는 말이 갖는 단 하나의 의미는 하나님께서 피조물들로 하여금 그 **자신들의** 성취를 위한 도구가 되게 하신다는 말입니다. 마치 우리가 세계의 어떤 부분이 우리에게 줄 수 있는 유익과 완전히 별개로 그것을 관심받을 만한 것으로 여기면서, 그것을 위해 애써야 한다는 듯이 말이죠.[14]

13 『그리스도교 교양』에서 사용과 향유의 기본적인 구별에 대해서는 1.4를 보십시오. 하나님께서 우리를 '사용'하심은 우리의 유익과 관계된 것이며 … [자신의 유익이 아니라] 오직 자신의 선함과 관계된다(*ad nostram utilitatem ... ad eius autem tantummodo bonitatem*)는 내용에 대해서는 1.31-32를 보십시오.

14 『그리스도교 교양』 1.32: 하나님께서는 자신의 선을 행사하시기 때문에 우리를 '사용하시는' 것이다. 하나님의 선이 선하시기 때문에 우리가 존재하는 것이다. 따라서 하나님이 우리를 사용하시는 것은 항상, 우리를 복되게 하시려는 저 신적 목적을 위한 것이다.

이 모든 점에 비추어 볼 때, 하나님이 우리의 관점이나 어떤 피조물의 관점과 경합하는 '관점'을 갖는다고 말할 수 없습니다. 하나님이 피조물의 관점은 전혀 고려하시지 않은 채 신적 관점 내지 관심과 관련하여서만(하나님의 미적 만족의 측면에서) 선을 정의하신다고 말할 수 없습니다. 피조물의 관점은 그야말로 하나님의 창조 목적에 의해 정의**됩니다.** 그러나 저 신적 목적은 피조물의 모든 가능한 성취를 극대화하는 것입니다. 피조물의 선, 기쁨, 번영이 어떤 식으로도 신의 행복을 위협할 수 없기 때문입니다.

악을 이해한다는 것은 (어떤 기이한 정신적 훈련을 통해) 현상을 초연하게 살피고 전체의 아름다움이 부분들의 결핍을 능가한다는 결론에 이르는 것이 아닙니다. '하나님이 사물을 보는 방식이 이렇다'라고 주장함으로써 그러한 결론을 합리화하는 것은 말할 필요도 없겠지요. 이는 다층적인 영적 재구성의 일부인데, 『고백록』 7권에서 그 과정을 추적하고 있습니다. 아우구스티누스는 일종의 세련된 유물론에 여전히 사로잡혀 있었다는 이야기로 7권을 시작합니다.[15] 현존하는 것은 연장 실재들의 복합체인데, 그중 하나(하나님)는 다른 실재들을 약화시키고 상해를 입히는 침식 내지 침투에 끄떡없습니다. 그런 우주에서, 침식이 어디로부터 오는지를 묻는 것은 타당한 일입니다. 질문을 바꿔서, 한 실재의 '영역'이 침투당하고 있

---

15 『고백록』 7.1은 무한한 연장이신 하나님에 대하여, 7.5는 하나님이 침투해 계시지만 공간적으로는 초월해 있으신 거대한 물질 덩어리로서의 창조 세계에 대하여 이야기합니다.

다면, 원래 있었던 개체가 상실한 공간을 어떤 힘이 대신 차지하는지를 물을 수도 있습니다. '악은 어디에서 유래합니까?' *Unde malum?* 이는 던져 볼 법한 물음입니다. 자신이 실제 관여되는 행위, 즉 생각하는 일 자체에 대해 성찰하다가 새로운 준거 틀을 세울 돌파구를 찾습니다. 마음은 공간을 점유하지 않습니다. 세계에는 유형의 영역을 점유하지 않는 현존 양태가 있습니다. 물질적 대상의 세계에 있는 유한한 공간, 독점적이고 침투 불가능한 구역을 소유하지 않는 현존 방식이죠. 우리가 마음 내지 생각이라고 부르는 이러한 존재 방식을 마치 물질적인 것처럼 생각한다면, 보다 자유롭고 유연한 현존 방식을 덜 그러한 방식으로, '보다 고급한'higher 것을 '보다 저급한'lower 것으로, 보다 능동적인 것을 보다 수동적인 것으로 제한하거나 축소시키는 일입니다. 만일 우리가 어떻게 마음이 자신의 환경을 평가하고 정리 내지 통합하는지를 묻는다면, 그 기준은 어디에서 도출한 것이며, 서로 관계된 (질서 있는) 구조에 관한 감각은 어디에서 도출한 것인지에 대해서도 묻게 됩니다. 아우구스티누스는 당시 탐독했던 플라톤주의 문헌에서, 마음 자체가 한층 더 자유롭고 능동적인 현존에 의해, 정적이거나 수동적이지 않은 진리의 광채에 의해 활성화된 것이라는 답을 발견합니다. 그가 악의 '기원' 문제로 돌아가는 지점, 그리고 그 난점이 해소됨을 알게 되는 지점이 여기입니다. 아니면 적어도 원래의 물음을 폐기할 만큼 문제를 재정의해야 한다는 점을 알게 되었다고 할 수도 있습니다.[16]

만물의 근원은 신神의 빛과 진리입니다. 이는 어떤 제약도 받지 않기에 무형이며 취약하지 않은(다른 행위자에 의해 변형될 수 없는) 작인입니다. 이와 같이, 신은 유한한 작인과 동등한 수준 혹은 경쟁하는 관계가 결코 아닙니다. 유한한 작인은 항상 어느 정도 제약을 받고 취약합니다(그렇지 않으면 신과 구별할 수 없을 것입니다). 신적이지 않은 것에는 반드시 다수의 작용이 존재합니다. 그리고 이는 어떤 작용으로 실현된 자유 내지 자기-결정의 수준이 다양함을 의미합니다. 그러므로 이 세계는 능동-action과 수동-passion이 맞물린 체계입니다. **순전히 자연 질서의 수준에서 대체적으로 보면**, '악'과 같이 분별없는 관찰자—미학적으로 불쾌한 자, 우발적으로 성가시게 하는 자—를 살피는 것은 행동과 제약을 특정하게 배치하는 것일 뿐입니다. 특히 이는 인간의 행동보다, 무엇보다 정신 기능이라는 독특한 행위보다, 환경의 영향을 받아 더 불안정하거나 취약하거나 변하기 쉬운 행동의 사례일 뿐입니다.[17]

마찬가지로 실제 저의 경험의 수준에서도, 악은 세계에서 특정한 상호작용으로 작동해야 하는 행동과 제약이 적절한 균형을 맞추지 못한 것입니다. 이는 전형적으로, 보다 폭넓은 인간적·비인간적 환

---

16 『고백록』 7.12에서 아우구스티누스는 창조된 존재의 본질을 새롭게 '보는' 법을 배운 다음 그 결과 악이라는 주제로 돌아갑니다. 그리고 그러한 새로운 시각으로 인해, 부패성이 선과 어느 정도 양립할 수 있음을 이해하게 됩니다.

17 『고백록』 7.13, 16은 창조 세계의 '하'층부에서 발생하는 불가피한 갈등의 문제에 대해 다룹니다. 그럼에도 이는 전체 안에서 조화(conveniens)를 이룹니다. 이 주장에 모호함이 없는 것은 아니지만, 창조가 전반적으로 일관성 있다고 믿기 위해서 모든 수준의 현존에서 '지역적'이고 명백한 조화를 필요로 하는 것은 아니라는 게 대체적인 요점인 것 같습니다.

경에서 그러한 불균형이 초래한 모든 결과와 함께, 정신 활동을 하는 인간 주체가 물질로 정의되는 이기적인 목표에 지배당하고 굴복하는 것입니다. 인간 행위자 특유의 문제는 이중적입니다. 이는 정신이 사소하고 유한한 욕망들에 종속되는 것이지만, 동시에 이러한 종속으로부터 그 자신의 내재적 행동—자기 이해, 자기 개선—에 의해 스스로를 자유롭게 할 수 있는 창조된 정신을 신뢰하는 것이기도 합니다. 이를 해결할 방법은 오직 유한한 마음을 무한한 작인과, 하나님의 사랑의 지혜와 다시 연결하는 것밖에 없습니다. 그리고 이 연결은 예수 그리스도 안에서 하나님이 주도적으로 하셔야 시작될 수 있습니다.[18]

저는 아우구스티누스의 관심을 '미적'으로 묘사하는 것이 얼마나 부적절한지, 아우구스티누스가 어떤 신적 '관점'에 특권을 부여한다고 생각하는 게 얼마나 오해를 불러일으키는지를 보다 분명하게 보여주고 싶어서 이런 식으로 『고백록』 7권의 논증을 열심히 살폈습니다. 7권의 묘사 과정은 매우 복잡합니다. 단순히 작인이나 자유로운 자기-적응력self-adaptability으로 간주되는 모든 유한한 작인이 하나님으로부터 활력을 얻고 하나님에 의해 (사물들의 도식 안에 있는 특정한 장소에 위치함으로써) 가능한 최대의 질서 내지 균형(이는 지각이 있는 피조물들에게 가능한 최대한의 기쁨을 의미합니다)으로 인도된다는 사전 확신 없이 읽으면, 7권은 이치에 맞지 않습니다. 『고백록』의

---

18   『고백록』 7.18.

본문에 제시된 바와 같이, 논증의 긍정적인 부분은 공간적인 방식으로 악의 원인 내지 원천을 설명한 진술을 모두 배제했다는 점입니다. 그리고 이 목표의 핵심은 하나님과 창조된 마음을 동시에 '탈공간화'하는 것입니다. 만일 하나님—거기 있는 가장 근본적인 형태의 활동—이 어떤 영역을 점유한다는 생각이 적절할 수 없다면, 인간의 마음 내지 정신이 그 고유의 비영역적 특성으로 이러한 근본 활동을 반영한다면, 요컨대 하나님과 마음의 관계가 공간보다는 시간의 측면에서 올바르게 말해진다면, 창조자와 피조물의 관계를 방해하는 악 또한 동일한 준거 틀에 들어가야 합니다. 악의 기원들은 세계 역사의 상호작용 속에서 찾아야 하는 것이지, 어떤 단일한 영역, 단일한 연장 매개 안의 실체들의 분류에서 찾을 게 아닙니다. 더군다나 이것이 아우구스티누스가 추구하고 있는 것이라면, '개인적 관계들'이 아니라 '본질들'의 측면에서 악의 문제의 해결책을 가르쳤다는 혐의는 일종의 희화화인 셈입니다. 아우구스티누스 모델의 미학은, 창조된 존재들의 주관성과 무관하게 신적 관점, 우주 그림에 대한 신적 만족에 호소함으로써 해결책을 찾는 아이디어로 환원될 수 없습니다.

도덕적 인격

앞서 시도한 해명은 힉이 정리한 또 다른 주요 비평과 상당히 관련 있습니다. 힉은 악의 실재에 대한 '형이상학적' 설명과 '경험적' 설명

사이에 중요한 차이가 있다고, 혹은 있어야 한다고 보았습니다. 결여로서의 악이라는 형이상학적 정의가 얼마나 정확하든지 간에, 그런 식으로는 실제로 **경험하는** 악에 대해 정확하게 말할 수 없습니다. "경험상, 악은 단순히 다른 어떤 것의 부재가 아니라 그 고유의 독특한 특성과 대개 가공할 만한 힘을 지닌 현실입니다." 악한 의지는 저절로 붕괴되어 결국 소멸하는 방향으로 가는 그런 것이 아닙니다. "악한 의지는 정신적 통일성, 안정성, 정합성, 지성, 명석함, 실효성을 지니려 합니다. … 예를 들면, 이아고Iago나 밀턴Milton의 사탄 같은 가상의 인물, 그리고 최근 역사에서 괴벨스Goebbels 같은 사람을 생각해 볼 수 있습니다."[19] 악한 움직임에는 힘과 그 고유의 "완전한 형태"가 있습니다. 더군다나 악을 선의 부재로 기술해야 한다면, 고통을 쾌락의 부재로 기술해야 한다는 의미는 아닌지, 이는 주체에게 명백하고 **강하게 남아 있는** 무언가에 대한 매우 부적절한 설명이 아닌지 묻게 됩니다.[20]

이는 매우 강력한 사안을 직관적으로 나타냅니다만, 심각한 혼란도 드러냅니다. 아우구스티누스의 논증은 우리가 어떤 현실에 대해 말하고 있든지 간에 가장 생생하고 능동적인 요소들로부터 악의 '가공할 만한 특성과 힘'이 파생된다고 주장합니다. 악은 무섭고도 강력한데, 왜냐하면 이런 세상, 즉 적극적이고 기쁨이 가득한 하나님의 선하심이 피조물에 반영되어 있는 또는 공유되어 있는 세상이기 때

---

19   Hick, *Evil and the God of Love*, pp. 61-62.

20   Hick, *Evil and the God of Love*, p. 62. 고통을 유발하는 악에 대해 이야기합니다.

문입니다. 말하자면 이러한 강렬한 활동이 이 세상의 현실을 '밑받침'하고 있기 때문에, 이러한 세상의 현실이 전환되거나 왜곡된다면 끔찍해집니다. 이미 언급된 방식으로 악이 '영향을 미치려면' 활동할 수단이 있어야 하고, 인간의 영역에서는 지성을 이용해야 합니다. 부패한 의지가 자유, 활력, 지속성 등 전형적인 의지의 탁월함을 보이는 한, 부패했다는 사실만으로 약하거나 무력하지 않습니다. 악을 끔찍하게 만드는 것들은 그러한 탁월성이지, 다른 어떤 것이 아닙니다. 악한 의지에서 무엇이 뚜렷하게 **악**인지는 단지 자유, 활력 등의 측면에서 말해지거나 이해될 수 없습니다. 거짓된 것을 향한 열정적인 욕망이 결국 주체를 파멸로 이끄는 것은 사실입니다. 하지만 거짓을 추구한다고 해서 무조건 냉담하거나 흐리멍덩한 것은 아닙니다.

괴벨스 ─ 혹은 라도반 카라지치Radovan Karadzic나 사담 후세인Saddam Hussein ─ 가 자신의 활동으로 명석함, 정합성, 실효성 등을 보여 주었다고 말하는 것은 그의 욕망 추구가 힘과 실효성을 발휘하는 동종의 악에 대한 단순한 예라고 주장하는 것이 아닙니다. 만일 악 자체가 절대 주체 내지 실체가 아니라면, 악을 바라거나 추구할 수 있는 유일한 방법은, 착오로 인해 비현실적이고 근거 없는 것을 현실로 착각하는 쪽으로 방향이 바뀐 정신적이고 정서적인 삶의 재화들을 행사함으로써 악을 바라고 추구하는 것입니다. 이러한 추구가 계속될수록, 욕망하는 주체는 점점 포위되어 가고, 갇히고, 노예가 됩니다. 의지와 지성 특유의 탁월함이 점점 약화됩니다. 그렇다고 이 악몽 같은 착오의 영향력이 줄어든다는 의미는 아닙니다.

더 생생하게 말하자면, 창조된 존재에게 자연적으로 더 많은 힘, 존엄, 자유가 있을수록, 거짓되거나 파괴적인 목표들, 환상에 불과한 재화들을 추구하는 데 더 많은 에너지를 쏟게 될 것입니다. 동물의 의지가 부패할 때보다 인간 의지가 부패할 때 더 지대한 영향을 미치는 재앙을 가져옵니다. 동물의 의지는 성찰에 근거한 혁신 가능성이 굉장히 제한적이기 때문입니다. 사악한 인간은 사악한 햄스터보다 헤아릴 수 없을 만큼 큰 문제를 일으킵니다(실제로 이러한 생각에 많은 내용을 담아낼 수 있다면). 아우구스티누스를 비롯하여 계몽주의 시대에 이르기까지의 대다수의 그리스도교 신학자들이라면, 부패한 **천사**의 의지가 부패한 인간의 의지보다 헤아릴 수 없을 만큼 더 큰 문제이며 이 세상에서 우리가 겪는 어려움의 상당수는 이 문제에서 비롯된다고 덧붙였을 것입니다. 지성은 의식적이고 창조적으로 서로 의존하고 상호 작용하면서 존재하기 때문에, 지적 존재의 성향과 습관은 광범위한 영향을 미칩니다. 그리고 이 점이 지적 존재가 더 큰 손상을 가져올 수 있는 이유입니다. 그리고 이는 개인의 삶에서 악에 대한 경험과 도덕적 비난 수위가 불균형을 이루는 한 가지 이유이기도 합니다.

아우구스티누스주의자 중에서는 이러이러한 것만으로도 도덕적 인격을 적절하고 정당하게 다루는 것이라고 말하는 사람도 있을 것입니다. 아무리 역설적으로 들리더라도 말이죠. 대안을 생각해 봅시다. 악—보통 말하는—은 주도적인 힘과, 이해 가능한 목표를 세우고 이를 지속적으로 일관성 있는 방식으로 추진해 나가는 능력을 가지고 있습니다. 이는 유한한 행위자가 또 다른 유한한 행위자에게 영향을 미치는 방식으로 악이 작용함을 함의합니다. 그리고 원래 악으로 명시된 일련의 목표를 제안하면서 그것이 마땅히 합리적으로 추구할 만한 목표라고 주장해도 전혀 불합리하지 않다는 것도 함의합니다. 첫 번째 함의는 마니교로 되돌아갑니다. 즉, 이는 유한한 개인이 도덕적 책임감과 씨름할 때 침투하는 '타자'로서의 악이며, 악의 승리는 유한한 개인과는 별개인 어떤 주체 내지 실체가 거둔 승리입니다. 두 번째 함의는 한 주체에게 선한 것이 반드시 다른 이에게도 선할 필요는 없게 만듭니다. 그래서 이해 가능한 선이, 추론하는 주체들에 의한 부조리 없이 추구될 수 있는 목표가, 복수로 존재합니다.

이는 다음과 같은 아우구스티누스 신학의 근본적인 측면을 약화시킵니다. 즉, 모든 사람의 선은 통일성 있고 상호 의존적이며(나에게 선한 것은 동일한 방식으로 산출한 타인에게 선한 것을 고려하지 않은 채 명시할 수 없습니다), 그렇지 않은 모든 대안은 인간의 도덕적이고 영적인 성찰 과정 전체를 불가능하게 만든다는 것입니다.[21] 이제 우리는 말할 수 있는데, 한쪽 당사자가 논의 가능한 선택으로서 그 자신의 정신적 내지 영적 정체성의 소멸을 원하는 것에 대해 논하는 것이 허용되거나, 다른 행위자들에게 그들의 욕망과 일치한다고 혹은 욕망에 수렴한다고 설명할 수 없는 목표들을 추구하는 게 한

---

21   여기서 중요한 것은 『삼위일체론』 8권에 나오는 타인 안에 있는 선을 사랑함에 대한 논의입니다.

쪽 당사자에게 허용된다면, **논의** 자체가 실패합니다. 실체, 원인, 작인agency; (또는) 행위성과 독립적인 악의 비실재성에 대한 아우구스티누스의 가정과 논증은 주체와 '악'이라고 불리는 또 다른 **것**과의 관계에 있어서가 아니라, 주체들 간의 관계가 제 기능을 하지 못함에 있어서 악의 위치에 대한 확신과 결부됩니다. 전자가 악에 대해 이야기할 수 있는 가능한 문법이 될 수 있다는 개념은 개인의 정신생활/언어생활을 개인의 틀을 초월하는 체계나 질서에 연결시키는 것인 이해 가능성이라는 바로 그 개념을 전복하는 것으로 인식되어야 합니다.

다시 말해, 어떤 의미에서 선이 하나라면, 우연의 세계에서 제대로 작동하지 않고 왜곡되기 쉬운 특정한 존재들을 위해 저 선을 실현하는 균형과 조화를 이루는 관계들로 된 체계 바깥에 악이 자리하고 있는 것이 아닙니다. 악기에서 발생하는 불협화음은, 불협화음이라고 **불리는** 외부의 작인이 악기에 개입해서 나는 것이 아니라, 악기에 있는 것, 즉 악기 자체를 구성하고 있는 것이 작동하면서 발생하는 것입니다. 몇 해 전 『뉴요커』New Yorker의 만화가 에드 코렌Ed Koren은 고객에게 상황을 설명하고 있는 정비사를 그렸습니다. 차의 보닛이 열려 있었고, 그 안에 송곳니가 나온 털북숭이가 차주를 향해 약간 멋쩍은 미소를 짓고 있었습니다. 정비사는 '아, 당신의 문제가 저기 있네요'라고 말하고 있습니다. 이 한 컷의 만화는 아우구스티누스가 어떤 대가를 치르더라도 피하고자 했던 바를 정확하게 보여 줍니다. 따라서 이 도식은 도덕적 인격 개념을 약화하기는 커녕, 오히려 개인의 행위 바깥에 무언가 있어서 개인 고유의 책임을 대

체한다는 신화적 개념으로부터 개인의 작인을 오롯하게 보존하고
자 하는 것입니다.

악한 욕망이 어떤 개인의 행위에 강력한 동기를 부여할 수 있다
거나, 어떤 개인의 지성이 악한 목적들을 위해 지속적으로 강력하게
작동할 수 있다는 주장이 제기된다면, 아우구스티누스는 『신국론』
19권에 개략적으로 설명된 노선을 따라 답변했을 것입니다. 욕망
이 만족을 바란다는 것, 욕망을 부채질하는 결핍으로 나타나는 불균
형이 균형의 회복을 추구한다는 것은 **분석적** 진리입니다(현대인이
라면 이렇게 말할 것입니다). 만물은 '화평'을 추구합니다. 악몽같이
뒤틀린 욕망조차도 질서를 향한 움직임입니다. 이런 질서는 아마 흉
측한 것으로 오해될 만하지만, 그럼에도 질서 내지 조화입니다. 추
구되는 것은 선한 것**으로** 추구되는 것입니다. 추구되는 것은 화평
으로 가득한 우주입니다. 자기중심적으로 선을 정의함에 따라 행위
자가 평화를 인식하는 편협함의 정도만큼, 자신의 욕망이 자신의 궁
극적인 현실 또는 자신의 온전한 형태를 파괴하고, 그 바로 근처에
있는 질서나 조화도 파괴합니다.[22]

힉이 원래 제기했던 난점으로 돌아가면, 우리가 악이라고 부르며
경험한 것은 사실 그저 공허한 것이나 결여된 것이 아닙니다. 하지
만 그것은 결핍의 결과이며, 거짓된 인식이 참된 것을 대체한 것입
니다. 진공 상태란 '결핍'이고 부재입니다. 하지만 힘들이 작용하는

---

22   『신국론』 19.12-13.

체계 안에서 그 영향력은 강력할 수 있습니다. 결여-로서의-악이 실제 경험한 현실의 악을 제대로 다루지 못한다는 불평은 아우구스티누스의 설명이 '형이상학적인 것'과 '경험적인 것'의 혼합임을, 적절한 설명이 되려면 양자의 균형을 이루어야 함을 전제하고 있습니다. 하지만 이는 오해입니다. 아우구스티누스를 읽으면 알게 되겠지만, 그가 구체적인 악*mala*에 대해 말할 수 있는 것은 결코 그 실질적이고 역사적인 현실을 약화시키는 것이 아닙니다. '악'은 정의상 사태들에 대한 어떤 구체적인 상태이며, 거대 악은 엄청난 영향력을 미치는 세계 질서의 붕괴입니다. 지적 존재가 저지른 악은 사물의 질서에 따른 지성의 힘 때문에 심각하고 끔찍합니다. 악을 기술하는 어떤 방식은 악한 것이 무엇 때문인지를 묻는 큰 줄거리의 문제 programmatic question 와 어떤 중요한 의미에 있어 무관합니다. 악한 것들의 원인을 세계 안의 작인들 사이의 편향되고 손상된 관계가 아닌 다른 것에 돌리는 것은 결국 이해 가능한 대화의 가능성을 전부 위협하는 것입니다.

풍성함의 원리

힉의 반대 중 마지막으로 살펴보려고 하는 것은 아우구스티누스의 도식이 신플라톤주의의 가정과 관련된다는 혐의에 대한 것입니다. 어떤 현대 독자들에게는 의심스러울 수밖에 없는 부분이죠.

하나님은 의도적으로 우주를 형성하는 활동을 하시되, 풍성함의 원리라는 측면에서 활동하신다. 즉, 복된 천사장들로만 구성된 사회를 창조하는 것보다, 위에 있는 존재뿐만 아니라 아래 있는 존재까지, 부유한 존재뿐만 아니라 빈곤한 존재까지, 모든 가능한 형태를 생산하여 이 모든 것이 하나님이 보시기에 훌륭한 조화와 아름다움에 기여하는 것이 더 낫다는 것이다.[23]

이어지는 내용에서 더 분명해지겠지만, 사실상 이는 '미학'에 중점을 두었다고 추정한 다음 이의를 제기한 반론의 또 다른 형태입니다(미학에 중점을 두면 하나님의 목적에서 인격적 관계의 우선성이 모호해집니다). 아우구스티누스가 '풍성함의 원리'의 근간인 신플라톤주의의 유출설emanationism을 그리스도교화하기 위해 한 일이 전부 일자로부터 존재의 자동적 '유출'radiating을 하나님의 창조 의지로 대체한 것이 됩니다. 하지만 이는 사실상 어려움을 심화시킵니다. 왜 하나님께서 어떤 '원리'를 따라 행동하셔야 합니까? 창조된 형태가 어떤 하나의 원리에 의해 좌우된다고 생각하면, 우리는 유한하나 자유로운(하나님의 자유의 반영) 인간에게 관여하시고자 하는 하나님의 뜻에서 가장 중요한 것을 보지 못하게 됩니다. 하나님의 사랑을 '인격적 측면에서보다 형이상학적 측면'에서 생각하는 것이죠.[24]
이를 논증으로 평가하기는 쉽지 않습니다. 아우구스티누스는 『고

---

23   Hick, *Evil and the God of Love*, p. 83.

24   Hick, *Evil and the God of Love*, p. 83.

백록』 7.13에서 위에 있는 존재들만 있는 것보다 존재들의 총체성이 더 낫다고 분명하게 말합니다("위에 있는 것들만 존재하는 것보다 온갖 것이 존재하는 것이 더 좋다"*meliora omnia quam sola superiora*). 그리고 『신국론』 11.22에서는 개별 사물들이 존재하려면 사물들의 불균등함^{차이}이 있어야 한다는 원리에 대해 말합니다("이런 차이로 인해 온갖 것이 다 존재합니다"*ad hoc inaequalia, ut essent omnia*). 하지만 그가 말하지 **않은** 것은 하나님께서 가능한 최대한 다양하게 피조물들을 창조하신다는 단순한 주장입니다. 그의 주장이 등장하는 곳에서(덜 분명한 형태이긴 하나 『선의 본성』*De natura bom*과 『창세기 문자적 해설』*De Genesi ad litteram*에서도 이런 주장이 발견됩니다), 그는 다양한 수준의 존재가 있다는 사실의 적절성에 기대고 있는 것이지, '상상 가능한 모든 존재'가 반드시 있어야 한다는 생각에 기대고 있는 것이 아닙니다.[25]

게다가, 다양성 내지 불균등함의 정당화로 제시된 것은 앞서 다양하게 표현한 내용으로 돌아가게 합니다. 즉, 우주는 작인들의 상호 의존적 체계이며, 각기 사물들은 창조자의 섭리에 의한 우주의 질서에 따른 자기 자리 덕분에 다른 것이 아닌 바로 현 상태^{what it is}인 것입니다. 따라서 더 낮은 계층의 사물들은 더 위에 있는 사물들의 선에 기여하는데, 그렇게 함으로써 자기 **자신의** 선을 발견합니다. 더 아래 있는 피조물이 그렇게 사용되지 않는다면, 더 위에 있는 요소들은 현 상태가 아닐 것입니다. 혹은 번영해야 할 만큼 번영하지 않을 것입니

---

25 『선의 본성』의 경우 특히 1권과 8권을 보십시오. 『창세기 문자적 해설』은 예를 들어, 맹수에 대해 이야기하고 있는 3.16을 보십시오.

다. 아우구스티누스가 상술하고 있는 원리는 존재의 모든 가능성을 절대적으로 실현한다는 의미에서, 또는 현대 논리학의 용어로 '양립 가능한' 모든 성과를 실현한다는 의미에서의 '풍성함'의 원리가 아니라, 우주적 상호 의존성의 원리입니다. 물론 이는 분명 신플라톤주의에 크게 신세 지고 있으며 현대인들의 귀에 거슬리는 강한 위계적 언어로 표현되어 있습니다. 그러나 근본 요지는 자연 질서에 주어진 다양한 수준의 능력 내지 자원이라는 의미에서의 불균등성이 사물들이 생성하는 세계에, 사물들이 **과정**을 통해 자신의 구체적인 정체성을 얻는 세계에 필연적이라는 것인데, 이러한 점이 문제가 되는 사고방식과 분명하게 대립하며 겨루고 있는 것은 아닙니다.

확실히 미학적인 것도 중요한 고려사항입니다. 아우구스티누스의 언급 중, 얼굴에 균형이 잘 잡히려면 눈썹이 중요하다는 말이나, 얼룩이 묻은 그림이 그렇듯 죄가 들어 있는 세계도 여전히 전체로서는 확실히 아름다울 수 있다는 말은 힉을 비롯한 사람들이 날카롭게 비판한 심미주의에 가깝습니다.[26] 중요해 보이지 않는 세부적인 것(눈썹)은 더 큰 그림을 위해서 하나님께서 관심을 갖고 정교하게 만드신 것입니다. 죄의 어둠 자체는 끔찍하지만, 그로 인해 전체 우주에 하나님의 지혜의 질서가 더 이상 반영되지 않는 것은 아닙니다. 여기에는 죄에 대한 궁극적 형벌이 하나님의 정의로운 율법을 드러내면서 전체 질서가 다시 균형을 이룬다는 점이 내포되어 있습

---

26 『신국론』 11.22.

니다. 하지만 그렇다고 해서 체계 없는 다양성을 추켜세우는 것은 아닙니다. 우리가 죄를 어떻게 보아야 할지를 알면 죄가 덜 불쾌해진다는 말도 아닙니다. '대수롭지 않은' 세부사항은 보다 복잡한 현실의 균형과 아름다움에 **기여**합니다. 그것은 체계의 일부일 뿐만 아니라, 바라보고 평가하는 관습의 일부, 즉 아름다움을 인식하고 감상하는 사회적 실천의 일부이기도 합니다. 죄에 대한 형벌에서 하나님의 정의가 나타나는 것은 시간의 흐름 속에서 일어나는 것입니다. 질서는 세계의 **과정** 안에서 보이는 것이지, 무시간적 관찰자의 시각에서 보이는 것이 아닙니다. 죄는, 충분히 넓게 아우를 수 있는 배경에서 보면 어떤 면에서는 '선하다' 할 수 있는 게 아니며 견딜 만한 것도 되지 못합니다. 무엇이 선하냐면, 하나님의 섭리 안에서 죄의 무게가 하나님의 치유하시고 바로잡으시는 활동의 승리와 함께 나타난다는 최종 계산이 포함되는 우주의 과정입니다.

힉이 설명하는 풍성함의 원리는, 마치 세계는 가능한 여러 다양한 종류의 사물들의 축적이며 하나님은 사실상 그러한 최대한의 다양성을 창조하실 뿐 다른 선택지를 가지고 계시지 않다고 주장하는 것처럼 들립니다. 그러나 아우구스티누스가 실제로 말하는 바는 이렇습니다. 하나님께서 일단 시간적이고 상호 의존적인 세상을 만드시기로 '결정'하신다면, 이런 자유로운 결정의 논리에는 행위자들이 서로에게 작용하면서 발생하는 환경의 요동과 다양성이 불가피하다는 것입니다. 세계 역사의 어느 시점에서도 완벽한 균형에 도달하지 못하게 되는 것이죠.

저는 이것이 아우구스티누스가 『신국론』 11.23에서 말하는 바, 즉 인간의 죄가 없다면 세계는 '오직 선한 본성들'로 충만했을 것이라는 말과 양립 가능하다고 생각합니다. 불완전하지만(시간적이고 우연적인) 부패하지 않은 본성들의 오랜 상호 조정과, 부패하여 서로의 온전한 형태를 파괴하는 본성들의 상호 침식은 다릅니다. 하지만 이것은 아우구스티누스가 여기서든 다른 어디에서든 정확하게 명시한 점은 확실히 아닙니다. 그가 상당히 명확히 한 점은 이렇습니다. 악을 창조에서 '아래 있는' 요소들에 기인시키는 것은 잘못이며, 또한 그것은 아래 있는 것들이 '높은' 구조적 수준에 있는 선과 얼마나 잘 부합하는지 그래서 전체의 선에 얼마나 잘 부합하는지를 보지 못하는 것이라는 점입니다. 이 요소들이 상대적으로 수동적이라고 해서, 혹은 심지어 볼품없고 불완전하거나 불쾌한 형태라고 해서, 그게 **침식된**, 부패한 삶의 흔적은 아닙니다. 마땅함에 못 미치는 삶의 흔적이 아닙니다. 다만 그것은 유한한 행위자들이 서로 엮이는 특정한 자리를 나타내는 표시, 거의 주도적으로 변할 수 없는 자리를 나타내는 표시일 뿐입니다. 죄가 없었다면, 우주의 위계는 상호 작용의 꾸준한 흐름이었을 것입니다. 이러한 흐름 속에서, 흔히 요소들의 '부패', 분해라고 불리는 것은 시간에 따른 적절한 변형 또는 전개의 순간일 뿐입니다. 그 자체로는 선한 것이지요. 오직 의지와 지성이 부패한 경우에만 변화와 수동성이 문제가 되어 세계의 질서 전체를 오염시킵니다. 그런 까닭에 아우구스티누스는 타락이 **물리적** 결과(인간의 죽음)를 수반한다고 확신한

것입니다.[27]

따라서, 하나님께서 가능한 최대한 다양하게 피조물을 창조하셔야 '했다'는 단순한 믿음에 아우구스티누스가 동의한 것처럼 이해한다면 오해입니다. 피조물이 피조물이기 위해서는 **서로 맞물리는** 다양성 같은 것이 있어야 합니다. 그래서 세상에서 어느 한 행위 주체 내지 한 작인의 '선함'은 그 자체로, 단독으로 평가될 수 없습니다. 아우구스티누스의 다른 전반적인 주장과 마찬가지로 여기에서도, **어떤** 식으로든 피조물이 있으면 다양성과 상호작용이 불가피하다는 함의가 있습니다. 왜냐하면 세계는 정의상 하나님이 아니기 때문입니다. 따라서 세계는 변화를 겪습니다. 세계 안에 있는 것들은 변화하고 감수성이 있으며, 따라서 서로에게 작용하기 마련입니다. 만일 전체로서의 세계가 선하다면, 그 선은 분명 상호작용하는 과정을 통해 실현됩니다. 만물은 행동을 주고받는 체계 안에 자리하고 있는 덕분에 선합니다. 따라서 어떤 종류의 창조이든 다양성, 자유의 다양성, 의존의 다양성을 수반합니다. 이를 '풍성함의 원리'의 측면에서만 보거나, 세계의 다양성에 대한 주로 미학적인 이해의 측면에서만 본다면, 역설적이게도 유한한 사물의 선▪의 본유적 특성인 시간과 변화를 늘 중대하게 생각했던 아우구스티누스의 관심을 놓치는 것입니다.

---

27 여러 가능한 예 중에서 『신국론』 13.19, 23과 『율리아누스 반박 미완성 작품』(*c. Iul. imp*) 6.39를 보십시오.

비극의 가능성

신정론에 관한 페미니스트 신학 관점들을 다루는 캐슬린 샌즈의 논문은 명료하고 꽤 참신하게 신정론의 유형들을 제시합니다. 개별 신학자들의 작업에서 그녀의 이상적 유형들이 어떻게 어우러지며, 어떻게 서로에게 흘러드는지에 대한 미묘한 평가도 곁들이고 있습니다. 그녀는 고전적 그리스도교 사상(적어도 서방 그리스도교 사상)이 '합리주의적' 바탕이나 '이원론적' 바탕에서 악을 다루었다고 주장합니다.[28] 합리주의는 우주를 근본적으로 조화롭고 이해 가능한 것으로 가정하는 형이상학을 의미합니다. 악은 이해 가능성에 대한 거부, 즉 사물의 질서에서 합리적인 자리를 점하는 것에 대한 거부입니다. 이러한 모델이 지닌 함축 하나는 '이해comprehension나 재건rehabilitation 너머에는' 악이 없다는 것입니다. 이런 생각은 담론의 이성적 질서, 즉 편견이나 이해관계가 반영되지 않은 질서가 지배력을 갖는 모습으로 세속 문화에도 보존되어 있습니다. 그런 질서를 유지하기 위해서는 '객관성과 보편성'을 거부하는 사람들의 반대 담론을 동화시키고 바로잡기 위해 노력해야 합니다. 이원론은 악을 실제 도덕적 타자로, 무조건적 적대감과 끊임없는 투쟁의 대상으로 이해합니다. 어떤 의미에서는 악이 그 자신의 존재론적 모습presence을 지니는데, 사실과 선, 현실과 이성 사이에 미리 정해 놓은 정체성이 없으

28　Sands, *Escape from Paradise*, pp. 2-6.

므로 이러한 접근은 "철회, 저항, 파괴 전략을 위한 이념적 틀을 제공합니다."[29]

그러나 이것들은 단순히 깔끔하게 정의된 두 가지 대안이 아닙니다. 이것들은 서로를 향해 무너지는 경향이 있습니다. 종교적 이원론은 승리, 정체성의 창조 내지 회복을 소망하며 투쟁합니다. 비표준적인 방식의 세계 이해와 참여에 맞서는, 즉 반대 담론들의 타자성에 맞서는 합리주의의 투쟁은 이원론의 배제하는 힘과 적대적 열정을 지닐 수 있습니다. 둘 다 실제 강점이 있지만, 또한 둘 모두 동일한 약점이 있습니다. 이 둘 모두 실제 우연적인 영역이 있음을 무시하고, 따라서 진정한 비극적 경험의 영역도 무시합니다. 둘 다 다원성과 우연적 가능성을 억제합니다.

고전 윤리학과 비극에 대한 마사 누스바움Martha Nussbaum의 탁월한 연구는 여기서 일원화되고 확고한 선이 아니라 다양하고 유동적이고 취약한 선 개념을 주장하기 위한 강력한 효과를 가져옵니다.[30] 한편으로 이상ideals과 선goods인 "제1원리들"과 현실 인간의 선택 영역인 "거칠고 피비린내 나는 역사의 무대" 사이에는 건널 수 없는 틈이 있습니다.[31] 이 틈을 인식하지 않는 한, 신학 담론은 신학에 능숙하며, 권위 있는 지식 기준을 정하는 특정 엘리트층의 관심을 소

---

29 Sands, *Escape from Paradise*, p. 3.

30 Martha Nussbaum, *The Fragility of Goodness: Luck and Ethics in Greek Tragedy and Philosophy* (Cambridge: Cambridge University Press, 1986). 특히 11장과 12장을 보십시오.

31 Sands, *Escape from Paradise*, p. 6.

중히 모시게 될 뿐입니다. 그리고 신학 담론은 '반세계'counterworld를, 어둠과 불순종이 지배 담론을 부정적으로 강화하는 영역을 창조하고 지탱할 것입니다. 저 지배적인 담론의 비해결성과 잠정성을 밀어넣을 수 있는 영역인 것이죠. 간단히 말해서, 우리는 타인을 부정하는 비법, 억압하는 비법, 악마화하는 비법을 가지고 있습니다. 포스트모던 감수성을 지닌 세계에서는 명백한 선과 그에 반항하거나 저항하는 것 사이의 투쟁이 아니라, 경쟁하는 선들과 경쟁하는 권력들 사이의 투쟁이 문제가 됩니다. 우리는 어떤 것들에 **반대하는** 입장을 취하면서, 동시에 그것들이 온전한 형태, 그 자신들에게는 적절한 선을 지닐 수 있게 허용해야 합니다. **여기에서는** 받아들일 수 없더라도 말이죠.[32] 모든 이해관계가 조화를 이룰 수 없다는 이러한 확신은 비극적 비전의 핵심입니다. 비극적 비전은 "우리가 악에 참여할 수밖에 없다는 불가피성"을 받아들입니다.[33] 비극은 우리가 **"물을 만한 가치가 있고 궁금해 할 가치가 있는 모든 형태의 갈등과 고통을 발견"**하도록 돕습니다.[34]

서구 그리스도교 관점의 구축에 가장 큰 영향력을 미친 인물로 인정되는 아우구스티누스는 합리주의와 이원론이 서로를 함축하고 있음을 정확하게 보여 줍니다.[35] 합리주의를 통해 아우구스티누스

---

32   Sands, *Escape from Paradise*, pp. 8, 11-12.

33   Sands, *Escape from Paradise*, p. 9.

34   Sands, *Escape from Paradise*, p. 11.

35   Sands, *Escape from Paradise*, pp. 17-20.

는 마니교의 이원론을 반박했고 하나님을 향해 상승하는 욕망에 대해 위계적 질서를 구성했습니다. 하지만 이러한 구조는 악의 힘을 담아낼 수 없기에, 이에 대해 직접적인 도덕적 불만족이 있었습니다. 그리고 이는 아우구스티누스의 죄에 대한 분석에서, 죄 자체의 삐뚤어진 힘, 의지를 결박하는 명백히 자율적인 힘을 행사하는 상태로 표현됩니다. 죄는 창조 세계의 아래 요소들로 도착된 의지에 나타나기 때문에, 이 요소들은 일종의 도덕적 색채를 띠며, 순전히 육체적 질서와만 연결된 쾌락은 모두 의심과 심문의 대상입니다. 타락 이후의 환경에서 사물은 그 자체로는 여전히 선하지만, 도덕적 부패의 매개체가 되었습니다. 따라서 타락 이후에는, 이야기의 시작과 끝이 합리주의에 의해 좌우되더라도, 사실상 이원론의 드라마가 펼쳐지고 있는 것입니다. 두 가지 맥락에는 모두 비극의 여지가 없습니다. 샌즈는 아우구스티누스가 "비극 드라마와 희극 드라마를 무시"했으며 자기 이야기에 대한 독자들의 반응을 염려했다고 언급합니다. 경멸당하는 것만큼이나 동정받는 것도 두려워했다는 것입니다.[36] 도덕적 불변성을—현재의 악을 대립적으로 정의하고, 동떨어진 형이상학적 지평에서 악을 부정적으로 설명함으로써—지켜 내

36　Sands, *Escape from Paradise*, p. 19. 『신국론』에서 인용한, 드라마에 대한 아우구스티누스의 적의가 드러난 구절들은 반–이교도 논쟁이라는 구체적인 맥락에서, 강간이나 폭력에 연루된 '신적' 행위자들에 대한 묘사와 관련하여 읽어야 합니다. 여기에 제시된 일반적인 결론은 이러한 특정한 텍스트들에 의해 거의 지지받지 못합니다. 이 본문들을 연민이나 조롱에 대한 아우구스티누스의 두려움으로 여겨지는 부분과 연결 지어 보기도 쉽지 않습니다.

고자 했던 이 모든 염려의 이면에는 합리적 의지, 곧 남성의 지배적 위치를 위협받아 지키지 못할 것에 대한 불안감이 있다는 것이죠. 그래서 사실 반역이 욕망의 질서에서 '위에 있는' 행위자가 실패한 결과일 수 있다고 아우구스티누스가 인정했음에도, 특히 여성이 악 내지 반역에 대한 관심에 집중되고 있습니다.[37]

샌즈의 아우구스티누스 논의는 짤막하며 2차 자료에 의지하거나 아우구스티누스의 작품을 협소하게 사용하는 모습이 종종 보이지만, 그럼에도 이 경우는 흥미롭고 도전적입니다. 이는 일반적으로 페미니스트들이 제기하는 아우구스티누스에 대한 혐의들을 단순히 반복하는 게 아니라, 아우구스티누스의 도식이 어느 정도 도덕적 심각성과 무게를 갖도록 하는 것입니다. 그녀는 사실상 아우구스티누스를 고전적 주창자―창조자는 아니더라도―로 둔 전통은 현대 비평가가 '폐쇄성'closure, 곧 해로운 조바심이라고 부를 만한 것에 집착한다고 주장하고 있는 것입니다. 왜냐하면 형이상학적인 선한 의도가 무엇이든지 간에 그 전통은 현재 '선'과 '선-아님'의 양극단으로 계속 미끄러지고 있기 때문입니다. 지금 여기의 현실 행위자들을 선과 선-아님으로 식별하도록 부추기는 양극단으로, 실패와 결핍을 존재자의 특정한 계층과 범주(물질, 여성)에 투영하는 것으로 미끄러지고 있기 때문입니다.

여기서 흥미로운 점은 샌즈가 강화하고자 하는 것이 아우구스티

37   Sands, *Escape from Paradise*, pp. 19-20.

누스가 강화하고자 한 것과 여러 중요한 측면에서 정확히 같다는 것입니다. 즉, 이 세상에는 무시간적이고 안정적인 선함이란 없다는 것, 악의 화신이 없다는 것입니다. 피조물들의 모든 선은 **시간** 속에서 실현되며, 선의 온전함은 어떤 과정에서 흘러나오는 것으로 존재하지 않고 영원한 표준과 피조물들의 선의 방향으로 존재합니다. 하지만 이 마지막 지점과 관련하여 서로 갈리기 시작합니다. 샌즈는 초월적인 선의 척도가 있지 않다고 부정하고 싶어 하는 것 같습니다. 즉, 보다 정확히 말하면, 선이란 도덕 공동체들의 삶에서 가능한, '존립할 수 있는' 온전함과 균형으로 나타나는 것입니다. "도덕적 판단들은 … 어떤 특정한 순간에 삶의 다양한 선들이 최고로 통합될 수 있는 방식, 불필요한 고통이 최소화될 수 있는 방식에 관한 맥락적이고 전략적인 판단입니다."[38]

우리는 샌즈의 논거 중 일부를 더 철저히 살펴볼 필요가 있습니다. 그녀의 주장에는, 이상과 역사의 가혹한 선택 사이의 건널 수 없는 괴리가 존재한다면, 이상을 표현하고 초월적 선 개념을 옹호하는 사람들은 대부분 불복종과 무질서를 대표하는 '타자'를 악마화하면서 살아남는 자기-영속적인 엘리트가 될 수밖에 없다는 가정이 깔려 있습니다. 이 점이 종종 사실임은 말할 필요도 없습니다. 하지만 그것이 아우구스티누스적인 도식의 결과라는 점에는 더 많은 논증이 요구됩니다. 그리스도교 역사에서 실천적 이원론들은 아우구스

---

[38]   Sands, *Escape from Paradise*, pp. 15, 136.

티누스를 너무 성실하게 읽음으로써 비롯된 게 아니라 너무 부주의하게 읽음으로써 비롯되었다고도 말할 수 있습니다. 아우구스티누스가 펠라기우스주의와 도나투스주의 모두를 반박했던 요지의 일부는 역사 속에서 나타날 수 있는 상태들을 식별하는 방식과 관련됩니다. 그들은 어떤 식으로든 완전한 혹은 적절한 선의 담지자가 역사 속에서 가능하다고 생각했습니다. 도나투스주의는 현실에서 경험하는 교회의 순수성을 절대화했고, 펠라기우스주의는 하나님의 계명을 지킬 가능성을 확언했습니다. 둘 다 각자의 방식으로 교회를 시간 밖으로 벗어나게 한 것입니다. "우리의 죄를 사하여 주시옵고"라는 기도를 멈추지 않는 교회는 교회의 순수성과 온전한 상태가 반성과 회개를 멈추지 않는 것과 분리될 수 없다고 보는 교회입니다.[39] 그리고 이는 선이 하나님이기 때문입니다. 신의 자기-동일성이란 말에 담긴 핵심 의미 하나는, '이상적인 것'이란 바로 현실화에 이용할 수 없는 것입니다. 하나님은 (우리가 실패하는 것과 달리 성공적으로) 적절한 도덕적 균형을 추구하는 또 다른 행위자가 아닙니다. 어떤 의미에서든 우리의 우주 안의 그 무엇도 하나님과 필적할 수 없으므로, 어떤 유한한 행위자도 신적 선을 단순히 자신의 선과 동일한 것으로 전유할 수 없습니다. 이렇게 해석한다면, 초월적 선 개념은 어떤 특정한 이익을 강화하려고 어떤 이상을 이용하는 것에 대한 결정적인 **금지 규정**이 됩니다. 이 자체가 보편적이고

39　예를 들어 아우구스티누스의 『서간집』(*ep.*) 185.9.39를 보십시오.

이성적인 관점에 대한 주장이 되지 않도록 방지하는 것은 본질적으로 그것의 부정적이고 잠정적인 특성입니다. 도나투스주의에 대한 아우구스티누스의 반대에서와 같이, 그리스도교 공동체는 가능하고도 실제적인 죄에 계속 빠져 있습니다.[40]

아우구스티누스에게 역사적 투쟁의 해결책은 은총의 일이며, 따라서 궁극적으로 역사 자체만으로는 승리를 낳을 수 없으며, 도덕 프로그램의 성공도 이루어질 수 없습니다. 아우구스티누스는 권력을 향한 특정한 노력을 배제하거나 감소시키기 위해 도전하고, 징계하고, 뒤엎는 식으로 은총의 일을 명시하는 데 필요한 것을 다양한 방식으로 자세히 설명해 내진 못했습니다. 그럼에도 그가 제안한 도식은 샌즈의 비평이 완전히 답하지 못한 논리까지 포함하고 있습니다. 대안으로 제시된 내용의 긍정적인 부분을 면밀히 검토해 보면, 샌즈가 고전적 설명에서 식별한 것과 똑같은 양극단으로 선택지가 정리되는 것을 보게 되지 않을까 싶습니다. 선을 '다양하고 유동적이며 취약한' 것으로 적절하게 상상하는 방식이 있다고 해 봅시다. 이 말은 한 주체에게 선한 것과 다른 주체에게 선한 것이 영구적, 필연적으로 상충될 수 있을 정도로, 다양하게 창조된 주체들에게 저마다 선이 다르다는 의미로 읽을 수 있습니다. 또한 연속성의 '문법' 없이, 선이 상황에 따라 진정으로 다르다는 의미일 수 있습니다. 그리고

---

40 예를 들어, 배교자들과 의인들이 교류하면서 발생한, 심지어 키프리아누스 시대에 발생한, 아프리카 교회들의 '혼탁'(contamination)에 대해 다루는 『도나투스 반박 토론 초론』(*bapt.*) 2.6에서의 논증을 보십시오.

특정 주체의 선 내지 특정 주체에게 있어서의 선이 그야말로 결국에는 실패하거나 실현 불가능한 것으로 판명될 수 있다는 의미입니다.

첫 번째 독해 방식에는 다른 이의 진정한 선을 희생시켜야만 실현될 수 있는 피조물의 진정한(정직하게 품어 낸) 선이 있다는 함의가 있습니다. 이는 암묵적으로든 명시적으로든 노예-주인의 논법이기에 어떤 적절한 해방의 윤리와도 조화하기 어려운 견해입니다. 두 번째에는 특정한 발전으로 인해 한때는 선하지 않았던 것을 선하게 할 수 있다는 암시가 있습니다. 고문이나 인종 차별도 역사적 변화에 따라 선한 게 **될** 수 있다는 것이죠. 세 번째는 구제 불가능한 종국의 좌절이 '예정된' 주체가 이 땅에 있음을 암시합니다. 이러한 독해 방식의 홉스식 결과(만인에 대한 만인의 투쟁, 수렴되지 않고 **불가피하게** 흩어질 수밖에 없는 피조물의 선)를 피하기 위한 방책으로 공동체적 삶에서 실현 가능한 균형이라는 개념에 호소하는 것은 정말로 납득할 만한 것이 될 수 없습니다. 부분적이며 경쟁하는 선들이 조화되는 것 자체가 무조건 추구되어야 할 선이라고 가정하는 듯해 보입니다. 이러한 선이 일반적인 선에 대한 일반적인 금지로부터 왜 면제되어야 하는지를 규명하는 논증이 없습니다. 어떤 절대주의적 가정이 실용주의를 가장하여 밀반입되고 있습니다.

문제의 일부는 샌즈(혹은 사실 누스바움)가 실제로 이해한 비극의 정의에서 발생합니다. 어떤 아우구스티누스주의자는 세계가 비극이라고 말할 수도 있습니다. 우리의 타락한 지각 능력이 세계를 인식할 때 너무 결함이 많아서 우리가 (타락 이후로는) 불가피하게,

지속적으로 우리의 진정한 이익에 대한 잘못된, 대립된 설명에 말려든다는 점에서라면 말이죠. 타락한 질서 속에서 총체적인 지리멸렬함과 파편화를 피하기 위해 선이 강압적인 척도를 요구해야 하는 한, **상실**은 언제나 피조물의 미덕, 심지어 성결과 밀접하게 연관됩니다. 그리고 어떤 강압으로도 삐뚤어진 의지를 궁극적으로 극복할 수 없기 때문에, 자신들의 선이 영원히 좌절되어 **있는** 피조된 주체들이 있습니다. 상실한 영혼lost souls인 것이죠. 하지만 이러한 좌절은 역사에 따른 우발적인 것일 뿐, 선의 본성에 내재된 것이 아닙니다. 이런 대화 상대는 비극적 갈등을 창조 질서의 **필연적** 특징으로 정의하는 것을 받아들이지 못할 것입니다. 이를 받아들이는 것은 있는 그대로의 이원론으로 돌아가는 일일 것입니다. 하나의 선이란 없으며, 따라서 선들은 하나로 수렴될 수 없습니다. 그러므로 양측이 합의한 존재론적 우선성이 없는, (마니교의 방식으로 각색하지 않더라도) 화해될 수 없는 우주적 투쟁이 있습니다. 아우구스티누스주의자라면 이에 맞서 선하신 하나님께서 창조하신 어떤 세계 안의 악의 문법에 대한 아우구스티누스 고유의 주장들, 여기에서 이미 고찰한 주장들을 정리했을 것입니다. 다른 종류의 우주에서는 … 그러나 그리스도인에게는 선하신 한 분 하나님께서 만드신 하나의 우주만 있을 수 있습니다. 적어도 그런 우주가 있으려면, 아우구스티누스가 주장한 것과 같은 선과 악의 문법이 있어야 합니다. 샌즈가 이를테면 그리스도교의 전통적 언어와 같은 것으로 표현될 수 있는 창조 기원에 관한 교리를 수용하는지 여부는 불분명합니다. 샌즈에게 공정하게 말하자면, 그녀의 책은 그리스도교 교의학의 소론을 가장하지 않으며, 관습적인 교리적 관심사로부터 이렇게 물러남으로써 그 도덕적 힘을 많이 얻습니다. 그럼에도 불구하고 저는 비극에 관한 어떤 선택지가, 필연적으로 충돌하는 선들의 측면에서 상상한다면, 이제 막 싹이 보이지만 잠재적으로는 매우 극명한 형이상학적 함의들에 대한 주의로부터 면제된다고 믿지 않습니다.

결론

악에 대한 담론이 지닌 논리와 성격에 관한 아우구스티누스의 설명은 어떻게 해도 철저하지도 않으며 깔끔히 잘 정리된 것도 아닙니다. 그의 설명은 여전히, 그의 신학 전체가 저 너머로 멀리 회피하고 있다는 논쟁의 요소들로 얼룩져 있습니다. 저는 특히 그의 논거의 '미학적' 측면을 적절한 관점에 위치시키고자 노력했습니다. 제가 주로 하고자 한 작업은 아우구스티누스가 이 주제를 하나님에 대한 담론의 논리와 연관된 것으로 본 것이 옳았다고 제안하는 것입니다. 『고백록』 7권이 명확하게 보여 주듯이, 그는 하나님에 대한 담론과 악에 대한 담론을 모두 '비공간화' 하고자 합니다. 둘 모두 이 우주 안의 어떤 **장소**를 점하지 않으며, 둘 모두 다른 무엇에 견줄 수 있는 주체가 아닙니다.

악과 관련하여 이것이 의미하는 바는 이렇습니다. 악에 대해 이야기하는 것은 언제나 시간 속 과정에 대해, 악을 상실이나 부패로 식별하는 법을 배우는 과정에 대해 이야기하는 것이며, 우리가 더 분명하고 정직하게 식별할수록 우리는 세계가 서로 맞물려 활동하는 패턴 전체를 이해하면서 성장한다는 것입니다. 하나님과 관련하여 이것이 의미하는 바는 이렇습니다. 하나님에 대해 이야기하는 것은 언제나 명확해지는 과정, 화해하는 과정, 사랑 안에서 자신을 발견하는 과정에 대해 이야기하는 것이고, 우리로 하여금 경쟁과 스스로를 보호하는 것을 넘어서도록 하는 과정에 대해 이야기하는 것입니다. 하나님에 대해 이야기하는 것은 자기의 중심이 되는 의존성을 파악하는 자기-인식의 표현이며, 즉 결핍되어 있어서 탐색하는 자로 자기를 인식하는 표현이며, 따라서 이 물질세계의 어떤 구체적 사태를 초과하는 그런 욕망의 목표를 상정하고 있는 자로 자기를 인식하는 표현입니다.

아우구스티누스의 논증은 일종의 협공입니다. 한편으로 세계의 과정이 피비린내 나고 우리의 결정이 모호하다는 점에 우리가 정확히 집중하게 만듭니다. 또한 우리가 추론하고 갈망할수록, 늘 이해관계가 얽히는 추론과 늘 자기 강박에 시달리는 욕망에 수반되는 모든 위험이 뒤섞입니다. 그 대안은 사실, 옹호해야 할 이익이 없기 **때문에**, 유한하여 다른 이들과의 협상을 통해 자기에게 돌아오도록 촉진해야 하는 선이 없기 **때문에** 우리의 욕망을 변화시키실 수 있고 우리의 무분별함을 치유하실 수 있는 하나님에 대한 핵심 비전을 용해하지 않고서는 일관성 있게 그리기 어렵습니다. 세계 역사에 '실제' 영향받는 하나님 개념이나, 상술하기는 다소 어렵지만 하나님의 삶이 세계의 운명에 얽혀 있다는 하나님 개념을 장려하는 것이 유행이 되었습니다. 악에 대한 아우구스티누스의 논의들은 우리에게(공통의 도덕 세계에 거주하지만 우리와는 다른 관심을 가진 사람들은 제외하고) 그런 하나님이 실제로 이해될 수 있는지에 대한 물음을 남겨 두었습니다.

이 모델과 신의 자유에 대한 그리스도교(유대교, 이슬람교)의 전통적 헌신과의 양립 가능성, 그리고 하나님께서 무로부터 세상을 창조하셨다(따라서 하나님께서는 만들어진 것에 의해서 어떠한 제약도 받지 않으신다)는 교리와의 양립 가능성을 옹호하는 방법들이 있을 것입니다. 하지만 아우구스티누스에게는 낯선 것들일 것입니다. 그는 악에 대한 적절한 문법(이것은 악의 정당성, 죄에 대한 책임에서 악이 차지하는 비율에 관한 합리적 설명, 선한 우주적 성과를 내는 데 얼마나 많은 악이 필요한지에 대한 계산법이 아닙니다)을 찾고자 했습니다. 이런 그의 관심의 각 부분은 그가 믿으면서 발견한 하나님에 대한 우리의 담론의 본성, 즉 자존하시므로 제약이 없으시며 창조와 구원에 있어서 놀랄 만큼 관대하신 하나님에 대한 우리의 담론 본성과 불가분하게 연결됩니다. 악은 결여이며, 사물이 아니고, 공간을 점하지 않는다고 본 그의 이해를 공유하지 않으면, 어떻게 하나님을 자존하신 분이시며, 넘치는 충만이시고, 사물이 아니시며, 공간을 점하지 않으시고, 자신의 자유로 우리를 자유롭게 하시는 비길 데 없는 타자로 본 그의 이해를 공유할 수 있을까요?

악에 대한 아우구스티누스의 설명을 공정히 다루기 어려운 이유 중 하나는, 이 글에서 자주 언급했듯이 아우구스티누스의 관심사는 굉장히 광범위한데, 그에 대해 충분히 관심을 기울이지 않은 저자들이 이 설명의 여러 측면을 다루고 조성해 놓았기 때문입니다. 스스로를 '아우구스티누스주의자'라고 천명한 이들 중 일부는, 다들 읽는 선별된 글만 보고 이를 토대로 아우구스티누스를 비판하는 사람들처럼, 이 성인을 이해하는 데 도움이 별로 안 됩니다. 찰스 매튜스Charles T. Mathewes는 『악과 아우구스티누스주의 전통』*Evil and the Augustinian Tradition*[41]이라는 논문에서 이러한 문제를 아주 세련되고 노련하게 분석하여 제시합니다. 그는 특히, 인간의 외고집과 강압의 필요성을 참작한 정치적 비전—감상적인 유토피아주의나 인간의 사회적, 정치적 현존에 대한 지나치게 높은 기대를 피하는 것과 관련된 현실주의적 또는 비관주의적 비전—의 근거를 마련한 라인홀드 니버Reinhold Niebuhr와 한나 아렌트Hannah Arendt의 작품에 나타난 아우구스티누스의 영향력을 논합니다.[42] 매튜스는 이 둘에게 공감하며 통찰력 있게 다룹니다. 하지만 매튜스는 이 둘 모두 도덕적으로 무흠할 가능성에 회의적이었던 아우구스티누스주의 전통을 심각하게 오독했으며, 두 작품 모두 아우구스티누스의 것보다 훨씬 더 폭이 좁은 인류

---

41   Cambridge University Press, 2001.

42   영향력 있는 저서인 Jean Bethke Elshtain, *Augustine and the Limits of Politics* (Notre Dame, IN: University of Notre Dame Press, 1995)와 비교해 보십시오. 이 책은 니버나 아렌트의 수사 중 더 의심스러운 부분은 채택하지 않고, 이러한 일반적인 접근에 대한 가장 지적인 설명 중 하나를 제시합니다.

학으로부터 나온 작품이라고 결론 내립니다. 악이 작동하는 방식에 대한 아우구스티누스의 분석에서 본질적인 우리의 정신적 삶 안에 있는 무지와 부패에 대한 인식은 니버를 통해 공적인 삶에서 '책임을 인정'할 필요, 즉 공적 참여를 희생시키면서 얻은 도덕적 순수함에 대한 그 어떤 환상도 버려야 한다는 점과 공적 악에 연루되었다는 점 모두를 인정해야 할 필요와 연결됩니다. 아렌트에게 우선순위는 현실의 정치적 결탁과 행동이 잔악함을 꽃피우도록 용인한 수동성(악에 대한 그녀의 이해와 가장 잘 어울리는 용어를 쓰자면 '평범성'banality)을 극복하는 것입니다. 매튜스가 지적했듯이,[43] 니버와 아렌트는 악을 탈신비화 내지 '탈신화화'한다는 점에서는 아우구스티누스와 같은 의견입니다. 악을 탈신화화하는 것은 **실용적인** 요구가 되어 왔습니다. 우리는 **작인**의 선함에 보다 완전하게 참여하도록 부름받았습니다. 관념적으로 **봤을** 때 이 작인이 명백히 선하지 않은 행동으로 우리를 인도할 때조차도, 우리는 작인의 선함에 보다 전적으로 참여하도록 부름받습니다.

그렇지만 문제는 이것이 정치적 난국이나 재난을 해결하는 것이 여전히 **인간의** 작인이라는 인상을 남긴다는 점입니다. 니버든 아렌트든 신적 의미, 신적 자기-내어 줌의 표지가 되도록 부르심을 받는다는 것이 무엇을 의미하는지에 대해서는 아무 말도 하지 않습니다. 이는 소위 니버의 도덕 현실주의에는 현실이 되는 데 필요한 것이

---

43   Mathewes, *Evil and the Augustinian Tradition*, p. 227.

부족하다는 의미입니다.[44] 아렌트는 단조롭고 기본적인 정치 활동에 호소하는데, 이는 작인을 새롭게 하고 그 동기를 부여할 수 있는('다시 시작'할 수 있는) 원초적 자유의지를 자신 안에 활성화하는 것이 우리가 해야 할 일의 전부라고 제안하는 것과 위험스러울 정도로 거의 유사합니다.[45] 매튜스는 니버가 결국 문제 있는 방식으로 악을 내재화했다는 식으로 말합니다. 즉, 우리가 품은 최고의 이상들은 모두 타락하기 쉬우니, 우리는 흠 없음을 포기할 준비가 되어 있어야 한다는 것입니다. 반대로 아렌트는 악을 **외재화**합니다. 정치적으로 고결한 행위자는 자기 자신을 평범성에 속은 희생자와 구별하는데, 부패한 도덕적 순응에 끌려가지 않도록 내적으로 강화된 의지를 행사하는지 여부만이 구별점이 될 수 있습니다. 즉, 흠 없음의 문제가 아니라, 세계애*amor mundi*와 긴밀하게 연결된 내적 갱신의 원천에 확실히 접근하느냐 하는 문제입니다. 아렌트는 세계애를 적절한 공적 참여의 모퉁잇돌로 봅니다. 이 둘 모두 우리에게 어지러운 미완의 과업을 남겼습니다. 부패가 현실이라면, 우리에게는 사죄absolution뿐만 아니라 분별이 필요합니다. 우리의 불완전성fallibility이 변화를 향해 자라

---

44 존 밀뱅크(John Milbank)가 "The Poverty of Niebuhrianism", pp. 233-234 in *The Word Made Strange: Theology, Language, Culture* (Oxford: Blackwell, 1997)에서 이에 대해 상세히 논하고 있습니다.

45 Mathewes, *Evil and the Augustinian Tradition*, p. 189-192. 아렌트는, 인류에게 어떤 시작이 있고 인류는 시작들을 만들기 위해 존재한다는 아우구스티누스의 믿음의 중요성을 매우 강조합니다(p. 196). 이는 인간의 자유를 믿는 믿음의 핵심입니다. 그러나 이미 봤듯이, '시작'에 대한 아우구스티누스의 이해는 이보다 더 상당합니다. 왜냐하면 우리는 신의 말씀인 영원한 시작 안에서 창조되었기 때문입니다.

지 않는 것에 대한, 또는 변화될 수 있고 되어야만 하는 것을 변화시키려 하지 않는 것에 대한 핑계가 되지 않도록, 우리의 불완전성과 우리가 한통속이 될 수 있는 지점을 분별해야 합니다. 그리고 우리는 '시작'할 수 없는 우리의 무능을 인식해야 합니다. 우리는 아우구스티누스의 세계에서 이미 시작했습니다. 우리는 우리 자신의 도덕 세계를 구성하고 참된 시작(이것은 우리 안에 있는 것이 아닙니다)으로 돌아가기를 거부하는 불운의 프로젝트를 시작한 것입니다. 우리가 착수하도록 부름받은 행위는 "하나님의 창조적 행위에 대한 모방"이고,[46] 이러한 행위를 더욱 깊어지게 하는 교육학 혹은 치료법입니다. 그것은 우리가 세계에 더욱 온전히 거주하게(세계를 더욱 온전히 사랑하게) 할 수 있게 하는 방식으로, 우리 스스로를 변화시키거나 우리가 변화되는 "참여의 프로젝트"입니다.[47]

이는 악을 결여 혹은 욕망의 잘못된 방향으로 본 아우구스티누스의 분석이 맥락을 쏙 빼면 이치에 맞지 않음을 함의합니다. 아우구스티누스가 『고백록』의 이야기 과정에서 파악한 분석 패턴 전체의 맥락을 빼고 이야기하면 말이죠. 결여로서의 악은 그것이 무엇에 **대한**—유한한 작인이 무한한 창조성과 결합된 조화로운 사역에 대한—결여인지를 인식할 때 이치에 맞습니다. 유한한 작인들의 조화가 시간의 흐름 속에서, 변화의 과정 속에서, 따라서 작인들이 상충할 수 있는 우발성을 통해서 산출되기 때문에 악이 가능합니다. 악

---

46 Mathewes, *Evil and the Augustinian Tradition*, p. 219.

47 Mathewes, *Evil and the Augustinian Tradition*, p. 223.

을 구성하는 것은 일반화된 오작동이 아니라, 상호성과 '자기-내려놓음'self-displacement이라는 패턴에 조화되지 않고 이로부터 명확히 떠난 것입니다. 자기-내려놓음은 하나님의 삶이고, 따라서 창조 세계 안에서 잘 사는 삶의 핵심입니다. 그러므로 우리가 악에서 구하여진다는 것은 우리가 만들지 않았고 만들 수도 없었던 질서에 완전히 조율된다는 것입니다. 그것은 세례 받은 공동체에서 경험한 은총의 삶에서 일어난 조율입니다. 이 은총이 우리에게 가능한 것은, 이 땅에서의 예수 그리스도의 현전과 이로부터 흘러나온 모든 것 속에서 깨진 조화를 회복시키는 하나님의 활동 때문입니다. 하나님께서는 우리의 병든 욕망을 치유하고 우리의 기쁨을 새롭게 하기 위해서 자기 존재를 예수의 역사 속에 설정하십니다enacts.

이와 같이 악을 다루는 모든 지점마다 하나님의 존재의 문법과 성육신한 삶이라는 특수한 사건들에 대한 성찰로 되돌아오게 됩니다.[48] 이러한 주제와 단절된 '아우구스티누스주의'는 기껏해야 아우구스티누스가 전개하고 있는 논증의 완전체를 제대로 보여 주지 못하는 흐릿한 그림자일 뿐입니다. 최악의 경우, 우리가 우리의 가장 깊은 본성 내지 운명과 부합하지 않는 것을 항상 할 수밖에 없다는 '비극적' 이해를 함축하거나, 그렇지 않으면 인간의 역사적 위치와 유산들을 보면서도 인간 행위자가 자기-갱신 능력을 갖고 있다

---

48 고(故) D. Z. 필립스(D. Z. Phillips)는 *The Problem of Evil and the Problem of God* (London: SCM Press, 2004)에서 아우구스티누스를 직접적으로 언급하지는 않지만 신적 삶과 행동의 문법에 대해 거의 유사한 주장을 펼치는 듯합니다. 특히 4장과 8장을 보십시오.

는 순진한 믿음을 함축하는 뼈아픈 왜곡으로 전락할 수도 있습니다. 아우구스티누스가 공적 영역에서 반갑지 않은 선택들, 즉 크고 작은 악에 속박된 행위자들을 예상했다는 점에서, 그의 이해에는 실제로 비극적 요소가 있습니다. 하지만 우리가 그러한 선택들과 그 영향에 책임이 없다는 식으로, 그러한 선택을 인간의 조건에 내재된 것으로 보게끔 하는 것은 아닙니다. 우리는 수반되는 도덕적 위험 요소moral risks가 나와 무관하다는 듯한 자세를 취하거나 그러한 위험 때문에 행동하지 않고 망설이는 것이 아니라, 더욱 변화하게 하는 조건들을 보존하기 위해 우리가 할 수 있는 일을 합니다. 우리는 신적 목적이 지속되며 우리의 일상생활에 은혜가 신실하게 계속되리라는 기본적인 확신이 있기 때문에 이를 할 수 있습니다. 우리가 정치와 공적 영역에 대해 하는 말은 영혼의 치료에 대해 하는 말과 다른 종류의 담론이 아니며, 그럴 수도 없습니다.

6

정치와 영혼

『신국론』 읽기

"아우구스티누스는 시민이 된다는 것이 한때 최소한 어떤 의미였는 지를 이해한 마지막 사람인 것 같다."[1] 한나 아렌트Hannah Arendt의 판단 이 더욱 흥미로운 이유는 그녀가 그리스도인이 '공적 영역'을 거부한 데 가장 큰 책임이 있는 단 한 명의 사상가로 아우구스티누스를 꼽 았기 때문입니다. 아렌트는 이러한 거부의 근대적 모습이 인간 세계 의 안보, 평화, 온건함sanity에 대한 가장 큰 위협 중 하나라고 여겼습 니다. 아렌트가 보기에 '공적 영역'은 우리가 공통으로 갖는 세계입니 다. 아렌트의 꽤 압축적인 설명을 풀어 표현하면,[2] 공통의 세계란 언

---

1   Hannah Arendt, *The Human Condition* (Chicago, IL: University of Chicago Press, 1958), p. 14. 『인간의 조건』, 이진우 옮김(파주: 한길사, 2019).

2   Hannah Arendt, *The Human Condition*, pp. 50-58.

어의 측면에서 우리에게 정체성을 부여하는 것이라고 말할 수 있습니다. 공통의 세계는 개인으로서의 내 존재와 언행을 말과 기억의 **전통** 안에 위치시킴으로써 보장하는 가능성입니다. 공통의 세계는 내가 기억될 수 있게 하는 것, 내가 미래 세대의 대화의 일부가 될 수 있게 하는 것입니다. 따라서 이는 **공통의 인간성**을 나타내는 표지로, 내 의지나 상상과는 별개로 존재합니다. '공적인' 생활에 참여한다는 것은 내가 유한하며 시간의 굴레에 매인 존재라는 점을 받아들이는 것이며, 나는 내가 선택하지도 고안하지도 않은 언어와 상호작용의 연속체 **안에** 태어났음을 받아들이는 것입니다. 그럼에도 공적 생활에 참여하는 것은, 내가 할 수 있는 유일한 방법으로 나의 유한성을 초월하는 것이기도 합니다. 즉, 합리적이며 타당하게 전통, 유산의 일부가 될 수 있는 어떤 새로운 성질이나 미묘한 차이를 집단의 언어와 상호작용에 남기고자 분투하는 방식으로 말이죠. 우리의 목표는 우리의 삶을 "죽음으로 완성된 상징"[3]으로 만드는 것이어야 합니다. 이것이 없다면, 우리는 헛되고 무의미한, 순전히 사적이고 개인적인 삶을 살 수밖에 없는 운명입니다. 삶의 가치를 오로지 나의 주관성과 내가 직접적으로 접촉한 사람들의 주관성으로만 인지할 수 있는 한 헛될 수밖에 없습니다. 또한 삶을 영위하는 일이 생존에 필요한 것으로, 나와 내 피부양인들의 필요를 충족시키는 것으로 제한되고 특징지어질 가능성이 높기 때문에 헛될 수밖에 없습니다. 이런 의미에서

---

3   T. S. Eliot, 「리틀 기딩」(Little Gidding) III, 『사중주 네 편』(*Four Quartets*), 윤혜준 옮김(서울: 문학과지성사, 2019).

아렌트는 고전 사상이 공적 영역을 진정한 자유의 영역으로 여겼다고 말합니다.[4] 반면 가정에는 규율, 강압적인 권력, 심지어 폭력이 있었습니다. 이것들이 일상을 위협하는 혼란을 초장에 정리하여 불가피한 일을 제어하는 수단이었다는 것입니다. 집안 질서에 지배의 모범을 확실하게 안착시키지 못한 사람은 평등한 사람들이 모이는 폴리스*polis*로 나오지 못했을 것입니다. 공유될 의미와 공유될 미래를 구성하는 창조적이고 지적인 일, 기억할 가치가 있는 행동, 당면한 일과 지역적인 일을 초월하는 인간의 연속성을 확립하는 행동에 참여하기 위해서 사적인 필요로부터 자유롭게 폴리스로 나오지 못했을 것입니다. 필요의 충족과 생존을 위한 투쟁에는 역사가 없기 때문에, 사적인 것에는 역사가 없습니다. 그리고 말하기와 이해의 형태가 온전하게 지속되는 데 책임을 갖는 능동적이고 창조적인 사람들로 이루어지는 이러한 공적 영역이 없다면, 우리는 그저 연명을 위해 동물처럼 무의미하게 노력한다고 비난받거나, 재정적 성취와 이익 내지 안정이 영광, 명성, 가치 있음이라는 기억되어야 할 개념을 대체한 '대중 사회'에 아주 전형적으로 속박되어 있는 근대인이라고 비난받을 것입니다. 개인의 죽음 너머에까지 '대화'가 형성되는 창조적인 공적 활동의 질이 약화된 것이죠. 사회는 점점 지적인 말을 하지 못하게 되고, 공동의 상상력을 펼 수 없게 되며, 점점 우상 숭배적인 대상

---

4   Hannah Arendt, *The Human Condition*, pp. 28-30. 탁월한 다음 글도 보십시오. Paul A. Rahe, "The primacy of politics in classical Greece", *The American Historical Review*, 89 (1984), pp. 265-93.

화와 물신物神, fetishes과 슬로건의 노예로 전락합니다.[5]

그렇다면 어떻게 그리스도교—특히 아우구스티누스적 그리스도교—는 이러한 공공성의 파괴를 이끈 것일까요? 아렌트는 초대 교회가 로마 제국의 권위를 거부하고 세상의 종말을 기대함으로써 다소 소외된 사람들의 공동체였음을 내비칩니다.[6] 인간적으로 말하자면, '대화'는 절대로 지속되지 않을 것입니다. 그렇다면 무엇이 이러한 사람들 사이의 유대로 '세상을 대체'할 수 있습니까? 공동체에 소속되어 있다는 느낌입니다. 즉 핵심적인 면에 있어 폴리스보다 가족이나 일가친척에 가까운 공동체에 소속되어 있다는 느낌입니다. 업적, 탁월함, 창의력이 회원 자격과 무관한, 심지어 해로울 수도 있는 공동체에 말이죠. 이 공동체는 사랑, 곧 카리타스caritas로 묶인 한 몸입니다. "사람들 간의 자비로 묶인 유대 관계는 그 고유의 공적 영역을 확립할 수 없지만 … 본질적으로 세상적이지 않은 사람들의 무리가 세상을 헤쳐 나가는 데 굉장히 적합합니다."[7] 아우구스티누스의 체계에서 카리타스는 공로나 업적과는 무관한 사랑입니다. 여

---

5 여기서의 아렌트의 분석을, 대상화와 '완전히 관리되는 사회'의 위협에 대한 아도르노(Adorno)의 분석과 비교해 볼 필요가 있습니다.

6 Arendt, *Human Condition*, pp. 53-54.

7 Arendt, *Human Condition*, p. 53. 아렌트는 아우구스티누스가 심지어 강도단에게도 일종의 '정치적' 미덕이 있다는 식으로 생각했다고 넌지시 내비치면서(『신국론』 19.12), 정작 아우구스티누스의 요점을 놓치고 있음에 주목해야 합니다. 성도와 범죄자의 '무세계성'(worldlessness)은 서로 동화되지 않습니다. 아우구스티누스는 평화를 향한 욕망의 보편성에 대한 일반적인 발언을 하고 있습니다. 그런 욕망이 없이는 집합적인 삶이나 행위가 있을 수 없습니다.

기서는 인격체들 간의 유대 관계를 공통의 피조성과 동일한 죄성에 기초한 것으로 봅니다. 따라서 이 사랑은 치우침 없이 작동하며, 어떤 의미에서는 개인과 관계없이 작동합니다. 아렌트는 1929년 자신의 박사 논문인 『사랑 개념과 성 아우구스티누스』*Der Liebesbegriff bei Augustin*[8]에서 카리타스란 우리 자신과 타자 속에서 '영원을 사랑하는 것'이며 이는 그리스도인의 '이웃 간 사랑'의 핵심이라고 주장합니다. 즉, 우리는 서로에게서 하나님의 창조 사역과 구속 사역의 표시를 봅니다. 피조물로서의 우리는 여전히 거리를 두고 사랑하며, '공존'합니다. 그러나 그리스도의 구원 사역의 대상인 죄로 가득한 우리는 친교communion 안에서 함께 묶입니다. 이와 같이 비-세상적인non-worldly 사회가 창조됩니다. 바로 '하나님의 도성'神國이죠.[9] 아렌트는 1929년보다 1950년대에 『인간의 조건』을 쓰게 되었을 때 비-세상적 공동체 개념에 대해 훨씬 더 공공연하게 적대감을 드러냅니다(아마 그녀라면 분명 이것은 20세기가 우리에게 한 것이라고 말했을 것입니다). 하지만 아우구스티누스에 대한 분석과 '무세계적인' 사랑의 원리는 여전히 거의 동일합니다. 하나님의 도성은 공적 영역을 대체합니다.

---

8   Berlin 1929 〔한국어 번역본[서유경 옮김, 서울: 텍스트, 2013]은 1996년의 영문판을 옮긴 것입니다〕. 특히 pp. 62-68을 보십시오. 엘리자베스 영-브륄(Elizabeth Young-Bruehl)의 훌륭한 전기 *Hannah Arendt: For Love of the World* (New Haven, CT and London: Yale University Press, 1982. 『한나 아렌트 전기: 세계 사랑을 위하여』, 홍원표 옮김[고양: 인간사랑, 2007]) pp. 490-500에 이 보기 드물고 접근하기 어려운 작업이 잘 요약되어 있습니다.

9   Arendt, *Der Liebesbegriff bei Augustin*, pp. 75-90 (Young-Bruehl, *Hannah Arendt*, pp. 496-497).

따라서 공적 영역의 적입니다.

그럼에도 아우구스티누스는 "시민이 된다는 것이 한때 최소한 어떤 의미였는지"를 이해했습니다. 이는 지나가는 말로 한 것인데, 그리스도인이 시민이 되는 것을 다소 불가능하게 한 사람이 아우구스티누스라는 결론에 비추어 볼 때 어리둥절합니다. 저는 이 글에서, 무엇이 시민권에 관련되는지를 아우구스티누스가 이해하고 있었다고 말할 수 있는 정확한 이유와, 동시에 그가 고대의 공적이고 정치적인 영역의 가치를 전복한 사람으로 얼마만큼 올바르게 간주될 수 있지를 탐구하고자 합니다. 저는 한나 아렌트가 옳다고 생각합니다. 올바른 근거를 제시했기 때문은 아니겠지만요. 그리고 다른 한편으로 아우구스티누스가 근본적으로 정치 교육자였음을 옹호하는 최근의 연구—피터 바토리Peter Bathory의 『공적 고백으로서의 정치 이론』 *Political Theory as Public Confession*[10] —는 아우구스티누스가 소극성과 비관여를 권했다는 이해를 촉발했던 기존의 불균형을 바로잡으려고 합니다. 하지만 종래의 정치적인 것을 공격한 이 성인의 급진적인 비판에 대한 분석을 모두 훼손시키면서까지 그렇게 하고 있습니다. 사실 아렌트와 바토리 모두 아우구스티누스를 읽는 독자들이 느끼는 해소 불가능한 어떤 일련의 긴장을 해결해 낸 것으로 보입니다. 앞으로 보겠지만, 저는 아우구스티누스가 명백한 모순들에 대해 단순히 책임이 있다고 생각하지 않습니다. 하지만 『신국론』에서 완전히 일관

---

10   New Brunswick, NJ and London: Transaction Books, 1981.

적인 프로그램을 추출해 내려고 하는 것이 그리 가치 있다고 생각하지는 않습니다. 우리는, '교회'와 '세계'(교회와 국가는 물론이고)에 대한 체계적인 설명은 덜 찾아보고, 사회적 덕의 본질을 성찰하기 위한 방안을 더 찾아보아야 합니다.

영어로 된 아우구스티누스의 정치사상 연구 중 아마도 아직까지 가장 훌륭한 책에서, 로버트 마르쿠스Robert Markus는 우리가 국가 권력이라고 부르는 것에 대한 성찰이 담긴 『신국론』에 '원자적 인격주의'로 가는 경향이 있다고 주장합니다. 아우구스티누스가 쓴 내용에 지상의 도성civitas terrena에 관한 것이 있을 수는 있지만, 그럼에도 그의 논의는 제도institution로 불릴 만한 것을 다루지는 않았고 사람들과 과정들을 다루고 있습니다.[11] 따라서 우리는 그가 국가the state에 대한 이론을 (피기스Figgis는 civitas를 엄밀한 정치 용어로 번역하는 것에 대해 조심스럽게 경고했는데, 그런 피기스가 논한 약한 의미에서까지도[12]) 제시하고 있다고 말할 수 없습니다. 아우구스티누스는 성과 속, 혹은 공과 사라는 두 종류의 뚜렷한 인간의 결사 방식에 대해 생각하지 않았습니다—적어도 지속적으로 생각한 적은 없습니다. 인간의 삶의 목표가 그의 관심입니다. 따라서 『신국론』 18권의 마지막에서 우리는 하나님의 도성과 이 세상 나라가 모두 이 땅의 삶에서

---

11 Robert Markus, *Saeculum: History and Society in the Theology of St Augustine* (Cambridge: Cambridge University Press, 1970), pp. 149-152.

12 J. N. Figgis, *The Political Aspects of Saint Augustine's 'City of God'* (London: Longmans, Green and Company, 1921), pp. 51이하.

의 우여곡절을 동일하게 경험하고 현세의 좋은 것들을 동일하게 사용하지만, 서로 다른 믿음, 다른 소망, 다른 사랑을 사용한다는 점을 읽습니다. 두 나라의 목표는 뚜렷하게 구분되며, 따라서 영원한 상급도 구분될 것입니다.[13] 그런 다음 19권에서는 인간 존재의 종말에 대한 논의를 시작합니다. 이 책의 '정치적' 논의는 이에 비추어 읽어야 합니다. 아우구스티누스는 여기서 무엇이 두 도성의 적절한 관계일지를 판단 내리려 하고 있지 않습니다. 그는 이제 막 박해의 역사에 대해 제법 상세한 설명을 마무리하면서[14] 박해가 결코 과거의 일로만 머무른다는 보장이 없다고 확고하게 결론 내리고 있습니다. 그가 절대 하고 싶지 않았을 법한 일은 하나님의 도성과 하나님의 도성의 공공연한 적들 사이에서 협약concordat 초안을 작성하는 일입니다. 19권에서 그의 물음은 오히려 우리가 이해한 최후의 결말에 비추어 본 최적의 공동생활의 형태에 대한 것입니다. 이 단계에서『신국론』은 일반적인 의미에서의 정치 이론에 관한 작업이 전혀 아니고, 신학적 인간학과 공동의 영성에 관한 스케치입니다. 정치적인 것과 영적인 것은 별개의 문제가 아닙니다. 19권은 영적인 것은 **진**

---

13   『신국론』 18.54. 공통된 사용 사이의 구별과, 하나님의 도성과 지상의 도성 사이에서의 사용 목적의 다양성에 대해서는 19.17을 참조하십시오. 이러한 공통된 사용/다양한 목적 모델은 한 사회 **안에서의** 다원주의와는 무관합니다. 저의 동료인 올리버 오도노반(Oliver O'Donovan)의 아직 출간되지 않은(이 논문은 나중에 출간되었습니다) 논문 "Augustine's City of God XIX and Western political thought"에서 이에 대해 확실하게 설명합니다. 저는 이 논문을 읽고 논할 수 있게 해 준 그에게 큰 신세를 졌습니다.

14   『신국론』 18.49-53.

정 정치적인 것임을 보여 주고자 합니다. 비록 어떤 의미에서는 마르쿠스와 같이,[15] 아우구스티누스가 인간의 목표를 향한 도덕적 인간들의 자유로운 발전의 영역인 경험적 도성에 관한 '창조적 정치'라는 고전적 개념을 버렸다고 말하는 게 어느 정도 사실이지만, 그렇다고 이 성인이 다른 무언가를 위해 공적 영역을 거부했다거나 그의 관점이 상당히 마르쿠스 식으로 '원자적'이라는 의미는 **아닙니다**. 오히려 아우구스티누스는 공적인 것 자체를 **재정의**하려 합니다. 즉 공적인 것이, 실제로 공적일 리 없고 진정으로 정치적일 리 없는 그리스도교 공동체 바깥의 삶이라는 것을 보여 주려는 의도입니다. 대립은 공적인 것과 사적인 것 사이, 교회와 세상 사이에 있지 않고, 정치적인 미덕과 정치적인 악덕 사이에 있습니다. 결국 그 토대들이 '원자적'임이 드러나게 되는 것은 세속 질서입니다.

2권과 19권에서 아우구스티누스는 '공적 영역' 또는 힐리Healey가 정확하게 번역했듯이 '공통체'commonwealth●의 정의定義와 관련하여 키케로의 『국가론』*De re publica*을 언급합니다. 인민은 그저 우연히 모인 사람들이 아니라, 법에 대한 합의정의(正義)에 대한 공통된 인식와 공동의 이익으로 결속된 무리입니다*juris consensu et utilitatis communione*.[16] 그렇다면 이 지점에서

---

15   Markus, *Saeculum*, 4장, 특히 pp. 94-95를 보십시오.

●   *res publica*와 commonwealth는 보통 '공화국', '연방'으로 번역되지만, 원래의 문자적 의미는 각각 '공공의 것', '공동의 재산' 내지 '공동의 번영'에 가깝습니다. 즉, 어떤 정치 체제 중 하나라기보다 사유물과 대비를 이루는 의미였습니다. 여기서는 논의의 맥락에 따라 각각 '공공의 것'과 '공통체'(共通體)로 옮겼습니다.

16   『신국론』 2.21; 19.21.

부터 올바르게 정치적인 것에 관한 논의, 의식적으로 또렷하게 공유된 삶에 관한 논의를 시작해야 합니다. 즉, 사회 집단 내에서 합법적인 활동과 그렇지 않은 활동이 무엇인지에 대한 합의와, 살기 위해 필요한 것들에 대한 공통의 접근을 보장하는 것(아마 '생산 수단'에 대한 접근이라고 해도 아주 틀린 말은 아닌 것 같은데, *utilitas*를 더 동떨어진 의미로 번역한 경우가 꽤 있습니다!)에서 시작해야 합니다. 『신국론』의 유명한 논쟁적인 부분[17]에서, 아우구스티누스는 한 수의 능란한 언어 솜씨로 보이는 것을 토대로 이교도 나라인 로마가 '공통체'라는 주장을 허물어뜨립니다. 정의*jus: 법*는 각 사람을 마땅하게 대우하는 것입니다. 하지만 이교도 사회는 **하나님을** 마땅하게 대우할 수 없습니다. 이교도 사회는 귀신에게 제물을 바칩니다. 오직 그리스도교 공동체만이 참 하나님께 제물을, 그 자체로 그리스도 안에서 구속된 완전한 것으로서 하나님께서 받으시는 유일한 제물을 바칩니다.[18]

하지만 이것은 듣던 만큼 아주 음흉한 것은 아닙니다. 인간 존재가 하나님께 자신을 바치는 것을 방해하는 어떤 사회적 관습은 아우구스티누스가 하나님과 그의 진리를 향한 채워지지 않는 욕망이

17　『신국론』 19.21-23.

18　『신국론』 19.23; 18.54; 10.4-5, 19-20도 참고하십시오. 마르쿠스는 이 성인이 키케로적인 〔법적〕 정의(*jus*)를 그리스도교의 의(義, righteousness)와 동일시한다고 말하면서, 아우구스티누스의 논의 중 세부사항을 대부분 생략함으로써 독자들이 오히려 오해하게끔 합니다(Markus, *Saeculum*, pp. 64-65). 이렇게 하면 제물에 대한 논의가 불필요한 것이 될 수 있습니다.

라고 정의한 인간 본성의 중심을 이루는 충동을 사실상 부인합니다.[19] 그런 사회적 관습은 **대용품적인** 만족감을 제공합니다. 유한이 무한을 대체하는 것이죠. 그리고 그렇게 하면서 인간성 자체를 약화시킵니다. 우리의 의지와 감정을 올바르게 정돈하는 그 한 가지 원리를 제거한다는 점에서 말이죠. 하나님을 섬기지 않으면 결코 혼이 육체를 의롭게 다스리지 못하고 이성이 악덕을 의롭게 다스리지 못합니다*Quando quidem Deo non serviens nullo modo potest juste animus corpori aut humana ratio vitiis imperare*.[20] 사실, 열정을 조절해 줄 수 있는 다른 요소들도 있습니다. 하지만 이런 식의 통제를 통한 미덕으로 여겨지는 것은 하나님께 귀착되지 않는 한, 실제로는 악덕—교만과 과시—입니다.[21] 그래서 사회가 우리로 하여금 우리를 만드신 분의 영광이 아닌 다른 목표를 향하게 할 때 행복한 삶*beate vivere*이 불가능해집니다. 따라서 만일 이교도의 공화국*res publica; 공적인 것*이 공동체로서 결함이 있다면, 아우구스티누스가 논쟁을 벌이면서 도달할 수 없는 고도의 의로움 또는 종교적 고결함을 기준으로 설정했기 때문에 그런 게 아니라, 하나님을 마땅히 인정하지*giving God his due* 못하는 사회가 그 시민들을—하나님을 추구하고 하나님을 향유하도록 지음받은 인간으로서—마땅히 대우받아야 할 만큼 대우하지 못하기 때문에 그런 것입니다. 하

19 『고백록』 1.1.1 등. 아우구스티누스의 신학 주제 중 하나인 욕망의 거대한 주체(vast subject)에 대해서는 최근의 글인 Isabelle Bochet, *Saint Augustin et le désir de Dieu* (Paris: Edition des Etudes Augustiniennes, 1982)를 보십시오.

20 『신국론』 19.21.

21 『신국론』 19.25.

나님을 향한 정당함_jus: 마땅함_이 없는 곳에는 인간 존재에게 마땅한_due_ 것이 무엇인지에 대한 공통의 감각이 없습니다. 정의_jus: 법_에 대한 공통된 인식_juris consensus_이 없는 것이죠. 그리고 이 주제는 정치적 미덕에 관한 『신국론』의 비전이 풀어야 하는 주 과제로 판명됩니다.

만일 19.21-23을 이렇게 읽는 것이 맞다면, 참된 공동체와 거짓 공동체에 대한 논의는 아우구스티누스가 19.24에서 주장한 것으로 여겨지는 공적인 것_res publica_에 대한 보다 실용적인 정의에 호소하는 것으로 해결될 수 없습니다. 이는 대개[22] 아우구스티누스가 이제까지 자신의 반론을 철저히 다루어 왔고 이제 보다 건설적인 방식의 작업을 하려고 한다는 점을 나타내는 것으로 여겨져 왔습니다. 인민_populus_을 정의_법_로 묶인 사람들로 규정한 정의_定義_는 하나님의 백성이 아닌 다른 어느 집단에도 적용될 수 없는 것으로 나타났습니다. 그렇다면 로마 공화정은 아무렇게나 모인 집단_coetus_일까요? 그렇지 않습니다. 다른 정의들도 가능합니다. 이렇게 정의해 볼 수도 있습니다. 공동체란 사랑하는 것들에 대한 합의로_rerum quas diligit concordi communione —_

22　예를 들어 피기스(_The Political Aspects of Saint Augustine's 'City of God'_, pp. 61-64), 힐리의 『신국론』 영역본(London: Dent, 1945)에서 모든 이를 위한 어니스트 바커(Ernest Barker)의 서문(pp. xxxi-xxxii), 마르쿠스(Markus, _Saeculum_, pp. 65-66, 69이하. 여기서 마르쿠스는 아우구스티누스의 정의의 '중립적이고, 실증적인 측면'에 대해 이야기합니다) 등이 그렇습니다. 제럴드 보너(Gerald Bonner)는 다음의 글에서 마르쿠스가 『신국론』에서 중립적인 세속 영역이라는 개념을 식별한 것에 이의를 제기합니다. "_Quid imperatori cum ecclesia?_ St Augustine on History and Society", _Augustinian Studies_, 2 (1971), pp. 231-251, 특히 pp. 244-247. 또한 보다 최근의 연구인 J. van Oort, _Jeruzalem en Babylon_ (Leiden: Brill, 1991), pp. 127-129도 보십시오.

사랑하거나 가치를 두는 것들에 관한 일치로―뭉친 것이다.[23] 물론 이러한 설명에는 로마를 공통체로 간주하는 느낌이 있으며, **어떤** 현실의 정치 단위든 마찬가지일 것입니다(공통체라는 용어에는 여러 측면이 있어서 오해의 소지가 있으므로, 앞으로는 '국가'라는 표현을 사용하겠습니다). 하지만 이 장에서 자주 간과되고 있는 것은 **반어법**적인 어조입니다. 이와 같은 공적인 것의 정의에 따른 국가의 목록은 아테네로 시작해서 바벨론으로 끝납니다. 고대 정치학의 이상과 이에 대한 반정립인 동양의 전제정치 사이에는 연속성이 있습니다. 하나님의 정의가 없다면, 어떤 정치체제든 다른 정치체제로 바뀌고 있는 과정 중일 뿐이기 때문입니다. 정의로운 진리*justitiae veritas*는 가치에 대한 조화를 이렇게 추정한다고 해서 확보되는 것이 아닙니다. 아우구스티누스는 이 장에서, 로마가 한때 원칙에 있어서는 진정한 공통의 조화에 전념했는지 모르지만 이미 오래 전에 빈말이 되었다는 취지로 책의 앞부분에서 주장했던 논증을 되짚어 봅니다. 국가는 사랑*dilectio*의 대상에 관하여 필수적인 일치점이 있다고 주장할 수 있겠습니다만, 이런 사회가 얼마만큼 안정성을 이룰 수 있을까요? 이는 결국 악덕이기 마련이며(19.25), 그 안정성은 일시적일 뿐입니다(19.26). 요컨대, 경험적으로는 이런 사회가 이해할 만하게 연합된 몸일 수는 있지만, 그 공동의 목표들은 가장 진실한 인간의 욕구에 부응하는 지속적인 가치들이 아니며 그런 가치들일 수 없기에, 그 자신의 공동체

23　『신국론』 2.21 참조.

적 성격을 계속해서 약화시키게 됩니다.

19.25는 아우구스티누스의 분석이 국가에 대한 더 실용적이고 현실적인 관점으로 전환됨을 나타낸다기보다, 19.21에서 시작된 논증의 마지막 단계로 맥락이 이어지고 있습니다. 고대의 폴리스뿐만 아니라 전제 국가까지 포함되는[24] 정치체political body에 관한 가장 협소한 정의―공동의 목표로 묶인 연합체―를 취하더라도, **긴밀히 결합**될 수 없으며 스스로를 지속적으로 불안정한 상황에 처하게 하는 스스로가 최악의 적인 사회의 모습을 발견할 뿐입니다. 이런 사회들도 식별 가능한 사회적 단위로 존재한다는 점에는 의심의 여지가 없기에 원한다면 공동체라고 부를 수 있습니다만, 그 특성과 구조는 다수성 안에서 질서 있는 통합체라는 참된 공공의 것res publica의 본성과 어울리지 않습니다.

이를 보다 완전하게 이해하기 위해서, 우리는 『신국론』 초반부로 돌아가야 합니다. 책의 초반부는 보다 직접적으로 중요한 논란의 영향을 받아 형성되었습니다. 2.21에서는 키케로의 『국가론』에서 스키피오Scipio의 것으로 언급하는 논증이 요약되어 있는데, 여기서 국가 내부의 연합의 조건으로 정의와 조화를 매우 강조합니다. 사회의 다양한 질서는 각자의 특수한 음으로 조화에 기여하며 합리적으로 협력합니다. 물론 이는 국가civitas에서 각 사람이나 계급별로 담당하고 있는 역할에 논란의 여지가 없음을 상정하고 있습니다. 그리고

---

24 아우구스티누스는 로마가 연대기적으로든 영적으로든 앗수르나 바벨론의 계승자로 보인다고 『신국론』 18.2.22와 27에서 이미 언급했습니다.

어떤 계층이나 직무가 불균형한 권력을 얻으면 부정의가 발생하고, 이와 함께 공화국*res publica; 공공의 것*은 더 이상 존재하지 않게 됩니다.[25] 따라서 사회 구성원들은 모두 보편 질서*ordo* 속에서 자기 자신의 자리를 알아야 합니다. 자연법에 부합하게 사는 방식을 알아야 합니다. 하지만 2권에서는 사회 구성원들이 어떻게 이를 알 수 있는지를 묻습니다. 특히 4-7장, 14-16장, 22-26장은 이방신들과 옛 철학자들도(그들의 업적도) 시민들이 영원한 법*lex aeterna*에 부합하여 잘 살 수 있게끔 하지 못했음을 보여 줍니다. 페르시우스*Persius* 같은 시인은 남성과 여성에게 질서를, 열망의 한도를, 하나님의 뜻을 배우라고 훈계합니다.[26] 하지만 사삿사람으로서 쓴 것입니다. 그러한 것은 고대의 공공 예배와 축제에서 기린 가치가 아닙니다. 그렇다면 이러한 가치들이 어떻게 인류 공통의 유산으로 확립될 수 있습니까?

이와 같이 고대 세계에는 진정한 공적 덕목 개념이 없었던 것으로 보입니다. 5권은 로마 사회에서의 덕의 동기에 대해 다루면서 이를 더 파고듭니다. 19.25에서는 하나님에 대한 두려움이 아니라 다른 동기로 악을 억눌러서 어떤 식의 덕이 가능하다는 점을 인정합니다. 이를 따로 간략히 적은 이유는 5.12-20의 황량한 환원주의를

25　*sic ex summis et infimis et mediis interjectis ordinibus, ut sonis, moderata ratione civitatem consensu dissimillimorum concinere, et qua harmonia a musicis dicitur in cantu, eam esse in civitate concordiam, artissimum atque optimum omni in re publica vinculum incolumitalis, eamque sine justitia nullo paclo esse posse.* 〔『신국론』 2.21,1.〕

26　『신국론』 2.6.

상기하려는 것입니다. 대중의 찬사에 대한 갈망, 영광과 명성에 대한 갈망은 국가의 연합을 망치는 저 지배욕*libido dominandi*을 제어합니다.[27] 이런 방식으로도 (하나님의 섭리 아래) 기존 질서에 그럴싸한 연합이, 심지어 안정의 수단이 주어집니다. 국가에서 주도적인 역할을 하는 소수의 사람들은 자신의 영광에 대한 욕망에 사로잡혀서 다른 국가들의 더 강력한 힘에 저항할 수 있게 되었습니다—거의 초자연적이라고 생각했을 수도 있습니다. 초기 로마 공화정의 두드러진 성공은 로마 신들의 호의에 기인한 것이 아닙니다(우리는 이미 2권과 3권에서, 로마의 신들이 자신들을 숭배하는 이들의 안녕에 관심을 둔 기색이 거의 없음을 보았습니다).[28] 그저 사심 없는 덕의 비범한 힘 같은 내재적 원인에 기인한 것도 아닙니다. 이에 대해 아우구스티누스는 냉소적이면서도 신학적으로 설명합니다. 즉, 영광에 대한 욕망이 국가의 붕괴를 가져오는 더 명백한 요인들을 저지합니다. 하나님은 고대 근동의 전제 국가들에 맞설 새로운 제국을 세우기로 택하셨습니다. 적어도 구체제의 억제되지 않은 지배욕에 대한 일종의 심판을 보여 주는 제국인 것이죠.

그러나 로마의 정치 형태도 그 핵심에 있어서는 여전히 공허합니다. 키케로는 국가의 지도자가 영광을 갈망하도록 교육받아야 한다고 권고합니다.[29] 그렇다면 폭정이든 방탕이든 체제에 반하는 모든

---

27   예를 들어, 『신국론』 1.21; 2.20; 5.12-13, 19 등.

28   『신국론』 2.16, 22이하; 6.1을 참조하십시오.

29   『신국론』 5.13.

충동은 단 한 가지 최고의 죄, 곧 교만에 의해 지배되고 관리되고 있는 것입니다. 이는 저 고대 공화국이 질서와 영원한 법으로부터 차단되었다는 의미입니다. 즉 무질서 위에 세워진 것이죠. 정념을 억제해야 하는 것 자체가 어떤 정념으로 대체되었다는 점에서 말입니다. 영적인 것을 가장할 수 있는 물질적 또는 세속적 관심의 최상위 상태를 고양시킴으로써, 질서의 본질인[30] 물질적 관심에 대한 영적인 것의 지배권을 패러디한 것입니다. 하지만 이것이 영광-중심의 공적 윤리의 유일한 문제는 아닙니다. '영광'은 본질상 개인의 문제이며, 경쟁으로 얻은 것이지 모두에게 주어지는 것은 아닙니다. 아우구스티누스는 이를 강조하진 않지만, 5.12에서 고대 로마의 이야기가 **몇몇 사람**의 성취와 덕에 관한 것이라고 언급합니다.[31] 이는 맥락상 공화국의 승리의 탁월성을 증언하는 부분이지만, 동시에 정치적으로 소극적인 대다수의 인구가 그저 외부의 적에 대한 두려움에 의해 단결되어 있었다는 점도 분명하게 보여 줍니다.[32] 영광을 향한 욕망은 보편적인 도덕 지침이나 사회 질서의 수호자 역할을 하지 않습니다. 그것은 폭정을 억제함으로써 그저 부정적인 방식으로 사회가 연합하도록 도울 뿐입니다. 그리고 아우구스티누스는 15권에서 훨씬 더 과격하게 말합니다. 로물루스Romulus와 레무스Remus는 똑같이 로마

---

30 예를 들어, 『신국론』 19.13.

31 『신국론』 5.12에는 "몇몇 사람이(*pauci*) … 몇몇 사람의(*paucorum*)"라는 표현이 여러 번 반복됩니다.

32 카르타고의 멸망이 로마의 내정에 미친 영향에 대해서 『신국론』 5.12; 1.29를 참조하십시오.

를 건국하면서 영광에 대한 욕망에 고무되었지만, 영광이란 게 쉽게 공동 소유할 수 있는 것이 아닙니다. 영광을 누리고자 하는 자가 권력을 나눌 경우 지배권이 축소됩니다 *Qui enim volebat dominando gloriari, minus utique dominaretur, si ejus potestas vivo consorte minueretur.*[33] 업적에 대한 집착은 그 자취에 권력과 걸출함에 대한 집착을 낳습니다. 영광을 추구하려는 의도는 다른 사람들보다 우월함을 얻고자 하는 충동에 있습니다. 이와 대조적으로, 하나님의 도성을 나타내는 선을 향한 사랑과 갈망은 본질적으로 그 대상을 공유하고자 하는 욕망입니다. 추구와 목표를 공유하는 사람들 사이의 사랑으로 인해 더 많이 얻게 됩니다 *tanto eam reperiet ampliorem, quanto amplius ibi potuerit amare consortem.*● 그러나 영광을 추구한다는 것은 지상의 도성이 끊임없는 갈등으로 인해 분열된다는 의미입니다. 특정한 상황에서 사회 전체가 소멸되지 않게 구원하는 바로 그것이 또한 잠재적으로는 분열시키고 붕괴시키는 힘입니다.

결론은 매우 명확합니다. 고대 사회와 고대 정치사상은 인류의 협동 생활에 대한 이상을 제시하지만 이를 실현할 수단은 제시하지 못합니다. 아우구스티누스는 이미 『고백록』에서[34] 변화 없이 비전의 가능성을 제시한 사람들(이 경우 플라톤주의자들)에 대해 많이 말했습니다. 여기 『신국론』에서도 동일한 불평이 들릴 수 있습니다. 공공의 영역에 대해, 정의와 공동체에 대해 논하는 것은 매우 좋

---

33 『신국론』 15.5.

● 『신국론』 15.5.

34 예를 들어, 『고백록』 7.17-21.

습니다. 하지만 경험적으로 볼 때, 우연히 모이는 것 이상으로 사람들의 무리coetus를 형성하려고 사용한 수단은 하나같이 참된 공동생활을 훼손시킵니다. 우리가 공공의 것res publica이라는 **명칭**을 이 정치 질서 혹은 저 정치 질서에 부여하기로 결정했는지 여부는 크게 중요하지 않습니다. 공동생활 내지 공공생활의 실재는 거기에 있지 않습니다. 연합은 늘 내부에서 자라나는 것이라기보다 외부에서 강요될 것입니다. 그래서 국가가 적을 필요로 하는 일이 발생합니다. 아우구스티누스가 1권에서 관찰한 것처럼, 카르타고는 로마의 질서와 정의를 확보하는 데 매우 중요한 역할을 했습니다. 공화국의 거대한 경쟁자의 멸망은, 지배욕이 지금까지 규율과 연합의 필요성에 의해 억눌려 왔고 외부의 침략자를 방어하기 위해 어느 정도 행사되어 왔지만, 이제 국가 내부에서 행사되면서 엄청난 불평등과 부정의를 낳고 있음을 의미합니다.[35] 사회적 존재들의 생태계 내부에서 처리되지 않은 공격성은 배출구를 찾습니다―공격성이 이방인에게 분출되지 않는다면, 동료 시민을 이방인으로 만들어 분출할 것입니다. 두려움, 증오, 그리고 살아남기 위한 투쟁은, 키케로에게 있어서와 마찬가지로 아우구스티누스에게 있어서, 상호 의존적인 조화를 이

---

35 *Delata quippe Carthagine magno scilicet terrore Romanae rei publicae depulso et extincto tanta de rebus prosperis orta mala continuo subsecuta sunt, ut corrupta disruptaque concordia prius saevis cruentisque seditionibus, deinde mox malarum conexione causarum bellis etiam civilibus tantae strages ederentur ... ut Romani illi, qui vita integriore mala metuebant ab hostibus, perdita integritate vitae crudeliora paterentur a civibus* (『신국론』 1.30).

루어야 하는 사회 집단 간의 관계의 특징이 됩니다. 인류의 비전이 그 창조자의 목적 안에서 뒷받침되지 않는다면, 그러한 상호 의존성에 대한 비전은 공허할 뿐입니다.

이러한 상호 의존성, 그리고 사회 내부적인 공격성에 대한 비판을 잘못 이해해서는 안 됩니다. 이는 (현대 자유주의자들이 기대했을 법한) 평등한 사람들 사이에서의 협력 및 거래와 아무런 상관이 없습니다. 아우구스티누스는 우리가 하나님의 피조물로서 어느 정도 평등을 누린다고 믿었습니다.[36] 하지만 그가 생각한 사회 세계를 비롯한 우주는 여지없이 위계적입니다. 덜 이성적인 자가 더 이성적인 자에게 종속되는 것은 확실히 19권에 기술된 질서*ordo*의 일부입니다. 또한 가족과 노예들에 대한 로마 가부장*paterfamilias*의 권위는 하나의 모범으로 받아들여지고 옹호됩니다.[37] 노예가 된다는 것은 보통 죄에 대한 벌이며,[38] 하나님께서 아담의 범죄로 위협받게 된 질서를 보존하시는 방식입니다. 이곳과 다른 곳에서[39] 아우구스티누

---

36 사람이 더 이성적이든 덜 이성적이든 그 차이와 무관하게 하나님의 형상은 만민 안에 동일하게 있습니다. 여성 안의 형상(*imago*)에 관한 논의는 『삼위일체론』 12.7, 9를 참고하십시오.

37 가부장에 대해서는 『신국론』 19.16을 보십시오. 이는 아우구스티누스의 서신에서 낯선 주제가 아닙니다.

38 『신국론』 19.15.

39 『신국론』 19.13에서는 자연적 위계에 대해 다룹니다. 『창세기 문자적 해설』(*De Gen. ad litt.*) 11.37.1에서 다루는 타락 후 여성이 남성에게 종속된다는 논의에서, 아우구스티누스는 기쁨과 성취로 경험되는 자연적 종속과 (필시) 강요로 이루어진 현재의 지배 상태를 구별하고자 했습니다. 이런 구절들에서는 아우구스티누스가 그리 탁월하지 않았다고 말하는 것이 가장 우호적일 것입니다. 피기스(*The Political Aspects of*

스가 한 말이 함의하는 바는, 어떤 인간 존재들이 매우 극단적으로 타자의 처분권 하에 있는 것이 원초적 자유로부터 후퇴일 수 있지만, 그럼에도 그것은 종속이 아닌 노예 상태이며 새로운 것입니다. 종속이 강요의 방식으로 강화될 필요가 있다는 것은 우리가 타락한 결과입니다. 강요가 아주 손쉽게 이기적인 이익을 위한 도구로, 지배욕을 행사하기 위한 수단으로 돌변하는 것은 우리가 얼마나 타락했는지를 보여 주는 신호입니다. 마르쿠스는 노예의 기원과 같이 엄격한 정치적 통치의 기원은 타락한 우리의 필연성에 있으며, 따라서 우리가 실상 경험하는 국가는 언제나 강제적인 힘으로 특징지어지는 한 하나님의 도성과 구별된다고 설득력 있게 주장합니다.[40] 종말론적으로 이는 진실입니다.[41] 하지만 그동안 하늘 도성 시민들은 강압을 행사**합니다.**[42] 그렇다고 그들이 필시 지상의 도성과 타협하고 있는 것은 아닙니다. 그들은 단지 타락한 유한성의 불가피한 제

Saint Augustine's 'City of God', pp. 52-54)는 열등한 존재를 다스리는 자연적 권력과, 노예에 대해 주인이 행사하는 거의 소유에 가까운 절대 권리로 순전히 고전적인 의미인 '지배' 사이에 유용한 구별을 도출해 냅니다. 그리고 이것이 아우구스티누스가 『신국론』 19권의 관련 부분에서 염두에 두고 있던 구별이라고 제안합니다.

40 Markus, *Saeculum*, p. 95와 6장. 당연히 마르쿠스는 다음과 같이 관찰합니다. 즉, 아우구스티누스 자신은 강압이 교회 생활과 이질적인 것이라고 말할 수 없었으나, 핵심은 그의 원칙들이 이런 방향으로 움직여야 한다는 것입니다.

41 『신국론』 19.16: ··· *caelestem domum, ubi necessarium non sit officium imperandi mortalibus* (하늘의 집, 명령하는 직책이 필요 없는 곳).

42 도나투스주의를 반박하는 문헌에서 교회의 구성원이 아닌 사람들에게 교회가 힘을 사용할 수 있다는 암시는 없지만, 반항하는 구성원들을 다시 복귀시키기 위해 교회가 강제력을 행사할 권리에 대해서는 명확하게 이야기합니다. 마르쿠스가 *Saeculum*, pp. 148-149에 인용한, 특히 『서간집』(*Epp.*) 173, 185에서 인용한 부분을 보십시오.

약 안에서 그렇게 하고 있는 것입니다. 아니, 하나님의 도성은 세속 권력과 다른 방식으로 변함없이 그 권력을 행사하는 하나의 집단으로서 '국가'에 대항하는 것이 아닙니다(아우구스티누스는 단연코 톨스토이주의자가 아닙니다). 우리가 예견해야 하는 차이는 권력을 행사하는 목적, 권력을 행사하는 정신에 있습니다. 공적인 것 안에서의 명령의 위계가 어떤 자연적 위계에 상응하지 않는다는 것은 사실입니다만,[43] 전자의 하나님 아래 있는 목적은 인간의 반항적인 의지를 가능한 한 신적 질서에 어느 정도 가까운 것 ― 이는 아우구스티누스가 반복적으로 상기시키듯, 우리의 **내적** 생활의 올바른 질서, 육체에 대한 영혼의 우위, 정념에 대한 이성의 우위이기도 합니다 ― 으로 회복시키는 것입니다. 가정과 사회에서, 강압은 평화를 깨뜨린*paci unde dissiluerat*[44] 자를 회복시키는 것을 목표로 합니다. 아우구스티누스가 19.13에서 '평화는 나뉠 수 없다'라고 말했던 것처럼, 개개인의 영혼의 평화*pax*와 우주 전체의 평화는 단일한 연속체의 부분이기에, 높은 수준의 평화와 관계없이 낮은 수준에서 평화를 시도하는 것은 재앙이 될 수밖에 없습니다. 공정한 통치(필요한 경우 힘을 행사하는 것을 포함하여)가 일시적인 중재나 스쳐 지나가는 편의에 국한되지 않는 평화를 목표로 해야 한다는 것은 분명합니다.

이런 이유로 아우구스티누스가 '돌보는 자가 명령한다'*imperant enim,*

---

43 이는 『신국론』 19.15, 17, 26에 암시되어 있습니다; 4.33을 참조하십시오.

44 『신국론』 19.16.

qui consulunt[45]라고 하면서 명령과 돌봄을 연결한 것은 중요합니다. 돌본다는 것은 영적으로 양육한다는 것입니다. 이 자체가 질서의 진정한 의미 및 평화의 불가분성에 대한 생생한 이해를 바탕으로 하는 활동이기 때문에(제19권 14장에서 자세히 설명합니다), 지배욕에 빠져들 위험을 무릅쓰지 않습니다. 권한을 가지고 돌보는 일은 몸의 평화가 영혼의 평화에 기여하고 영혼의 평화는 하나님과 이웃에 대한 사랑 속에 있음을 당연시합니다. 가정생활—가정 노예라는 별로 자연스럽지 않은 시종까지 포함하여—이라는 자연적 질서는 그러한 직무를 수행하기 위한 기본적인 장소입니다. 한나 아렌트가 고대 사회의 우선순위로 본 것을 극적으로 뒤집은 것이죠. 가정은 속박과 불가결의 영역과는 거리가 먼, '영의 제련소', 영혼을(지배당하는 이는 물론 지배하는 이의 영혼도) 양육하기 위한 장소가 되었습니다. 이는 사사화하기 위한—창의성이 가정으로 옮겨지는—전략처럼 들릴 수도 있습니다. 그럼에도 아우구스티누스는 (두 장 뒤에) 이어지는 같은 논의에서 가정의 평화가 국가의 평화와*ad pacem civicam* '관련'되며,[46] 가장이 자신의 기준을 국가의 법에서 도출해야 한다는 점을 분명히 합니다. 이는 가정처럼 국가 자체가 이상적으로는 창조와 목회의 공동체이며, 가장이 자신이 지배하는 이들을 양육하듯이 가장을 교육하는 공동체라는 함의가 있어 보입니다. 어떤 의미에서는 가정이 정치공동체의 전형이 되어 왔습니다. 하지만 이는 가정이 규모가 큰 도

45   『신국론』 19.14.

46   『신국론』 19.16.

시와 반대된다거나(일종의 부르주아 정치에서처럼), 폴리스가 조직적이고 '전체주의화하는' 방식으로 그려진다는 의미가 아닙니다. 그 대신 여기서 시사하는 바는 작은 공동체든 규모가 큰 공동체든 모두 본질적으로 **목적을** 지니고 있다는 것, 즉 인간의 삶을 어떤 특정한 방식으로 양육하기 위해 존재한다는 것입니다. 작은 공동체에서든 큰 공동체에서든, 권위는 특정한 목표와 관련하여 결정됩니다.

이는 자세하게 설명되어 있지 않습니다만, 왜 아우구스티누스가 그리스도교 제국이라는 단순히 승리주의적인 이념들을 싫어했음에도 불구하고, 5권에서[47] 그리스도교인 황제의 미덕에 대해 감상적일 수 있었는지를 알게 해 줍니다. 아우구스티누스에 따르면, 그리스도인 황제는 권위를 공유하거나 위임하는 일을 두려워하지 않고, 자신의 권력을 하나님의 위엄을 가리키는 데 사용하고, 자신이 주로 바라는 일은 자기 영혼을 질서에 따라 지배하고 다스리는 것이며, 자신이 하는 모든 것의 동기가 사랑이지 영광을 바라는 욕망이 아닙니다. 테오도시우스 1세Theodosius I는 이러한 이상을 잘 이루어 가는 통치자로 간주됩니다(5.26). 하지만 우리는 이를 전제군주despot에 대한 무비판적 찬사로 읽어서는 안 됩니다. 아우구스티누스는 유세비우스가 콘스탄티누스에게 한 것을 테오도시우스에게 하

47　『신국론』 5.24-26. 테오도시우스라는 인물에 대해서는 다음을 보십시오. Y. M. Duval, "L'éloge de Théodose dans la *Cité de Dieu* (V, 26, 1)", *Recherches Augustiniennes*, 4 (1966), pp. 135-179. 마르쿠스는 테오도시우스의 '사적인' 덕목을 강조하는 아우구스티누스의 묘사가 이례적이라고 지적합니다(*Saeculum*, p. 149 각주 2). 결국 독특한 방식으로 **통치**에 대해 칭찬한 것입니다.

고 있는 게 아니라, 황제에게 독단적 권위와 무한한 권한이 있다는 이데올로기로부터 가장 많이 벗어난 테오도시우스의 통치의 특징을 묘사하고 있는 것입니다. 테오도시우스는 전제적 패권에 매달리지 않았고, 사사로운 원한에 흔들리지 않았습니다. 그는 데살로니가 대학살과 같은 실수를 저질렀을 때(자신의 책무를 독점하지 않고 조언자들에게 영향을 받은 결과일요?), 참회의 소임을 받아들였습니다. 우리는 아우구스티누스가 했던 것보다 훨씬 더 테오도시우스를 의심하고 있을 것입니다. 하지만 아우구스티누스가 선한 통치의 특징으로 골라낸 것이 정확히 무엇인지 주목해야 합니다—통치자가 권력을 공유하고 비판과 굴욕을 받아들일 수 있었기 때문에 지배욕이나 과시욕에 사로잡히지 않았고, 피지배자들을 위해 법과 강압을 사용한 것이죠.

아우구스티누스는 조심스럽게, 그것이 **좋은** 정부지만, 세상의 시각에서 반드시 **성공적인** 정부는 아니라고 말합니다. 잘 통치된 국가가 자동적으로 승리를 거머쥐는 국가는 아닙니다. 하나님은 자신이 기뻐하시는 대로 통치 영역과 기간을 허락하시거나 거두십니다. 그리스도인 군주가 구속받은 이성으로 공통체를 통치하는 정부는 바로 세상적인 승리에 대한 고려가 정책을 결정하지 않는 정부입니다. 그리고 이로 인해 우리는 이제 권력과 통치에 관한 아우구스티누스의 성찰에서 최종적이고 매우 면밀한 역설을 고려하게 됩니다. 이상적으로 말하자면 공통체는 목회적 현실이고, 그 통치자는 영혼들을 지도하는 자입니다. 따라서 가정들로 이루어진 도시와 견줄 만한, 작은 국가들로 구성된 세계라는 구상을 아우구스티누스가 가장 만족스럽게 여겼으리라고 볼 수 있습니다.[48] 그래야 개별 도시의 평화와 질서가 세계 전체가 마땅히 이루어야 할 평화와 진정으로 관련됩니다. 피기스는 제1차 세계대전이 끝날 무렵에 "그가 일종의 국제 연맹"을 지지했다고 가슴 저미게 썼습니다[49]—실용적인 이유라기보다 신학적인 이유에서였지만요. 아우구스티누스는 『신국론』 3권과 4권에서 제국주의를 맹렬하게 비판하면서, 팽창주의적 국가가 도성에 적합한 직무를 수행할 수 없음을 보여 줍니다. 지배욕으로부터 나온 제국주의적인 대담한 행동은 언제나 공동체의 진짜 문제들을 보지 못하게 방해합니다. 의식적으로든 아니든 이런 행동은 근본적으로 파편화되고 무질서한 무리에서 모조품과 같은 연합을 만들어 내려는 시도입니다. 아우구스티누스는 때때로 우리의 생존을 직접적으로 위협하며 침략하는 적을 진압하기 위해 전쟁을 벌이는 경우도 있음을 인정합니다. 하지만 그는 국력을 강화하거나 확장하는 것을 목표로 하여 사실상 다른 이의 공격성을 자극하고, 강경한 태도를 고수하며, 증오와 공포의 대상을 만들려 하는 사람들에 대해서 가혹하게 말합니다(우리 시대에 적절한 부분이 없지 않은 말입니다). 그리고 그는 비꼬면서 덧붙이기를, 로마인들은 운이 좋게도 충분히 불의하고 불쾌하게 적과 맞닥뜨려서 자신들의 대의명분에 어

---

48 『신국론』 4.15.

49 Figgis, *The Political Aspects of Saint Augustine's 'City of God'*, p.58.

느 정도 의로운 모습을 부여할 수 있었습니다.[50]

　하지만 전쟁에 출정하는 것은 가장 극적인 방식으로 역사적인 위험과 불확실성의 무대로 진입하는 것입니다. 의로운 공동체라고 해서 그러한 갈등 속에서 보호를 보장받지는 **않습니다**. 22권의 별로 많이 논의되지는 않는 구절에서[51] 아우구스티누스는 이 주제를 조금 더 자세히 다룹니다. 키케로는 정의로운 국가라면 자기-방어나 신의_fides_ —명예, 특히 조약의 의무—를 위해서만 전쟁에 나간다고 생각합니다. 그리고 도성의 소멸이 곧 전체 '세계'의 소멸이라는 점에서 키케로에게 자기-방어는 의무였습니다. 개인의 죽음은 행복한 해방일 수 있습니다. 국가의 '죽음'은 세계를 합리적이고 올바르게 인간적으로 만드는 말과 의미의 결합(따라서 신의를 지키는 것, 충실을 약속한 상호 관계와 국가 운명의 결합)의 해산입니다. 하지만 아우구스티누스는 하나님의 도성은 그런 경우에도, 심지어 자기-방어를 위한 경우에도 **결코** 전쟁에 나가지 않는다고 응수합니다. 전쟁에 나가는 것은 국가가 그 온전성을, 그 신의를 잃게 되는 것이기 때문입니다. 이 경우 신의와 안보는 하나이며 동일한 것입니다. 교회의 신의_fides of the Church_(여기에는 분명하면서도 미묘한 언어유희가 있습니다)는 하나님의 도성에 대한 신뢰이기 때문입니다. 하나님의 도성은 땅에 기초하고 있지 않습니다. 궁극적으로 인간의 말과 의미, 인간 세계의 **뜻**_sense_의 진정한 결합은 하나님의 영원한 뜻_will_과 우

50　『신국론』 4.15.
51　『신국론』 22.6. 문제가 된 사건에 대해서는 3.20을 참고하십시오.

주 전체의 질서 속에 보존되어 있습니다. 그것은 어떤 인간의 의미 체계의 존립 여하에 달려 있지 않습니다. 따라서 하나님의 도성을 지켜 내고자 하는 것은 불신의 표지, 교회의 온전함을 포기하는 것일 수 있습니다.

아우구스티누스는 키케로의 그림이 순진하다는 암시를 풍깁니다. 국가가 (유명한 제2차 포에니 전쟁에서 사군툼인들Saguntines의 경우에서와 같이) 온전성 내지 충실성과 안전성 사이에서 선택해야 하는 비극적인 상황들은 어떻습니까? 이런 경우 세속 정치인들은 결정을 내릴 방도가 없습니다. 그리고 하나님의 도성은 결정을 내릴 필요가 없습니다. 이는 설명이 필요합니다. 아마 자기-방어를 위해 벌어지는—위험하더라도—정당한 방어전이 있을 것입니다. 하지만 하나님의 도성을 방어하기 위해서 그런 전쟁이 벌어질 수는 없습니다. 현명한 통치자는 정복과 침략을 삼갈 것이고, 공격적인 이웃 국가를 진압하기 위해 마지못해서, 심지어 참회하는 마음으로 무기를 들 것입니다. 통치자에게 방어를 포기하라고 권할 수는 없습니다. 하지만 그가 경계해야 할 것으로 보이는 부분은 자신이 방어하고 있는 곳이 하나님의 도성이라고 가정하는 일입니다. 공통체가 정의롭고 질서 있는 한 지켜 낼 만한 가치가 있으며, 그런 공통체의 통치자는 국가를 지키기 위한 조치를 취할 것입니다. 다시 말해, 국가의 정의와 질서가 불완전한 한, 국가는 방어 행위를 정당화합니다. 이런 수단으로는 참된 정의와 질서를 지켜 낼 수 없습니다. 참된 정의와 질서는 하나님의 도성에 참여하기 때문입니다. 이는 하나님의 질서가 지속된다는 사실을 무방비로 신뢰하는 것에 달려 있습니다.

따라서 그리스도인 통치자는 이론적으로는 거의 풀 수 없는 극명한 진퇴양난에 빠집니다. 그가 국가가 지상에서 승리하는 것 또는 존립하는 것을 자신의 최우선 목표로 삼는다면, 자신이 지키고자 하는 국가에서 진정한 '정의'를 저버리게 됩니다. 어떤 대가를 치루더라도 승리는, 십자군은 있을 수 없습니다. 통치자에게는 자신이 지키고 있는 것을 지킬 수 없는 시점을 분별해야 하는 두려운 임무가 있습니다. 왜냐하면 이 지점을 넘어선 방어 수단은 암묵적으로 그것을 어떤 대가를 치르더라도 보존해야 하는 절대적인 것으로 취급함으로써 국가의 진정한 정의를 훼손하기 때문입니다. 어떤 특별한 질서도 하나님의 도성의 질서와 동일하지 않기에, 어떤 국가도 그 자체로 절대적인 '가치'로 올바르게 지켜질 수 없습니다. 통치자에게 잠재적인 비극은 자신이 통치하는 도성이 패배하는 상황에 처하게 만들어야 하는 순간을 결정해야 하는 자신의 책임에 있습니다.

언뜻 보기에 이는 아우구스티누스가 국가를 '세속적인' 중립 공간으로 가리키고 있다는 마르쿠스의 결론을 확증하는 것 같습니다. 어떤 정치 체제도 그 자체로 최종적인 정당성을 가진 것처럼 신성시될 수 없습니다. 하지만 사실 결론은 그리 명확하지 않습니다. 이 모든 것이 사실입니다만, 아우구스티누스에게 이런 상황에서 통치자의 임무를 신뢰할 수 있게 수행할 유일한 사람이 있습니다—바로 자기 영혼 안에서 주권의 참된 본성과 참된 질서를 아는, 사심 없고 성숙한 신자입니다. 이런 상황에서 불신자는 지배욕에 복종하는 것

외에 달리 무엇을 하겠습니까? 지배욕으로 공통체의 진정한 공동성 내지 공공성에 파괴적인 결과를 가져오면서 말이죠. 그래서 우리는, 믿을 수 있는 유일한 정치 지도자, 진정한 **정치적** 가치들(질서, 공평, 그리고 이러한 것들로 영혼을 양육하는 것)을 확실히 보호할 수 있는 유일한 통치자는 결국 상대적인 기존의 질서 형태들 속에서 진정한 정치적 가치들의 존속에 무관심한 사람man[52]이라는 역설에 이르게 됩니다. 왜냐하면 이 사람은 진정한 정치적 가치는 하나님의 영원하고 불변하는 섭리의 수준에서 보호되며, 영원한 하나님의 도성에서 입증된다는 것을 알기 때문입니다. 정치와 통치 기술은 죽음의 훈련이라는 소크라테스적 색채를 띱니다. 그렇게 해야만 지상의 도성, 반-도시anti-city, 바토리가 '반-정치'anti-politics[53]라고 적절하게 부른 영역의 부패를 피할 수 있습니다. 이런 영역에서는 가치와 연합이 본질적으로 우발적이며 분열을 초래하는 요인들에 기초를 두고 있고, 이를 얻기 위해 격렬하고 악랄한 다툼이 일어납니다.

이는 꼭 집어서 성인만이 통치하도록 '허용'되어야 한다고 말하는 것이 아닙니다. 아우구스티누스는 누구든 통치 권한의 구조를 **결정**할 수 있는 상황을 구상하고 있지 않았으며, 무엇이 가장 좋은 통치 형태일지 혹은 누가 통치하기에 가장 좋은 사람일지와 같은 추상적인 논의에 어떤 토대를 제시한 적도 없습니다. 이런 점에서, 그는 고전적이지 않게 기존의 질서를 주어진 것으로 상정하는 확연한 저제

52　심사숙고한 끝에 남성명사 사용했습니다.

53　Bathory, *Political Theory as Public Confession*, p. 165.

국bas-empire, 低帝國 사람이었습니다. 실제로 이러한 분석이 대부분의 현대 학생들에게 아주 불편하고 마음에 들지 않는 이유는 현실의 정부 및 사회의 **구조들**이 몇몇 중요한 원리에 책임이 있다는 개념이 아마 없기 때문입니다. 그리스도인들은 자신을 둘러싼 나라들의 **관습**에 집착하지 않아야 합니다[54]—관습이란 단어는 공적 생활 또는 시민 생활의 다양한 제도를 포괄할 만큼 광범위한 말입니다. 자기 자신의 영적 성숙함으로 인해 주권의 올바른 질서를 자각하는 사람이 국가를 다스려야한다는 점은 명백히 **선**합니다. 공권력 행사를 맡거나 거부하는 선택권이 누구에게나 있는 한, 마지못해서라도 받아들이는 것은 선합니다.[55] 하지만 그는 물려받은 권력의 형태를 개혁하거나, 성인들이 잇따라 공직에 있게끔 하는 일(이는 확실히 세속적인 수단으로 하나님의 도성을 수호하는 형태입니다)에는 관심이 없습니다. 여기서 아우구스티누스는 주권에 대한 중세의 논쟁들—교황 패권의 열성 지지자에서부터 토마스주의적 합리주의자에 이르기까지—과 모든 측면에서 큰 차이가 납니다. 하지만 우리는 그가 루터가 아님을 기억해야 합니다. 루터에게 있어 하나님의 법은 지상의 왕국에서 프리드리히 선제후-Duke Frederick나 슐레이만 술탄Sultan Suleiman에 의해서 똑같이 잘 집행될 수 있는 것이었습니다. 그리스도인에게는 왕이

---

54 『신국론』 19.17(19.19 참조).

55 공적 참여의 의무에 대해서는 아우구스티누스가 마르켈리누스(Marcellinus) 및 보니파티우스(Boniface)와 주고받은 서신(『서간집』 138, 220)을 보십시오. Markus, *Saeculum*, p.94 참조.

도덕적으로, 영적으로 미성숙해서 양육이라는 복음적인 명령 행사를 통해 자기 백성을 연합시킬 수 없는 이 땅에서 일어날 일을—최소한—지적해야 할 권위와 의무가 있습니다.

그렇다면 아우구스티누스를 공적 영역의 커다란 적으로 여긴 한나 아렌트의 혹평과 관련하여 우리는 어디쯤 있는 것일까요? 한 가지 분명한 의미에서, 아렌트가 비판한 방향은 적절했습니다. 즉, 아우구스티누스의 생각은 아렌트의 공적 참여 개념과 유사한 모든 것과 굉장히 상충됩니다(공적 참여의 동기도 매우 다른데, 아우구스티누스는 2권에서 이런 동기에 대해 심하게 비판합니다). 그럼에도 아우구스티누스가 공적 참여를 보다 '사적인' 사랑의 윤리로 대체했다고 보는 것은 타당하지 않습니다. 두 가지 점을 기억해야 합니다. 첫째, 고대 세계에서의 '공적' 생활에 대한 아우구스티누스의 비난은 한결같은데, 즉 고대 세계의 공적 생활이 충분히 공적이지 않았다는 것, 공적 생활에 암묵적인 엘리트주의가 만연해 있었고 세계가 분열되어 있었으며 인간 공동의 **과제**_project_가 없었기에 공동성_commonalty_에 대한 안정적인 의미를 정초하지 못했다는 것입니다. 둘째, 하나님의 도성의 구성원들은 권력을 행사하는 일을 하도록 부름받을 때 직업적으로_ex professo_ 권력을 행사하게 됩니다. 그리고 그러한 부르심에 응답하면서 '교회'에서 '국가'로 활동 영역을 옮기는 게 아니라, 보다 제한된 환경에서 이미 배운 영혼을 양육하는 일을 계속해 나가는 것입니다. 바토리는 아우구스티누스가 신자들 안에 진정한 공적 책임의 정신을 배양하려고 모든 신자를 위한 보편적인 정치 교육_paideia_을 마련했다고 주장하면서, 자신의 논거를 상당히 과장합니다. 아우구스티누스가 로마 말기의 관료주의적 중앙집권제에 대항하여 '공동체 정치'라는 대의에 헌신했다는 그러한 묘사는 매력적이긴 합니다만, 시대착오적입니다. 하지만 아우구스티누스가 교회 안에서 교회가 심어준 질서 있는 사랑*caritas*[56] 으로 양육된 사람은 유례없이 정치적 권력을 행사하는 책임을 맡을 자격이 있다고 추정한 것은 사실입니다.

아렌트가 더 불만스럽게 여긴 점은 아우구스티누스의 공동체 관계 모델이 **시간**[57]으로부터의 도피를 나타낸다는 것입니다. 더 무거운 문제이죠. 아렌트에 따르면, 우리는 우리가 태어나기도 전에 시작되었고 죽은 후에도 계속될 대화에 참여하도록 부름을 받은 존재입니다. 그렇게 함으로써 우리는 우리의 참여가 필멸과 '탄생'에 묶여 일시적이라는 사실을 정확히 받아들입니다. 이는 합리성을 구성하는 대화이며, 그 자체로는 연약하나 우리가 이에 참여할 때 축하받을 수 있고 축하받아야 하는 대화입니다. 하지만 아우구스티누스라면, (한나 아렌트가 기술한 용어로) 인간의 대화 안에 자신을 '각

---

56 아렌트의 초기 논의에서 지나치게 개인적인 것으로 국한되어 심리적으로 해석된 개념이며, 『인간의 조건』에서도 어느 정도 그렇습니다. 우리는 아우구스티누스에게 사랑(*caritas*) 개념은 느낌(sensation) 이상의 것이며, 심지어 하나님을 위해 서로 받아들인다는 사실 이상의 것이지만, 궁극적으로는 우리 안에서 존재론적으로 근본인 것, 곧 우리의 인간됨 그 자체를 활성화하는 것이며, 또한 성령이 교회 안에서 우리를 그리스도께 묶듯이 견고한 제도적 방식들로 스스로를 표현하는 것임을 유념해야 합니다.

57 이는 『인간의 조건』에서 우리의 참여에 대한 아렌트 자신의 분석과 그리스도교적 견해 사이의 대략적으로 그려진 대립에 암시되어 있습니다. *The Human Condition*, pp. 54 이하를 보십시오.

인하기로' 한 결정은 명성과 세속적 불멸성을 추구하기 마련이라고 응답할 것 같습니다.[58] 이를 추구한다는 것 자체가 실제로는 일시성을 마음 깊이 부인하고 있음을 나타내는 것이죠. 공적 영역에 적극적으로 참여함으로써 인간의 이야기에서 어떤 장소를 확보하는 것은, 확실한 역사적 미래라는 마법을 우리에게 제공함으로써 인간의 피조성을 **구성하는** 요소인 우리의 근원적인 쉼 없음을 누그러뜨려 보려는 것입니다. 우리는 아렌트의 신-고전주의적 비전이 제시했을 법한 것과 같은 보장 가능한 미래란 없음을 알아야 합니다. 우리의 영혼을 위해서 말이죠. 현실의 일시성은 더 취약하며, 그렇기에 또한 급진적 소망(하나님에 대한 소망)에 더 열려 있습니다. 아우구스티누스의 세계에서, 우리가 겸손에 관한 통찰에—우리는 이생의 모든 것에서 시간에 얽매여 있다는 점, 우리의 사랑이 끊임없는 탐색이라는 점에—계속 충실하게끔 붙들어 주는 것은 바로 서투름과 일시성, 즉 끝없이 수정될 수 있는 우리의 사회적·정치적 관계의[59] 특성(도덕적으로 말하자면, 성품)입니다.

『신국론』의 정치적 비전의 이러한 차원에서, 인간의 미래와 지속적인 기억에 관한 깊은 회의론에서, 우리는 소위 '아우구스티누스주의의 비관론'의 흔적을 추가로 보는 게 아니라, 보다 미묘하게, 아우구스티누스에게 베여 있는 두 가지 것에 대한 적대감의 당연한 귀

---

58 특히 『신국론』 4권과 5권의 측면에서 그렇습니다.

59 아우구스티누스는 구조적인 수정 가능성의 측면에서 생각하지 않았습니다. 이러한 점은 그의 정치적 지평 안에 있지 않습니다.

결을 봅니다. 하나는 집단에 대한 엘리트주의적 개념(기억된 이름의 획득으로서의 불멸성)이고, 다른 하나는 일시적 존재의 무형성과 불확실성으로부터의 어떤 도피를 그리워하는 것입니다(즉, 우리 안의 비역사적인 영혼이 깨끗하여 더럽혀지지 않기 위한 마니교적인 고립, 황홀경에 대한 플라톤주의의 전망, 조직의 절대적 순수성에 대한 도나투스주의의 추구, 무조건적인 도덕적 자유, 의지의 순수성을 이루고자 하는 펠라기우스주의의 바람). 아우구스티누스에게 두 도성에서의 삶의 문제는 이 신학자에게 제시된 다른 모든 문제들처럼, 욕망에 의해 활기를 띠는 피조물이 된다는 것은 무언인가라는 근본적인 문제와 불가분하게 연결되어 있습니다. 이런 피조물에게 특징적으로 나타나는 것은 결여와 굶주림입니다. 즉, 중심에 잊을 수 없는 부재에 의해서, 결여와 굶주림에 의해서, **이러한** 종류의 피조물이 만들어집니다. 그러한 기반 위에서는 어떤 형태의 정치적 삶에든지 궁극적인 안전과 '최종성'을 가능하게 할 만한 이론을 구축할 수 없습니다. 그러한 이론을 주장하는 것은 궁극적으로 반정치적일 것입니다. 죽음을 부인하는 것들은 반인간적이기 때문입니다.

  '아우구스티누스의 정치학'에 대한 현대의 논의는 역사가 깊습니다.[60] 20세기 전반기에는 프랑스에서 '정치적 아우구스티누스주의' 개념에 대한 활발한 논의가 있었습니다. 교회와 국가에 대한 중세적

---

60   Michael Bruno, SJ, *Political Augustinianism: Modern Interpretations of Augustine's Political Thought* (Minneapolis: Fortress Press, 2014)는 이를 포괄적으로 조망하고 있습니다.

사고의 특징을 파악하는 것이었죠. 즉, 중세 저자들은 아우구스티누스의 은총의 주권에 대한 가르침, 궁극적으로는 자연과 초자연의 괴리가 없다는 가르침을 지나치게 단순화하여 읽음으로써, 아우구스티누스가 국가를 교회에 종속시키는 데 찬성했다고 주장할 수 있었다는 것입니다(그렇게들 주장했습니다). 하지만 많은 학자들은 이 자체가 실제 아우구스티누스의 생각은 말할 것도 없고, 그가 끼친 영향의 특징을 너무 엉성하게 파악한 것이라고 합니다. 1950년대 앙리-이레네 마루Henri-Irénée Marrou는 아우구스티누스의 주장이 하나님의 도성과 이 세상 도성 사이에 일종의 겹쳐지는 부분을 암시한다는 논증으로 큰 공헌을 했습니다. 이 겹쳐지는 부분은 신앙 공동체와 인간의 '일상' 공동체들이 실질적으로 불가분하게 뒤섞여 있어서 무수한 방식으로 서로 영향을 미치는 역사적 공간입니다. 보이지 않는 하나님의 도성의 삶의 흐름이 인류의 '실제' 역사를 구성합니다. 물론 여전히 둘은 궁극적으로는 완전히 구별되지만 말이죠.[61] 아직 모든 것이 영적으로 명확하게 확립되지 않은 어떤 세상saeculum, 어떤 역사적 공간을 이렇게 특징짓는 것은 앞 장에서 논한 로버트 마르쿠스의 고전적 연구를 차례차례 형성하는 데 도움이 되었습니다. 이는 사실상 매우 다른 종류의 '아우구스티누스주의' 정치를 위한, 다원주의적 정교 협약을 위한 변론입니다. 이 협약을 통해, 신학적 범주를 직접 언급하지 않고도 인간의 선을 정의할 자유와 별개의 위

---

61   Marrou, "civitas Dei, civitas terrena, num tertium quid?", *Studia Patristica*, 2, ed. Kurt Aland and F. L.Cross, 1957, pp. 342-350.

엄 및 자율성을 국가에 허용하면서, 교회는 교회의 목표들을 추구했습니다—하나님의 도성이 다양한 방식으로 관여할 수는 있지만 결코 지배하려 들 수는 없는 '세속' 공간인 것이죠.

마르쿠스의 주장은 신정주의를 향한 그리움의 마지막 남은 잔재까지 확실하게 거부한 것으로 이해할 수 있습니다—이는 제2차 바티칸 공의회의 정신에 매우 부합하며, 아우구스티누스를 '그리스도교화된' 정치 권력에 대한 동시대인들 다수의 무비판적인 태도와 구별 짓는 몇몇 핵심 지점을 선명하게 합니다. 마르쿠스의 주장은 매우 탁월하지만, 20세기에 수행된 여타 아우구스티누스 연구들과 정확히 동일한 문제를 만납니다. 마르쿠스도 아우구스티누스의 사상에서 한결같은 그리스도론적 측면과 공동체주의적 측면에 초점을 맞추지 못하고 있습니다. 아우구스티누스를 '다원주의적'으로 읽으면, 정치 무대에 관한 시대착오적인 관점을 아우구스티누스 탓으로 여길 위험이 있습니다. 아우구스티누스는 '가치들'을 협상하는 정치적 공간을 상정하고 있지 않습니다. 협상하는 정치적 공간은 현대 정치신학에서 거의 필수 요소지만, 권력의 행사와 조직화된 사회 생활의 윤리적이고 영적인 차원에 대한 그의 생각에서 가장 독특한 점을 놓치게 만듭니다. 존 밀뱅크John Milbank[62]는 인간 사회성의 궁극

---

[62] 특히 *Theology and Social Theory: Beyond Secular Reason* (Oxford: Blackwell, 1990), 2nd edn 2005 (『신학과 사회이론: 세속이성을 넘어서』, 서종원, 임형권 옮김 [서울: 새물결플러스, 2019]); 그리고 *Beyond Secular Order: The Representation of Being and the Representation of the People* (Chichester: Wiley Blackwell, 2013)을 보십시오.

적 형태인 교회의 강력한 종말론적 신학의 이름으로, 그리고 모든 진실한 사고의 토대인 영원한 말씀에 참여하는 것을 명확히 규정한 형이상학의 이름으로 구획 지은 '세속' 공간이란 개념을 매우 비판해 왔습니다.

밀뱅크가 제시한 아우구스티누스는 거의 확실히 지난 반세기 동안 제시된 여러 설명보다 이 역사적 성인의 사상에 가깝습니다. 적어도 핵심 사안이 신적 사랑의 무한한 작용에 대한 우리의 관계 또는 맞춰짐이라는 점에서는 그렇습니다. 가장 중요한 것은 아우구스티누스가 '교회'와 '국가'에 대한 물음에 답하려 했던 게 아니며, '정치'로 불리는 것을 이론화하려 했던 게 아님을 유념해야 한다는 점입니다. 그는 잘 사는 문제, 복되게 사는 문제를 고심하고 있었습니다. 그는 어떤 형태가 인간이 잘 사는 형태 중 가장 오래 지속되는지, 공직을 수행하는 사람이 길러야 할 덕목은 어떤 것인지를 고심하고 있었습니다. 이 모든 것으로부터, 우리는 정치신학 내지 정치적/신학적 윤리의 요소들을 추출해 낼 수 있습니다.[63] 예를 들어, 아우구스티누스가 통치자의 적절한 영적 형성에 대해 말한 것을 현대적 맥락에서의 **시민** 형성에 적용할 수 있다고 가정한다면, 공적 생활 및 공공사업과 관련하여 현대 윤리의 소재로 사용할 만한 것이 많이 있습니다. 그리고 앞의 글에서 논했듯이, 사회의 지배적인 신

---

63 에릭 그레고리(Eric Gregory)가 굉장히 조예가 깊으면서도 창의적인 책인 *Politics and the Order of Love: An Augustinian Ethic of Democratic Citizenship* (Chicago, IL: University of Chicago Press, 2008)에서 한 것처럼 말입니다.

화들이 누군가를 해를 가하는 '타자'로 규정하는 것에 대한 아우구스티누스의 분석에는 우리가 반성해야 할 것들도 많이 있습니다. 특히 적극적으로 욕망해야 할 사회적 선을 생각하는 대신, 사람들에게 위협받는다는 의식을 불어넣을 때―이는 당시 북대서양 정치와 매우 관련 있는 주제입니다―에 대한 그의 분석을 통해 우리가 반성해야 할 점들을 많이 발견합니다.

그럼에도 아우구스티누스가 진정으로 관심을 둔 것은 그리스도의 몸이 살아가는 방식이었다는 점은 여전히 사실입니다. 그가 '국가'보다 '교회'에 관심이 있었기 때문이 아니라, 그가 사적인 덕과 공적인 덕의 분리를 생각했기 때문이 아니라, 아마 그였다면 하나님의 행동에 일치함reconciliation with God's act에 관한 신학 및 그러한 하나님의 행동에 참여하는 것만이 진정한 정의를 가져온다고 주장했을 것이기 때문입니다. 로버트 도다로Robert Dodaro는 최상의 포괄적인 연구서인 『아우구스티누스 사상에서 그리스도와 정의로운 사회』*Christ and the Just Society in the Thought of Augustine*[64]에서, 사회 안에서 그리스도 중심적 정의와 그리스도의 몸 안에서 우리 삶이 우리에게 부과하는 참회와 자기-반성의 습관 사이의 연관성을 설명합니다. "사실상 그[아우구스티누스]는 정의로운 사회가 참회하는 사회라고 주장합니다. 진정한 정의는 신자들이 자신의 죄를 용서하시고 선한 일을 수행할 은총을 주시기를 하나님께 구하도록 요구합니다."[65] 따라서 (이 장에서 앞

---

64   Cambridge University Press, 2004.

65   Dodaro, *Christ and the Just Society in the Thought of Augustine*, p. 112.

서 간단히 언급한 아우구스티누스가 테오도시우스 황제를 논한 내용이 시사하듯이) 미덕이나 경건에 대한 고전적인 이상들을 포괄적으로 수정한 '정치인'에 대한 새로운 모델이 있어야 합니다.[66] 통치자 또는 관리자인 공인은 다른 사람들의 영적 성숙을 이루게 할 조건들을 유지하기 위해, 인격적 겸손과 참회를 연민의 관심—그리스도교적으로 교육받은 정서에서 나옵니다—과 결합하여 적절한 덕을 수행할 것입니다. 우리는 감정에 대한 올바른 호소, 욕망과 기쁨의 올바른 형성, 교회의 설교와 예전의 총체적 교육학, 정의의 원천이신 그리스도께 중심을 두는 것(그리스도는 진리의 구현자, 아버지와의 참된 관계의 구현자, 자신을 잊는 연민과 육체적 삶의 제약을 겸손히 받아들이신 분이기 때문입니다), 이 모든 것이 완전히 화해를 이룬 사회적 존재에 대한 비전 속에서 어떻게 하나로 합쳐지는지를 여기서 볼 수 있습니다. 그리고 이는 다양한 도덕적 도식들 또는 가치들 사이에서 어떻게 경계를 그어야 하는지에 관해 묻도록 부추기지 않으며, 제도는 말할 것도 없고, 어떤 부류의 공동체가 가시적인 형태—평화, 취약함을 안전하게 보호하는 것, 탐욕과 교만을 규율하는 것—로 정의를 창조하는 겸손한 자기-인식의 습관을 적극적이며 효과적으로 형성하는지에 대해서조차도 묻도록 부추기지 않습니다. 다만 문제의 핵심은 성화의 원천을 어디에서 찾을 수 있는지입니다.

---

66   Dodaro, *Christ and the Just Society*, 6장, 특히 pp. 193-195, 203-212.

7

그리스도와 삼위일체

개괄적 정리

아우구스티누스는 『고백록』*Confessions*을 쓰면서 자신이 정통 그리스도교를 향해 가는 여정을 그리는데, 대개 성육신 교리를 점점 이해해 나가는 측면에서 기술합니다. 교회로 돌아오는 길을 찾던 그 긴 시간 동안 그가 가졌을 생각과 감정을 『고백록』에 얼마나 정확히 담아냈는지는 학자마다 의견이 다릅니다만, 아우구스티누스가 일관된 자기 삶의 이야기를 만들고자 했을 때 이 주제를 중심에 놓았다는 점은 확실합니다. 그는 과거를 회상할수록 마니교 종파에 점점더 환멸을 느꼈고, 점점 마니교의 철학적 토대가 터무니없을 정도로 혼란스럽다고 확신하게 되었습니다. 그는 신플라톤주의 사상가들의 가르침에 정통하게 되었습니다. 그는 신플라톤주의로부터 영원하며 무조건적인 진리의 실재, 즉 다른 무엇에도 의지하지도 영향받지도 않고 자유롭게 존재하는 삶의 실재를 밝혀내는 정신 집중 같은 것에 대해 배웠습니다. 그는 자신을 매우 사로잡았던 악의 문제에 대한 더 나은 답을 찾기 시작했습니다. 그는 마니교의 조잡한 해법(물질이 악의 근원) 대신, 악은 단순히(실제로는 그렇게 단순하지 않은) 피조물마다 서로 다른 가변성의 정도와 자유의 결핍 정도라고 믿기 시작했습니다. 하지만 우주의 다양성이 궁극적인 조화를 이루기를 꾀했던 이러한 비전은 어쩐지 그에게 삶의 방식을 바꿀 만한 동기를 부여하지 못했습니다. 그는 현재 자신이 살아가는 방식이 매우 못마땅했지만, 나태하고 부패한 습관에서 벗어나기로 결단하는 것은 여전히 불가능하다고 생각했습니다.

그는 『고백록』을 집필하면서 그가 신플라톤주의에서 거대한 부재로 보았던 것에 문제가 있음을 알게 되었습니다. 그가 『고백록』 7권에서 예리하게 지적했듯이, 플라톤주의의 글들은 사물의 중심에 자리한 영원한 이성에 대해 유려하게 이야기했는데, 이는 성 요한의 복음서가 영원한 말씀에 대해 말한 방식과 매우 비슷합니다. 하지만 플라톤주의가 말하지 않은 것은 그 말씀이 육신을 입었다는 것입니다. 우주를 하나로 묶는 창조적인 지력의 충만함이 약하고 고통받는 피조물의 자리를 차지할 수 있다는 개념은 이해되지 않았습니다. 그가 말한 대로 "나는 아직 나의 하나님이신 겸손한 예수님을 받아들일 만큼 겸손하지 않았습니다."●

● 　『고백록』 7.18.24.

다시 말해, 그에게 그리스도교의 믿음이란 다른 무엇보다 특정한 진술들을 진리로 받아들이는 것이 아니라, 속속들이 변하는 일종의 도덕적 전환이었습니다. 우리는 영원한 말씀을 발견하고자 천국으로 올라가는 대신, 영원한 말씀이 우리를 발견하고자 천국에서 내려오셨음을 이해해야 합니다. 자기 자신을 용감하게 질문하는 지적인 신비주의자가 아니라 치료가 절실한 환자로 여길 때, 자신의 현실이 자기 자신의 수고와 성과가 아닌 완전히 외부로부터 받은 관계로 인해 완성될 수 있다고 여길 때, 이러한 이해가 일어납니다. 우리는 나 홀로 노력으로 지혜를 얻을 수 있다는 공상에 잠길 수 있습니다. 그러나 사실 우리는 영원한 지혜가 아니라 자신의 영적 기량에 감탄하면서, 자신의 망상에 자기 자신을 더욱 가둬 둘 뿐입니다―그래서 우리는 진정으로 현명해지거나 선해지려는 자기 자신의 노력에 끊임없이 절망하고 있는 것입니다. 아우구스티누스는 우리가 진리를 먹고 살려면 성장해야 한다고 말합니다. 그리고 그 성장의 핵심은 겸손입니다. 즉, 형이상학적으로, 영적으로, 인식적으로, 도덕적으로, 모든 면에서 자기 자신의 근본적인 불완전함을 마주하는 것이죠. 하나님이 우리와 실제로 만나시는 곳은 어디일까요? 우리의 언어를 사용하셔서 우리에게 직접적으로 말씀하실 수 있도록 필멸하는 삶이라는 한계를 받아들이신 하나님의 자유로운 행동 속에서 우리와 만나십니다. 우리가 예수님 안에서 하나님을 볼 때, 마치 우리는 눈앞에서 하나님을 보는 것과 같습니다. 우리 앞에 놓인 고통받는 몸, 죽은 몸을 보는 것입니다. 우리는 여기까지 내려가야 합니

다. "그러면 그가 올라가실 때 우리도 올라갈 것입니다."•

　따라서 예수님에 대한 정통 신앙은 영적 훈련을 수반합니다—
이는 아우구스티누스가 이해한 정통 신앙 전체 중 핵심입니다. 자
신을 모르면 발전도 없습니다. 아우구스티누스는 특히 『고백록』에
서 이를 여러 차례 언급합니다. 그러나 이러한 자기-이해는 당시의
철학자들이 자기-이해라는 말로 의미한 바가 아니며, 심리학에 중
점을 둔 어느 현대인이 사용했을 법한 의미의 자기-이해도 아닙니
다. 어떤 철학자는 자기-이해를 통해 각 사람이 불멸하는 비물질적
인 영혼을 소유한다는 지식을 얻었을 것입니다—실제로 아우구스
티누스는 이를 자기-발견 과정에서 중요한 부분으로 주장했습니다.
우리는 우리가 단순히 물리적 조직과 본능이 묶인 덩어리가 아님을
알아야 합니다. 하지만 이러한 이해만으로는 부족할 수 있습니다.
바로 아우구스티누스가 기술한 식으로—폐허가 된 위대한 고대 건
축물처럼—말이죠. 우리는 또한 감정과 기억을, 오랜 기간 분석한
결과인 현대의 자기-인식 방식으로 생각해서도 안 됩니다. 사실 아
우구스티누스도 동시대 사람 중 어느 누구보다 자신의 감정과 기억
을 분석하고 연대를 매기는 데 깊은 관심을 보였습니다. 하지만 중
요한 인식은 우리는 궁핍하며 자기-충족적이지 않다는 지식입니다.
하나님이 주시는 관계 밖에 있으면, 우리는 외로운 허무에 처하게
됩니다. 우리가 매력적인 내면의 삶에 대해 아무리 많이 이야기할

●　　『고백록』 7.18.24.

수 있더라도 말이죠. 덧붙여 말하자면, 이는 『고백록』이 하나님을 향한 기도의 형태로 기록된 이유이기도 합니다―진실한 자기 성찰은 오직 하나님과의 대화 속에서만 가능합니다.

그래서 예수님은 천국으로 가는 유일한 길인 이 땅으로 우리를 끌어내리십니다. 그러나 효력이 있으려면 예수님은 진정 땅의 언어로 우리에게 말씀하셔야 합니다. 아우구스티누스는 예수님 안에서 하나님의 영원한 말씀과 지혜가 '인간 존재의 역할을 맡는다'고 말하면서 이를 깊이 생각해 보기 위해 굉장히 독특한 용어를 개발합니다. 이는 수사학과 극drama에서 가져온 표현입니다. 페르소남 아게레Personam agere, 곧 누군가를 대신하여 그 역할을 하거나 말하는 것, 페르소남 수스티네레personam sustinere, 곧 누군가의 역할을 떠맡는 것이란 표현은 수사학자들(아우구스티누스도 한때 수사학자였죠)이 시나 희곡을 검토하면서 했을 일종의 분석(여기서 화자는 누구인가? 간접 화법으로, 자기 자신을 대변하고 있는가, 다른 누군가를 대변하고 있는가?)을 떠오르게 합니다. 따라서 아우구스티누스는 예수님이 관련된 곳에, 이는―한순간의 에피소드가 아니라는 점을 제외하면―인간 존재를 대신해 말씀하시며 인간 존재의 역할을 떠맡으신 하나님이시다 하고 말할 수 있습니다. 하나님께서 진실하고 정확하게 인간을 대신해서 말씀하시려면, 하나님은 실제 인간의 경험으로부터, 인간의 현실로부터 말씀하셔야 합니다. 하나님은 인간 존재가 느끼는 것, 심지어 인간의 분노와 두려움, 의심과 하나님으로부터의 소외감까지 자신의 것으로 삼으시고, 여기에 목소리를 부여하십니다. 이는 아우구스티누스의 뛰어난 시편 설교를 지배하는 원리입니다. 아우구스티누스는 시편 설교에서 어떻게 모든 시편이 그리스도께서 말씀하시는 소리로―머리가 떠맡는 몸의 목소리로, 즉 피와 살을 지닌 인간의 혼란스럽고, 궁핍하며, 거칠고, 불행한 목소리로―들릴 수 있는지를 설명합니다.

말씀이 인간이 되셨고 문자 그대로 인간의 목소리로 말씀하셨기 때문에, 그리고 성령을 통해 신자들을 상상할 수 없을 정도로 자신과의 친밀한 관계로 끌어들이셔서 자기 몸의 지체가 되게 하셨기 때문에, 그는 인간이 실제로 느끼고 생각하는 바를 하나님 앞에 완전하고 진실하게 나타내실 수 있습니다. 그래서 그는 자신이 겪은 실제 인간의 삶과 예배하는 교회 생활 속에서 우리를 대변하시고 폭넓은 연민으로 인간 존재의 역할을 하십니다. 그리고 이는 우리가 두려워하거나 부끄러워하는 그러한 감정과 생각을 마주하게 한다는 점에서 목회적으로 중요합니다. 우리가 고통을 두려워하거나 하나님의 부재에 대해 불평한다면, 시편은 그리스도께서 이러한 말까지도 자신의 것으로 삼으실 수 있고 이런 말들을 하나님께 가져가셔서 회개와 치유가 일어나게 하실 수 있다고 말해 줍니다.

하지만 이러한 '역할을 한다'라는 모형은 한 가지 방향으로만 작용하지 않습니다. 예수께서는 하나님께 인간적으로 우리를 대변하시지만, 우리와의 관계에서는 영원한 말씀의 역할도 하십니다. 그는 하나님을 대변하십니다. 그리고 우리를 대변하시는 것이 한쪽에 제쳐둘 수 있는 하나의 에피소드가 아니듯이, 그 이상의 차원에서 예수님의 완전한 인간의 정체성은 우리와 소통하시는 하나님입니다. 그는 언제나 한 분 대변자, 한 분 사람(이에 해당하는 라틴 단어의 매우 기술적인 의미로는 발화와 행위의 문법적 주어)이십니다. 하지만 그는 두 세계, 두 '본성'의 대변자이십니다. 신의 삶과 인간의 삶이라는 두 삶이 모두 예수님 안에서 똑같이 완전하게 영위되었지만, 그는 언제나 한 목소리입니다. 우리가 마주하는 것은 인격의 일치 *unitas personae*입니다. 그래서 하나의 전체로서의 교회가 그리스도 안에 한 주체, 두 본성이 있다는 정의를 내리기 반세기 전에, 이미 아우구스티누스는 이렇게 삶과 목소리의 측면에서 매우 명쾌하고 신선한 분석을 통해 전체 도식의 윤곽을 그렸습니다.

그 핵심에 동일한 원리가 있습니다. 영원한 말씀이 인간의 삶의 조건을 자유롭게 받아들이셨고, 그래서 우리도 시간과 육신 바깥의 지름길을 추구해서는 안 되며, 하나님의 은혜가 우리의 시간과 육신을 다루시게 하는 법을 겸손히 배워야 합니다. 우리는 인간의 페르소나 *persona hominis*이자 지혜의 페르소나 *persona sapientiae*이신 그리스도께 주의를 기울이면서, 인성의 목소리와 지혜의 목소리를 모두 바라보면서, 어떻게 우리가 하나님을 바라보고 하나님과 함께 살기 위해 필요한 지혜에까지 자라날 수 있는지를 보기 시작합니다.

바로 지혜 안에서의 성장이란 개념이 『삼위일체론』*De trinitate*에서 아우구스티누스의 가장 독창적이고 중요한 논증을 이해하기 위한 실마리를 제공합니다. 아우구스티누스는 『삼위일체론』을 자신의 원숙기에 10년 이상 집필하여 완성하였습니다. 아우구스티누스는 책의 처음 몇 권에서 삼위일체를 믿는 믿음에 대한 몇몇 성서적 토대를 제시하고, 4세기의 신학 논쟁에서 일어난 몇몇 반론들을 다룹니다. 그런 다음 그는 어떻게 우리가 하나이면서 동시에 셋인 어떤 실재에 관한 관념을 포착할 수 있을지에 대한 물음으로 눈을 돌립니다. 5-7권에서는 길고도 밀도 있는 논리적 논의를 펼치면서, 물리적 현실(사람들 사이의 관계까지 포함하여)에서 도출된 유비는 모두 실패한다는 점을 확고히 합니다. 그럼에도 우리는 우리가 하나님의 형상으로 창조되었음을 압니다. 따라서 비물질적 현실의 측면에서 다양성 속의 통일성에 대한 실마리를 제공해 줄 우리 인간 세계에 대한 무언가가 분명 있을 것입니다.

아우구스티누스는 앎의 종류에 차이가 있음을 염두에 두고 이 문제에 접근해야 한다고 말합니다. 스키엔티아*scientia*는 실제적 지식입니다. 어떻게 사물을 다루어야 하는지, 어떻게 대상들로 둘러싸인 세계에서 자신의 길을 발견하고 어떻게 대상들을 성공적으로 다룰지에 대한 앎입니다. 사피엔티아*sapientia*는 지혜입니다. 지혜는 비물질적인 현실을 지향하며, 그 자체에 관심을 두고 바라보며 기뻐할 수만 있고 사용할 수는 없는 것을 지향합니다. 그리고 당연히 정신적 또는 영적 삶은(저는 아우구스티누스가 마음*mens*에 대해 논할 때 우리가 지적인 문제라고 부르는 것에만 관심을 두었다는 인상을 주지 않으려고 이 두 단어를 모두 언급했습니다) 우리에게 가장 친숙한 비물질적 현실입니다. 그래서 마음이 마음 자체를 응시하는 것은 관조적인 지식인 '지혜'를 행사하는 것입니다. 우리는 이렇게 지혜를 행사하면서, 우리 안에서 하나님의 형상을 발견할 것입니다.

사실 우리의 정신생활을 살펴보면 셋이면서 하나임에 관한 유비가 있습니다. 우리가 정신생활이라 부를 수 있는 일에 관여하는 것은 상호 연관된 세 가지 활동에 관여하는 것입니다. 우리는 우리 자신을 의식하면서 자신에게 과거가 있음을 자각합니다. 즉 우리는 기억합니다. 우리는 우리 앞에 있는 것에 적극적으로 관여하여 일관적인 형태로 만듭니다. 즉 우리는 이해합니다. 우리는 우리 앞에 있는 것에 대한 어떤 태도를 가지고 있는데, 그 태도에 따라 결정을 내립니다. 즉 우리는 의지를 발동합니다. 이 중 하나에 대해 나머지 둘과 무관하게 생각하거나 말할 수 없습니다. 우리는 이해와 의지의 행위들이 쌓인 것으로 기억을 이해합니다. 그렇지 않고는 기억이 무엇인지 이해할 수 없습니다. 우리는 자신의 현존에 대한 인식을 전제하지 않은 채, 자신이 파악한 것에 비추어 차이를 구분해 내는 자유가 있음을 전제하지 않은 채, 이해라는 말을 사용할 수 없습니다. 우리는 지성 및 자기-인식과 단절된 의지를 적절한 정신 활동으로 볼 수 없습니다. 이 세 행위는 단연코 같지 않으며, 이 중 어느 것도 나머지 둘 중 하나의 기능으로 환원될 수 없습니다. 그럼에도 우리는 우리의 정신생활을 하나의 활동인 것처럼 말할 때 우리가 의미하는 바를 정확하게 이해합니다. 우리는 이를 연속적인 활동이나 동시에 수행 중인 일단의 활동(예컨대, 자전거 타고 곡예를 부리면서 노래하기)으로 떠올리는 것이 아닙니다.

하나임과 셋임에 대해 말할 방법을 보여 주는 무언가를 찾는다면, 바로 여기가 탐색을 시작하기 가장 좋은 지점입니다. 그러나 이 것은 아직까지 일종의 메아리일 뿐입니다. 창조에 찍혀 있는 하나님 활동의 '발자국'일 뿐입니다. 이것이 이미지가 되려면 더 많은 것이 필요합니다. 결국, 우리는 통상적으로 활동하는 마음을 관찰할 때 어떤 의미에서는 비물질적인 것, 즉 정신을 관찰하는 중이지만, 정신 자체는 물질적인 것에 골몰하고 있음을 또한 관찰하게 됩니다. 날마다 뇌리를 사로잡는 것들, 사소한 정신 활동들을 떨쳐 내 버리고, 오직 마음 자체의 본성에 대해서만 생각하는 마음을 상상해 보십시오. 상상이 안 될 것입니다. 마음은 다른 무언가와 관계하는 활동으로서만 발견되기 때문입니다. 하나님의 형상이 정말로 있는 곳을 발견하고자 한다면, 지고의 독특한 비물질적 실재이신 하나님과 관계하는 마음 자체에 대해 생각하는 마음을 관찰해야 합니다.

우리 안에 하나님의 형상이 있다고 해서 우리의 마음과 하나님의 마음이 구조적으로 유사한 것은 아닙니다. 우리 안의 하나님의 형상은 하나님을 관조하는 데 완전히 사로잡힌 마음—하나님 앞에서 스스로를 인식하는 마음, 하나님께 자기 지성을 열어 둔 마음(비록 하나님은 절대 어떤 개념으로 포착될 수 없습니다만), 하나님을 향한 사랑이 지배하는 마음입니다. 끝없는 인식, 지성, 사랑이신 이 무한한 '대상'에 붙들린 것이지요. 지혜는 우리의 마음이 그 자체로 따로 떨어져 존재하는 고귀한 불멸의 능력이 아니라, 하나님을 향한 일종의 굶주림임을 깨닫게 하여 이 지점에 이르게 합니다(이런 이유로 아우구스티누스는 『고백록』의 맨 첫 부분에서, 인간의 마음heart

은 하나님 안에서 안식할 때까지 '쉴 수 없다'라고 말했습니다). 영
원한 것과 관계하는 마음-mind 내지 정신spirit, 영(아우구스티누스는 '심
장'heart이란 단어도 동일하게 사용합니다)의 삼중 구조를 파악한다
는 것은 어떻게 우리가 아버지, 아들, 성령이신 하나님 존재의 신비
함을 제한적으로나마 이해할 수 있는지를 안다는 것입니다.

그런데 우리는 여기서 약간 주의를 기울일 필요가 있습니다. 아우
구스티누스는 삼위일체 안에 아버지는 기억이고 아들은 지성이며
성령은 사랑인 신적 마음이 있다는 뜻으로 전달되지 않도록 자신의
말에 주의를 기울였습니다. 이 세 행위 모두 삼위일체가 정신적 삶
내지 영적인 삶과 유사한 것으로 보일 수 있을 정도로, 하나의 전체
인 삼위일체에 속합니다. 그리고 신적 삶은 '단순'하기에―즉, 분리
가능한 삶의 방식, 행위, 요소들의 혼합체가 아니기에―아버지께 참
된 모든 것은 아들에게도 참된 것이며 성령께도 참된 것입니다. 신
적 삶은 하나이며 나뉠 수 없습니다. 이는 또한 우리가 셋을 구별해
주는 한 가지 삶 내지 한 본질 이외의 것을 찾아야 한다고 해서 아버
지, 아들, 성령을 한 가지 삶의 세 가지 경우로 봐도 되는 게 아님을
의미합니다. 그리고 신적 삶의 단순성은 신적 위격이 무언가가 '더해
진' 신적 본질일 수도 있다는 생각을 허용하지 않습니다.

우리가 말할 수 있는 것은 대략 이런 것입니다. 우리 자신의 정신
생활에서 영혼의 세 활동을 구별해 주는 것은 공간적인 차이 같은
것도 아니고(우리는 비물질적인 실재에 대해 이야기하고 있기 때문
에), 다양한 대상이나 목표로 구별되는 차이도 아니며, 다양한 방식

으로 스스로와 관계하는 하나의 마음입니다. 관계 속에서 구별되는 것입니다. 관계라는 범주는 본질에 무언가를 더하지 않습니다. 일종의 개념적 위치만 명시할 뿐입니다. 그래서 더욱*a fortiori* 삼위일체로 명시되는 것입니다. 세 작인agencies은 서로 간의 관계로 인해 구별됩니다. 아버지는 아들과 구별됩니다. 아버지는 근원으로부터 흘러나오는 것과 근원의 관계에 있기 때문입니다. 아들은, 단순히 발생한 게 아닌 말미암은 생명 내지 작인으로서 아버지와 관계됩니다. 아버지와 아들은 선물을 주는 작인들로서 성령과 관계됩니다. 아버지와 아들과 성령 안에, 동일한 하나의 삶one identical life이 있습니다. 이 한 삶은 낳으시는, 나신, 받으시는 분으로 영위되는 것이지요. 오직 이러한 방식으로만 실재합니다. 이 삶이 영위되는 이 특정하고 상호 의존적인 방식에 앞선 신적 본질이란 없습니다. '하나님이심'은 '아버지와 아들과 성령이심'이지, 더도 덜도 아닙니다—바로 '정신적 주체임, 마음임'이 더도 덜도 아닌 '기억하고 이해하고 사랑함'이듯이 말이죠.

아우구스티누스는 신적 일치에서 출발하여 세 인격을 논한다는 비난을 종종 받습니다. 하지만 이런 비난은 분명 심각한 실수입니다. 아우구스티누스는 한순간도 신적 삶과 이 삶을 살아가는 행위자를 분리할 수 있다는 식으로 말한 적이 없습니다. 이 삶은 본질적으로 영원히 사랑하시는 자유와 낳으시고 나시며 받으시는 지혜로 정의됩니다. 저 사랑하시는 지혜는 이렇게 서로 관계하는 삼중적 삶으로가 아니면 존재할 수 없습니다(마음이 마음을 구성하는 복잡한 삼중의 활동으로서가 아니라면 존재할 수 없듯이 말입니다). 그리스 교부들이 하나님의 복수성을 강조한 반면 아우구스티누스는 하나님의 통일성을 강조했다는 것은—아직도 굉장히 자주 이렇게 회자되고 있지만—틀린 말입니다. 최근 연구들이 충분히 상술하고 있는 것처럼, 아우구스티누스와 그리스 교부들은 서로 사용하는 어휘는 매우 달랐지만, 아주 동일한 문제들을 가지고 작업하고 있었고 종종 서로 연관된 해결책을 내놓았습니다. 아우구스티누스가 자신보다 반세기 전에 활동했던 성 아타나시오스St Athanasius의 통찰에 대한 설명과 탐구를 담은 긴 주석을 제시했다고 보는 것도 유용합니다. 그의 통찰에서 하나님의 통일성은 유사-물질적인 실체들의 통일성도 아니고, 인간 인격에 대해 사용할 때와 같은 의미로 '개별자'의 통일성도 아니며, 한 삶의 통일성, 한 능동적 본질의 통일성이었습니다.

아우구스티누스는 우리가 사용하는 용어들이 오해를 일으키지 않도록 조심하라고 경고했습니다. 그는 그리스어와 라틴어의 단어들이 갖는 상이한 울림에 민감했습니다. 그가 하나님 안에 있는 셋에 대해 말하기 위해 페르소나라는 단어를 사용했다는 사실이 그가 심리적인 세 주체와 같은 것에 대해 생각하고 있었음을 의미하지는 않습니다—이를테면, 그의 그리스도론에서 페르소나가 내적이고 본질적인 삶과 무관한 그저 임시로 떠맡은 역할이나 외적인 모습, 가면(페르소나의 의미 중 하나)은 아니지만, 취해진 역할을, 복합적으로 연결된 지점들 안에서 어느 위치를 가리키듯이 말입니다. 그것은 이런 식의 삶(신적 삶)이 현실인 특정한 방식입니다—여기와 여기와 여기서, 근원으로서, 산물로서, 선물로서 말이죠. 그리고 삼위일체에서 독특한 것은 신적 삶이 현실인 각 방식이 나머지 두 방식과 절대적이며 필연적으로 묶여있다는 점입니다. 각 '위격'은 그 자신과의 하나의 특정한 관계 속에 있는 신적 삶입니다—하지만 저 단어 '그 자신'*itself*은 어떤 추상적인 단일 본성을 가리키는 게 아니라, 실제로 신적 삶을 이루고 있는 다른 연관된 실재들 또는 작인들을 가리킵니다.

이 모든 것이 아우구스티누스에게 사변 훈련이 아니었음을, 개념 형태를 다듬는 문제가 아니었음을 분명히 해야 합니다. 우리가 회심되어야만—우리가 지배하고 이용할 수 있는 한정된 물질적인 것들에 집착하는 일상에서 벗어나 진리 그 자체를 경이와 기쁨으로 보는 태도로 나아가야만—이에 관한 것들을 이해할 수 있습니다. 우리가 지식, 스키엔티아*scientia*에서, 지혜, 사피엔티아*sapientia*로 나아가야 한다는 것이죠. 그런데 여기에는 마음 그 자체가 완전한 또는 자립적인 실체로 존재하는 것처럼 관조될 수 있는 것이 아님을 인식하는 것도 포함됩니다. 우리는 우리 자신을 분명하게 볼 때, 우리의 것이 아닌 것—무한한 능동적 진리, 곧 하나님—에 가장 깊이 열려 있는 정신 내지 영의 복잡한 활동 과정을 보고 있는 것입니다. 그리고 우리는 또한 우리가 누구이며 무엇인지를 이렇게 발견하면서 서로서로를 다른 방식으로 인식하게 됩니다. 우리는 서로에게서 하나님의 형상을 지각하며, 모든 인간 존재를 위한 하나의 선이, 하나의 정의正義 기준이 있음을 인정하게 됩니다. 우리의 회심은 서로 간의 관계에 직접적인 영향을 미칩니다. 아우구스티누스는 『삼위일체론』

을 집필하던 시기에 사회 신학의 대작인 『신국론』$^{De\ civitate\ Dei}$도 쓰고 있었습니다. 그래서 아니나 다를까 겹치는 부분이 많습니다. 아우구스티누스가 구원이나 하나님을 아는 지식에 대해 개인주의적인 협소한 접근 방식을 취했다고 비난하는 것은 확실히 틀렸습니다. 회심은 인간이 무언가를 하는 '본래 자세'가 기본적으로 획득과 지배라는 사고방식으로부터 우리를 구해 줍니다. 사피엔티아는 우리를 이러한 망상에서 벗어나게 하고, 신적 형상으로 만들어진 인간으로서 우리가 다 함께 속한 근본 소속을 드러내 줍니다.

아우구스티누스는 그리스도의 신성 교리와 삼중적 하나님 교리에 대해 말하면서 본질적으로 동일한 주장을 합니다. 우리는 우리의 자기-인식이 본질적으로 변하기 시작할 때 이 교리들이 무엇에 대한 것인지를 이해하기 시작합니다. 우리는 거짓된 '정신주의'^{spiritualism}, 자아로 똘똘 뭉친 신비적 언어를 포기해야 합니다. 우리는 순전히 영혼으로만 이루어진 존재가 아닙니다. 우리는 우리 자신을 한계에서 벗어나게 하는 기법으로 무한하신 하나님을 사용하여 우리 자신을 편안하게 만들 수 없습니다. 우리는 하나님이 끌어안으신 것을 끌어안아야 합니다—내 위신을 떨어뜨리는 녹록지 않은 육신의 삶과 감정들을 말이죠. 그렇다고 정당한 의미에서의 금욕적인 초연함을 거부해야 한다는 말은 결코 아닙니다. 이런 초연함은 우리의 영혼이 한정된 목표들에, 소유와 지배의 꿈에 노예가 되지 않고 해방된 상태입니다. 지혜는—우리가 지혜의 자리를 내어 준다면—우리의 가장 깊은 욕망이 결코 어떤 대상을 소유함으로써 채워지지 않는다는 점을 가르쳐 줄 것입니다. 지혜는 하나님께 열려 있는 불가해한 비어 있음입니다. 모든 인간은 이 정도의 무방비 상태에서 하나가 됩니다. 그리고 그러한 욕망이 온전히 의식적으로 하나님을 향할 때, 인간 존재 안의 하나님의 형상이 현실이 됩니다. 우리는 하나님 안에 있는 관계를 분유하게 됩니다. 우리는 하나님을 향해 제한 없이, 의존적으로 열려 있을 때 하나님에 대한 하나님의 영원한 개방을 유한하게 공유합니다. 즉, 스스로를 인식하고 이해하며 사랑하는 신적 삶에 참여하는 것입니다. 우리의 성결은 고정된 성취가 아니라 여정입니다. 이생에 어떤 최종적인 궁극의 한계를 두지 않는, 더 큰 의존과 갈망으로 나아가는, 끝이 없는 사랑으로 나아가는 여정입니다.

아우구스티누스는 그리스도교 신학의 어휘와 개념 목록에 많이 기여했습니다. 그는 그리스도의 일치를 기술하는 '한 인격'이라는 라틴어 어법을 정착시켰고, 삼위일체에서 본성이 하나임과 인격이 셋임을 구별했습니다.

그는 고군분투하는 동료 인간들을 대표하는 그리스도의 목소리로 시편을 읽는 풍요로운 전통의 문을 열었습니다. 그는 인간 의식을 논할 수 있는 구조를, 하나의 심리학을 제공해 주었습니다. 이는 이후 천 년 동안 지속되었고, 여전히 유럽인들의 정신에 남아 있습니다. 하지만 그리스도교의 신학적 신비의 핵심을 다룬 그의 연구에서 가장 중요한 측면은 성육신이나 삼위일체를 믿는 것이 거룩한 사고의 기술skill이면서 또한 거룩한 삶의 기술이라는 점을 분명히 한 것입니다. 이는 자신이 생각하는 자기 이미지가 바뀌는 혁명과 분리될 수 없고, 하나님의 무한한 사랑에 사랑의 마음으로 개방되는 방식을 배우는 것과 분리될 수 없습니다. 사랑 안에서 자라나는 것은 또한 소유와 기능에 초점을 맞춘 사고방식으로부터 벗어나 자유롭게, 지혜 안에서 자라나는 것입니다. 그리고 지혜 안에서 자라나는 것은 하나님이 셋이자 하나이시며 영원한 동시성 안에서의 움직임이자 선물이심을 이해하는 데서 자라나는 것입니다—이는 소유와 지배를 원하는 마음에는 역설이나, 그리스도를 통하여 하나님의 삶에 사로잡힌 마음에는 자연스럽고 기쁜 인식입니다. 그가 『삼위일체론』을 집필하면서 『신국론』만 쓴 게 아니라 펠라기우스주의를 반박하는 글도 쓰고 있었다는 사실을 눈여겨볼 필요가 있습니다. 논쟁의 세부 사항을 덜어 내면, 이는 모두 은혜가 들어올 때 벌어지는 일의 급진성에 대한 것입니다. 우리는 우리의 자유로운 선택으로 응해야 하는 요구들을 우리 앞에 늘어놓는 신과 마주할 필요가 없습니다. 우리는 주권적인 사랑에 항복하면 됩니다. 그러면 우리는 새로워지고, 우리 자신의 활동은 최고의 사랑의 선물이신 성령님께 개방됩니다. 아우구스티누스는 자신의 자연적인 능력이 삼위일체적 삶의 선물로 완전히 압도당하지 않고는 그리스도의 겸손을, 삼위일체의 상호 관계를 알 수 없었음을 인식했습니다. 우리는 이 점에서 시작해야 논쟁자 아우구스티누스를 훨씬 잘 이해하게 됩니다.

8

사람 안의 지혜

아우구스티누스의 그리스도론

장-마리 르 블롱J.-M. Le Blond은 자신의 굉장히 다채로운 논문 『성 아우구스티누스의 회심들』Les conversions de s. Augustin, 1950에서, 아우구스티누스가 성육신을 영적인 계시 방법révélation de méthode spirituelle으로 보았다고 주장합니다. 그는 아우구스티누스의 가장 깊고 중요한 '회심'이 하나님-신비주의Gottesmystik에서 그리스도-신비주의Christusmystik로의 회심이라고 말합니다. 이는 아우구스티누스에게 성육신하신 그리스도가 관조의 대상인 초월적 신성을 어떤 식으로 대체한다는 의미가 아닙니다. 초월적 하나님께 참여하는 변화를 가져오는 형태의 지식이자 그 하나님께 나아가는 길인 그리스도에 대한 감각이 훨씬 더 편만해지고, 더욱 분명한 구성 원리가 된다는 의미입니다.[1] 저는 아우구스티누

---

1   J.-M. Le Blond, *Les conversions de s. Augustin* (Paris: Aubier, 1950), p. 145.

스의 신학에서 이 주제가 구성 원리 같은 것으로 작용하는 몇몇 방식을 추적해 보고자 합니다.

5세기에 들어선 후 20년이 흘러갈 무렵—『삼위일체론』*De Trinitate*과 『신국론』*De civitate Dei*이 완성될 즈음—아우구스티누스에게서 뚜렷하게 일관성 있는 그리스도론의 도식을 발견할 수 있습니다. T. 반 바벨van Bavel의 결정적인 연구와 더 최근의 H. R. 드롭너Drobner의 연구는 아우구스티누스의 그리스도론 어휘에서 몇몇 중요한 전환을 규명했습니다. 드롭너는 특히 수사분석rhetorical analysis 전통에서 저 어휘 중 상당수의 기원을 명료하게 했습니다.[2] 이로써 제기된 문제 중에는, 동방 그리스도교 세계에서 수사학과 견줄 만한 방법론을 사용한 사람들이 결국 그리스도의 인격을 훨씬 더 이원론적으로 읽게 되었을 때, 왜 아우구스티누스의 그리스도론이 성육신하신 말씀의 일치에 대해서 알렉산드리아의 키릴로스Cyril of Alexandria의 신학과 서로 공명하며 굉장히 잘 들어맞는가 하는 문제도 있습니다. 저는 우리가 그리스도를 영적인 길의 형태로 본 르 블롱의 논리를 파악했을 때, 여기에 수반되는 것들을 통해 '키릴로스적인' 구조가 들어선 이유를 이해할 수 있다고 제안하는 바입니다.

제가 주장하려는 바를 간단히 말하자면, 원숙기에 이른 아우구스티누스의 그리스도론에서 일치를 구성하는 원리는 그리스도를 사

---

2   T. J. van Bavel, *Recherches sur la christologie de saint Augustin* (Fribourg: Éditions Universitaires, 1954), 그리고 H. R. Drobner, *Person-Exegese und Christologie bei Augustinus: Zur Herkunft der Formel Una Persona* (Leiden: Brill, 1986).

피엔티아*sapientia: 지혜*로 이해하는 것입니다. 『그리스도교 교양』*De doctrina christiana*, 『삼위일체론』 등이 밝히고 있는 지혜는 영원한 것, 즉 하나님 안에 있는 하나님의 즐거움을 관조하는 것입니다. 이와 같이 지혜는 우리가 하나님 자신의 삶인 재귀적이고 관조적인 저 사랑에 참여하게 되도록 은혜를 통해 받기를 소망하는 것입니다. 창조에 자신을 내어 주시는 저 신적 사랑은 곧 다른 이의 선이나 기쁨에 대해 '정의'를 추구하는 신적 활동이며, 따라서 우리와 자신을 동일시하시는 성육신과 결부되어 있습니다. 사피엔티아는 성육신을 지향하며, 따라서 인간의 말뿐만 아니라 영적 괴로움이나 명백한 의심의 말까지 발하시는 신적 말씀 —『시편 상해』*Enarrationes in Psalmos*의 상당 부분에 계속 등장하는 주제—과 관련된 수사학적 역설들을 지향합니다. 그리고 실천적인 측면에서 결론은 르 블롱이 주장하듯이, '성육신'은 우리가 따라야 하는 길이라는 것입니다. 현세적 상징들에 대한 영혼의 복종인 것이죠*la soumission de l'esprit aux symbols temporels*.[3] 우리의 피조성을 끌어안는 것, 성결을 배움에 있어 **시간**의 중심성을 인정하지 못하도록 하는 모든 것에 저항하는 것—이러한 것은 개인의 성화의 길은 물론 교회의 협동 생활 및 훈련을 합당하게 하는 성육신 행위의 실제 결과입니다.

『고백록』*Confessions* 7권에는 이런 주제들이 매우 단도직입적으로 나옵니다. 아우구스티누스는 7권에서 플라톤주의자들의 사변으로는

3　Le Blond, *Les conversions*, p. 19; pp. 133-134 참조.

다가갈 수 없는 어떤 지혜, 신적 말씀이라는 지혜로 현명해지는 것이 어떤 것인지에 대해 이미 굉장히 미묘한 차이가 있는 설명을 제시합니다.[4] 성육신의 겸손은 이러한 세상 지혜를 넘어섭니다. 세상의 지혜는 몸으로부터 탈출함으로써 진리를 추구합니다. 즉 육신의 삶이 가져온 왜곡들로부터 자유로워지기 위해 고안한 우리의 기술을 가지고 진리를 추구하는 것이죠. 반면 하나님의 지혜는 우리가 우리 안에 있는 것으로 우리의 육신적 한계와 영적 박약을 치료할 수 없음을 인정할 때에만 우리 안에 뿌리내립니다. 지혜가 우리 마음속에 들어오려면 어린아이들이 먹는 젖처럼 되어야 합니다. 지혜는 육신 속에서 맞닥뜨릴 수 있어야 합니다. 지혜는 그 이해의 조건을 요구하며 동시에 그 조건이 가능하게 합니다. "나는 겸손한 예수님을 나의 주님으로 받아들일 만큼 겸손하지 못했습니다"*non enim tenebam Dominum meum Iesum humilis humilem*.[5] 은혜는 우리가 겸손의 길을 진리에 이르는 길로 받아들일 수 있도록 우리를 겸손하게 합니다. 오직 바닥에 내려가는 엎드림*prosternere*만이 하나님의 지혜의 높은 곳에 오르게 만듭니다. 하나님의 사랑은 영원한 말씀을 인간 세상에 가져오십니다. 그리고 바로 그 사랑이 우리로 하여금 하나님의 뜻이 우리의 유익을 향하고 있음을 알게 하여, 우리의 피조물됨과 마주할 수 있게 하며, 우리의 죄와 정직하게 직면하게 합니다. 그러면서 우리는 하나님의 카리타스*caritas: 사랑*를 묵상하고, 오직 사랑만이 다가갈 수 있는 하나님의 빛, 마음 위

4   『고백록』 7.9.13.
5   『고백록』 7.18.24.

의 빛*lux supra mentem*을 알게 됩니다.[6] 우리 자신의 힘으로 올라가고자 하는 욕망이 대체되면서 사랑을 방해하는 자아에 대한 우상 숭배로부터 구출됩니다. 이러한 과정이 없이는—플라톤주의 책에는 이러한 과정이 없습니다—자라날 수 없습니다. 우리가 지금은 불완전하다는 것을 알면, 진리이신 그리스도를 더 충분히 먹기 위해서는 성장해야 한다는 점도 알게 됩니다(성장하여 씹어 먹으라*cresce et manducabis*). 겸손의 토대, 곧 그리스도 없이는 아무것도 세워질 수 없습니다.[7]

여기서 기저를 이루는 점은 『그리스도교 교양』에서와 같습니다. 우리가 하나님에 대한 참된 지식을 얻기 위해 요구되는 포기는 말하자면 더 높은 영역에 오르기 위한 물질세계에 대한 공간적인 포기가 아니라, 중생하지 않은 의지로 이루어진 기획과 욕망에 대한 애착을 포기하는 것입니다. 세상의 어떤 사물*res*과도 하나님을 동일시하지 않는 것, 창조 자체를 표지*signum*로 인식하며 그리스도의 십자가를 이 표지의 핵심 증거로 인식하는 것은 회심에 대해 말하는 또 다른 방식입니다. 즉, 회심이 (마치 욕망에 끝이 있는 것처럼, 그래서 시간이 공간으로 환원될 수 있는 것처럼) 시간 속에서 만족을 기대하는 그러한 욕망을 뒤로하고 시간 안에서 움직임을 계속하고자 하는 의지라고 말하는 또 다른 방식입니다. 성육신하신 그리스도를 아는 지식에까지 자라난다는 것은 욕망이 하나님께 대한 소망으로 재구성된다는 의미입니다. 르 블롱은 이러한 기대*exspectatio*를 『고백록』의 절정

---

6   『고백록』 7.10.16.

7   『고백록』 7.20.26.

으로 보았습니다. 하나님은 성육신 사건으로 우리를 언제나처럼 시간 세계에 묶어 두셔서 그곳이 불가피한 출발점이 되게 하셨고, 또한 저 시간적 세계 안에 우리가 정착할 수 있는 어떤 지점이 있다는 환상을 걷어 가셨습니다. 미셸 드 세르토 Michel de Certeau의 말을 빌리자면, 일시적인 질서 속의 모든 지점이 우리의 출발점이 됩니다. 우리의 한정된 물질적 조건을 뒤로 하는 것은 시간 속에서 배우고 성장하는 여정과 관련된다는 점에서 시간적인 문제지 공간적인 문제가 아닙니다. 제자도의 기본 형태인 순례peregrinatio는 현재의 모든 순간을 하나님께 대한 욕망으로 인해 떠나게 되는 장소로 보려 하는 자세이지만, 그럼에도 또한 현재의 모든 순간을 단순히 부정되어야 하는 것이 아니라 욕망의 여정을 촉발하고 자극하는 것으로 보려 하는 자세이기도 합니다. 우리는 이를 여전히 플라톤주의라고 말할 수도 있지만, 십자가에 못 박힌 그리스도께 초점을 맞추어 역사를 특정하게 촉진하는 것들을 강화하면 독특한 전환이 주어집니다.

성육신하신 그리스도의 겸손을 본받는 것은 하나님과 마주하고 계신 그의 자리를 점유하게 되는 것이므로, 그의 겸손은 실로 영원을 아는 지식에 이르는 입구입니다. 이는 우리가 『삼위일체론』에서 발견한 신적 낮아짐에 관한 언어의 힘입니다(참고로 『삼위일체론』과 『고백록』의 시간상 거리는 그리 멀지 않습니다). 이는 아우구스티누스가 『삼위일체론』 4.2.4에서 그리스도의 인격과 사역을 가장 폭넓게 다루는 중에 매우 명백하게 설명됩니다. 우리는 우리 죄로 인해 하나님을 관조하기에 부적합합니다. 우리는 사악하고 교만하기에 의인의 피와 하나님의 겸손*sanguis iusti et humilitas dei*이라는 수단을 통해서만 신적 말씀에 참여할 수 있게 됩니다. 하나님께서 의로운 인간 존재가 되시려고 몸을 굽히셨기에, 인간이지만 죄는 없으신 그가 우리를 위해 간구하셨기에, 우리가 피조물임에도 하나님을 관조할 수 있는 것입니다. 하나님은 본성상 우리와 다르십니다. 하지만 말씀이 인성에 참여함으로써, 우리는 그의 빛으로 깨닫게 되면서 말씀의 신성을 분유할 수 있습니다(따라서 여기에는 아버지와의 관조적인 관계를 공유한다는 함의도 있습니다). 아우구스티누스가 길게 발전시킨 이미지에서, 성육신하신 말씀은 '그리스인들이 조화*harmonia*라고 불렀던 것'을, 어울림*congruentia* 내지 일치*convenientia*, 화음*concinentia* 내지 협화음*consonantia*을, 우리의 인성에 '더하고' 있습니다. 우리의 '이중적' 인성의 불협화음 내지 균열을 그 '단순성'으로 극복하시며 이런 요소를 더하신 것이죠. 하나님의 자비로운 의지는 필멸할 몸과 파멸할 영혼을 하나님의 사랑이라는 단일한 목적과 결합하여 인간의 정체성을 형성합니다. 따라서 인간의 몸과 영혼은 하나님을 바라보고 부활할 수 있게 되었습니다. 이 부활에 대해서는 그리스도의 부활이 성사와 본보기의 형태로*in sacramento et exemplo* 주어집니다.[8]

여기서 성육신은 신적 자기-내어 줌의 행위, 말하자면 깨진 인간성의 요소들을 주워 모아서 새로운 인간성을 구성하는 행위입니다. 육체와 영혼의 두 부분으로 된 인간 존재의 삶을 취하여 그 둘이 조

---

8   『삼위일체론』 4.3.6.

화되도록 하는 신적 행위 덕분에 인간성의 요소들이 통합됩니다. 아우구스티누스는 둘*a duplum*에 하나*a simplum*를 더하는 수학적 타당성을 4권에서 상당한 시간을 할애하여 상술합니다. 하지만 이 논증의 신학적 핵심은, (마치 성육신한 말씀이 동등한 요소들로 이루어진 삼중적 복합체의 부분인 것처럼) 인간의 영혼 및 육체와 나란히 있는 어떤 추가적인 요소 때문이 아니라, 이 경우 영-육 복합체가 단일한 신적 작인에 의해 구체적으로 생기를 얻고 구별되기 때문에 그리스도의 인성이 구별된다는 학문적 개념을 사실상 선취한 점입니다. 그것은 여기서 논의될 수 있는 것보다 더 많은 사안이 관계된 문제입니다. 하지만 우리가 나중에 보겠지만, 그것은 이 맥락에서 아우구스티누스의 수사학적 어구 배치의 가장 독특한 특성을 조명해 줍니다.

그것은 또한 아우구스티누스의 설교에서 매우 두드러진 『삼위일체론』 4권의 약간 뒷부분에 전개된 주제와도 관련이 있습니다. 『삼위일체론』 4.9.12에서 아우구스티누스는 요한복음 17장에서 예수님께서 아버지와 아들이 하나인 것과 같이 제자들도 하나가 되게 해 달라고 기도하신 부분을 숙고합니다. 아우구스티누스는 몸이 하나요 그 몸의 머리도 하나라는 점에서 교회가 교회와 그리스도가 하나이며*unus* 한 주체라고 말할 수도 있겠지만, 그럼에도 예수님이 단순하게 자신과 제자들의 본성의 일치*unum*에 대해 말씀하시지 않는다고 이야기합니다. 초점은 아들과 아버지 사이의 총체적인 일치에 있으며, 제자들 사이에는 이러한 일치가 반영되어야 합니다. 이는 인류 구성원들 간의 자연스러운 일치가 아니라 조화로운 의지로, 일치를 향하는 것, 동일한 천상의 복된 목적을 향하는 것입니다. 아버지와 아들의 일치는 본질과 의지의 일치입니다. 그래서 교회를 위해 기도하신 일치는 돌봄의 연합*dilectionis societas*입니다. 이 연합은 오직 그리스도 안에서만 이루어질 수 있습니다. 그리스도께서는 우리가 근본적으로 다른 것들을 원함으로 인해 분열되지 않도록 우리를 함께 묶으십니다. 공동의 삶은 자기 본유의 기쁨에 집중하는 삼위일체적 삶의 단일한 초점에 대한 하나의 이미지가 됩니다. 우리는 이 지복에 공동으로 지향되어 있으면서 하나님의 자기-관계성을 공유합니다. 여기서 『삼위일체론』을 마무리하는 책들에 나오는 주요 주제들에 대해 이미 밑그림을 그렸습니다. 이 주제들은 그리스도의 몸을 은혜 아래서 새로워진 삶의 형식으로 이해하는 것과 매우 직접적으로 관련됩니다.

하지만 이 구절에서 가장 흥미로운 측면 중 하나는 교회와 그리스도가 하나라는 의미에 관한 언급입니다. 그럼으로써 이 구절의 주장은 『시편 상해』 곳곳에 스미어 있는 몸의 머리이신 그리스도에 관한 신학과 연결되는데, 『시편 상해』에서는 정확히 수사비평*rhetorical criticism*의 도구로 사용됩니다. 시편 속에서 말씀하시는 이가 누구입니까? 머리이신 그리스도십니다. 머리이신 그는 자기 자신의 말을, 죄책 내지 고통의 말을 만들어 내십니다. 다른 상황에서였다면 경악과 혼돈을 줄 법한 말을 만들어 내십니다. 그의 죽음(『삼위일체론』 4.2.4에 나오는)이 처벌로서 받은 게 아니라 자발적인 인내이기 때문에 가치 있는 효력을 가져온 것과 마찬가지로, 성육신하신 말씀은 우리가 인간의 죽음을 향한 경험이라고 부르는 범위 전체를 자발적으로 끌어안으신 것입니다. 아우구스티누스는 『그리스도인의 투쟁』*de agone*에서 아프로슬렙톤 아테라퓨톤*ἀπρόσληπτον ἀθεράπευτον* 논증(즉, 맡지 않으신 것은 치유되지 않는다)에 대한 고전적인 해설을 제시합니다. 그리고 『시편 상해』의 상당 부분은 이를 상술한 것으로 읽을 수 있습니다. "나의 하나님, 나의 하나님, 어찌하여 나를 버리셨나이까?"(마 27:46; 막 15:35; 시 22:1)와 같은 발화에서, 우리는 화자를 단순히 죄짓고 고통받는 인간 주체가 아니라 모든 인간의 죄와 고통을 자기 자신의 것으로 삼으려고 자유롭게 떠맡은 분으로 식별할 수 있습니다. 그 말씀은 성육신, 죽음, 부활로 자신과 인류의 관계를 창조합니다. 모든 인간의 경험을 치유와 회복이라는 범위 안으로 가져오는 관계를 말이죠. 그 말씀은 예수라는 특정한 혼과 몸에 생기를 불어넣습니다. 그렇게 **이** 인간의 본성을 끌어안는 것은, 세례를 통한 소속됨과 성령의 선물로써 그와 연관 지어진 온갖 인간 정체성에 생기를 불어넣는 원리가 됩니다. 시편 속 화자는 사도행전 9:4에서 **그를** 박해하고 있는 사울에게 말씀하시는 그리스도입니다(『시편 상해』에는 사도행전 본문이 해석학적 원리로서 14번 언급됩니다).[9] 『시편 상해』 88.30은 머리와 몸이라는 주제를 이른 시기에 등장한 신적 겸손과 연결시키면서 한 가지 차원을 덧붙입니다. 즉, 승천 후 높아진 상태에서조차 "[그리스도의] 사랑은 머리가 몸과의 연합에서 스스로를 분리하도록 허락하지 않습니다." 이와 같이 그리스도께서 단지 인

9　『시편 상해』 39.5와 87이 특히 분명하게 이를 진술하고 있습니다.

간으로서, 혹은 단지 하나님으로서 말씀하시는 맥락은 없습니다. 그리스도는 자신의 신적 의지와 능력을 통해 인성을 취하심으로써 몸의 머리가 되신 분으로서 말씀하십니다. 자신의 신성에 **의해**_in virtue of_ 인성을 대표하시는 유례없는 방식으로 말씀하십니다. 높아지신 그리스도께서 인간을 대표하여 말씀하실 '권리'는 육신을 취하기로 하신 신적 결정에 달려 있습니다—단지 나사렛 예수라는 특정한 육체를 취하기로 한 게 아니라, 저 육체를 취하심**으로써** 신자들의 집단인 역사적인 몸을 창조하시기로 결정하신 것입니다. 그래서 얼룩지고 흠 있는 인간의 경험이 영원하신 말씀에 의해 드러나고, 변화를 가져오는 그의 현전에 닿을 수 있도록 말이죠.

그렇다면 아우구스티누스가 『시편 상해』 21에서 말한 것처럼, 그리스도께서 **우리의 페르소나**_persona_ 안에서 말씀하신다고 할 수 있습니다. 다른 곳에서처럼 여기서도 페르소남 수스티네레_personam sustinere_ 라는 표현이 누군가를 대표하거나 누군가의 역할을 행한다는 듯한 의미로 사용됩니다. 이는 아우구스티누스가 사용한 또 다른 표현인 아게레 페르소남_agere personam_과 의미상 거의 동일합니다. 두 표현 모두 390년대의 작품에서 성육신의 양상들을 나타내기 위해 사용되었습니다. 그리스도론을 다루지는 않지만 더 깊은 차원의 의미를 시사하는 연관된 표현이 있는 『삼위일체론』 12.12.18을 살펴보겠습니다. 아담과 하와는 모두 각자가 입고 있는 페르소나_personam suam portabat_대로 죄에 대한 형벌을 받아야 합니다. 하지만 아담과 하와가 인간 주체성과 의사 결정의 상이한 차원을 대표한다는 사실이 우리 자아의 어딘가 상이한 부분들이 독립적으로 심판받는다는 생각으로(비록 아담이 죄를 짓지 않았더라도 하와는 심판받았을 것이라는 듯이) 오도되면 안 됩니다. 우리 각자는 한 행위자로, 욕망하고 생각하고 투영하는 한 주체로 간주되는 한 페르소나*una persona* … 한 사람*unus homo* 입니다. 우리 각자는 하나의 단일한 행위자로서 심판받습니다. 여기서 페르소나는 책임의 종착지입니다. 우리의 생각과 욕망에 대해, 우리의 존재 방식에 대해 대변하거나 응답하는 자리이죠. 페르소나는 법적 언급 대상, 수사적 언급 대상, 그리고 우리가 심리적이라고 부르는 언급 대상의 경계에서 작동합니다.

하지만 우리는 이것의 복잡성을 조심해야 할 필요가 있습니다. 하나님의 말씀은 인성을 맡으심으로써 우리의 페르소나로 말씀하신다거나 활동하신다고 말해질 수 있습니다(저 '맡으심'*assumption*이라는 게 가장 잘 기술될 수 있는 방식에 대해서는 몇 가지 쟁점이 있으며, 이를 나타내는 다양한 어휘가 있음은 말할 것도 없습니다). 아게레 호미넴*Agere hominem*이란 표현은 몇몇 초기 작품(『질서론』*De ordine*과 『여든세 가지 다양한 질문』*Div. quaest. LXXXIII*)에 말씀의 행위를 묘사하는 한 방식으로 등장합니다. 하지만 이는 타락한 인성의 페르소나가, 즉 말씀에 의해 활성화되는 인간*homo*이자 그가 대변하시는 인간이, 하나님의 말씀과 결부된 일종의 독립적 주체라는 의미가 아닙니다. 이 페르소나를 지탱하는 말씀의 능력은 말씀의 영원한 활동과 결정에, 그 삶 속에 인성을 떠맡고 인성을 포괄하는 활동에 바탕을 두고 있습니다. 그러므로 우리의 '인격'을 말하는 말씀에 대해 논해질 수 있는 모든 것보다, 성육신하신 아들의 이 땅에서의 삶 전체가 신적 지혜의 사람으로 하는 말과 활동*agere personam sapientiae dei*[10]이었다는 믿음이 우선적입니다. 390년대와 400년대 초에 점점 강하게 등장하는 아우구스티누스의 핵심적인 신학적 확신은 성육신하신 말씀이 인간의 본성을 취하시면서 인격의 일치*unitas personae*를 구성하신다는 점입니다. 『삼위일체론』 4.20.30은 그러한 일치를 형성하기 위해 말씀과 연합된 혹은 심지어 말씀과 '혼합된' 인간에*homo* 대해 이야기합니다. 그리고 이렇게 성육신하신 페르소나를 혼 및 육체와 결합한 말씀으로 정의하는 수많은 예가 있습니다(혼과 육체는 보통 하나의 페르소나를 구성합니다).

아우구스티누스가 사용한 페르소나라는 표현은 유연한 용어라는 점이 분명해졌습니다. 혹은 유비적인 복잡한 용어라고 하는 게 더 좋을 것 같습니다. 페르소나의 기본적인 의미는 꽤 명확합니다. 어떤 페르소나를 식별한다는 것은 누가 말하고 있는지를, 상호교환의 복합체 속에서 누구의 역할이 문제가 되고 있는지를 언어나 그 밖의 방법으로 식별하는 것입니다. 이를 토대로 그리스도의 페르소나 문제들은 몇몇 상이한 수준에서 대답될 수 있습니다. 복음서에 있는 인간의 고통이나 두려움에 대한 솔직한 말들은 완전히 취약한 어떤 인류 구성원의 페르소나로 말해집니다. 성서에서, 특히 시편에서 발화되는 말씀처럼, 그리스도께 귀속되어야 하는 복음서의 이러한 말들은 우리가 일반적인 인간의 조건, 즉 하나님으로부터 단절된 죄 많

10　『그리스도인의 투쟁』 20, 22.

은 백성의 조건이라고 말할 수 있는 것의 페르소나로 들려집니다. 그러나 성육신한 말씀이신 이 현상 전체는, 그리스도 안에서 그 말하는 것이 우리에게 들려지는 신-인간의 문법적 주체를 창조하는 신적 지혜의 행위이기에, 신적 지혜의 페르소나를 대변합니다. 이런 의미에서 아게레 호미넴*agere bominem: 인간의 역할을 맡아 하는 것*은 아게레 사피엔티암*agere sapientiam: 지혜의 역할을 맡아 하는 것*에 의존합니다. 인간의 슬픔과 고통에 대한 발화가 그리스도께서 지혜의 체현으로서 역사적 고통과 분투의 세계에 자유롭게 참여하신 결과이기 때문입니다. 따라서 지혜의 페르소나는 우리가 관계 맺어야 할 근본 정체성입니다. 그것은 신의 말씀과 연합한 영혼과 육체인 구체적인 역사적 페르소나의 형태로 존재하고 활동합니다. 저 역사적 페르소나가 개인적인 한계를 넘어 인간의 경험을 통합하듯이, 신적 지혜의 인격은 교회의 현실 안에서 머리와 몸의 관계를 설정함으로써, 잃어버린 인간의 역할을 자유롭게 맡을 수 있습니다. 가장 넓은 의미에서 인간의 역할을 맡는 것*agere bominem*입니다.

아우구스티누스가 페르소나를 사용한 방식에 관여하는 것은 보다 엄격한 의미에서의 주해, 구원론, 그리스도론을 유동적이고 다면적으로 연결하는 개념과 마주하는 것입니다. 우리는 '말하는 이가 누구인가?'라는 그리스도가 관련되어 있는 물음에 대한 답이 항상 사피엔티아라고 말할 수 있습니다. 그럼에도 이는 인간 화자와 나란히 식별될 수 있는 신적 화자를 수반하지 않습니다. 사피엔티아는 사실, 궁극적으로, 하나님에 대한 하나님의 관조입니다만, 하나님이 아닌 것 속에서, 창조 질서 속에서, 인간의 마음속에서, 하나님의 현전을 촉발하고 가능하게 하는 것도 지혜입니다. 반 바벨은 아우구스티누스가 성육신을 우리의 이성을 깨울 수 있는 신적 이성의 계시로 보았다는 점을 처음부터 올바르게 관찰했습니다. 하지만 사피엔티아에 대한 그의 이해가 진척되면서 이성보다 더 많은 것이 관련하게 됩니다. 지혜는 카리타스와 동일시되며, 그래서 항상 타인의 선을 지향하게 됩니다. 그러므로 지혜의 페르소나는 그것의 카리타스로서의 활동과 따로 떨어질 수 없습니다. 그리스도께서 끊임없이 지혜의 인격으로 활동하신다는 말은 마치 인성이 별로 중요하지 않고 관련 없다는 듯이 언제나 **순전히** 신의 말씀으로 말하시거나 행동하신다는 주장이 아닙니다. 페르소나는 행동하는 지혜이며, 본성상 하나님이 아닌 것에 관여하는 지혜입니다(『삼위일체론』 4.2.4를 또 한 번 참조하십시오). 즉, 본성상 하나님이 아닌 것이 신적 삶에 통합되어, 마치 영원한 지혜가 위치한 곳에 위치한 것처럼 하나님의 자기-지식과 자기-사랑의 중심에서 지혜가 보는 것을 볼 수 있고, 지혜가 아는 것을 알며, 창조자라는 절대 타자를 관조하게 할 수 있도록 말이죠.[11]

따라서 이 글의 시작부에서 언급한 르 블롱의 관찰처럼, 아우구스

---

11 『삼위일체론』과 『신국론』이 서로 별로 관련 없다고 생각한다면 엄청난 실수입니다. 『삼위일체론』이 공통된 욕망에 대해, 정의의 특성에 대해 말하고 있는 것은 두 위대한 논문의 평행성을 보여 주는 그저 하나의 조짐일 뿐입니다. 우리는 『신국론』이 그리스도론에 관한 논문이기도 한 것과 마찬가지로 『삼위일체론』도 정치에 관한 논문임을 알아볼 수 있어야 합니다. 『신국론』 11.2가 그리스도의 사역의 측면에서 말하고 있는 "하나님으로서는 목적지이시고, 사람으로서는 (그 목적지에 이르는) 길이시다"라는 문구는 전체적으로 봤을 때 저 책이 우리를 경쟁과 폭력으로부터 해방시키기 위해 욕망이 어떻게 판단되고 재구성되는지에 대한 묵상임을 상기시켜 줍니다. 또한 이러한 재구성이 그리스도의 희생 때문에 존재하게 된 그리스도의 몸 안에서만 효력이 있음을 상기시켜 줍니다.

티누스의 그리스도론이 영적인 방법에 관한 것이라는 게 맞습니다. 우선, 그것은 하나님 고유의 생활 '방법', 사피엔티아의 방법입니다. 지혜는 기쁨과 즐거움으로 신적 생활을 관조하면서 스스로를 사랑으로 이해합니다. 자신이 아는 것과 동일한 기쁨 속에서 타인들의 결실을 구하는 철저히 사심 없는 사랑으로 이해합니다. 아우구스티누스가 창조 자체에 대해, 그리고 『그리스도교 교양』에서 신적 사랑과 창조된 사랑의 특성에 대해 쓴 모든 것은 이러한 배경 속에서 이해되어야 합니다. 창조된 타자와 자신을 동일시하는 겸손함은 이에 대한 적절한 표현이며, 또한 창조된 생명체가 신적 관조를 하게 될 수 있는 적절한 수단입니다. 그것은 그리스도의 몸과 통합됨으로써 신적 말씀의 삶 속에 인간의 경험을 '포함'하는 것과 관련되기 때문입니다. 교만하고 자존심 강한 우리의 자기-주장이 하나님으로부터 분리되는 근본 원인이기에, 각양각색의 이기적인 목표들을 갖는 것 그리고 인간의 기쁨을 사사로이 정의하는 것이 우리가 서로로부터 분리되는 근본 원인이기에, 오직 겸손만이 그리스도의 구원하시는 능력을 믿고 하나님과 화해하며 서로서로 화해하는 길을 열어 줍니다.

한 분 그리스도

그렇다면 우리는 왜 아우구스티누스가 수사적 범주들을 사용함으로써 (드롭너가 보여 주었듯이) 어떤 면에서는 비슷한 관심을 갖고 있었던 안디옥^{안티오키아} 학파 사람들과 매우 다른 결론에 이르게 되었는지를 볼 수 있습니다. 아우구스티누스는 성육신하신 말씀이 발화하신 말들이 말씀에 의해 발화된 것인지 인간 개인 예수에 의해 발화된 것인지에 따라 나뉠 수 있는지 여부에 대한 동방의 그리스도론 논쟁을 피해 갔습니다—아우구스티누스가 위격에 따른$_{καθ' ὑπόστασιν}$ 연합이라는 '키릴로스'의 설명을 그대로 갖고 있었기 때문이 아니라 (이것은 아우구스티누스의 정신 세계가 아닙니다), 성육신하신 분의 인간으로서의 발화가 신적 지혜의 단일한 행위에 절대적으로 의존한다는 보다 세심한 통합적 의미 때문입니다. 『삼위일체론』 4권에서 말씀의 현전과 활동의 단일성$_{simplum}$에 대해 강조한 것은 중요합니다. 우리가 이미 본 것처럼, 그것은 구속되지 않은 인류의 이중성$_{duplum}$에 인간의 두 부분을 모두 변화시키는 통합적 일치를 가져옵니다. 단순히 총합에 기여하는 제3의 요소를 가져오는 것이 아닙니다. 『삼위일체론』 4.3.6의 표현이 도움이 됩니다. 아우구스티누스는 여기서 그리스도의 한 번의 죽음과 한 번의 부활이 어떻게 인간이 선고받은 이중적 죽음을 극복하는지에 대해 이야기합니다. 말씀의 작인의 단일성은 우리의 자연적 요소들을 변화시키는 원리지, 추가된 주체 같은 것이 아닙니다.

결과적으로 예수님의 말$_{dicta}$을 분류하는 것에 대한 전형적인 안디옥 학파적인 걱정은 실제로 일어날 수 없습니다. 영혼과 몸이라는 이러한 특정한 이중성에 능동적인 현전을 부여하는 것 내지 실체화하는 것은 말씀의 활동입니다. 이 말씀의 활동 없이는 나사렛 예수라는 이 개인이 어떤 **인간**의 말도 할 수 없습니다. 말씀이 성육신하시기로 결정하셨기 때문에 예수께서 존재하는 것이고, 그가 말한 것은 영원하신 말씀 때문에 말하여진 것입니다. 이와 같이 말씀은 결코 인간 발화자와 '나란히' 있지 않습니다. 『삼위일체론』 13.18.23은 이를 다음과 같이 깔끔하게 설명합니다. 하나님은 성도들 안에서 "다스리셨고"*regebat*, 그리스도 안에서는 "활동하셨다"*gerebat* ─ 아우구스티누스의 운율적 특징이 드러납니다.[12] 화자를 정의하는 행위는 지혜의 행위지, 또 다른 주체의 행위에 관여하는 신적 행위가 아닙니다. 예수님과 말씀 사이에는 다른 인간들과 말씀 사이에서와 같이 어떤 '드라마'도, 저항과 관여와 복종의 대화도 없다고 말할 수도 있습니다. 그것은 성육신하신 말씀이라는 단일한 실재와 하나님 아버지 사이의 관계에 남겨져 있습니다. 여기서 아들의 본유적이며 영원한 자기-포기는 연약한 육신의 상황에서 벌어집니다. 모든 환경에서 아버지께 순종하는 가능성을 보여 주는 것이자 창조하는 것이지요. 신의 겸손이 인간의 교만을 전복시킵니다.[13] 『고백록』 7권에 묘사되어 있듯이, 성육신 속 신의 겸손한 행동 자체가 인간으로서 예수의 삶을 아우르는 주제가 됩니다. 그리고 하나님께 알맞지 않아 보이는 성육신하신 말씀의 발화들이 신성에 완전히 잘 맞는 것으로 나타납니다. 그 발화들이 성육신의 원천인 저 사랑하시는 사피엔티아의 산물이기 때문입니다.

12   『서간집』 187도 참조하십시오.

13   예를 들어, 『삼위일체론』 4.10.3.

그래서 아우구스티누스는 육신 안에 말씀이 도래하도록 한 신의 자기-결정으로부터 인간 예수의 목소리를 분리하여 생각하기를 거부함으로써, 이 문제에 대한 안디옥 학파식 주해가 지닌 난점을 피해 갑니다. 그가 어떻게 이런 입장에 이르게 되었는지는 분명하지 않습니다. 하지만 저는 그가 390년대에 점차 주해에 관심을 가졌고 그에 따라 사피엔티아에 대한 이해에 미묘한 차이가 발생했다는 점과 매우 밀접하게 연관 지어 읽어야 한다고 생각합니다. 성서에서 '비이성적인 것'이 체계적으로 해석될수록, 성육신하신 '이성'이신 그리스도라는 모본이 점점 펼쳐집니다. 하나님께서 이상한 것들과 우연적인 것들 안에서, 파편적이며 항상 건덕적이라고 할 수는 없는 그리스도교 성서의 언어 안에서 말씀하신다는 주장이 이치에 닿을 만한 신학적 방법이 있어야 합니다. 『그리스도교 교양』과 『고백록』에서는 이중적인 해석학적 전략이 전개되는데, 이는 우리가 밑그림을 그린 그리스도론에서 중요합니다. 성서는 표지이며, 성서 너머로 우리를 이끌며 변화와 성장을 요구하고 지연된 욕망(지연된 이해를 포함하여)을 받아들이도록 하는 소통입니다. 그리고 이 끝나지 않은, 끝날 수도 없는 담론을 끌어안는 것을, 자신의 노력으로는 우연의 세계로부터 영원한 진리로 올라갈 수 없는 시간 속에 있는 주체에게 알맞은 것으로 인식해야 합니다.

390년대의 주요 작품들에서, 성서를 바르게 읽는 것과 하나님께서 성육신 안에서 하신 사역의 특성을 이해하는 것은 명백히 불가분의 관계에 있습니다. 하나님께서 우리의 조건에 맞추어 주신 적

응-accommodation을 우리가 겸손히 받아들이는 것은 신적 겸손을 하나님의 모든 계시 사역의 통합적 토대로 이해하는 것과 연관됩니다.『고백록』7권을 한 번 더 다른 말로 표현하자면, 하나님께서 우리의 육신적이고 시간적인 조건을 소통을 위한 매개로 사용하기에 충분할 만큼 중요하게 받아들이셨음을 우리가 볼 수 없다면, 우리는 그러한 우리의 조건을 중요하게 여기지 않을 것입니다. 마찬가지로『삼위일체론』4권은, 예배 의식이든 명상이든 인간의 조건으로부터 어떤 길을 열고자 하는 전략들로 하나님과의 화해를 이루려는 시도로 종교적 오류를 정의하면서『고백록』7권 및『신국론』의 상당 부분과 공명하고 있습니다.『삼위일체론』4.12.15는 세 명의 동방박사들을 주님의 겸손humilitatem domini을 흠모하고자 마술과 인간의 지혜를 버리고 '다른 길로', 그리스도께서 가르쳐 주신 겸손의 길로 고국patria에 돌아가는 법을 배운 사람들의 모델로 제시합니다. 아우구스티누스는 이때쯤 철학적 글에서 하나의 수사 방식인『파이드로스』Phaedrus의 표현을 슬쩍 기이하게 암시하며, 예배 의식과 마법을 양분으로 하여 덕의 날개가 자라날 수 있다는 생각에 대해 경고합니다. 우리가 올라가려는 우리의 노력이 우리에게 양분을 공급하는 게 아니라 오히려 그 어느 때보다도 우리를 짓누른다는 것입니다.

그래서 390년대에 아우구스티누스의 겸손에 대한 관심은『삼위일체론』과『신국론』에서 이교도의 사변적 형이상학과 마술에 반대하는 성숙에 대한 논쟁으로 발전합니다. 그리고 이 논쟁에서 성육신이 중심 자리에 있습니다. 하지만 정확하게 추적하기는 어렵지만 사피엔티아가 무엇을 의미하는지에 대해 점점 발전하고 있던 생각과 관련하여 더 깊은 차원이 있습니다. 인간이 지혜를 행사할 때 이 개념이 점점 더 분명하게 부재 및 박탈과 연결되는 만큼(『그리스도교 교양』이 이 점에 있어 중요합니다), 이 개념이 하나님께 적용될 때 그 신적 행사는 점점 사랑*caritas* 및 정의*justitia*와 연결됩니다. 지혜의 사람으로 역할 하는 것은 말씀이 육신이 되신 일에서의 자기-비하 내지 자기-박탈이라는 근본적인 행위와 불가피하게 더 밀접히 묶여 있습니다. 그래서 지혜를 나타내는 것은 정확히 다른 누군가를 위해 박탈당하는 작인을 나타냅니다. 육신이 되신 말씀, 즉 불가분하게 인간*homo*과 사피엔티아의 역할*agere*을 한다는 것이라는 이중적인 표현은 주해적 쟁점에 대한 해결로서 의미가 완전히 성립합니다.

그리스도론을 보다 분명한 형이상학적 도식으로 이해할 수 있도록 아우구스티누스가 키릴로스적 전통을 수사학적 버전으로 제시하고 있다는 말은 매력적일 수는 있으나 오도된 것입니다. 키릴로스적 신학은 단순하게 예수 안에서 신적인 것으로 기술될 수 있는 뒷받침하는 무언가를 따로 분리해서 정의해 보려는 시도가 아닙니다. 아우구스티누스의 언어 못지않게 키릴로스의 신학도 예수의 인성을 구성하는 요소들에 일치를 부여하는 작인을 찾고, 저 일치를 삼위일체의 두 번째 위격의 활동으로 보여 주는 데 관심을 둡니다. 마찬가지로 아우구스티누스도 형이상학적 실재들에 대한 설명을 결코 말씀과 인간 개인의 '기능적' 일치로 대체하고 있지 않습니다(이는 마치두 세대 전에 신약성서가 존재론적 신성을 예수께 귀속시키는지 기능적 신성을 예수께 귀속시키는지를 두고 벌인 신약성서 비평에서의 한물간 논쟁을 개작한 것 같습니다). 아우구스티누스에게 사피엔티아란 실제적이고 실체적인 행위 주체입니다—아버지를 관조할 수 있는 '현장'인 동시에 사랑하며 관조하는 독특하고 영원한 행위입니다. 하나님 말씀의 위격인 것이죠. 하지만 다음과 같이 말해야 공정할 것 같습니다. 즉, 주체가 된다는 것의 본질에 대한 아우구스티누스의 모든 성찰이 언어에 대한 성찰—재현, 언어와 외부 실재의 관계, 자기-현전으로서의 기억, 욕망의 복잡한 재편을 촉진하는 것이자 표현하는 것으로서의 언어 심상—과 깊이 관련되어 있기에, 그의 성육신 신학은 사실 하나님께서 인간관계들의 연쇄 안에서 말씀하시는 방식에 대한 설명이라 해도 과언이 아닙니다. 또한 인간의 구원 내지 변화가 말씀이신 분의 발화에 대한 그의 견해와 매우 자주 연결되어 있다고 해도 과언이 아닙니다. 즉 인간의 구원 및 변화는, 말씀이신 분의 발화가 혼란스럽고 반항적인 다양한 인간의 말에 가담하시고 이를 떠안으신다는 생각과 자주 연결되어 있으며, 또 말씀이신 분의 발화가 우리가 느끼고 표현하는 것의 어수선한 불안감을 단단하여 깨지지 않는 자기-전달 속에, 말씀이 아버지께 드리는 자기 내어 줌 속에 정착시키신다는 생각과 자주 연결되어 있다고 할 수 있습니다. 그럼에도 무엇보다 중요한 점, 그리고 무엇보다 도발적인 점은 이런 식의 그리스도론에 대한 설명 방식이 주장하는 바입니다. 즉, 그 자체가 성육신적—물질적 역사라는 피할 수 없는 맥락을 자각하는 가운데 겸손하고, 정의*justitia*가 실현되는 방식에 대한 문제에 자만하지 않고 민감하며, 죄로 얼룩져 있어 틀리기 쉬운 인간 행위자들의 위험하며 잠재적으로는 자존심을 상하게 하는humiliating 연대에 열려 있으며, 자존심을 지키는 고립을 거부하는―모범이 아닌 성육신에 대한 정확한 논의란 있을 수 없다는 것입니다. 지혜의 사람으로 말하고 행하는 것agere personam sapientiae은 하나님의 도성에 적합한 새로운 말을 배워야 하는 모든 신자의 과업입니다. 즉, 예수 그리스도이신 지혜가 역할 하는 변화시키는 활동과 연결되어 있으며, 기도로 가득하며, 넓은 의미에서는 정치적이기도 한 영적인 방법méthode spirituelle을 배워야 하는 모든 신자의 과업입니다.

9

아우구스티누스의 삼위일체 사유에 나타난 자기-인식의 역설

I

아우구스티누스는 『삼위일체론』*De trinitate* 10권에서 인식과 확실성에 대해 다룹니다. 흔히 이를 데카르트의 『제2성찰』*Second Meditation* 과 비교하곤 하는데요[1] 처음 읽었을 때 틀림없이 데카르트의 코기토*cogito: 나 는 생각한다* 가 떠오를 것입니다. 이런 식의 마음의 실재성에 대한 자각은 확실성의 전형적인 예이자, 철저한 회의주의에 대한 결정적인 반박

---

1   *The Philosophical Writings of Descartes*, tr. by John Cottingham, Robert Stoothoff and Dugald Murdoch (Cambridge: Cambridge University Press, 1984) vol. II, pp. 16–23. 아르노(Arnauld)는 데카르트를 반박하면서 아우구스티누스와의 유사점들을 지적했고(위의 책 p. 139, 『자유의지론』[*De libero arbitrio*] 2.3.7을 언급한다), 데카르트는 그 비교를 인정하고 기꺼이 받아들였다.

으로 제시됩니다. 지금 이 논문을 통해 보여 드리고자 하는 것은 처음 읽었을 때의 인상에 머물러서는 안 된다는 점입니다. 여기서 아우구스티누스가 **자기**-인식에 대해 말하는 바는 『삼위일체론』 8권과 9권을 충분히 읽은 다음, 10권으로 이어지는 논의의 방향을 파악한 다음, 이에 비추어서만 이해할 수 있습니다. 심지어 회의주의와 확실성을 비교하며 다룬 다른 곳에서도 데카르트식 의제와 같은 것이 두드러지는지는 의심스럽습니다. 데카르트는 우리의 **모든** 생각과 인상이 기만이 아니라는 확실성, 더 이상 의심이 불가능한 확실성을 추구합니다. 데카르트의 목표는 생각하는 행위 자체에 대해 생각하는 주체의 사색이 모든 지적 활동의 단일한 토대가 되는 원리임을 확고히 하는 것이었습니다. 즉 그것이 우리에게 있는 가장 단순하며, 직접적으로 접근할 수 있고, 반박 불가능한 인식론적 소여임을 확고히 하고자 했습니다.[2] 반면 아우구스티누스의 목표는 보다 덜 급진적이고 덜 계획적인 것이었습니다. 아우구스티누스는 '아카데미' 회의주의'Academic' scepticism를 논박하고자 했습니다. 아카데미 회의주의는 특히 감각-지각의 오류를 바탕으로 합니다. 즉, 감각의 인상은 그 자체의 정확성을 보증할 수 없으며, 그래서 감각 지각은 확실한 것으로 받아들여질 수 없다는 것입니다. 우리는 추론의 토대가

---

2   다음을 보십시오. J. A. Mourant, "The *Cogitos*: Augustinian and Cartesian", *AS* 10 (1979), pp. 27-42; E. Booth, *Saint Augustine and the Western Tradition of Self-Knowing*, The St. Augustine Lecture 1986 (Villanova: Villanova University Press, 1989); Gerard O'Daly, *Augustine's Philosophy of Mind* (Berkeley and Los Angeles: University of California Press, 1987), pp. 162-171.

되는 의심할 수 없을 만큼 타당한 전제가 없습니다. 개연성 이상으로 나아갈 수 없습니다. 이는 데카르트적인 의심과 분명히 구별되어야 합니다. 그런 까닭에 회의주의에 대한 아우구스티누스의 다양한 반응은 모든 지식의 토대가 되는 오류 불가능한 시금석, 어떤 단일한 토대를 확립하는 것이 아니었습니다. 오히려 추론과는 무관하게 우리가 아는 것들이 있기에, 계획적인 회의주의는 사실상 납득 가능하게 진술될 수 없음을 보이고자 했습니다.

아우구스티누스와 데카르트의 유사점과 차이점을 해명하려면 많은 분량이 필요합니다. 하지만 이 글의 목적상, 아우구스티누스의 자기-인식의 확실성에 대한 논의가 포괄적인 오류 가능성에 맞설 확실성을 탐색하는 것이 아니라, '주체'(단지 사유하는 자the intellect를 의미하는 게 아닙니다)의 문법에 대한 분석으로 더 잘 설명된다는 점에 주목할 것입니다. 그리고 이는 저 논의가 『삼위일체론』 뒷부분의 논증에서 그저 따분한 여담이 아니라 필수적인 부분인 이유입니다. 궁극적으로, 이러한 관찰이 기여하는 바는 『삼위일체론』이 보여 주는 신학적 인간론을 완전하게 설명해 준다는 점, 어떻게 인간으로 존재하는 구조가 신적 존재 방식과는 매우 다름에도 불구하고 우리에게 하나님의 존재 방식에 대해 말해 주는지를 분석해 준다는 점입니다.[3]

---

3   다음을 참고하십시오. Rowan Williams, "Language, Reality and Desire in Augustine's *de doctrina*", *Journal of Literature and Theology*, 3 (1989), pp. 138-150, 특히 pp. 144-147과 "*Sapientia* and the Trinity: Reflections on the *de trinitate*", *Collectanea Augustiniana*. Mélanges T. J. van Bavel, ed. B. Bruning, M. Lamberigts, J. van Houtam (Leuven: Institut Historique Augustinien, 1990), pp. 317-332, 특히 p. 326.

그렇다면 8권으로 돌아가 보겠습니다. 10권의 자기-인식을 다루는 부분으로 이어지는 궤적이 여기서 시작됩니다. 5권에서 7권까지의 내용은 막다른 골목에 이르렀습니다. 이 부분은 삼위일체론의 언어 구조를 명확히 하는 데 기여했지만, 정형화된 언어를 명확히 하는 것으로는 진정한 이해에 이르기에 충분하지 않습니다. 우리가 하나님이신 진리의 정수 또는 진리의 정의를 이해하는 데 이르려면 '보다 내적인 방식으로'*modo interiore* 진행해야 합니다. 하나님이 진리임을 아는 것 내지 인정하는 것은 적어도 신적 위격들이 본원적 실체 primordial substance를 이루는 '부분들'일 수 없음을 파악하는 것이며, 그 위격들이 신성을 소유하거나 나타내거나 예시하는 방법 사이에 불균형이 있을 수 없음을 파악하는 것입니다. 하지만 이러한 반-물질적인 결론을 도출한 이상, 우리는 더 이상 긍정적으로 나아갈 수 없습니다. 마음은 특정하고 물질적인 인상들에 눌려서 최종 진리에 대한 변치 않는 개념을 형성할 수 없습니다. 마음은 찰나적이고 주제화할 수 없게 진리와 접촉할 수 있으나, 그 이상은 불가능합니다(8.2).

따라서 『삼위일체론』 후반부의 길고도 굉장히 복잡한 논증을 시작하는 지점에서, 아우구스티누스는 마음의 추상화 능력에 골몰하지 않겠다는 신호를 보냅니다. 그리고 우리는 여기서 첫 번째 역설과 마주합니다. 『삼위일체론』의 후반부 8권은 보통 '저급하고' 물질적이고 우연적인 모든 것들로부터 점차 하나님의 형상에 대한 우리의 이해를 정화하는 과정으로 여겨집니다. 마음은 세상에서 받은 인상의 모든 자취가 사라지고 비물질적이고 영원한 것에 전적으로 열려 있을 때에만 하나님의 형상입니다. 그럼에도 아우구스티누스는—거의 무심결에—마음이 추상화하는 노력에 **성공하여** 영원한 진리를 품을 가능성을 일축합니다. 이 후반부에서 점점 분명해지는 점은 마음이 영원한 진리를 그 자체로 하나의 대상으로 관조할 수 없다는 것입니다. 마음은 오직 어떤 특정한 식의 자기-반성을 통해서만 마음과 마주할 수 있습니다. 그리고 이러한 자기-반성도 마찬가지로 마음 자체를 대상으로 지각하는 것일 수는 없습니다. 그러한 지각은 마음의 작용, 마음의 활동에 대한 자각으로서만 존재할 뿐입니다. 이러한 활동은 결국 욕망의 활동으로서만 이해될 수 있습니다. 마음이 하나님의 형상으로 구성된다는 것은—9권에서 볼 수 있듯이—마음이 알고 사랑하는 활동으로 스스로를 인식할 때, 오직 그럴 때만 마음이 진리를 인식한다는 사실입니다. 그래서 가장 근본적으로 두드러지는 마음에 대한 이해는 사피엔티아 _sapientia: 지혜_ 라는 신적 생활 방식에 대한 다양한 표현 가운데 통일성을 어느 정도 이해할 수 있는 문을 열어 줍니다.[4]

이는 8권의 견지에서 본다면 여전히 앞으로 전개될 내용이지만, 진리에 대해 논하다가 별개로 제쳐 두고 갑자기 즉석에서 선에 대한 물음을 다루기 시작한 이유를 설명해 줍니다(8.3). 우리의 정신생활에는 개념을 소유하려는 노력뿐만 아니라, 판단의 요소, 즉 우리가 지각한 것에 대해 긍정적이든 부정적이든 태도를 취하는 것도

---

4 Williams, "_Sapientia_ and the Trinity"의 여러 곳에서 이를 다루는데, 특히 pp. 319-321을 참조하십시오.

있습니다. 우리는 찬성하기도 하고, 사랑하기도 하고, 피하려 하기도 합니다. 우리는 어떤 내적 기준으로 우리가 원하는 것과 피하고 싶은 것을 점검합니까? 이성적 자아의 활동은 그 자아가 활동하고 있고 또한 지적으로 혹은 목적을 가지고 활동하고 있음을 함의합니다. 이성적 자아는 스스로 부정적인 목표와 긍정적인 목표를 판단할 수 있다고 생각합니다. 따라서 아우구스티누스는 이러한 생각이 포괄적이며 우연적이지 않게 선한 것에 대한 지향성을 전제로 한다고 주장합니다. 우리는 이와 비슷한 논증을 설명할 수 있습니다. 인간의 욕망은 아우구스티누스가 8권을 시작하면서 어느 정도 다루었던 것처럼 현상학적으로 제시될 수 있습니다—사람들이 좋아하고, 즐기고, 인정하고, 바라고, **경험하고 싶어 하는** 것들이 여기에 있습니다. 하지만 이러한 분석에는 승인의 합리적 요소가 빠져 있습니다. 이렇게 욕망할 만한 것들을 저것과 연결시키고, 이것을 저것과 비슷하다고 보며 비교적 욕망할 만한 것으로 인식합니다. 그리고 아우구스티누스가 다른 곳에서도 흔히 그렇듯,[5] 이렇게 인식하는 유추 기술 내지 능력은 이 개별자와 저 개별자가 공통으로 가지고 있는 욕망할 만한 것들을 식별하기 위해서 그것들로부터 추상화하는 능력을 전제로 하고 있습니다. 그러나 우리가 봐 왔듯이, 이러한 식별은 마음의 **대상**에서 나올 수 없습니다. 어느 정도 연속성과 일관성이 있는 감정과 태도에 따른 반응의 **역사**를 통해 진척되는 이성적 자

---

5   예를 들어 『자유의지론』 2.8.22-10.28과 『고백록』(*Confessiones*) 7.17 등.

아를 보는 것은 우연적이지 않은 선이 무엇인지를 보는 것**입니다.** 이는 최대한 일관성 있는 이성적 자아가 도달하는 지점입니다.

하지만 유추 기술의 개념은 특정한 경우 매우 엄격한 시험을 거칩니다. 정의를 사랑한다는 것, 정의로운 사람들을 정의롭기 **때문에** 사랑한다는 것은 무엇을 의미합니까? 우리는 여기서 일상적인 방식으로 분류할 수 있는 지각의 대상들을 다루는 게 아닙니다. 우리는 대상들 간의 공통된 물질적 특성을 인식함으로써 정의를 인식하는 법을 배우는 게 아닙니다. 일상적인 인식의 구조는 무엇보다도 지각을 분류하는 방법(종과 속을 할당하는 능력)과 관련됩니다. 우리는 이것을 저것과의 유사성을 통해 인식하며, 이는 우리가 이것과 저것이 일관성 있게 또는 합리적으로 바람직하다고 말할 능력―그것들 모두 내가 선하다고 여기는 것에 참여한다는 더 높은 분류의 판단을 내릴 수 있는 능력―의 토대입니다. 그런데 가령 제가 어떤 사람을 정의로운 사람이라고 인식하고, 또 정의는 바람직한 것이기 때문에 그 사람에게 긍정적으로 영향을 받는다면, 이때 무슨 일이 일어나고 있는 것인가요? 정의는 어떤 개인의 특징이 아닙니다. 예를 들어 갈색 머리처럼 학습되고 합의된 물리적 표시를 단순히 식별함으로써 인식할 수 있는 것이 아니지요. 정의를 실천하는 사람이 아니라면 사실상 정의를 이해할 수 없습니다(음을 구별할 수 없는 사람이 다양한 음악 연주를 들으며 그 연주에 어울리는 감정적인 태도를 가질 정도로 음악 연주를 세밀하게 분간하리라고 기대할 수 없는 것처럼 말이죠. 이 사람은 어떤 물리적 행위가 '음악 연주'로 간주되는지는 알겠지만, 구체적인 음악 범주를 결정하지는 못합니다).
하지만 성인이 아닌 사람들도 성인들을 사랑하며, 그들의 거룩함을
사랑합니다. 누가 알지 못하는 것을 사랑합니까?*quis diligit quod ignorat?*[6] 아
우구스티누스는 그다지 거룩하지 않은 사람이 어떻게 거룩한 사람
을 올바로 혹은 현명하게 사랑할 수 있는지를 논하면서, 사실상 어
떻게 인간의 마음이 하나님을 사랑할 수 있는지라는 더 원대한 문
제를 해결할 방법을 찾고 있는 것입니다. 하지만 잠시 후에 이 문제
로 돌아오겠습니다.

　만일 정의를 실천하지 않는다면, 나는 저 말이 무슨 의미인지 알
지 못합니다. 그럼에도 정의로운 사람들을 사랑하거나, 갈망하거
나, 인정할 수 있습니다. 바로 이 사람들을 정의로운 사람으로 구별
해 주는 것이 있기 때문입니다. 그렇다면 정의를 인식하는 본유적
인 기술 같은 것이 있어야 한다는 말이 됩니다―일상적인 유추적
판단에 사용되는 기술이 아닙니다. 어떤 대상을 다른 대상과 비교
함으로써가 아니라, 인식 가능한 다른 사람들의 삶의 방식을 내 자
신의 열망과 비교함으로써 인식하는 것입니다. 달리 말하면, 의로
운 사람에 대한 사랑을 이해할 수 있는 까닭은 내가 인식한 그 삶의
방식이 내가 내 안에 실현하기를 원하는 것이기 때문입니다(8.6). 나
는 내가 되고 싶어하는 모습을 압니다. 그것은 확실히 약간 낯선 종
류의 지식이지만, 대개 앎과 연관된 인식적 기술을 제공하는 지식

6　『삼위일체론』 8.4.6.

입니다. 아우구스티누스는 유스티티아*iustitia: 정의*의 의미를 자기 내면이 아닌 곳에서는*isi apud me ipsum*[7] 배울 수 없다는 사실을 강조합니다. 간단히 말해, 도덕 개념 사용에 대한 우리의 귀납적 추론은 행동 양식으로 제안되는 것이 우리에게 **매력** 있음을 합리적으로 기대할 수 있다는 전제에 의존합니다. 도덕 지식, 도덕적 판단 기술은 자신의 행동에서 다른 식이 아니라 이러이러하기를 **원하는** 게 무엇인지에 대한 감각이 없는 사람에게 적절히 귀속될 수 없습니다. 음악 지식은 어떤 활동이 음악 활동(음악인들이 음악 만드는 작업으로 여기는 것)인지를 분류해 내는 능력으로 환원될 수 없습니다. 마찬가지로 도덕 지식은 어떤 행동 양식이 도덕적인 사람들에게 일반적으로 승인된 대상에 속하는지를 판단하여 분류하는 능력으로 이루어져 있지 않습니다. 도덕 지식에는 도덕적 욕구가 없기 때문에 동기에 대한 비판 내지 개선이 문제가 되지 않는 사람들로서는 접근할 수 없는 동기(욕망)에 대한 특정한 경각심도 포함됩니다. 지나가는 말로 덧붙이자면, 시민들에게 어떤 도덕적 욕구를 함양해야 하는지에 대해 불분명한 사회는 도덕적 위기와 도덕적 비극을 거의 이해하지 못하는 정신을 낳을 것입니다. 지난 십 년 또는 십오 년 동안『맥베스』*Macbeth*와『자에는 자로』*Measure for Measure*가 몇 번이나 영화나 연극으로 나왔던가요?

저는 아우구스티누스의 글을 꽤 자유롭게 패러프레이즈해 왔습

---

7   『삼위일체론』8.6.9.

니다만, 저는 제 목표―아우구스티누스가 지식의 '내적' 원천 내지 기준에 호소할 때 그가 단순히 그리고 더 정확하게는 노골적으로 본유적인 자료, 즉 내적 성찰로 알아낼 수 있는 개념들에 호소하고 있다는 공통의 가정에 의문을 제기하려는 것―가 정당하다고 봅니다. 더 자세히 들여다보면, 『삼위일체론』(과 다른 작품들)의 내적 성찰은 땅에 묻혀 있는 인식론적 보물을 찾는 것이 아니라, 외부의 인상들을 새기는 과정에 대해 말하는 것과는 별개로 정신생활에 대해 말할 때 당연하게 여길 수밖에 없는 것을 관찰하라는 초대장에 가까운 것입니다. 이러한 측면에서 정의를 사랑하는 것과 정의로운 사람을 사랑하는 것에 관한 『삼위일체론』 8권의 논의는 그의 방법론을 보여 주는 중요한 예라 할 수 있습니다. 실제로 우리는 정의를 사랑하는 것에 대해 이야기하고, 성인들을 흠모합니다. 도덕 영역에서 '지식'으로 간주되는 것의 독특한 성격을 고려할 때, 우리는 어떤 논리를 가지고 여기에 대한 인지적이고 합리적인 차원이 있음을 가정할까요? 그리고 이 논의에서의 쟁점은 하나님을 이해함에 있어 애정^{dilectio} 내지 사랑^{caritas}이 중심적 역할을 한다는 데 초점을 맞추는 것입니다. 다시 한번 우리는 자아를 신학적 통찰로 들어가는 문으로 보는 고독한 앎으로부터 **멀어지게** 됩니다. 우리는 우리에게 선을 향한 근본적인 지향이 있음을 파악했을 때, 바람^{wanting}이 인간 구조의 중심임을 볼 수 있습니다. 우리는 어떻게 이러한 바람이 부분적이고 종종 혼란스러우며 늘 변하는 도덕적 지식의 사태를 이해하도록 돕는지를 볼 때, 도덕적으로 진보된 사람들에 대한 우리의 사랑이 우리 자신의 열망과 묶여 있음을 봅니다. 우리가 성인들을 사랑하는 이유는 우리 스스로도 인식하고 있는 우리가 욕망하는 삶의 형태를 성인들이 보여 주기 때문입니다. 그러한 자기-인식은 타인들이 보여 준 매력을 통해 우리 안에서 깨어납니다. 정의正義 **자체가** 바로 사랑을 하는 것인 까닭은 정의가 그 본래의 결실뿐만 아니라 모든 것의 선을 의도하기 때문입니다. 의로운 사람의 의로움은 선을 확산시키고 다른 사람들로 하여금 사랑하게 만드는 적극적인 의지입니다. 이로부터 아우구스티누스는 논증의 첫 번째 고리를 8.8에서 완성할 수 있습니다. 우리의 도덕적 갈망이 열망하는 것, 사랑하는 것은 그것이 사랑하고 있는 사람들을 향한다는 점에서 사랑입니다(정의로운 사람은 사랑하는 사람이기 때문입니다). 이는 하나님에 대한 사랑과 이웃에 대한 사랑이 실제로 구분되지 않는 까닭입니다. 이웃에 대한 사랑은 관대함을 사랑하는 것이 이웃 안에 현실적으로 현전하는 것 또는 가능적으로 현전하는 것에 대한 사랑입니다(우리가 그것을 보고 인정하든 보지 못하고 거기에 있기를 갈망하든 상관없이 말입니다). 하지만 우리 인간성의 목표이자 기준으로서 관대함에 대한 사랑을 사랑하는 것은 순전히 그것을 선으로서 사랑하는 것입니다—이는 그것을 하나님으로 사랑하는 것입니다.

아우구스티누스는 욕구가 인간의 이성적 활동의 중심임을 관찰하는 것에서부터 유스티티아를 향한 자아의 지향성을 이해하려는 측면에서 도덕적 자기-인식에 대해 분석하는 데까지 왔습니다. 그러고 나서 우리의 도덕적이고 지적인 본성이 사랑함에 대한 사랑—그것은 카리타스caritas: 사랑이신 하나님을 사랑하는 것입니다—
이라는 결론에 이르렀습니다. 유아론적인 내면성을 지향하는 것이
아니라, 정신생활에 대한 설명이 우리에게 주어졌습니다. 그 기본
범주는 사랑할 타자의 결여이고, 사랑할 타자를 찾는 것입니다. 도
덕 의지는 타인의 선에 대한 의지로만 실현됩니다. 이것이 없으면,
도덕 의지는 완전히 공허합니다.

II

9권은 삼위일체 교의에 설명되어 있는 것과 같은 신적 삶으로 고양
된 틀을 적용하려는 첫 번째 중요한 시도입니다. 계시는 하나님이
삼위일체이시며 우리가 하나님의 형상으로 존재한다는 사실을 말
해 줍니다. 8권의 논의는 하나님은 사랑이시며 우리는 사랑의 실재
를 사랑하도록 맞춰져 있다는 말이 무슨 말인지에 대해 설명합니다.
그렇다면 어떻게 유한하게 사랑하는 우리 마음의 구조가 하나님이
라는 무한한 사랑의 작인의 구조에 상응할까요? 여기서 아우구스티
누스가 필수적으로 해야 할 일은 자기-이해와 자기-사랑의 엄밀한
차이를 보여 주는 것입니다. 8권에서는 자신을 알기 위해서는 사랑
하는 자로서의 자신을 보아야 한다고 주장합니다. 따라서 나의 주체
성은 자아, 자아에 대한 '타자', 그리고 이 둘을 묶어 주는 사랑의 활
동이라는 삼중적 양식에 참여하게 됩니다. 하지만 이는 자아를 외부

의 것과 관계된 것으로 여기기 위함입니다. 아우구스티누스가 적절한 때에 자세히 설명하겠지만, 이는 만족스러운 하나님의 형상일 수 없습니다. 게다가 자신을 사랑할 때 셋이 아닌 둘만 낳습니다(9.2). 그래서 우리는 되돌아가서 우리의 모형을 조금 더 다듬어야 합니다. 내가 사랑하는 자로서의 나 자신을 알지 못하면 나는 자신을 사랑하는 것이 아니며, 자기-인식은 자기-사랑과 동일한 행위가 아닙니다. "마음 자체를 알지 못하고서는 마음 자체를 사랑할 수 없습니다. 알지 못하는 것을 어떻게 사랑할 수 있겠습니까?"*mens enim amare se ipsam non potest nisi etiam nouerit se. Nam quomodo amat quod nescit?*[8] 자아는 알려진 것, 사랑받는 것이라는 두 가지 방식으로 스스로에 대해 타자입니다. 참되고 이성적인 사랑은 사랑받는 것 **안에서** 사랑에 대한 인식을 바탕으로 하기 때문에 사랑의 대상에 대한 지식을 전제하고 있는 것이죠. 완벽한 자기-자각이라면 자아가 완전히 자신과의 사랑 안에 있기 때문에 사랑하는 자로서의 자아를 알고자 했을 것입니다. 이와 같이 자기-인식과 사랑은 불가분하게 서로 연결되어 존재합니다. 알지 못하면서 사랑하는 자아란 없으며, 사랑하는 자아에 대한 지식이 아닌 것을 온전하다거나 진실하다고 주장할 수 있는 자아란 없으며, 사랑에는 자아가 관련됨을 인정 내지 자각하지 않은 자기-사랑이란 없습니다.

자기-인식에 관한 심오한 두 번째 신학적 역설이 드러나면서 삼

8　『삼위일체론』 9.3.3.

위일체적 양식도 서서히 드러납니다. 그것은 사랑에서 비롯되지만, 사랑에 이미 전제되어 있습니다. 모든 앎의 이면에는 의도와 욕구, 낯설고 다른 것을 향한 희망적인 바람이 있기 때문에, 마음은 그 내부의 언어를 생성해 냅니다. 이 언어는 9.8의 논의에서 훌륭하게 다루어집니다.[9] 이 욕구가 카리타스인지 쿠피디타스*cupiditas: 욕심*(단순히 소유하고자 하는, 타인의 타자성을 정복하려는 욕망)인지 여부가 유한한 마음의 도덕적 쟁점입니다. 그래서 마음이 스스로를 인식 주체 knower로 인식하기 위해서는, 마음의 인지적 노력이 참이든 거짓이든 사랑으로부터 발생한다는 점을 알아야 합니다. 결국 완전한 자기-사랑은 우리 삶을 이루는 결핍과 욕망을 온전히 파악하는 데 달려 있습니다. 알지 못하면 풍성해질 수 없습니다. 마음이 이런 식으로 온전히 마음 자체에 맞춰져 있을 때, 그 지식은 마음 자체의 완벽한 '이미지'입니다. 마음은 그 고유의 현실을 반영하는 언어를 '낳습니다'begotten(9.11). 여기서 개략적으로 그린 지식과 사랑의 역설적 관계는 (주석가들이 자주 놓치긴 합니다만)『삼위일체론』후반부에 제시된 아들과 성령의 관계의 역설적 특성을 환기시킬 것입니다. 이 후반부에서 성령이 어떤 식으로 성자에게 종속된다는 결론은 **결코** 나올 수 없습니다. 하지만 그것은 또 다른 긴 이야기인데, 아우구스티누스가 성자와 성령의 상호 의존성 같은 것을 제시하는 방식을 알아내려고 애쓰는 것과 관련된 이야기일 것입니다.[10] 지금으로서는 아

---

9   『삼위일체론』9.2, 7;『음악론』(*De musica*) 6 등을 참고하십시오.

10   예를 들어,『삼위일체론』15.17.29: 성령은 아버지께서 낳으시는 행위 속에서 성자에

우구스티누스가 어떻게 타자 없이는 이해할 수 없게 자기-인식과 자기-사랑을 정의하는지, 그리고 이렇게 함으로써 피조된 자아의 철저한 불완전함과 타자-지향성을 거듭 지적하는지를 주목하는 것으로 충분합니다.

우리는 아마 여기서 좀 더 명료하기를 바라면서 잠시 멈추어야 할 것입니다—비록 그것이 역설적인 방향을 한 층 더 뒤튼 명확성일지라도 말이죠. 아우구스티누스의 설명에서 유한한 자아의 완벽한 자기-상응성은 사실 개념적으로 매우 이상합니다. 자아는 자신이 '완전하지'도 **않고**, 완성되어 결정된 대상도 아닌 어떤 실재임을 충분히 알고 있습니다. 자아는 사랑하면서 자신을 알고, 사랑하면 할수록 자신에 대한 사랑이 더 온전해짐을 압니다. 하지만 완벽한 자기-사랑은 완벽한 타자-지향성에 기초해야만 존재할 수 있습니다. 자아가 그 자신이 사랑하는 완벽하게 알맞고 적절한 대상이 될 때, 하나님과 이웃에 대한 사랑 안에서 온전해진 것입니다. 자아가 그 자신의 '개인적인' 정체성에 집착한다면, 지식에 이르는 참되고 적절한 언어일 수 없습니다. 자아는 그것이 마땅히 있어야 할 관계 속에 있을 때, 변하지 않는 진리에 대한 지식, 선이 무엇인가에 대한 지식, 유스티티아를 이루는 것이 무엇인지에 대한 지식을 보여 줍니다. 이는 단순히 개별 의식의 내용에 관한 지식을 보여 주는 것과는 굉장히 다릅니다. 후자는 본질적으로 변하고 우연적인 것을 보여

게 주신 바 되었다.

주는 것이지요. 참된 자기-인식을 보여 주는 것은 타인에 의해 권위 있게 인식될 수 있는 것을 보여 주는 것입니다. 이는 바로 타인 안에 있는 선을 인식하는 것과 동일한 방식으로 작동하기 때문입니다 (9.9). 그러므로 한편으로 진정한 자기-인식은 무시간적인 것—사랑과 정의의 본성—에 관한 지식입니다. 하지만 다른 한편으로 이것은 하나님과 이웃에 대한 사랑을 배우고 실천할 수 있는 시간 세계 안에서만 발생할 수 있습니다.

III

여기서 우리는 아우구스티누스의 인간론의 핵심 주제 중 하나에 이른 것 같습니다. 이를 염두에 둔다면, 『삼위일체론』 10권을 데카르트의 원형으로 보기가 훨씬 더 어려워질 것입니다. 9권은 '산물'로서의 지식, 즉 낳거나 발견된*partum uel repertum*[11] 것으로 말해질 수 있는 것, 그러니까 대략 자녀*proles* 내지 '후손'과, 이러한 '낳음'에 앞서거나 토대를 이루는 탐색으로서의 사랑을 구별하며 마무리됩니다. 10권은 아우구스티누스가 이미 여러 번 언급했던 우리가 아직 알지 못하는 것을 사랑한다는 말에 잠재된 낯설음을 더 자세히 탐구합니다. 10.2는 알지 못하는 것을 사랑한다고 주장할 때의 네 가지 의미를 열거

11　『삼위일체론』 9.12.18.

하고, 이 주장을 이해 가능한 형태로 환원합니다. 하지만 아우구스티누스는 이 장의 끝자락에서, 이 모든 것이 **자기**-인식에 실제로 도움을 주지 못함을 관찰합니다. 계속해서 3장에서 보여 주듯이, 앞서 제시된 네 가지 해석 중 어느 하나도 자기-인식과 들어맞지 않습니다. 우리는 10.3의 끝부분에서 7권에서 10권까지의 전체 논의의 핵심적인 역설과 마주해야 합니다. 자아가 자신을 안다는 관념을 사랑한다면, 여전히 자신을 찾고 있고 따라서 자신에 대한 무지가 약간 남아 있을 때조차, 적어도 안다는 것이 무엇인지는 알아야 합니다. 하지만 이것은 자아가 자신을 알고 **있다는** 의미입니다. 왜냐하면 자아가 스스로를 대개 인식 주체로 알고 있기 때문입니다. 관여했던 것을 흔히 '앎'이라고 불리는 것으로 표명하지 못한다면 이를 의식 생활이라 말하기는 어렵습니다. 이를 아우구스티누스의 말로 나타내면 다음과 같습니다.

그것[마음]이 자신을 인식하지 못하면서, 어떻게 자신이 무언가를 인식하고 있음을 알 수 있을까요? 자신이 아닌 다른 어떤 주체를 저 인식의 주체로 알고 있는 것이 아닙니다. 따라서 그것은 자신을 인식하고 **있는** 것입니다. 따라서 그것이 자기를 인식하려고 모색할 때, 모색하고 있는 자신을 이미 알고 있는 것입니다—그래서 이미 자신을 인식하고 있는 것입니다. 따라서 자신에 대해 전혀 모르는 상태일 수는 없는데, 자기 자신이 모른다는 것을 알고 있기에, [적어도] 모른다는 것만큼은 자신을 자각하고 있는 것이지요. 자신이 모른다는 것을 자각하지 **못**했다면, 애당초 자신을 인식하려고 모색하지도 않았을 것입니다. 자신이 모색하고 있다는 바로 그 점에서, 전혀 모르는 것보다는 더 많이 자신을 알고 있다는 사실을 볼 수 있게 됩니다. 알려고 모색하는 동안, 모색하는 자신을 알고 있는 것이며, 모르고 있는 자신을 알고 있는 것입니다.[12]

이어서 10.4에서는 이렇게 특징지어진 마음이 인식하는 부분과 인식된 또는 인식될 수 있는 부분으로 나뉠 수 있다는 조야한 결론을 봉쇄합니다. 만일 마음이 자신을 안다면, 그 아는 바는 모색하고 발견하는 활동이지 정적인 어떤 대상이 아닙니다. 아우구스티누스가 아무런 난관 없이 이를 보여 주고 있기에, 다른 식의 결론은 무의미합니다. 마음이 자신을 안다면, "그것은 자신 전체를 아는 것입니다"totam se scit.[13] 아우구스티누스는 이런 식으로 정보를 다소 소유하는 것으로부터 자기-인식을 구별합니다. 그가 강조하는 역설은 마음이 본유적으로 불완전하며, 욕망하고 있고, 유동적이며, 또한 본유적으로 마음의 내용과 구체적인 작동 방식에 대해 확정적이며 수정 불가능한 설명을 소유할 수 없는데도, 마음이 자신을 온전히 알고 있다는 말이 올바르고 납득 가능하게 표현될 수 있다는 것입니

---

12 『삼위일체론』 10.3.5: *Quo pacto igitur se aliquid scienlem scit quae se ipsam nescit? Neque enim alteram mentem scientem scit sed se ipsam. Scit igitur se ipsam. Deinde cum se quaerit ut nouerit, quaerentem se iam nouit. Iam se ergo nouit. Quapropter non potest omnino nescire se quae dum se nescientem scit se utique scit. Si autem se nescientem nesciat, non se quaeret ut sciat. Quapropter eo ipso quo se quaerit magis se sibi notam quam ignotam esse conuincitur. Nouit enim se quaerentem atque nescientem dum se quaerit ut nouerit.*

13 『삼위일체론』 10.3.6.

다. 정신적 실체를 인지하는 것이 아닌, 유한성이라는 조건과 그 조건 속에서 살며 기동하는 능력을 자각하는 것으로 자기-인식이 정의되고 있습니다. 그래서 자신을 아는 것은 자신의 본성을 따라 성찰하며 사는 것이며, 우주 속 자신의 적절한 위치에서 사는 것입니다. 피조물로서(하나님 아래에서), 그러나 이성을 가진 피조물로서(동물보다 위에서) 사는 것이지요. 이것이 10.5에서 더 나아간 점입니다. 그래서 누군가 자기-인식이 부족하다고 말할 때, 그 사람에게 자신에 대한 정보가 부족하다는 의미가 아니며, 자신에 대해 성찰하는 습관이 없다는 말도 아닙니다(잘 알려져 있고 또 유용한 아우구스티누스의 인식*nosse*과 사유*cogitare*의 구별이 여기에 배치되어 있습니다). 자기-인식의 결여는 도덕적이고 영적인 습관의 부재고, 본성을 따라 사는 기술의 결핍입니다. 그리고 이는 마음이 자신의 가장 참되고 근본적인 열망에 부합하지 않는 대상을 사랑할 때(따라서 자신과 동일시 할 때) 그 자신의 본성을 오인한 것이라는 점에서 사랑의 결핍과 불가분합니다(10.6-8). 이 주류적인 주제에 대해서, 아우구스티누스가 진실하며 자기-본위적이지-않은 사랑이라는 도덕적 기술과 진정한 자기-자각의 능력을 한데 묶은 방식을 강조하는 것 ― 한 번 더 말하자면, 이는 주석가들이 항상 적절하게 비중을 두는 부분이 아닙니다―외에는 더 해야 할 말이 별로 없습니다.

이 모든 것이 자기-인식의 확실성 내지 직접성에 대한 10.8-10의 논의의 배경이 됩니다. 마음이 어디에서 또는 어떻게 자신을 찾는지를 묻는 것은 놀랍고, 불가사의한*mirabilis* 물음입니다. 마음 자체로부터 멀리 떨어진 곳에는 탐색할 낯선 대상도 없고, 아무것도 없습니다. '질문'은 마음이 자신의 활동을 명료하게 분별하기 위한 것입니다―이는 사랑의 정화를 통해서만 가능합니다. 마음이 (하나님이나 이웃을 향한) 그 자신의 사랑 행위가 아닌 다른 것을 사랑할 때, 특정한 대상이나 그 대상에 대해 기억하고 있는 이미지에 너무 애착하여 더 이상 자신을, 사랑을 향하는 자신의 근본적인 지향성을, 일시적인 인상들의 연쇄와 구별하지 못할 때, 자기-인식에 실패합니다(10.8). 10.9-10에 묘사된 자신을 재발견하는 과정의 일부는 일종의 자기-교육self-catechesis입니다. 우리는 "너 자신을 알라"know yourself라는 말이 의미하는 바를 이해합니다. 적어도 저 두 단어를 납득할 수 있게 사용하는 방법을 아는 정도까지는 이해하는 것이죠. 이러한 생각을 더 밀고 가면, 자신에게 **현전**한다는 개념을 더 밀고 가면, 정신 활동을 수행한다는 것이 무엇인지에 대한 이해에 더 다가가게 됩니다. 아우구스티누스의 논증이 여기서 이런 식으로 매우 광범위하게 패러프레이즈될 수 있습니다. '나는 내가 무엇을 하고 있는지 아는가?'라는 물음은 '나는 뉴튼의 운동 법칙을, 아우구스티누스의 사제 서품식을, 저 사람의 이름을 아는가?'(상기하는가, 떠올릴 수 있는 능력이 있는가?)와는 전적으로 다른 질문입니다. 이는 어떤 정보에서 잘못 기재된 항목을 찾는 일이 아닙니다. '아니오'는 도덕적 성찰의 순간에는 적절한 대답일 수 있지만, 논리적으로, 인지를 부인하는 대답일 수는 없습니다. 우리는 우리가 살아 있음을 납득 가능한 방식으로 부정할 수 없고, 기억할 수 있음을 부정할 수 없으며(우리가 이미 배운 개념을 사용하여 우리 자신에게 의문을 던지고 있기 때문이죠), 주어진 것에 응답하며 태도와 방식을 형성할 수 있음을 부인할 수 없습니다(질문한다는 것은 알기 **원한다**는 의미입니다). 저는 아우구스티누스가 여기서 우리의 영적 본질에 대한 어떤 빛나는 직관에 호소하고 있다고 생각하지 않습니다. 간혹 그가 이와 가까운 언어를 꽤 사용할 수는 있지만 말이죠. 그는 여기서—자기-전복적인 헛소리가 아니고서야 반대로 표현할 수 없다는 점에서—우리가 '알지' 못하는 척할 수 없다는 것을 보여 주려 하고 있습니다. 그가 우리의 지적 시야에 어떤 개념을 고정하고 있는 게 아니라, 자아 내지 마음에 대해 안다는*nosse* 것이 무엇인지를, 논의되지 않은 의식의 습관을, 상술하는 중임을 기억해야 합니다. 나 자신에 대한 물음을, 심지어 가장 철저한 회의주의식 물음을 표현하는 행위는 내가 무엇을 상정할 수밖에 없는지를 보여 줘야 합니다. 나는 내 마음을 내 마음의 대상 중 하나로 생각할 수 없기에(논리적으로 그렇기에)—내가 무슨 말을 하고 있다고 스스로 **생각**하든지 간에—실제로 내 마음이 한 조각의 물건이라고 믿을 수 없음을 알 수 있습니다. 이러한 습관을 보일 수 있는 온당한 방식의 행동은 없습니다.

저는 아우구스티누스의 논증을 이런 식으로 보는 것이 '데카르트적'으로 읽는 방식을 경계하게 만든다고 생각합니다. 아우구스티누스의 쟁점은 인식에서 의심할 여지가 없는 요소를 찾는 것이 아니라, 정신 활동에 대해 분별 있게 말할 수 있는 것과 없는 것을 명확히 하는 것이며, 자신을 아는 것과 어떤 정보의 조각을 아는 것 혹은 어떤 대상에 대한 인상을 얻는 것의 필연적인 차이를 명확히 하는 것입니다. 이런 측면에서 — 시대착오적인 철학적 비교를 조심스럽지만 감행한다면 — 데카르트적 문제보다 『확실성에 관하여』*On Certainty*에서의 비트겐슈타인Wittgenstein에 더 가깝습니다. 비트겐슈타인은 내가 확신하는 사실의 전형으로 "이것은 나의 손이다"를 사용하는 것이 이상함을 입증하는데, 이는 내가 상정할 수밖에 없는 것이 내가 **알게 되는** 것에 동화되지 않음을 상기시켜 준다는 점에서 아우구스티누스의 **인식-사유**의 구분과 맞닿는 확연한 지점이 있습니다. 상정할 수밖에 없는 것의 측면에서, 알게 된 것을 논하는 데 수반되는 정당화의 과정 및 설명은 부적절합니다. 그 이유는 "이것은 나의 손이다"나 다른 어떤 명제가 내가 아는 것에 대한 아주 좋은 예이기 때문이 아니라, 저 명제를 진실로 받아들이는 이유를 배우거나 제시하는 것에 대한 납득 가능한 이야기를 시작할 수 없기 때문입니다.[14]

10권의 마지막 부분은 어떻게 이제까지 논의한 것이, 마음의 존재 방식이 동등하고 동시적이며 환원 불가능한 기억, 지성, 의지라는 말로 요약될 수 있는지를 약술합니다. 그리고 논쟁의 새로운 국면이 시작됩니다. 지금까지 아우구스티누스가 확립한 것은 무엇인가요? 그는 무엇보다도 우리 안의 하나님의 **형상**이란 정확히 말해서 마음 그 자체(그것이 무엇이든 간에 — 그는 논증의 마지막 단계에서 그러

---

14 Wittgenstein, *On Certainty*, ed. G. E. M. Anscombe and G. H. von Wright, tr. Denis Paul and G. E. M. Anscombe (Oxford: Basil Blackwell, 1969), 36절, 44절, 84절, 94절, 140절, 192절, 341-344절, 369-375절, 476절 등. 『확실성에 관하여』, 이영철 옮김 (서울: 책세상, 2006).

한 개념을 효과적으로 일축할 것입니다)가 아니며, 또는 마음 그 자체에 있지 않으며, 성도의 마음—정의와 자비를 반영하며 살아 내는 사람의 의식—이라는 이후의 결론을 위한 토대를 마련했습니다. 우리의 관심은 흔히 말하는 내적 성찰이 아니라 성도가 '알고 있는' 것, 정의로운 습관의 이유이자 근거로 당연하게 여기는 것에 있어야 합니다. 성도의 마음은 하나님을 모상하는데, 왜냐하면 자기 삶의 태도가 영원한 선에 대한 헌신에 동화되었기 때문입니다. 성도의 마음이 스스로를 들여다볼 때 제약 없는 자비가 능동적으로 현전함을 봅니다. 그 행동은 그 신적 원천에 투명하게 드러납니다. 아우구스티누스는 우리가 중립적으로 자기 자신 내지 마음을 **관찰**할 수 있다는 생각을 해체함으로써 여기에 이릅니다. 우리가 자신을 볼 때 우리가 보는 것은 욕망이기 때문에, 그 욕망이 자기 것임을 '인정하지' 않고는(또는 인정하기를 거부하면서) 우리 자신을 볼 수는 없습니다. 우리는 그 욕망이 다른 어떤 것인 척할 수 없습니다.

자기-인식의 역설—우리가 알기 전에 사랑하는 것, 그럼에도 사랑하기 전에 알아야 한다는 것, 우리에게 완전한 지식이 없음을 완전히 아는 것—은 이 점을 보강해 주고, 자아를 결정적인 대상으로 기술하는 이론이 불가능함을 보여 줍니다. 우리는 하나님의 자유 같은 것으로 사랑하기를(만족감을 얻으려고 특정 대상들에 달라붙지 않는 사랑이란 의미로) 추구하며, 이를 우리의 본성과 숙명으로 이해하여 사랑의 대상을 고정적으로 소유하려는 쿠피디타스에서는 멀어지고 사랑으로 관계하는 기술 안에서 계속 자라나기를 추구하며 탐구함으로, 우리 자신을 알고 사랑해야 합니다.

이런 도중에*en route*, 아우구스티누스는 우리의 철학적 지혜를 위한 수많은 훈련을 제공했습니다. 그리고 적어도 그중 일부는 아직도 철학의 관심사입니다. 인공 지능의 '정신적' 지위에 대한 논쟁이 계속되고 있는 맥락에서 특히 그렇습니다. 아우구스티누스의 도전은 단순히 비물질적 실체에 대한 직관에 호소하지 않고 우리가 실제로 말하고 있는 것, 말할 수 있는 것이 무엇인지를 묻는다는 점에서, 우리의 사유에 대한 생각을 물질적 대상 또는 과정에 대한 생각으로 납득할 만하게 동화시킬 수 있는지에 관한 문제에서 여전히 중요한 도전입니다. 도덕적 개념을 습득하는 것과 감정-인식의 경계에 대한 그의 사상 또한, 21세기에 사는 철학 독자가 언뜻 보기에는 이해할 수 없는 관용어로 보이더라도, 영구적인 관심으로 남아 있습니다.

논문 전체에서 그가 중점을 두고 이루어 낸 것은 종종 비평가들이 거기서 읽어 낸 것과 정반대에 가깝습니다. 그것은 적어도 시간과 다른 자아들에 관여하는 마음의 개입으로 시작되어야 한다는 확언입니다. 하지만 이것이 뜻밖의 이야기는 아닙니다. 『삼위일체론』을 단편적으로 읽음으로써, 개인주의적이고 조잡한 이원론적인 인류학을 나타내는 듯한 문구나 구절들을 발췌함으로써 우리가 오도되었다면, 이 특별한 논문과 같은 시대에 쓴 아우구스티누스 작품 전체의 맥락에서 『삼위일체론』을 따로 떼어 내어 읽음으로써 동일한 오류가 발생할 수 있다는 점도 인정해야 합니다. 그는 이제 막 도나투스주의와의 논쟁을 끝낸 상태였습니다. 이는 카리타스가 그에게 매우 '공적이고' 심지어 제도적인 차원을 가진 것이었음을 우리에게 상기시켜 줍니다. 그것은 구체적으로 공교회 안의 평화의 유대인데, 우리는 이를 지나치게 개인화하고 사유화하는 함정에 빠져서는 안 됩니다. 『삼위일체론』 8권에서 10권까지의 논의는 그리스도의 사역과 교회의 현실에 명시적으로 의존하지는 않지만(이에 대해 반드시 4권과 6권을 되짚어 보고 15권을 향해 가야 합니다), 그렇다고 여기서 요구된 사랑이 그리스도의 은총의 열매가 아니라는 의미는 아니며, 단순히 자신의 내적 성찰만으로 비진리의 습관을 극복할 수 있다는 의미도 아닙니다. 『삼위일체론』은 417년과 418년에 펠라기우스 논쟁의 초기 단계가 결정적인 국면에 가까워질 즈음에 완성 단계에 이릅니다. 스스로를 구원할 수 없는 창조된 영혼의 무능력함, 죄와 은혜 가운데서 깨지기 쉬운 인간들 간의 상호 의존성, 참회하고 성장하는 현실, 이 모든 것이 아우구스티누스가 저 작품을 완성하면서 염두에 둔 것입니다. 혹은 유스티티아라는 말에 대해 논해 봅시다. 8.6은 저 단어에 대한 키케로의 정의를 명시적으로 인유하면서 거의 동시대의 또 다른 작품인 『신국론』을 떠오르게 합니다. 특히 키케로를 비판하는 내용에서 정의와 평화pax에 대해 설명하는 19권이 떠오릅니다.[15] 정의는 자비와 마찬가지로 공적인 문제입니다. 『삼위일체론』이 이러한 개념적인 상호-참조와 같은 것을 항상 분명하게 제시하지 않는다고 해서, 아우구스티누스가 그 기간 동안

---

15   『신국론』 19.21-24. 앞서 2.21에서 결론을 내리지 못한 논의를 이어갑니다.

작업한 다른 지적 노력들이 봉인되어 있는 것처럼 『삼위일체론』을 읽어도 되는 구실이 생기는 것은 아닙니다.

『삼위일체론』이 뒤늦은 카시키아쿰Cassiciacum에서의 대화가 아니기 때문입니다. 아우구스티누스의 가장 공공연한 신플라톤주의적 모습이 담긴 언어와 논증을 반향하는 곳에서도, 이러한 암시는 굉장히 상이한 결을 엮어 냅니다. 여러 번 언급된 바와 같이, 아우구스티누스가 최초로 정서적이고 에로스적인 언어로 하나님을 알고자 하는 의지를 구상한 사람은 아닙니다. 아우구스티누스는 플로티노스로부터 일자를 향한 에로스eros라는 언어를 물려받았고, 초기의 아우구스티누스는 신플라톤주의자처럼 시간, 육체, 열정을 뒤로하고자 하는 욕망을 의미하고자, 일자와는 다른 선들을 거부한다는 의미로, 이 언어를 자주 취했습니다. 『시편 상해』Enarrationes,[16] 『그리스도교 교양』De doctrina Christiana,[17] 『고백록』 7권[18]에서 이미 이러한 함의에 (최소한 암시적으로나마) 이의를 제기했습니다. 하지만 이러한 도전은 오직 『삼위일체론』에서만 완전한 이론적인 근거를 갖게 됩니다(물론 『그리스도교 교양』과 『고백록』에서 성육신 교리가 얼마나 강하게 이러

---

16 예를 들어 『시편 상해』 55.6과 76.14(감정[affectus] 내지 감정들[affectiones]을 피하려 하지 않는 것에 대해 이야기합니다), 『시편 상해』 119.1(성육신하신 그리스도의 겸손을 본받아서 현재의 삶의 조건들을 겸손히 받아들일 필요에 대해 이야기합니다).

17 『그리스도교 교양』 1.14.13. 그리스도의 본을 따라 필멸성을 선용하는 것에 대해 이야기합니다.

18 『고백록』 7.18, 20은 말씀이 성육신하신 육신에서 시작하는 것, 인간의 역사를 통해 특수한 길을 걸으신 것을 강조합니다.

한 방향으로 작용하고 있는지를 잊지 않는 것도 중요합니다). 하나님을 찾기 위해 '자기 속으로 들어간다'라는 전체 주제를 이렇게 성숙기에 이르러 다시 다루면서, 일자를 향하는 플로티노스적 에로스는 에로스 그 자체에 대한 이해를 향한 에로스로 변형됩니다. 에로스가 나타내는 피조물의 불완전함, 절박함, 기대를 추구하고, 찾고, 원하고, 고수하는 추구자가 없으면, 하나님은 추구될 수 없습니다. 우리가 하나님을 올바르게 갈망할 수 있기 전에, 갈망하는 우리의 본성을 알아야 하고 원해야 합니다. 창조주를 욕망하기 위해서, 우리는 먼저 피조물됨을 욕망해야 합니다. 우리는 하나님의 카리타스에 대한 우리의 개방성과 의존성을 인식하고, 또 저 카리타스를 공유한다는 점을 인식함으로써, 저 카리타스를 나타내고 '모상'합니다. 이러한 인식은 우리 자신을 복잡한 존재로 보고, 긴밀하게 연결된 우리의 여러 활동들의 일치를 표현하는 것과 관련되기 때문에, 그러한 인식과 더불어 하나님이신 자기-관계의 일치에 대한 어떤 실마리를, 어떤 흔적*vestigium*을 가져옵니다. 하지만 우리는 오직 하나님의 자비에 비추어 행동하는 습관, 즉 성도의 자각('자기-자각'이라고 할 수도 있겠지만, 이를 자신에게 **관심**을 갖는 것으로 여기는 우리에게는 오해의 소지가 있는 말입니다) 속에서만, 이 형상을 인식합니다.

이제까지 말한 바와 같이, 아우구스티누스가 쓴 모든 것이 정말로『행복한 삶』*De beata vita*에 관한 논문이라면, 우리는『삼위일체론』이 데카르트적 성찰이기를 기대하지 않아야 합니다. 궁극적으로 아우구스티누스에게 자기-인식의 문제는 참된 회심의 문제입니다. 이는 어려운 일이지만, **개념 때문에** 어려운 일은 아닙니다. 그가 다룬 이성가시고 난해한 논의에는 (역설적인) 목표가 있습니다. 그 목표는 이 문제와 씨름하면서 우리에게 부족한 것이 정보나 명료함이 아니라 하나님에 대한 진정한 사랑임을 알게 하는 것입니다.

10
사피엔티아
지혜 그리고 삼위일체의 관계

"서방은 … 하나님의 존재를, 그 존재론적 원리를 성부의 위격과 동일시하기보다 하나님의 실체와 동일시했습니다."[1] "이후 삼위 일체 신학이 전개되면서, 특히 아우구스티누스와 스콜라주의자들 을 비롯한 서방의 신학에서, 휘포스타시스$^{ὑπόστασις: 위격}$가 아닌 우시아 $^{οὐσία: 실체, 본질}$가 하나님의 존재의 궁극적 특성의 표현이자 인과적 원리 (아르케^{ἀρχή})로 나타났습니다."[2] "서방에서는 특히 아우구스티누스 시대 이래로 신적 존재의 일치가 삼위일체 신학의 출발점 역할을

---

1   John Zizioulas, *Being as Communion: Studies in Personhood and the Church* (London: Darton, Longman and Todd, 1985), p. 41. 『친교로서의 존재』, 이세형 · 정애성 옮김(서울: 삼원서원, 2012).

2   Zizioulas, *Being as Communion*, p. 88.

했습니다."[3]

　이러한 진술들은 20세기 동방 정교회 저자들이 매우 피상적으로 읽은 것이 다양하게 재생산된 것인 듯합니다. 그리고 상당수의 서방 신학자들도 이런 평가들을 신뢰하며 받아들이는 경향이 있습니다. 그래서 삼위일체의 삶에 대한 적절한 '관계' 모형을 구성하는 작업에서 아우구스티누스에게 배울 것은 상대적으로 별로 없다는 결론에 이르는 경향이 있습니다. (인간 주체의 자기-지각과 자기-동의에서 유추한) 신적 본질의 자기-관계성에 대한 아우구스티누스의 관심은 개인의 자의식에 대한 서구 유럽의 강박관념을 발생시킨 주된 근원 중 하나로 보입니다. 이는 칸트를 중심으로 하여 근대성의 근본 착각, 즉 사적인 자아가 세계의 가치의 원천이자 결정권자라는 개념으로 이어집니다. 아우구스티누스는 북대서양 문화권에 이 같은 대혼란을 일으킨 근대적 의식을 구성하는 데 가담했다는 비난을 받습니다. 근대적 의식은 기술 지배의 망상 속에서 지구 전체의 미래에 대한 전망을 가리면서 그 병폐를 전 세계에 부지런히 수출하고 있습니다—자기 성찰의 역사를 먹고 자란 자기-관심이 극도로 부풀려진 것이죠.[4]

3　John Meyendorff, *Byzantine Theology: Historical Trends and Doctrinal Themes* (Fordham, NY: Fordham University Press, 1974; London, 1975). 『비잔틴 신학: 역사적 변천과 주요 교리』, 박노양 옮김(서울: 정교회출판사, 2010).

4　이러한 연결점에 대해서는 지지울러스(Zizioulas)의 책 외에도, 최근의 작업 중 언급할 만한 것으로는 콜린 건턴(Colin Gunton)의 책이 있습니다. *Enlightenment and Alienation* (Basingstoke: Marshall Morgan & Scott, 1985)을 보십시오.

이렇게 보다 전 지구적인 문화적 평가를 떠나서, 저는 아우구스티누스와 '근대성'modernity의 의식 간의 관련성이 그의 작품을 피상적으로 읽은 해석에 기초한 심각한 오류라고 생각합니다—특히 『삼위일체론』De trinitate을 얄팍하게 읽은 것이지요. 저는 하나님의 삼위일체적 존재 방식에 대한 아우구스티누스의 성찰이, 무엇보다도 『삼위일체론』의 마지막 두 권에서, 어떻게 그가 비난받고 있는 원형-데카르트적인 경향 또는 원형-칸트적 경향과는 매우 다른 신학적 가능성을 열어 주는지를 보이고자 합니다. 늘 그렇듯이, 아우구스티누스를 읽는 독자는 어떤 단일한 전문 용어를 정해서 정착하기를 싫어하는 그의 태도와 산만한 설명으로 야기된 어려움을 감안해야 합니다. 또한 그의 사상의 실질이 플라톤주의나 이원론과는 매우 다른 방향으로 흘러갈 때조차도 그의 수사법에는 여전히 이 두 사상의 잔재가 남아 있다는 부인할 수 없는 사실을 감안해야 합니다.[5] 그렇긴 해도 『삼위일체론』에 감질나게 암시적으로 남아 있는 다층적이지만 단일한 탐구 과정을 처음부터 끝까지 좇아가는 것이 불가능한 일은 아닙니다. 물론 이 짧은 논문에서 저 방대하고 미묘한 텍스트를 포괄적으로 읽고 제시하는 것은 불가능합니다. 하지만 바라건대, 적어도 이 글이 최근 아우구스티누스 학계에서 『삼위일체론』의 결론을 일관된 해석

---

5   Joseph O'Leary, *Questioning Back: The Overcoming of Metaphysics in Christian Tradition* (Minneapolis, MN: Winston Presss, 1985)의 4장이 이에 대한 몇 가지 설명을 제시합니다. 이 글의 논증은 아우구스티누스가 플로티노스(Plotinus) 혹은 포르피리오스(Porphyry)의 '존재신론'을 그저 재생산하는 것이 아니라 무시간적인 영혼의 형이상학을 **해체한다**고 주장하는 오리어리(O'Leary)와 견해를 같이합니다.

학으로 다룬 연구가 전혀 없다는 점을 주목하는 데 도움이 될 것이고,[6] 그래서 더 풍성하고 더 나은 연구를 촉진할 수도 있을 것입니다.

6   이 주제에 관한 고전적인 연구서와 삼위일체 신학을 전반적으로 다룬 최근의 여러 단편 논문을 간과한 것은 아닙니다. 아직까지는 M. 슈마우스(Schmaus)의 *Die psychologische Trinitätslehre des hl. Augustinus* (Münster: Münsterische Beiträge zur Theologie; photographic reprint, Munster, Aschendorff, 1967, 1927)를 대체할 만한 표준적인 연구가 없습니다. J. E. Sullivan, *The Image of God: The Doctrine of St Augustine and its Influence* (Dubuque: Priory Press, 1963)도 여전히 중요한 연구물입니다. 최근의 여러 작업들은 신적 일치에 대한 아우구스티누스의 관심을 과하게 강조하면서 아우구스티누스와 그리스 교부들의 차이에 관한 통념을 받아들이는 경향이 여전히 있습니다. O. Du Roy, *L'intelligence de la foi en la Trinite selon s. Augustin: Genese de sa theologie trinitaire jusqu'en 391* (Paris: Edition des Etudes Augustiniennes, 1966)는 아우구스티누스의 삼위일체 사상을 일원론적이고 본질주의적으로 충분히 다루지만, 이 도식에서 구원의 경륜은 상대적으로 별로 다루어지지 않습니다. F. 부라사(Bourassa)는 이에 대해 다음의 두 논문에서 결정적인 응답을 제시합니다. "Theologie trinitaire chez s. Augustin", *Gregorianum*, 58 (1977), pp. 675-725, 그리고 "L'intelligence de la foi", *Gregorianum*, 59 (1978), pp. 375-432. 하지만 Bernd Jochen Hilberath, *Der Personbegriff der Trinitätstheologie in Rückfrage von Karl Rahner zu Tertullians 'Adversus Praxean'* (Innsbruck: Tyrolia-Verlag, 1988)은 여전히 흔한 해석 전통을 따르는 경향이 있습니다. 그러나 아우구스티누스에 대한 그의 논의들은 2차 문헌에 굉장히 의존하고 있으며, 『삼위일체론』의 결론부와 씨름하고 있지는 않습니다(pp. 97-104를 보십시오). 이 책의 pp. 48-49는 최근의 연구를 잘 조망하고 있습니다. *Theologische Realenzyklopädie* (Bd 4, pp. 645-698)에 실린 A. 쉰들러(Schindler)의 논문은 힐베라트(Hilberath)가 제시한 쟁점에도 명백히 영향을 미쳤습니다. 단순히 이 지배적인 설명을 받아들이지 않은 두 명의 저자는 이브 콩가르(Yves Congar)와 베르트랑 드 마르주리(Bertrand de Margerie)입니다. 콩가르는 *I Believe in the Holy Spirit* (London: Geoffrey Chpman, 1983)에서 아우구스티누스의 다원성을 훨씬 더 공정하게 다룹니다. 1권 p. 78에서는 아우구스티누스가 신적 일치를 자신의 출발점으로 삼았다는 생각을 거릅니다(『나는 성령을 믿나이다 1』, 백운철 옮김, 서울: 가톨릭출판사, 2004). 그리고 3권 pp. 80-95는 여러 통찰로 가득한데, 특히 아우구스티누스와 동방 전통이 중첩되는 부분에 대한 통찰을 보여 줍니다(『나는 성령을 믿나이다 3』, 윤주현 옮김, 서울: 가톨릭출판사, 2018). De Margerie, *La Trinité chrétienne dans l'histoire* (Paris: Beauchesne, 1975), pp. 159-172도 균형 잡힌 논의인데, 콩가르와 마찬가지로 아우구스티누스의 삼위일체 신학과 교회론이 연결됨을 강조합니다.

『삼위일체론』의 마지막 권들을 읽을 때 유념해야 할 두 가지 중요한 점이 있습니다. 이 두 가지는 논의가 다소 진전된 단계에서만 완전한 빛을 발하기 때문에 종종 충분히 명확하게 파악되지 않습니다. 둘 모두, 마음의 자기-관계성의 삼중적 구조와 신적 삶의 세 가지 형태 사이의 유사점이라는 '심리적 형상'에 대한 해석에 영향을 미칩니다. 하나는 몇몇 학자들이 명쾌하게 다루었는데, 특히 1963년 설리번Sullivan의 연구가 주목할 만합니다.[7] 우리 안의 하나님의 형상(마음속 삼단 구조라는 단순한 흔적과는 대조되는)은 우리의 정신적 작인의 세 계기가 모두 하나님을 대상으로 할 때 실현됩니다. 달리 말하면, 저 형상은 마음의 자기-관계성이 **아닙니다**. 이는 우리가 실제 생각하는 우리의 사고가 통합적인 것이면서도 환원 불가능하게 구별되는 것임을[8] 발견하도록 돕습니다. 우리는 이를 통해 『삼위일체론』 5권에서 7권까지의 논리적 아포리아들을 어느 정도 극복할 수 있습니다. 하지만 우리가 이를 통해 형상이 무엇인지에 대한 의미 있는 접근 방식을 얻은 것은 아닙니다. 형상은 "발원이신 바로 그를 향해"*ad ipsum a quo imprimitur*(진부한 대안인 '바로 그로부터'*ab ipso*로 읽지 않고, 여기에서 더 적절한 독해 방식을 따릅니다) 존재할 때에만

---

7 앞의 각주에서 언급했습니다.

8 이는 혼의 '기능들'에 관한 경직된 교리라기보다, 아우구스티누스의 논증이 물음을 던지고 있는 것입니다. 즉, 아우구스티누스가 선호하는 생각하는 자아에 관한 특수한 삼분법을 비판한다고 해서 반드시 쟁점이 되는 핵심 사안이 비판받는 것은 아니라는 의미입니다. 아우구스티누스는 세 가지 명확히 기술할 수 있는 능력을 지닌 마음이라는 검토되지 않은 모형을 자기 논거의 기초로 삼고 있는 게 아니라, 스스로에게 대상이 될 수 있는 정신 활동의 문제와 역설을 기초로 하고 있습니다.

보존됩니다(12.11.16). 마음이 그 본성을 따라 그 자신을 기억하고, 이해하고, 사랑하면서도 사피엔티아*sapientia: 지혜*가 없을 가능성을, 신적인 일에 대한 지식이 없을 가능성을 충분히 생각해 볼 수 있습니다(14.1.3). 이런 경우, 마음이 자기 자신에게 스스로-완비된 대상이라면, 실제로는 자신을 **진정으로** 알지 못하거나 사랑하지 않을 것입니다. 아우구스티누스의 논증은 그가 『삼위일체론』 14권의 초반부 몇 장에 요약하고 있듯이 역설적이며 골치 아픈 성격이 있습니다. 마음이 외부의 감각이나 심지어 내면의 모상들로 활성화되는 스스로에 대한 자각을 마음에서 제해 봅시다. 마음이 진실하게 또는 고결하게 행동하는 것으로 스스로를 인식하는 자각을 마음에서 제해 봅시다. "알려질 수 있는 것이 인식을 낳는다"*cognoscibilia cognitionem gignunt*(14.10.13)고 말할 수 있는 모든 상황을 마음에서 빼 봅시다. 무엇이 남을까요? 명백히(따라서 예상 가능합니다) 다른 것이 없는 마음 자신만의 '순수한' 활동에 대한 마음의 자각이 남을 것이고, 이는 자신에게 "외부적인 것"*adventicia sibi*이 아닙니다(14.10.13). 하지만 아우구스티누스는 그것이 "우리가 찾고 있는 형상"*imago quam quaerimus*(14.10.13)이라고 말한 다음, 거의 곧장 형상이 통상적인 의미에서의 자기-자각으로 이루어져 있다는 생각을 **부정합니다**(14.10.14). 하나님이 아시고 사랑하시는 우리 자신을 알고 사랑하지 않는다면, 우리는 '정확하게' 우리 자신을 알 수도 없고 사랑할 수도 없습니다. 우리 마음이 사피엔티아 안에서 다시-형성되려면, 마음의 제일 대상은 아시고 사랑하시는 하나님이어야 합니다. 마음의 제일 대상은 하나님의 지혜를 공유할 수 있는 존재들의 창조주이신 하나님이어야 합니다. "하나님은 창조되신 분이 아니시기에 경외해야 하는데, 하나님이 마음을 창조하셨기에 마음이 하나님을 받아들일 수 있고 하나님께 참여할 수 있습니다"*colat deum non factum cuius ab eo capax facta est et cuius esse particeps potest*(14.12.15). 따라서 마음은 하나님의 유스티티아*justitia: 정의*와 사피엔티아를 공유하게 됩니다─마치 하나님과 마음이 의와 지혜를 공유한다는 듯이 하나님과 공유하는 특성들을 소유함으로써가 아니라, 하나님께서 피조물에게 전달하시는 정의롭고 지혜로운 활동을 받음으로써 공유하게 됩니다(14.12.15). 마음이 지혜를 얻는다는 것은 마음이 자신을 이러한 하나님의 자기-전달 행위로 지탱되고 수용되는 것으로 본다는 것입니다. 이러한 하나님의 지혜와의 관계에 의해 직접적으로 형성되는 것으로 보는 것이지, '저급하고' 덧없는 대상들과의 관계에 의해 어떤 정체성을 얻는 것이 아닙니다(14.14.20). 이러한 맥락에서 마음이 하나님을 알고 사랑하는 것은 창조의 위계에서 자신의 적절한 위치를 아는 것이며, 자신의 가장 깊은 지향이 시간과 물질로 조건 지어짐으로부터 자유함을 아는 것입니다. 창조 질서에는 마음과 하나님의 자기-전달 사이에 칩입하는 것이 없기 때문에, 인간의 마음이 하나님을 향하여 자유로운 것이 가능합니다.

아우구스티누스의 논증에서 중요한 이 부분이 드러내는 바는 독립적인 개별자로서의 마음은 하나님을 모상할 수 없다는 점입니다. 마음이 세상의 이런저런 대상이나 이런저런 자극과의 관계에 있는 활동과 별개로 자신의 활동을 파악할 수 있는 지점에 도달했을 때,

마음은 자신을 하나님에 의해 **활동하게 된** 것으로 파악하거나, 아니면 자신이 자립적인 행위자, 즉 모든 관계를 넘어선 추상적인 개별자라는 환상을 품게 됩니다. 마음이 스스로를 하나님이 작용하신 것으로 보는 것은 자신이 하나님께 알려지고 사랑받는다는 사실을 아는 것입니다. 그리고 이 지식 안에서 마음은 사피엔티아를, 영원한 것에 관한 지식을 얻습니다. 그리고 영원한 것은 우리 자신의 시간적이고 유한한 맥락에서 신적 행위를 실현하기 위해, 창조주로서, 유스티티아와 사피엔티아를 베푸시는 자로서, 하나님께서 자신을 나누어 주시는 활동입니다. 우리는 그러한 정의와 사랑으로 신적 삶을 공유하게 됩니다. 간단히 말해서, 하나님의 형상은 우리가 관계의 가능성을 확립하는 신적 행동과 의식적인 관계에 있게 될 때 실현됩니다. 우리가 하나님께 알려지고 사랑받도록 우리 자신을 의식적으로 양도함으로써 하나님의 자기-나누심을 행하는 존재로 우리 자신을 볼 때 실현됩니다. 하나님께 아신 바 되고 사랑받는 것이 애당초 우리의 현실의 근간이기에, 하나님께서 자신의 사랑을 나누고자 하셔서 우리가 존재하기에, 우리 자신을 사랑받는 피조물로 아는 것은 우리 자신을 진정으로 아는 유일한 방식입니다. 그리고 만일 하나님께서 자신의 삶을 나누고자 하셔서 우리가 존재한다면, 우리는 지식과 사랑을 공유하는 자로 현존하는 것입니다. 무한한 지식과 사랑과의 관계성 덕분에 자기-자각과 자기-관계성이 가능한 존재로 현존하는 것입니다. 사피엔티아가 많이 부족한 인간의 가장 흐릿한 자기-자각조차도 숨겨져서 불분명한 영원한 지식과 사랑과의 연결성 때문에 가능한 것입니다. 은혜가 초래하는 재-형성은 이렇게 잊힌 연결고리의 활성화인데, 거듭나지 않은 의식은 자신에 관한 이러한 연결고리를 알아낼 수 없습니다(14.15.21). 우리는 구속받은 피조물이 되는 경험을 통해 사랑받는 피조물이라는 우리의 본성을 발견합니다. 우리가 순전한 선물로만 구원받을 수 있다는 것은, 알지 못하지만 우리 특유의 인간적인 모든 활동을 늘 밑받침하고 있는 근거에 접근하게 해 주는 계시입니다. 이 근거는 선물 속에, 하나님께서 자존하는 사랑으로 하나님이 아닌 것을 향하시는 움직임 속에 있습니다.

그러니까 하나님의 형상으로 자라난다는 것은 하나님과 공통으로 갖는 어떤 특성들을 우리가 완벽하게 소유하는 문제가 아니며, 단순히—『삼위일체론』 14권을 급하게 읽으면 이를 수 있는—하나님을 우리의 정신 활동의 형식적 대상으로 삼게 되는 문제도 아닙니다. 그것은 우리가 창조된 우리의 자아(만들어지고, 파생된 자아)에 익숙해지는 것이며, 따라서 어떤 창조자의 행동에 익숙해지는 것입니다. 우리는 우리의 실재가 오직 지혜와 정의를 나누어 주시는 하나님의 활동 안에만 존재한다는 것을 파악함으로써, 그래서 선행하는 은혜가 우리의 의식적인 반응과 의사 결정을 형성하게 함으로써, 하나님을 '모사'하게 됩니다—물론 이는 우리의 노력으로가 아니라, 하나님의 창조된 형상이 되도록 우리를 다시 연결시켜주는 그리스도의 은혜를 받음으로써 되는 것입니다. 우리 안의 하나님의 형상은 피조성으로의 움직임을 수반한다고 말할 수 있는데, 왜냐하면 그것이 '바깥을' 향하면서 하나님 고유의 삶으로 가는 움직임이기 때문입니다. 이것이 실제적으로 관계되는 지점은 아우구스티누스가 『삼위일체론』 15권에서 되돌아가는 부분입니다. 그는 여기서 우리에게 주어진 집단적 자비의 삶의 본질, 성령의 선물*donum*로 주어진 삶의 본질을 논합니다(특히 15.18.32를 보십시오). 하지만 이는 형상에 관한 아우구스티누스의 견해가 최소한 '일원론자' 또는 개인주의자로 매우 불완전하게 특징지어지는 14권에서부터 충분히 분명해야 합니다. 이는 형상의 실현을 하나님과의 **관계**의 문제로 주장할 뿐만 아니라, 모상된 하나님 자신이 자기 삶을 나누어 주심으로써 관계를 의도하신다는 믿음에 의존합니다. 그리고 이렇게 의존한다는 주장은 15권의 복잡한 논증을 어느 정도 비춰 줍니다. 또한 우리 안의 정신의 삼위일체가 어떤 의미로도 하나님의 삶인 삼위일체와 **부합하지** 않는다는 아우구스티누스의 부인이 의도하는 바를 어느 정도 비춰 줍니다.

아우구스티누스는 앞선 논의(특히 7.3.5)를 다시 언급합니다. 거기서 그는 우리가 아들을 힘이나 지혜로 부르면서, 또는 성령을 사랑으로 부르면서 아버지께서 오직 아들을 통해서만 지혜를 가지심을 암시하는 듯한 방식으로 위격을 특성과 동일시하는 것을 경고합니다. 형용사적으로 하나님에 대해 말하는 것, 하나님의 것이어야 하는 삶의 종류에 대해 말하는 것은 삼위일체 전체를 동시에 말하는 것이면서, 각 위격을 동등하게 말하는 것입니다. 이 술어들은 "삼위일체 전체에도 … 각 위격에도"*et universae trinitaii … et personis singulis* 붙습니다(15.5.7). 아우구스티누스가 제시한 것처럼, 우리는 이 술어들을 셋으로, 영원성, 지혜, 복됨으로, '하나님'이란 단어를 적절하게 사용하기 위한 규칙들의 세 가지 근본 '묶음들'로 환원할 수 있습니다. 신적이려면, 삶에 한계가 없어야 하며, 지성과 질서를 지녀야 하며 스스로에 대해 만족해야 합니다(15.5.8)—이는 신성에 대한 고대 인도의 정의인 사트치트아난다*saccidananda*, 곧 존재·의식·지복과 꽤 인상적으로 공명합니다. 신적 술어를 이렇게 환원하는 일은 하나님 안에는 실체와 질의 구별이 없고, 하나님을 하나님으로 **구성하는** 것과 반대되면서도 **공교롭게** 하나님에 대해 참인 것이란 없음을 인식함으로써 완수됩니다. 이는, 여기서 확인된 세 가지 '묶음들'이 우리가 '하나님'이란 말로 의미하는 바를 명확하게 하기 위해 말할 필요가 있는 다양한 종류의 것들을 상술하는 데 어느 정도 유용하지만, 그럼에도 그것들 자체로 하나님 안에 있는 실제 삼위일체를 재현하지는 못하는 이유입니다. 그것들이 언급하는 대상은 하나이며 동일합니다(15.6.9). 우리는 매우 적절히 셋 중 하나만을 선택하여 셋 모두를 암시할 수 있을 것입니다—예를 들어 사피엔티아를 선택하는 것이죠. 그렇다면 이 술어 자체가 어떻게 삼위일체의 삶을 함의하는지를 보이는 것이 과제일 것입니다.

아우구스티누스는 우리가 이미 이러한 삶의 진정한 형태를 엿보았다고 말합니다(15.6.10). "사랑하는 이와 사랑받는 것과 사랑"*amans et quod amatur et amor*이라는 삼요소가 처음 언급된 8권에서 말이죠(8.10.14). 저 단계에서 우리가 충분히 파악하기에는 이 개념이 너무 어려웠습니다. 9권에서 13권에 이르는 자기-자각의 역설이 절정에 이르기까지, 우리의 자기-자각에 대한 견해들이 오랜 정화 과정을 거칠 필요가 있었습니다. 8권에서는 우리의 마음을 사랑 안에서 자신에게로 끌어당기는 불변하는 선에 대한 생각이 논의되었습니다(8.3.4-5). "우리는 우리가 알지 못하는 것을 어떻게 사랑할 수 있는가?"라는 문제로 이행하면서 말이죠(8.4.6). 아우구스티누스는 사랑이 **인식**에서 비롯된다고 말합니다. 즉 우리 자신의 판단의 원천 또는 규준으로서 우리가 우리 안에서 이미 알고 있는 정의나 선함의 형태*pattern*(형상*forma*)를 다른 무엇 혹은 다른 누군가 속에서 인식하면서 말이죠(8.6.9). 우리는 사랑을 이해하면서 삼위일체를 이해하기 시작하는데, 사랑은 사람들 안의 유스티티아에 대한 욕망으로 간주됩니다. 그러한 욕망은 심지어 우리를 자기-희생으로 몰아갈 수 있습니다(8.7.10). 우리는 사랑한다는 것 자체를 사랑해야 하고, 우리 안과 타인들 안에 사랑이 있기를 갈망해야 합니다. 이것은 유스티티아를, 즉 사물들 간의 올바르고 적절한 관계를, 우리 인간들이 우리를 지으신 이와 맺는 올바른(사랑하는) 관계를 바란다는 것입니다. 따라서 카리타스나 딜렉티오*dilectio: 애정* 자체가 삼위일체에 관한 하나의 모형이라는 것입니다. 사랑은 사랑을 사랑합니다—이는 사랑이 그 특성상 사랑의 행위를, 혹은 더 나아가 무언가를 사랑하게 되는 조건을 사랑한다는 말입니다. 우리는 오직 (분명히) 사랑이 실제로 사랑하는 중일 때 사랑을 사랑할 수 있습니다. 사랑받는 사랑은 추상적이거나 대상 없는 상태일 수 없습니다. 자신에게 갇혀 있을 수 없습니다. 따라서 카리타스는 행위이자 관계인 카리타스 자체뿐만 아니라 사랑받는 대상까지 내포하며, 또한 그 대상 안에서 그 대상을 사랑할 만하게 만드는 사랑도 내포합니다. 사랑이 있고, 사랑받는 것이 있으며, 사랑받는 것 안에 존재하는 사랑함이 있습니다. 제 생각에 이 것은 우리가 *amor aulem alicuius amantis est, et amore aliquid amatur*, 즉 "사랑은 사랑하는 이를 향한[주격 속격이 아닌 목적 속격] 사랑이고, 무언가는 저 사랑하는 이의 사랑이라는 대상이어야 합니다"라는 진술을 읽는 방식이어야 합니다. 간단히 말해서, 누군가를 향한 나의 사랑이 있고, 누군가 또는 무언가에 대한 그들의 사랑이 있고, 그게 무엇이든 간에 저 누군가 또는 무언가가 있습니다. 우리가 아는 것처럼 이 세 가지 항목이 사랑의 실재를 구성합니다. 무엇이든 진정한(때때로 우리가 어리석게도 사랑이라고 부르는 소유하려는 충동과 반대되는[8.7.10]) 카리타스의 행위는 그러한 삼요소를 전제로 합니다. 내가 사랑하는 나 자신을 볼 때, 나는 내가 선을 사랑하는 이유를 압니다. 내가 사랑할 줄 아는 만큼 선은 나에게 낯설지 않으며, 나는 저 선 안에서 나 자신의 내적 생활의 규준, 형상*forma*을 인식합니다. 나의 사랑함은, 비표준적으로 표현하자면, 다른 누군가의 현전을 상정하고 있는 조건입니다—그래서 내가 저 선에 현전하는 것은 나의 본질과 선의 본질 사이의 연속성을 파악하게 해 주면서 저 선이 지닌 사랑의 본성을 나타내는 표지가 됩니다.

아우구스티누스는 우리가 아직 탐구의 끝에 이른 것이 아니라고 경고하면서 8권을 끝맺습니다. 그래서 버너비Burnaby는 좀 이상하게 사랑의 유비가 저 성인의 사상에서 오직 작은 자리만을 차지한다고 말하게 됩니다.[9] 이 부분을 되돌아보며 언급하는 15권은 이러한 판단에 반대되는 말을 합니다. 그 요점은 카리타스 내지 딜렉티오의 삼요소적 구조가 삼위일체에 대한 깨달음을 어디서 찾아야 할지를 보여 주지만, 현재 상태로는 주체와 **외부** 대상의 관계에 의존하는 유비라는 것입니다. **이 점**이 9권에서 14권까지 주제에서 벗어난 엄청난 양의 이야기를 해야 했던 이유입니다. **하나님**에 대해 무언가를 말하려 한다면, 자기 외부의 매개 없이 자기 자신과 관계하는 주체에 대해 우리가 말할 수 있는 것이 있는지를 알아내야 합니다. 그리고 이미 봤듯이 14권은 이 모험의 절정입니다. 마음이 창조주이자 사랑하는 이인 하나님의 계시를 매개하지 않고서 자기 자신과의 관계에 대해 말할 수 있는 것은 없습니다. 우리의 자기-자각의 핵심에는 하나님이 자신을 나누어 주심에 대한 자각이 있는데, 이로써 우리는 우리 존재의 기저를 이루는 영원한 사실을 지각합니다. 14권은 우리를 8권의 근본적인 통찰들로 돌아가게 해야 합니다. 후자는 불변하는 선에 대한 우리의 인식이 우리의 정신생활과 그것의 연속성을 인식할 가능성에 달려 있음을 보여 주었고, 전자는 바로 이러한 인식이 하나님의 사피엔티아의 사역임을, 창조주로부터 온 선물임을 보여 주었습니다. 우리 **안에서** 그리고 우리 **너머에서** 우리가 인식하는 것은 우리를 향해 방향을 돌리고 자신을 우리와 공유하

9   John Burnaby, ed. and tr., *Augustine: Later Works* (Library of Christian Classics VIII) (London: SCM Press and Philadelphia, PA: Westminster John Knox Press, 1955), p. 54 각주 38.

는 영원한 선입니다. 우리는 이제 하나님의 사피엔티아(이는 우리가 15.6.9에서 이미 보았듯이 그의 본질과 동일합니다)가 자신이 자유롭게 만드신 창조 세계를 사랑하신다는 것을 이해할 준비가 되었습니다. 그리고 만일 그것이 다른 실재들을 사랑한다면, 이는 그 자신에 대한 사랑이나 혹은 결과적으로 자신에 대한 지식 없이 될 수 없습니다. 만일 그것이 **영원한** 사랑이라면 자기 밖의 어떤 대상을 필요로 하지 않으며, 또 만일 그것이 영원한 **사랑**이라면 우리가 우리의 세계에서 친숙한 삼중적 카리타스 같은 것이어야 합니다.

『삼위일체론』의 후반부는 너무 생각이 많이 들어가 있고 구조가 산만하여 그것이 어떻게 단일한 논증을 형성하는지를 보기가 극도로 어렵습니다. 그렇다고 해서 이 부분을 보지 않는다면 형편없이 오해할 위험이 있습니다. 그러므로 더 나아가기에 앞서, 제가 이제까지 여기서 윤곽을 그리려 했던 논증을 요약하여 재구성하는 시도가 있어야 할 것 같습니다.

(i) 우리는 우리가 하는 판단마다 불변하는 선을, 우리가 바라는 모든 것의 궁극을 상정합니다(익숙한 아우구스티누스의 주제입니다. 예를 들어 『고백록』 7.17을 보십시오.)

(ii) 만일 우리가 그것을 바라고, 판단할 때 그것을 이용한다면, 우리는 어떤 의미에서 그것을 '알고' 있어야 합니다.

(iii) 우리가 선함을 판단하는 형태는 우리가 보는 이것이 우리 안에 이미 현전하는 것과 비슷하다고 인식하는 방식입니다.

(iv) 우리가 선을 찬성하는 것approbation은 선이 모든 것 안에 있게 되기를 바라는 것과 불가분합니다.

(v) 따라서 우리가 선에 현전하거나 선을 공유하는 것은 자기-지향적이지-않은 욕망, 즉 카리타스입니다.

(vi) 따라서 우리가 타인들 안에서 사랑하는 선은 또한 사랑의 형태를 지닙니다.

(vii) 우리가 사랑하는 것은 사랑하고 있는 것what is loving입니다. 그런 까닭에 사랑은 삼위일체적 형태입니다.

(viii) 하지만 영원하고 단순하며 불변하는 실재에 적용되는 것이 아니라, 오직 세상에만 적용된다는 식의 차이들이 전제되어 있으니, 어떻게 이것이 하나님에 대해 말해 줄 수 있습니까?

(ix) 우리는 우리가 무조건적인 자기-현전과 자기-사랑이라는 개념을 이해할 수 있는지를 보기 위해, '우발적인' 요소들이 마음을 조건 짓는 것을 마음에서 벗겨 내야 합니다.

(x) 우리가 우리 자신에게 현전하는 것은 다름 아닌 우리가 신적 지식과 신적 사랑의 대상이 되는 것에 조건 지어진다는 결론에 이릅니다.

(xi) 따라서 지적이고 도덕적인 자기-현전의 일부인, 우리가 우리 안에서 선을 인식하는 과정 전체는 하나님께 사랑받은 결실입니다.

(xii) 우리는 (어떤 면에서는secundum quid) 하나님이 아시는 것을 아는데, 왜냐하면 하나님이 우리를 사랑하셔서 사피엔티아인 자기 삶의 몫을 우리에게 나누어 주시기 때문입니다.

(xiii) 하나님의 사피엔티아는 그 자체로 사랑으로 식별됩니다―그것
　　　은 다른 이들 안에 선이 있기를 바라는 욕망입니다.

(xiv) 영원하기에 그것은 무조건적이어야 합니다(하나님의 영원성의
　　　문법에 관한 15권 초반의 언급을 참조하십시오).

(xv) 하나님은 하나님을 사랑하십니다. 하나님이 사랑하시는 하나님
　　　은 하나님을 사랑하시는 하나님입니다. 외부의 것으로 조건 지
　　　어지지 않는 삼중적인 카리타스입니다―15권의 나머지 부분은
　　　이를 더 명료하게 하려고 노력합니다.

　우리가 특히 주목해야 할 것은 아우구스티누스가 신적 위격들의
삶과 신적 실체를 분리하는 커녕, 하나님께서 관계적이고 삼위일체
적이실 수밖에 없는 것과 같은 식으로 실체를 정의한다는 점입니다.
창조에 나타난 신적 삶은 자기-나누어 줌으로만 파악될 수 있기 때
문에, 사피엔티아와 카리타스는 불가분합니다. 그리고 관계성 없이
는 카리타스를 생각해 볼 수 없습니다. 하나님이 영원한 지혜시라
면, 또한 영원한 사랑이십니다. 신적 본질은 일치에 관한 추상적 원
리가 아니며, 위격들*hypostases* 위에, 그 너머에 있는 어떤 '인과적' 원리
도 아닙니다. 하나님이심이라는 것은 신적 삶을 **주시기를** 바라고 이
를 적극적으로 행하신다는 것입니다. 이것이 하나님의 본질이며, 우
리의 목적과 관련하여 하나님을 정의하는 것입니다. 사랑의 행위로
이루어져 있지 않은 '신성'은 없으며, 따라서 위격들의 삼위일체와
는 별개로 상상해 볼 수 있는 적절한 '신성'도 없습니다.

이는 결국 15권이 인간의 마음속 형상*imago*의 본질에 대해 분명하게 내포하고 있음을 어느 정도 밝혀 줍니다. 왜냐하면 인간의 정신 활동에 관한 용어들은 느슨한 방식이 아니고서는(15.23.43) 그 특유의 정신 작용의 총체 속에서 마음의 형상들, 삼위일체의 위격들에 상응하지 않기 때문입니다. 삼위일체 전체에 상응하지 않는 것이죠. 그것은 영원에 적합한 삼위일체적 삶과 대조적으로, 창조 질서에 적합한 삼위일체적 삶입니다. 우리가 보았듯이, 하나님의 영원성은 절대적 자기-정체성을 수반합니다. 하나님 안에는 "이 삼위일체적 삶과 관계없이 하나님의 본성에 속한 것은 없으며"(15.7.11), 모든 위격에 참되지 않으면서 한 위격에만 참된 것도 없습니다—그래서 (7권에서 이미 언급되었듯이) 성부께서 자신이 낳으시는 지혜를 통해서 지혜로우시다거나, 자신이 성령으로 파견하시는 사랑을 통해서 사랑하신다고 말한다면 잘못입니다(15.7.12). 그분들의 것인 하나의 사피엔티아 덕분에 그분들 모두가 신적이기 때문에, 그리고 사피엔티아는 우리가 기억, 지성, 사랑이라는 말로 의미하는 모든 것을 포함하고 있기 때문에, 어느 한 위격이 모두를 대신하여 어떤 특정한 정신 행위를 전담하지 않습니다. "다른 이가 대신 기억하고 다른 이가 대신 이해하며 자신은 다만 사랑할 뿐이라면"*si alius ei meminisset eique alius intellegeret ac tantummodo sibi ipse diligeret*(15.7.12. 또한 15.17.28 참고) 성령은 지혜일 리 없습니다. 다른 한편, 인간 존재가 오직 '사피엔티아적인' 삶을 살 수 있다는 것 때문에 인간인 것은 아닙니다. 우리의 인간됨은 기억, 지성, 사랑으로 **구성되는** 게 아니라, 다른 것들―필멸성, 동물성―로도 구성됩니다(15.17.11). 우리는 하나님이 불변적으로 무엇인 지를 알possess 뿐입니다. 따라서 우리는 신적 사피엔티아의 동시성과 총체성을 이해할 수 없습니다. 우리의 정신 작용들은 어쩔 수 없이 시간에 묶여 있습니다(15.7.13). 우리는 부분적으로는 자기-지각을 통해서, 부분적으로는 감각-지각을 통해서 압니다(15.12.22). 비록 우리 자신이 어떤 말verbum을 생성하는 것과 그 말과 행동의 관계가 삼위일체의 삶과 제법 중요한 유비가 있더라도, 자기-관계적이며 타자-관계적인 우리의 앎의 이러한 이중적 성격은 지속적인 다름이 있음을 의미합니다(15.13.22). 우리의 지식은 하나님의 지식과 같지 않습니다―영영 그럴 것입니다. 우리의 지식은 언제나 필연적으로 학습한 또는 획득한 사피엔티아일 것입니다(15.15.26). 심지어 우리의 지식이 (지금과는 달리) 어떤 참된 근거를 보장받을 때조차 그렇습니다(15.15.24-26).

하나님의 형상, 우리 안에 창조된 사피엔티아는 따라서 다소 역설적인 성격을 갖습니다. 우리의 일상적인 정신 활동은 하나님의 활동과 철저히 다릅니다. 그 무엇도 사랑하시는 지혜이신 하나님 본성의 절대적 자기-정체성에 우리를 실제로 동화시키지 못할 것입니다. 우리의 자기-지각이 저 지혜의 자기-나누심에 대한 우리 자신의 절대 의존성을 지각하는 경우, 우리가 자신을 바라볼 때 보이는 것이 자유롭게 발생하는 은혜일 경우, 우리는 신적 지혜를 모상할 수 있습니다. 그리고 이것은 우리가 우리 자신을 시간에 매였고, 유한하며, 연약한 존재로, 자생적 존재가 아니라 은총을 필요로 하는 존재로 인식해야 한다는 의미입니다. 우리의 사피엔티아는 우리 자신을 무시간적인 영으로 전망하는 것으로 종결되는 것이 아니라, 하나님으로부터 우리의 창조된 거리를 인식하는 것으로 종결됩니다. 오직 그래야만 우리는 지혜로워집니다. 왜냐하면 그래야만 하나님의 창조적 지혜가 우리의 자기-앎의 대상이 되기 때문입니다. 시간적인 연속, 즉 우리 안의 기억, 이해, 의지의 단편적이고 꽤 불안정한 생활 방식은 신적 형상을 나르는 적절한 수단으로, 하나님과는 아주 큰 **차이**가 있습니다. 피조물이라는 자기-이해(완전한 의미에서는 사랑하시는 창조자에 대한 자각을 포함합니다)는 하나님의 사랑의 반영이며, 따라서 하나님의 지혜로운 존재를 반영합니다. 그것은 신적 카리타스가 인간의 마음, 인간의 삶에 완전히 만연되어 있음을 자각하게 되는 것입니다. 9권에서 14권에 기술된 시간적인 조건화로부터 마음을 정화하는 것은 세상 속 우리 자신에 대한 우리의 지식에서 벗어나게 하기 위해 고안된 것이 아니라, 우리가 이를 수 있는 가장 추상적인 형태의 자기-자각이 어떻게 우리를 저 너머에서나 우리 앞에서 환원될 수 없는 방식으로 하나님의 사랑에 직면하게 하는지를 보이기 위해 고안된 것입니다. 앞서 말한 것을 다시 상기하자면, 형상이란 '우리의 피조물됨으로의 움직임'입니다.

우리가 존재론적으로 하나님처럼 사피엔티아일 수 없다면, 우리의 과업은 필멸적 실존의 과정이 우리의 올바른 지혜인 은혜의 자기-인식으로 변형되게 하는 것입니다. 따라서 이는 15권이 우리를 변화시키며 하나님의 삶에 참여하게 하는 행위자로 성령을 고찰할 때 매우 타당한 것입니다. 성령은 카리타스 내지 딜렉티오로 불리는데, 이는 성령만이 사랑이시기 때문이 아니라, 우리가 아는 한 성령이 역사한 결과가 사랑의 결과이기 때문입니다—즉, 성령은 "우리가 하나님 안에 머물게 하고 하나님이 우리 안에 머물게 하십니다"*facit nos in deo manere et ipsum in nobis*(15.17.31. 또한 15.19.37 참고). 이처럼 우리 안에 사랑이 현전하게 하시는 작인이신 성령은 우리의 구원의 공식 원인인 선물*donum*이십니다(15.18.32-19.38). 선물들*dona*이라는 말이 성령에 대해서도 사용될 수 있다는 점은 문제가 되지 않습니다. 구원하는 하나의 딜렉티오가 그리스도의 몸 안에서 다양한 인간 존재들의 필요와 부르심에 전유되는 방식에는 성령과 우리의 다수적 관계가 포함되기 때문입니다(15.19.34). 선물이라는 칭호는 성령의 신적 지위가 하나님과 세상의 관계에 의존함을 의미하지 않습니다. 성령은 영원히 하나님입니다. 그리고 선물이신 성령이, 주는 분이신 아버지와 아들보다 열등하다는 의미도 아닙니다. 하나님은 하나님을 주시지, 다른 어떤 줄 것을 가지고 계시지 않습니다. "하나님으로서 스스로를 주십니다"*se ipsum det sicut deus*(15.19.36). 하나님이신 성령은 수동적일 수 없으며, 아버지와 아들이라는 작인에 의하여 전달되는 대상일 수 없습니다. "여기에는 주는 분들이 지배하고 주어지는 분이 종속되는 관계가 아니라, 주는 분들과 주어지는 분 사이의 화합이 있습니다"*non est illic conditio dati et dominatio dantium sed concordia dati et dantium*(15.19.36). 다시 말해, 성령의 신격은 바로 아버지와 아들의 신격입니다. 자신을 주시는 사랑의 지혜가 계시는 것이지요. 그러나 우리는 신성에 관한 일반적인 사실(애정 _dilectio_, 선물 _donum_)을 특히 성령과 관련하여 말할 수 있습니다. 왜냐하면 하나님이신 사랑과 선물의 삶이 우리의 구원이라는 구체적인 역사에서 구체적이고 다양한 개인들에게 사랑스럽게 주어지는 것은 성령을 통해서이기 때문입니다. 우리가 구속받은 피조물로서 사피엔티아에 접근할 수 있는 것은 성령 때문입니다. 우리가 바로 우리 자신과의 관계의 토대로 인식하는 자기-나눔의 삶에 가담하게 되는 것은 성령 때문입니다.

성령은 성부와 성자에게 '공통'되는 영입니다(15.19.37, 26.47, 27.48). 그들을 동등하게 특징짓는 어떤 특성이나 비인격적 속성으로서 공통된다는 것이 아닙니다. 단순히 아버지의 위격과 동일한 것이 아니라 아버지가 아들에게 전달하여 아들이 자기 차례에 주시는 능동적인 신적 주심으로서 공통됩니다(15.26.47-27.48). 이는 아마도 15권에 나타난 아우구스티누스의 생각 중 가장 어려운 부분일 것 같습니다. 하나님의 영원한 삶에서 성령의 '정체성'은 대부분 부정의 방식으로 정의되어야 합니다. 우리가 보았듯이, 성령은 수동적이거나 비인격적인 것이 아니라, 주시는 하나의 주체이십니다(이는 신적이라는 말이 의미하는 바입니다). 아버지는 영원토록 아들에게 (신적) 생명을 주시는데, 그 자체가 '주는' 작인인 생명을 주시는 것입니다. 왜냐하면 추상적이거나, 인격에 선행하거나, 인격보다 하위에 있는 신성이 아니기 때문입니다. 아버지는 아들도 그 자체가 본유적으로 주는 것인 똑같은 생명 —이는 우리의 역사에서 우리에게 아버지와 아들 사이에 존재하는 선물의 관계를 주시는, 증여하는 생명입니다— 을 줄 수 있도록 아들에게 능력을 주십니다. "하나님으로서 스스로를 주십니다"*se ipsum det sicut deus*(15.18.36). 하나님이신 성령은 하나님을 주시며, 자기-나눔 하는 사피엔티아의 현실을 선사하십니다. 이 사피엔티아는 영원히 아버지께서 말씀을 낳으시기에 현존합니다. 성령의 주는 행위는 아버지께서 아들을 낳으시는 행위가 아니며, 아들이 아버지께 자신을 선물하심으로써 성령을 세상에 '방출하는' 행위도 아닙니다. 다만 그것은 하나님이 주시는 행위이며, 따라서 성령은 아버지와 아들 못지않은 하나의 '위격'이십니다. 성령은 주로*principaliter* 성부로부터 발하십니다(15.17.29; 26.47-27.48 참조―이는 아우구스티누스가 성령의 발출을 스콜라주의적인 의미에서 한 원천으로부터(의 발출)인 것처럼*tanquam ab uno principio* 가르치지 않았음을 매우 명백히 나타냅니다). 하지만 이 맥락은 그렇다고 아버지를 아들과 성령이 흘러나오는 한정할 수 없는 풍성함을 지닌 근본 주체, '스스로-자리 잡는*self-positing* 주체'로 생각해서는 안 된다는 점도 명확하게 해 줍니다.[10] 아우구스티누스는 바로 이 구절(15.26.47-27.48)에서 삼위일체 관계의 절대적 동시성을 주장합니다. 아버지의 우선성에 대한 어떤 조잡한 설명이나, 심지어 아버지가 신적 본질의 최상위 '소유자'로서 다른 위격들에게 나누어 주는 어떤 삼위일체 모형도 받아들일 수 없게 만드는 방식으로 주장합니다(우리는 신적 위격들이 신적 본질을 '소유'하는 게 아니라, 신적 위격이 바로 신적 본질이라

---

10   John Milbank, "The Second Difference: For a Trinitarianism without Reserve", *Modern Theology*, 2.3 (1986) pp. 213-34, 특히 pp. 220-225를 보십시오.

는 점에 주목해 왔습니다[11]). 사피엔티아는 다른 누군가를 낳음**으로써** 현존합니다. 사피엔티아는 다른 이를 위해 적극적으로 존재함으로써 사랑하는 자로서의 그 존재를 갖습니다. 아버지는 아버지이기에, 아들을 **위해** 존재하심으로써 구체적이고 적극적으로 아버지이신 것입니다. 사피엔티아는 영원히 사랑받음으로써, 영원히 관조됨으로써 현존합니다. 그러한 영속적인 사랑을 받고 그 사랑에 반응하는 것으로서 그 존재를 갖습니다. 아들은 아들이기에, 아버지**로부터** 존재함으로써 구체적이며 실제적으로 하나님이십니다. 그리고 사피엔티아는 아주 단순히 말하자면 어떤 대상을 찾는 사랑이 됨으로써 현존합니다. 사피엔티아는, 받는 형태이지만 아버지와 아들 상호 간의 선물로 고갈되지 않는 영속적인 사랑의 행위가 됨으로써 그 존재를 갖습니다. 성령은, 능동적인 또는 생산적인 아버지와 아들의 관계 자체를 구성하는 작인이라는 의미에서 아버지와 아들**로부터** 또는 그들을 **통해** 구체적이며 실제적으로 하나님이십니다. 영원 속에서—우리는 이렇게 추측해야 합니다—출산하는 지혜와 출생되는 지혜가 서로 주고받으며 완벽한 사랑의 대상이 되면서 저 생산하는 사랑은 '충족'됩니다. 구원의 경륜에서, 성령의 역사이자 정체성인 아버지와 아들의 관조적인 비전(하나님에 대한 사랑을 사랑하는 하나님의 사랑)은 피조물 안에 역사되고 실현됩니다. 피조물이

11　15.14.23과 21.40에서 아버지께서 자신이 가진 것을 다른 위격에게 주시는 것이라기보다, 말씀 안에서 자신이 무엇인지를 '이야기하시고' '발화하시는' 언어를 주목하십시오.

아버지와 아들의 관계를 나누어 받도록 하나님의 사랑으로부터 떨어졌던 거리가 좁아지게 되고, 그래서 피조물이 서로서로 카리타스의 끈으로—교회의 삶인 사랑의 끈으로, 성령의 교제*communio sancti spiritus*로(아우구스티누스가 도나투스주의를 반박하는 글에서 매우 즐겨 쓴 주제입니다[12])—묶여 살아가게 되면서 말이죠.

대상을 찾는 사랑으로서의 성령이라는 개념은 약간 이상해 보일 수도 있습니다. 하지만 21.40-41은 조밀하고 모호하게 표현되어 있긴 하지만 약간의 빛을 비추어 줍니다. 여기서 아우구스티누스는 그가 보통 사용한 방식의 마음에 관한 유비가 불충분함을 인정합니다. 그럼에도 불구하고 그는 독자들이 신적 위격들이 불가분하고 상호 조건 지어진다는 점에 관한 불충분하지만 꽤 확실한 직관을 발견하기 위해서, 지성에 있어 사랑의 역할에 대해, 사랑에 있어 지성의 역할에 대해, 지성과 사랑 모두에 있어 기억의 역할에 대해 고찰하도록 초청합니다. "우리의 생각의 눈은 아무런 기억 없이 어떤 것에 돌아가지 않으며, 우리의 관심은 사랑 없이 그 어떤 것에 돌아가지 않습니다"*Nisi reminiscendo non redit ad aliquid, et nisi amando redire non curat nostrae cogitationis intuitus*(15.21.41). 생각은 '관심'을, 무언가를 바라는 의지를, 일종의 에로스를, 비시오*visio: 시선*를 포함합니다. 에로스는 형상을 찾기 위해 우리를 기억 속으로 보냅니다. 비시오는 우리의 생각을 완성하기 위해, 우리의 생각이 인식이 되기 위해, 즉 우리의 생각이 연속적이며

---

12 특히 『세례론』 3-5. 『서간집』 185.10.43.

일관적이기 위해 필요합니다. 이러한 사랑은, 이러한 생각과 해석의 에로스는 우리의 지각의 역사를 현재의 지각 경험과 결합하여, 전자를 후자의 '부모'로 설정합니다. "딜렉티오는 기억 속에 설정된 시선과 그로부터 형성된 생각의 시선을 부모와 자식처럼 결합합니다"*Ita dilectio quae visionem in memoria constitutam et visionem cogitationis inde formatam quasi parentem prolemque coniungit*(15.21.41). 사유의 딜렉티오는 생각을 일관적인 활동이 되게 하는 것입니다. 우리는 이러한 활동으로부터 **계속해서** 이성적인 생각을 해 나갈 수 있습니다. 이렇게 형상에서 원형으로 바뀌면서, 우리는 하나님이신 사피엔티아적 사랑의 과정 전체가 그 완전성을, 그 내적 '결합성'을 발견하며 그래서 그 과정이 외부로부터*ab extra* 아무것도 필요치 않을지라도 외부에서*ad extra* 행동할 수 있는 현실로서 존재하는 것은 바로 성령의 사랑 안에서 일어나는 일이라고 말할 수 있습니다.

그렇다면 지금까지 성령을 충분히 다루지 않은 아우구스티누스의 삼위일체 신학으로부터, 그리스도교 교리 역사상 처음으로, 어떻게, 왜, 성령이 삼위일체적 삶에 본유적인지에 대해 어느 정도 설명하는 데 성공한 것입니다—닛사의 그레고리오스의 매우 정교한 글에서도 아주 명료하게 해내지 못한 일입니다.[13] 카파도키아인

---

13   David Brown, *The Divine Trinity* (London: Duckworth, 1985)에서(특히 7장에서) 브라운은 카파도키아의 삼위일체 신학이 아우구스티누스의 삼위일체 신학보다 위격들의 구별성에 관하여 훨씬 더 근본적으로 명료하다는 점에서 더 낫다고 믿고 있습니다. 하지만 브라운은 카파도키아식 분석이 성령의 영원한 구별성에 대한 문제를 어떻게 다루는지를 표면적인 방식으로밖에 보여 주지 못했습니다. 브라운은 자신의 책

들과 마찬가지로, 아우구스티누스는 성령의 '발출'breathing-out과 아들의 출생을 이렇게 굉장히 은유적인 방식 말고 어떻게 구별하는 것이 가장 좋은 방식인지 확신하지 못한 채 남겨 두었습니다(15.27.48). 하지만 그는 이에 대해 과하게 염려하지 않았으며, 저는 그가 그렇게 걱정하지 않은 것이 맞다고 믿습니다. 그는 신적 관계의 형태에 대해 복잡하지만 결코 비일관적이지 않게 이야기하는 방식을 확립했습니다. 이는 사랑하시는 영원한 지혜의 움직임에 대한 전체 분석에서 그 중요성이 명백해지는 구별을 잠정적이고 체험적인 언어로만 온전히 이끌어 낼 수 있습니다. 이 모든 것의 대가代價가 지지될 수도 없는 '일원론적인' 하나님 상일까요? 버너비가 지적하듯이[14] 아우구스티누스는 "[삼위일체의] 위격은 신적 자아ego의 능력이나 기능이 아니다"라는 점을 완전 분명히 했습니다. 정신생활이 인간 생활의 한 부분이고, 마음의 의식 생활이 정신생활 전반의 한 부분이고, 은혜의 사피엔티아적 삶이 (우리가 하늘에 이르기까지) 의식 생활의 한 부분인 것과 같이 사피엔티아의 움직임이 한 부분인 자

을 옹호하는 글("Wittgenstein against the 'Wittgensteinians': A Reply to Kenneth Surin on *The Divine Trinity*", *Modern Theology*, 2.3 [1986], pp. 257-76)에서 저 문제를 다시 언급합니다. 그는 여기서 아우구스티누스가 신적 본질의 일치에 관하여 관심을 둔 것으로 여겨지고 있(지만 저는 입증될 수 없다고 생각하)는 부분에 대해 여러 주장을 반복하고 있지만, 또한 『삼위일체론』의 뒷부분의 삼위일체 모형과 그렇게 다르지도 않은 삼위일체 모형을 내비치고 있습니다. 저는 이런 문제들에 대한 논의에 대해서도 브라운 박사에게 감사하고 있지만, 그의 미출간 논문 "Trinitarian Personhood and Individuality"를 읽을 기회를 준 것에 대해서도 감사하게 생각합니다. 이 논문은 제가 볼 때 여전히 아우구스티누스의 관점에 더 가까운 것 같습니다.

14　Burnaby, *Augustine*, p. 31.

아는 없습니다. 그러므로 삼위일체의 복수성이 본질의 일치에 종속된다는 식의 물음은 있을 수 없습니다. 따라서 아우구스티누스가 하나의 신적 '의식'의 측면에서 생각했는지 혹은 셋의 측면에서 생각했는지에 대한 물음에 간단한 방식으로 답할 수도 없습니다. 삼위일체의 위격들은 한 자아의 세 가지 모습이 아니며, 연속적으로 연결된 반쯤 독립적인 행위 주체도 아닙니다. 사피엔티아의 삶은 하나의 삶이며 하나님의 삶인데, 정의상 의식적이고 지적인 앎의 삶입니다. 이는 또한 우리가 관찰했듯이 (또 다시 정의상 사피엔티아가 실제 의미하는 바를 분명히 한다면) 사랑의 관계를 낳으며 그래서 타자성, 즉 차이를 낳는 삶이기도 합니다. 신적 지혜는 오직 주체들 간의 관계 같은 것으로서만 존재합니다. 그럼에도 이 주체들이 의식하는 것의 내용은 형식상 동일하고, 관계 형태 내지 상호 의존 형태 전체 속에서 이 혹은 저 주체의 위치로만 구별됩니다. 이런 이유로 15.14.23에서 아우구스티누스는 아버지가 '자신 안에서'와 '아들 안에서' 모든 것을 아신다고 아버지와 아들의 지식에 대해 관찰한 것입니다—즉, 그는 자신을 모든 것의 궁극적 시작자로 알고 계시며, 또한 이러한 앎의 행위 **가운데** 이러한 시작 행위가 어떻게 말씀 안에서 실현되며, 말씀 안에서 말씀으로 '발화'되는지를 아십니다. 아버지는 아들을 낳는 자로(오직 그런 자로) 자신을 아시기 때문에, 아들을 아십니다. 아들은 아버지가 낳은 유일한 자로(오직 그런 자로) 자신을 알기 때문에 아버지를 아십니다(전자는 낳으심으로써, 후자는 나심으로써*ille gignendo, ille nascendo*). 그분들은 서로 다른 것을 아시는 것이 아니며, 그분들 자신을 각각의 독립된 개별자로 아시지도 않습니다. 그분들은 그분들 자신에게 독립적인 대상이 아닙니다. 사피엔티아는 자신에 대한 의식이 오직 사랑의 행위들의 여러 가지 상호 관계—혹은 더 정확하게 말하자면, 한 사랑의 움직임 안의 구별과 자기-반영성self-reflexivity으로, 그 자체로 완전하기도 하지만 규정할 수 없게 사랑의 대상을 찾고 있어서 스스로에게 **충분하면서도** 생산적이기 때문에 평범한 의미의 '자기-반영성' 이상이기도 합니다—안에만 존재하는 의식적인 삶이라는 것 외에 우리에게 별로 할 말이 남아 있지 않습니다.

저는 인류학에서 개인주의로 가고, 신학에서 추상적인 신론으로 가는 움직임이 아우구스티누스의 책임일 수 없다고 주장하는 중입니다. 『삼위일체론』의 내적 성찰의 방법은 마음의 삶을 하나님과의 관계 속에 단단히 자리 잡게 함으로써 고독한 인간 자아를 탈신화화하도록 고안되었습니다—그리고 더 나아가, 하나님을 자기-선물로 이해하도록, 자기-나눔의 사랑을 통해 타자성 및 거리둠으로 가시는 움직임으로 이해하도록 고안되었습니다. 이 작업은 결론에 이를수록, 성령을 통해 신적 카리타스를 나누어 주심에 대해 점점 더 묵상하는 식으로 변하고 있으며, 따라서 인간 자아에 대해서는 신자들의 교제 안에서 묵상하는 식으로 변하고 있습니다. 마찬가지로 15권에서 사랑과 선물이라는 주제에 대한 갈수록 정교해지는 논의는, 앞서 보다 개략적인 언급의 배경과는 대조적으로, 아우구스티누스 신학을 규정하는 '신적 일치로부터의 시작'에 관한 진부한 문구들이 가장 위대한 이 신학 논문에서 진행 중인 논의를 이해하는 데 아무 쓸모가 없음을 분명히 보여 줍니다. 그는 여느 그리스 신학자들 못지않게 신적 본성의 일치와 단순성을 지키는 데 주의를 기울였지만, **논쟁적인** 관심은 『삼위일체론』에서 거의 볼 수 없습니다. 이 작업에서는 확실히 신플라톤주의식 일자에 대한 관심을 흔적조차 찾아볼 수 없습니다.[15] 아우구스티누스가 해내고 있는 것은 세 신적 실재 subsistents의 내용으로 여겨지는 한 신적 본성이라는 개념(저 본성에 대해 다소 정적인 그림을 제시할 수 있는 개념)을 삼위일체의 관계 안에 존재할 수밖에 없는 어떤 활동(사피엔티아적 사랑)으로 보는 신적 본성에 관한 비전으로 바꾸는 것입니다. 이는 일원론이나 '추상적 신론'이 전혀 아닙니다. 현대 신학은 신화적이 될 위험이 있는 삼위일체 다원론trinitarian pluralism의 형태—상호 작용하는 드라마로서의 신적 삶—에 깊이 전념하고 있습니다. 그리고 이런 추세는 아우구스티누스의 이야기에 진지하게 주의를 기울임으로써 균형을 찾을 필요가 있습니다. 종종 현대 삼위일체 다원론은 전적으로, 학술적 교과서들에 나오는 정통적 경향의 삼위일체에 관한 공식적 설명들에 대한 지적인 반작용입니다. 혹은 자유주의 개신교에서 보였던 추상적 유니테리언적 경향에 대한 반작용입니다. 그러나 그것이 하나님에 대한 그리스도교의 문법에서 이 핵심 요소를 되찾는 유일한 방법은 아닙니다. 그리고 만일 그것이 매우 신인동형론적인 작인의 다원성

---

15 Brown("Wittgenstein against the 'Wittgensteinians'", p. 269) 및 다른 이들, 특히 뒤 로이(Du Roy)의 입장과는 다릅니다.

에 만족한다면, 아우구스티누스의 분석에서 핵심 요소―하나님의 **본성**을 사랑하시는 지혜로, 관계적으로 이해하는 것, 따라서 간단히 말해 하나님에 대한 담론과 삼위일체 교리를 통합하는 것―를 놓칠 것입니다. 하나님의 기쁨인 무한한 선물과 교환에서 몫을 얻는다는 근본적인 그리스도교의 인식에 가까이 머무르기 위해 준비된 삼위일체 신학은 『삼위일체론』과 이 책의 유별나게 미묘한 신학과 인류학의 융합으로부터 배울 점이 많을 것입니다. 타르시치우스 반 바벨 Tarsicius van Bavel은 아우구스티누스를 다룬 자신의 글에서, 아우구스티누스 사상의 전체에서 하나님과 인간적인 것the humanum 사이의 이 풍성한 상호작용 속으로 이 사랑의 박사doctor caritatis의 학생들을 일관되게 끌어들여 왔습니다. 따라서 반 바벨 신부에 대한 이 감사의 표시를 아우구스티누스의 인류학에 대한 그의 몇 마디 말로 맺는 것이 적절할 것입니다. 이는 제가 여기서 『삼위일체론』의 주요 취지라고 주장해 온 것을 요약해 주는 말일 것 같습니다.

이러한 시각은 신자들에게 엄청난 책임을 수반합니다. 우리는 세상에 하나님의 사랑이 현전하는 일에 집단적으로 책임이 있습니다. 결국 사람에 대한 사랑은 바로 하나님에 대한 사랑입니다. 하나님은 우리를 통해 세상을 사랑하십니다.[16]

---

16   Tarsicius J. van Bavel. "The Anthropology of Augustine", *Milltown Studies* (Dublin), 19/20, Spring and Autumn 1987, p. 37.

당연하게도, 아우구스티누스의 그리스도 신학과 삼위일체 신학 부분은 지난 20년 동안 이미 말한 수많은 내용에 비추어서 열렬한 관심을 받으며 재론되어 왔습니다. 아우구스티누스 연구에서 다시 고찰되어 온 수많은 것들이 이 주제들에 대한 재고에 근간을 두고 있습니다. 아우구스티누스의 그리스도론에 관한 권위 있는 단 하나의 연구가 아직 영어로는[17] 없습니다만, 오랫동안 고대했던 루이스 아이레스Lewis Ayres의 『아우구스티누스와 삼위일체』*Augustine and the Trinity*[18]는 자신의 삼위일체 사상이 관심을 두고 있는 빈틈을 충분히 메웠습니다. 그는 아우구스티누스의 글 자체에 대한 면밀한 연구와 더불어 보다 광범위한 교부 신학 영역의 걸출한 전문 지식을 기반으로 이러한 작업을 하였습니다. 그리스도론과 삼위일체 사상의 연관성은 바질 스투더Basil Studer가 초기 그리스도교 교리를 개관하는 장[19]에서 잘 요약해 놓습니다. 그리고 그는 2005년에 『삼위일체론』을 포괄적으로 소개하는 책을 출간했습니다.[20] 이는 중세에 이를 수용한 역사

17 *Augustinus-Lexikon*, vol. 1, fasc.5/6, ed. C. Mayer (Basel: Schwabe, 1992), cols 845-908에 실린 굴뱅 마덱(Goulven Madec)의 글과 그의 책 *La Patrie et la voie: Le Christ dans la vie et la pensee de saint Augustin* (Paris: Desclée, 1989)은 이러한 프로젝트에 포함되는 범위를 보여 줍니다. *Augustinus-Lexikon*에 실린 글(cols 879-882)은 시편에 대한 설교에서 매우 두드러진 '전체 그리스도'(*totus Christus*) 신학을 특히 명료하게 요약합니다.

18 Cambridge University Press, 2010.

19 *Trinity and Incarnation: The Faith of the Early Church*, ed. Andrew Louth (Edinburgh: T & T Clark, 1993), pp. 167-185. 참고도서 목록도 유용합니다.

20 *Augustinus De trinitate. Eine Einfuhrung* (Paderborn/Munich/Vienna/Zurich: Ferdinand Schöningh), 2005.

와 현대 연구의 과정을 추적하는 데 특히 도움이 됩니다. 독일에서는 롤란드 카니의 백과사전적인 연구서『아우구스티누스의 삼위일체 사상』*Augustins Trinitatsdenken*[21]을 능가하는 작업이 한 세대 이상을 지나는 동안 나오지 않을 것 같습니다. 카니의 책은『삼위일체론』의 모든 측면을 검토합니다. 복잡한 각 부분의 연대 문제, 지적인 배경과 삶의 배경, 책의 논증들을 다룬 현대의 모든 중요한 논의를 포괄합니다. 그리고 가장 최근인 2010년에『삼위일체론』에 관하여 보르도에서 열린 학회의 회보는『삼위일체론』에 관한 해석적 논의와 철학적 논의 모두에 대해 훨씬 더 나아간 관점들을 제시합니다.[22]

이러한 아우구스티누스 사상의 핵심 영역들에 대한 학술 연구가 최근 다년간 특출나게 왕성해졌습니다. 그리고 우리가 관점의 획일성을 말할 수는 없지만, 아우구스티누스의 철학과 신학에 대한 특정한 관점들이 이제 전보다 훨씬 옹호되기 어려워졌다고 말하는 것은 타당합니다. 동방과 서방의 삼위일체 사상이 양극단이라는 말은 일부 교회-간 논쟁에서 여전히 들을 수 있는 주제이고, 또 아우구스티누스와 그리스 신학자들 간에는 분명 표현 방식과 강조점에 차이가 있습니다만, 예전에 한때 통상 사용되던 방식—아우구스티누스가 위격의 다양성보다 실체의 일치에 특권을 주었다고 간주하는 방식—으로 그들을 대립시키고자 하는 사람은 별로 없을 것입니다.

21　Tübingen: Mohr Siebeck, 2007.

22　*Le* De trinitate *de Saint Augustin: Exégèse, logique et noétique*, eds. Emmanuel Bermon and Gerard O'Daly (Paris: Institut d'Etudes Augustiniennes, 2012).

그리고 라인하르트 플로가우스Reinhard Flogaus와 같은 학자들은 그레고리오스 팔라마스Gregory Palamas 같은 저명한 비잔틴 신학자가 아우구스티누스를 얼마나 많이 사용했는지를 보여 주었습니다.[23] 아우구스티누스가 신적 부성父性의 언어를 어떻게 사용했는지를 동방 정교회의 견지에서 물은 존 베어John Behr의 물음[24]은 모든 의문이나 의심이 해결된 것이 아니라는 점을 상기시켜 줍니다. 그는 적어도 특정한 목적을 위해 신적 위격을 하나의 '주체'로 다루려 하는 경향에서 아우구스티누스가 완전히 면제될 수는 없다고 주장합니다. 그러나 동조하면서도 조심스럽게 논박하는 이 논문은 수많은 아우구스티누스의 논증에서 그리스도 중심적 논리가 심오하게 펼쳐지고 있다는 점을 여전히 논외로 두고 있습니다. 정교회의 의구심은 이에 비추어 더욱 재평가될 수 있을 것입니다.

자기-인식에 관한 아우구스티누스의 생각을 '데카르트적'으로 읽

---

23 플로가우스의 다음 논문을 보십시오. "Inspiration – Exploitation – Distortion: The Use of St Augustine in the Hesychast Controversy" in *Orthodox Readings of Augustine*, pp. 63–80.

24 "Calling on God as Father: Augustine and the Legacy of Nicaea", *Orthodox Readings of Augustine*, pp. 153–165. 베어는 아우구스티누스가 특정 맥락에서 삼위일체 전체를 '아버지'로 부를 수 있도록 하는 『삼위일체론』 5.11.12의 한 구절을 인용합니다. 베어가 말했듯이 이 표현은 확실히 부적절하며, 이 표현이 시사하는 바는 골치 아픕니다. 하지만 우리를 아버지의 자녀로 중생시키시는 행위가 (다른 모든 신적 행위들과 마찬가지로) 삼위일체 전체의 행위라고 아우구스티누스가 주장하던 중이었음을 주목한다면, 그래서 (아우구스티누스가 완전히 당연한 것으로 여겼고 작품 전체와 그 밖의 다른 곳에서 유창하게 상술했듯이) 설령 그 결과가 아버지와 맺는 아들의 관계에 구체적으로 참여하는 것이더라도, 삼위일체를 은유적으로 '아버지로서 우리를 돌보시는' 분으로 생각했다면, 아우구스티누스에 대한 신뢰가 어느 정도 지켜질 수 있습니다.

는 것도 몇몇 확고한 반격에도 불구하고 비슷한 식으로 계속 도전 받고 있습니다.[25] 카니는, 대다수 학자들은 아우구스티누스의 자기-인식에 관한 분석이 그의 사상에서 데카르트에게 코기토cogito가 하는 방식으로 핵심 역할 같은 것을 한다는 점을 부인할 것이라고 지적하지만, 또한 카니는 데카르트가 지식과 진리에 관하여 보다 '수행적' 내지 상호적으로 설명하는 방향으로 코기토에 관한 자신의 초기 이론들을 수정한 것에서 아우구스티누스가 미친 영향을 관찰한 다양한 학문적 분석들에 관한 매우 흥미로운 논의도 제시합니다 (즉, 어떻게 우리가 확실성을 얻는지에 관한 것이 아니라, 우리가 어떤 종류든 이해 가능한 의사소통의 조건들을 어떻게 명확히 하는지에 관한 물음으로 저 쟁점을 본 것입니다. 아우구스티누스의 자기-물음의 실천은 자아를 **소통하는** 자아로, 말하는 행위자로 설정합니다). 하지만 최근 수십 년간 『삼위일체론』를 철학적으로—고대와 근대 초기 또는 근대 철학 모두와 관련하여—읽은 수많은 방식에 대해 그가 내린 최종 판단은 이런 독해들이 독자들에게 저 작품을 과하게 단순화한 요약판을 남겨 준다는 것입니다. "『삼위일체론』에서 신학적 요소를 배제하려는 어떤 해석도 그런 이유로 결함을 갖게 될 것입니다."[26] 이는 (웨인 행키Wayne Hankey와 같은 학자들이 보이

25 *Orthodox Readings of Augustine*, pp. 23-24.

26 Kany, *Augustins Trinitatsdenken*, pp. 289-294. 인용문은 p. 294. 데카르트 문제에 대해서, 그리고 이 책의 9장과 관련하여, *Le De trinitate de saint Augustin: exegese, logique et noetique* (eds. Bermon and O'Daly)에서 크리스토프 혼(Christoph Horn)과 찰스 브리튼(Charles Brittain)이 각각 쓴 『삼위일체론』의 자기-인식에 대

는 경향과 같이) 아우구스티누스를 데카르트화하는 것에 대한 경고가 쓸데없이 이성과 계시를 결합하는 것으로 곧장 이어진다는 말이 아닙니다. 아우구스티누스가 신뢰할 만한 주장들을 합리적으로 구성하려 하고 있음을 부인하는 것이 아닙니다. 아우구스티누스는 그 자체가 계시로는 해결되지 않는 일종의 개념적 명료화 작업에 아주 분명하게 매진하는 중입니다. 하지만 신학적 **맥락**이 여전히 중요합니다. 아우구스티누스는 기억, 지성, 의지 또는 사랑에서 자기-이해라는 복잡한 활동에 대한 정합적 설명을 제시하고 있습니다만, 자신의 전제에 충실할 수 없었습니다. 그는 여전히, 이러한 정신생활이 삼위 하나님과의 관계와 별개로 존재하거나 기능할 수 있다고 여겨지더라도 정확히 알려질 수 있다고 주장할 수는 없었습니다.

이는 또한 그것이, 영원한 지혜가 창조와 구속으로 유한한 세계의 내적 생명과 에너지가 되는 신적 행위에 본유적인 사랑과 별개로 생각될 수 없다는 의미입니다. 그 신적 행위에서 구속받은 유한

한 자세한 연구를 보십시오. 특히 두 번째 연구는 본질적으로 **생각 자체에 대한 생각**—특정한 사물들에 대한 현재의 능동적 앎과 별개로 확실한 대상을 식별하려 한다면, 명백히 '텅 빈' 생각—으로서의 지성 이론으로 나아가는 방식을 조명해 줍니다. 저는—보르도 학회 회보 서문에서—아우구스티누스가 여기서 '절대' 지식 개념으로, 그런 지식으로 우리를 안내하면서 데카르트를 선취했다기보다 헤겔을 선취했다고 잠정적으로 제안했습니다(그 관계에 대한 앞선 제안들에 대해서는 Kany, *Augustins Trinitatsdenken*, pp. 279-280을 보십시오). 우리가 훨씬 앞서 지적했듯이, 우리는 아우구스티누스에게 있어 지성은 지성 자체를 완전히 안다는 점에 동의할 수 있습니다. 하지만 지성은 늘 **작동됨**으로써만 그 자신을 알 수 있지, 특정한 종류의 지식이 저장된 스스로-완비된 실체로서 자신을 아는 것은 아닙니다. 이에 대해서는 Luigi Gioia, *The Theological Epistemology of Augustine's* De trinitate (Oxford University Press, 2008)도 보십시오. 특히 8장과 9장을 보십시오.

한 행위자인 우리는 우리의 갱생을 발견하고, 그 신적 행위는 믿음의 공동체에서 연합시키는 실재입니다. 아우구스티누스의 사랑을 이러한 맥락에, 완전히 그리스도론적이고 삼위일체적인 의미에 위치시키면, 구체적이고 역사적인 인간 타자에 대한 주장의 참된 의미들을 훼손해 가면서 아우구스티누스를 개인적인 혹은 개별적인 영적 성취를 옹호하는 변증가로 만들려고 하는 독해에서 무엇이 잘못인지를 보게 됩니다. 그리고 이 책의 마지막 장에서는 선별적인 독해로 모호해진, 성육신하신 하나님과 인간 타자 모두와 관련된 이 구체성에 관한 것을 아우구스티누스적인 사랑에 대한 이해로 복원하고자 합니다.

11

아우구스티누스가 말하는 사랑

베르네 G. 장롱Werner G. Jeanrond의 광범위한 『사랑의 신학』A Theology of Love에
는 아우구스티누스의 사랑 개념에 관한 장이 있습니다. 여기서 아우
구스티누스의 신적 사랑 및 인간의 사랑 개념을 논하면서, 이 성인이
이해한 성과 결혼뿐만 아니라 그 장의 한 소제목을 빌리자면 "주체
성, 작인, 공동체"subjectivity, agency and community를 둘러싼 훨씬 폭넓은 쟁점
도 다룹니다.[1] 장롱은 한나 아렌트Hannah Arendt가 박사학위논문[2]에 쓴

---

[1] Werner G. Jeanrond, *A Theology of Love* (London: Continuum/T&T Clark, 2010), pp. 57–61.

[2] Hannah Arendt, *Der Liebesbegriff bei Augustin: Versuch einer philosophischen Interpretation* (Berlin: Springer, 1929) 참조. 이 논문은 1927–1928년에 작성하여 1929년에 출간되었습니다. 영역본은 *Love and Saint Augustine*, ed. Joana V. Scott and Judith C. Stark (Chicago, IL: Chicago University Press, 1996)를 참고하십시오. 『사랑 개념과 성 아우구스티누스』, 서유정 옮김(서울: 텍스트, 2013).

아우구스티누스의 사랑 교리에 관한 유명한 논의를 따라서, 아우구스티누스의 사랑 교리가 "인간 공동체를 형성하는 데 도움이 되지 않는 사랑에 관한 신학"이라고 결론 내립니다.[3] 아우구스티누스가 이해하는 최선의 공동체 형태는 교회입니다. 그리고 이는 교회의 연대가 주로 변화된 상호관계의 형태가 아니라 죄로 가득한 연대이기에 필요하다는 개념에 의존합니다. 이는 분명 신약성서가 우리에게 믿으라고 요구하는 부분입니다. 우리는 원초부터 원죄로, 함께 공유하고 있는 유전으로 서로 연결되어 있습니다. 인간의 연대가 오로지 죽음으로만 귀결되는 세상에서, 은혜는 그런 세상의 영향력에 더 잘 저항할 수 있도록 우리를 하나로 묶어 줍니다. 그리고 『그리스도교 교양』*De Doctrina Christiana*의 유명한 말처럼, 어떤 인간도 자기 안에서와 자신을 위해서는 사랑받을 수는 없지만 오직 하나님을 위해서는 사랑받을 수 있기 때문에, 신자 상호 간의 사랑에는 어떤 실제적인 내용물도 주어지지 않습니다. 은혜는 우리를 하나님과 직접 연결하기 위해 죄의 연대를 **해산시킵니다.** 이 지점에서부터 계속, 우리의 상호관계는 간접적이며, 심지어 추상적인 것이고, 결코 진정한 상호 의존의 관계가 아니며, 신자들을 연합시키는 것은 사랑이라기보다 신앙입니다. 좀 더 선명하게 표현하자면, **하나님의** 사랑이 치명적인 원죄의 공동체로부터 개인을 꺼내는 유일한 창조적 작인으로 작용한다는 의미가 아니라면, 사랑은 교회의 '구성 요소'가 아닌 게 됩니

3　Jeanrond, *A Theology of Love*, p. 61.

다. 인간 주체가 착수한 것으로서의 사랑은 여기서 궁극적으로 가치가 없습니다.

이제 이런 독해 방식은, 부드럽게 말하자면, 좀 색다른 것입니다.[4] 장룽은 성과 육체에 관한 아우구스티누스의 가르침에 대부분 문제가 있다고 매우 적절하게 지적합니다(물론 이에 대해서도 더 할 말이 있습니다. 늘 그렇듯, 아우구스티누스는 그가 동시대인들과 공유했던 사고방식이 아니라 그에게만 있는 고유한 부분 때문에 흥미로운 인물입니다[5]). 하지만 이 폭넓은 분석은 갈피를 잡기가 쉽지 않습니다. 저는 그에게 아렌트의 왜곡된 해석을 매개로 삼지 말고 아우구스티누스를 다시 읽어 보라고 권하고 싶습니다. 제 생각에 아렌트의 해석은 삐딱하고 엉뚱합니다. 아우구스티누스의 사랑 이해에서 가장 핵심적인 부분은 결코 장룽 자신의 관심과 그리 상반되지 않음을 그가 볼 수 있기를 바랍니다. 이를 온전히 세세히 다루려면 여기서 할당된 지면보다 훨씬 긴 설명이 필요합니다. 그래서 저는 성숙기에 이른 아우구스티누스의 신학에서 세 가지 측면을 취해 볼까 합니다. 이는 아렌트식 이해와 명백히 반대되는 말을 하는 부분입니다.

---

4 아렌트의 아우구스티누스 이해를 철저하게 비판적으로 검토한 것으로는 다음을 참고하십시오. 토머스 E. 브라이덴탈(Thomas E. Breidenthal)의 1991년 옥스퍼드 박사 학위논문 "The Concept of Freedom in Hannah Arendt: A Christian Assessment" (Unpublished Diss. University of Oxford, 1991), Thomas E. Breidenthal, "Arendt, Augustine and the Politics of Incarnation", *Modern Theology*, 14.4 (1998), pp. 489–503.

5 Margaret Miles, *Augustine on the Body* (Missoula, MT: Scholars Press, 1979)를 참고하십시오.

그러나 한 가지 일반적인 관찰을 출발점으로 삼는 것이 알맞을 것 같습니다. 아렌트의 논증은 아우구스티누스의 가르침이 끼친 영향이 인간 주체를 공적이고 정치적인 영역에서 물러나게 한다는 데 초점을 맞춥니다. 아우구스티누스가 이해한 사랑은 아렌트의 용어로 말하면 "무세계적"이고,[6] 인간 양육과 현실 법률 공동체의 구조, 정치적인 일에서 발생하는 **갈등**의 대안으로 기능합니다. 물론 아렌트는 1920년대의 독일에서, 정치의 도덕적 가능성에 대한 문화적 위기의 한복판에서 저술했고, 아렌트에게 아우구스티누스는 정치적 의무를 〔피해서〕 '아름다운 영혼의' 우회로로 돌아가는 상징이 되었습니다. 하지만 얽매이지 않고 보다 자연스럽게 읽으면 사실상 아우구스티누스가 주장하고 있는 것이 무엇인지 볼 수 있을 것입니다. 즉 아우구스티누스는 심하게 손상된 자기-지시성self-referentiality으로부터 구해짐을 받아 바로잡아진 사랑만이 우리가 뿔뿔이 흩어져 통제할 수 없는 경쟁으로 치닫게 되지 않도록 막을 수 있다는 점에서, '공적인 것'과 '정치적인 것'이라는 개념 자체가 그리스도교적 인간학에 의존한다는 점을 논증하고 있습니다. 아우구스티누스는 단지 '원죄'에 관한 일반적인 신념에서 자신의 분석을 시작하고 있지 않습니다. 대개 그는 어떻게 자기-방어, 자기-기만, 자기-확장이 결합하여 인간사의 상호관계에 독이 되는지를 매우 구체적으로 진단하면서 시작합니다. 아우구스티누스는, 단일한 신앙을 고수하라는 암묵적으

---

6   Hannah Arendt, *The Human Condition* (Chicago, IL: University of Chicago Press, 1958), p. 53을 참조하십시오. 『인간의 조건』, 이진우 옮김(파주: 한길사, 2017).

로 폭력적인 의무로 뭉친 공동체를 지지하며[7] 연대를 해산시키는 것과 거리가 멉니다. 그는 은혜가 구체적이고 진실한 사회적 존재의 가능성을 열어 주는 수단이 되도록, 죄의 연대가—역설적으로—**실제** 인간의 모든 공동체적 상태를 해산하는 방식을 규명하고자 합니다. 우리가 여기서 살펴볼 주제들은 모두 이 근본적인 점에 비추어 고찰되어야 합니다.

이 주제 중 첫 번째는 『고백록』*Confessions*에 나오는 사랑에 관한 그 자신의 초기 경험—더 구체적으로는 **상실**에 대한 경험—에 대한 이야기와 관련됩니다. 『고백록』 4.4-9에서, 아우구스티누스는 청소년기에 친밀했던 친구가 죽었을 때(이 친구는 병에 걸려 죽음을 앞두고 세례를 받습니다) 자신이 겪은 것을 설명합니다. 이 이야기는 서양 문헌 중 최초로 사별의 복잡한 과정—분노, 자기-회의, '살아남은 자의 죄책감', 한때 함께 공유했던 친숙한 것들을 바라보는 고통, 부재를 둘러싸고 구성된 광경, 죽고 싶은 마음, 죽음을 두려워하는 마음 등—에 대해 다룹니다. 이 이야기에서 핵심적인 순간은 4.7에서 가슴 저미는 함축적인 문구로 나타납니다. "인간을 인간답게*humaniter* 사랑할 줄 모르는 무심한 자여! 인간의 조건을 극복하고자 안달하던 그때 나는 얼마나 어리석은 인간이었던가!" 아우구스티누스가 그리

---

7   아렌트는 아우구스티누스의 『요한 서간 강해』(*Homilies on the First Epistle of John* 〔요한일서 강해〕)의 첫 부분을 가지고 이를 주장합니다. 아렌트의 해석은 Jeanrond, *A Theology of Love*, p. 60에서 인용됩니다. 부활하신 그리스도에 대한 신앙을 구원의 지상적(earthly) 형태인 상호 교제에 이르는 길로 다루는 텍스트를 매우 특이하게 읽어 냅니다.

는 것은 어떤 면에서 '비인간적인' 사랑입니다. 친구와의 관계에 바로 자신의 정체성을 부여함으로써 비인간적으로 사랑한 것이죠.

아우구스티누스는 매우 애매한 방식의 주체성에 몰두합니다. 사랑할 사람의 부재 가운데 '거기서' 사랑해야 할 것은 슬픈 감정 자체가 되었습니다. 죽을 수밖에 없는 내 친구에 관한 실제적이고 독립적인 현실은 내가 잃은 것에 대한 기억과 이미지를 포함하여 내 정신과 마음의 상태로 삼켜져서 흡수됩니다. 나의 사랑은 사랑하는 이를 내 주관성으로부터 자유롭게 놓아 주지 못합니다. 심지어 내가 사랑하는 것이 내 통제 아래 있지 않음을 죽음이 가장 극적으로 상기시켜 주는데도 말이죠. 그 논리는 이렇습니다. 즉, '인간적으로' 사랑하는 것은 내가 사랑하는 이가 다름 아닌 내 필요와 투영의 맥락 속에 존재하고 있음을 의식하며 사랑하는 것입니다. 아우구스티누스가 기술한 사랑의 대상이 있는 현실로부터의 분리를 동반하는 극도의 슬픔은 내가 타인을 내 상상 속에 너무 많이 담아두었음을 내비칩니다. 이런 식의 슬픔을 다루는 일은 우리가 공유하는 필멸한다는 사실로, 인간적인 것the humana으로, 돌아가는 법을 배우는 일입니다. 아우구스티누스는 인간사 또는 인간의 조건으로부터 움츠린 자신을 보게 되었는데, 그런 인간사, 인간의 조건으로 돌아가는 법을 배우는 것이죠.

이는 단순히 하나님을 사랑하라고 '상기시켜 주는' 대상 같은 것으로 바라보면서, 사랑의 대상이 지닌 특수성을 무시하는 태도가 아닙니다. 필멸이란 조건 속에는 실제로 어떤 연대감이 있습니다. 그리고 우리는 우리가 정말 필멸하지 않을 것처럼 우리를 안심시키기 위해 우정과 사랑의 관계를 이용하지 않으려면, 우리의 우정과 사랑을 계속 주의 깊게 살펴야 합니다. 4.8에서 아우구스티누스는 우정의 기쁨을 떠올립니다. 여기에는 우리가 '보디랭귀지'라고 부를 만한 것, 곧 말뿐만 아니라 눈짓과 표정으로 표현하는 소통을 서로 나눈 기쁨도 있었습니다. 하지만 오로지 이 **자체**가 삭막한 현실로부터의 잠재적인 도피였음을 주장하기 위해서—그래서 만약 죽음이 가로막는다면, 우리는 우리가 사랑하는 사람을 잃었을 뿐만 아니라 우리 자신도 잃었다고 느끼도록—떠올린 것입니다. 인간적으로 사랑하려면, 사랑하는 것 내지 사랑하는 사람의 필멸성과 한계성을 무시하지 않고 사랑해야 할 것 같습니다. 이를 잊는다면, 우리는 사랑하는 이를 친밀한 결합으로부터 '놓아 주기'를 궁극적으로, 미묘하게, 거부하는 친밀감의 강렬함에 머무르게 됩니다.[8] 그리고 친구를 필멸하는 존재로 사랑하는 것은 '하나님 안에서' 사랑하는 것입니다. 즉 친구를 하나님과 관계하는 존재로 사랑하는 것이지요. 이는 아렌트가 말한 '간접' 관련성의 한 형태처럼 들릴 것입니다. 아우구스티누스에게 하나님과 관계되지 않은 채 무언가를 사랑하려는 시도 또는 사실상 알고자 하는 시도는 환상에 불과하다는 것을 상기하지 않는다면 말이죠. 그리고 이는 아우구스티누스의 두 번째 주제로 이어집니다.

---

8   이를 C. S. 루이스(Lewis)가 자신의 유명한 저서 *A Grief Observed* (London: Faber and Faber, 1961), pp. 18-20에서 표현한, 죽은 아내의 기억을 자신의 지배 아래 있는 이기적인 이미지로 바꾸어서는 안 된다는 우려와 비교해 볼 수 있습니다. 『헤아려 본 슬픔』, 강유나 옮김(서울: 홍성사, 2004).

최근 몇몇 아우구스티누스 해석자들이 상세히 주장해 왔듯이,[9] 인간 안의 하나님의 형상에 대한 『삼위일체론』의 논의는 기억, 지성, 의지라는 우리의 내적 생태계가 삼위일체의 내적 관계를 반영한다는 생각에 기대어 있지 않고, 우리가 내면을 볼 때 궁극적으로 우리는 그것의 **구조적인 대상**이 하나님인 삼중의 내적 삶을 본다는 믿음에 기대어 있습니다. 다시 말해, 우리의 기억, 이해, 의지가 그런 것은 하나님을 그것들의 적합한 대상으로 삼도록 창조되었기 때문이라는 것입니다.[10] 이와 같이 하나님과 관계된다는 것은 바로 우리가 인정하든 인정하지 않든 영적인 주체가 된다는 것입니다. 우리가 은혜의 주도 아래, 이런 본유적인 하나님-지향성에 자신을 의식적으로 맞출 때, 하나님의 형상은 우리 안에서 드러납니다—기억이 원래 하나님에 대한 기억이며, 지성이 원래 하나님에 대한 이해이며, 의지가 원래 하나님에 대한 사랑임이 드러납니다. 하나님이 자신의 존재 안에서 자신의 자아를 대상으로 갖고 계시듯이, 우리도 마찬가지로 유한한 한계 안에서 그렇습니다. 은총은 마음과 직감의 구조에 내재된 하나님을 향한 '끌림'을 드러내고 충족시킵니다. 따라서 인간 존재 안의 하나님의 형상은 하나님을 향하게 된, 하나님을 대상으로

9　특히 Michael Hanby, *Augustine and Modernity* (London: Routledge, 2003), pp. 27-46; Luigi Gioia, *The Theological Epistemology of Augustine's De Trinitate* (Oxford: Oxford University Press, 2006); Lewis Ayres, *Augustine and the Trinity* (Cambridge: Cambridge University Press, 2010), pp. 273-318을 보십시오. 최근 논쟁에 대한 꼼꼼한 개관으로는 Roland Kany, *Augustins Trinitdtsdenken* (Tübingen: Mohr Siebeck, 2007), pp. 393-404를 보십시오.

10　특히 『삼위일체론』 15를 참조하십시오.

삼은 인간 존재입니다. 이는 다른 인간 주체가 이 지향성 내지 끌림과 독립적으로 존속하고 있다는 듯이 그들을 알려 하거나 사랑하고자 한다면, 우리가 환영을 추구하고 있다는 것을 함축합니다. 『고백록』에서 아우구스티누스의 관심이 그 대상을 비-현실화하는 사랑을 식별하고 경고하는 데 있는 것과 같이, 여기서도 그는 인간 주체성을 구성하는 핵심적인 사실—즉, 하나님의 끝없음을 지향한다는 사실—을 망각한 인간 현실성에 대한 그림에서 우리를 벗어나게 하는 중입니다.

이것이 인간인 우리에게 해당하는 경우라면, 우리는 『그리스도교 교양』에서 아우구스티누스가 사용한 "하나님을 위하여"*propter Deum: 하나님 때문에*라는 약간 어려운 말,[11] 즉 하나님을 위하여 다른 인간 존재를 사랑하는 것에 대해 다시 생각해 볼 필요가 있습니다. 이는 분명 마지못해 내는 소리처럼 들립니다. 즉, 만일 내가 내 배우자의 친구를 내 배우자를 '위해' 사랑한다고 말한다면, 혹은 할머니가 사랑하셨고 또 할머니가 나에게 물려주신 흉측한 빅토리아풍 중국 개를 할머니를 '위해' 선반 위에 계속 둔다면, 이것이 함축하는 바는 분명한데, 바로—배우자나 할머니와 관계없다면—이러한 대상에 내가 어떤 온정을 느낄 특별한 이유가 전혀 없을 것이라는 점입니다. 이들 자체만 놓고 보면 내가 사랑할 만한 것이 없습니다. 나의 입장에서 이들을 사랑할 만한 대상으로 만드는 것은 이들과 다른 어떤 대

---

11   『그리스도교 교양』 1.22.20.

상과의 관련성입니다. 그런데 이런 식의 설명은 아우구스티누스가 기술하는 모형이 전혀 아닙니다. 그의 진술을 촉진한 물음은 '향유'가 인간 존재를 적절하게 사랑하는 방식인지 여부, 다시 말해 그 자체를 종착지end로 여기는 것이 인간 존재를 적절하게 사랑하는 방식인지 여부입니다. 그리고 이에 대해 적절한 단서를 단 아우구스티누스의 대답은, 이런 식으로 사랑하면 다른 인간 개인을 그 자신 너머의 무언가를 가리키는 존재가 아닌 독립적으로 나에게 지복을 약속하는 존재로 여기게 된다는 것입니다.[12] 이는 다른 인간 존재를 실제와 다르게—사실상 더 **못하게**—만드는 일일지도 모릅니다. 각 인간 주체는 사물res이자 표지signum이고, 정말로 존재하는 실재이자 그 만든 이에 대한 표지입니다. 내가 만일 각 인간 주체를 만든 이에 대한 표지로 여기기를 거부한다면, 실제 주체의 존재론적 복합성과 존엄성으로부터 무언가를 빼앗는 것이면서, 동시에 주체가 지속될 수 없는 단계까지 그 복잡성과 존엄성을 실제로 부풀리는 것입니다. 오직 하나님만이 단서 조건 없이 향유될 수 있습니다. 오직 하나님만이 **자신 외에 다른 무언가에 대한 표지가 아닙니다.**

그러므로 아우구스티누스가 『그리스도교 교양』에서 그랬듯이, 우리가 다른 인간 주체를 향한 우리의 사랑 가운데 그들을 '향유'하지 않고 '사용'한다고 말하는 것은 명백히 문제가 됩니다. 왜냐하면 여기에는 인간의 사랑이 다른 무언가를 위한 수단일 뿐이라는 분명한

---

12   『그리스도교 교양』 1.3.3-5.5, 22.20-23.22.

함축이 있기 때문입니다. 그리고 이는 분명 아렌트와 그녀를 따른 장롱이 어려워하며 받아들일 수 없었던 점입니다.[13] 저 문구는 다른 개인을 '사용'하는 도덕적 문제에 익숙한 사람에게 사실 달갑지 않은 표현입니다. 타인을 수단이 아닌 목적으로 대하라는 칸트의 권고는 현대 독자들의 생각에 깊이 배어 있습니다. 그러나 아우구스티누스가 『교양』에서 주장한 것을 완전히 폐기하기 전에, 최소한 그의 논증을 공정히 다루어 볼 필요가 있고, 또한 이것이 완숙기에 이른 그의 작품의 중요 부분을 관통하고 있는 논증임을 인식할 필요가 있습니다.

근본 요지는 **어떤 다른 인간을 하나님처럼 생각해서는 안 된다**는 우려로 표현될 수 있습니다. 다시 말해, 다른 사람과의 관계가 우리의 영원한 지복*beata vita*을 확보해 줄 것처럼 그 사람을 대해서는 안 된다는 것입니다. 또는 다른 어떤 사람을 대할 때, 그 사람을 마치 하나님의 형상이 아니라는 듯이—그들이 담고 있는 것 또는 체현하는 것 그 이상을 나타내는 표지로—보고, 그 사람에게 반응하고, 그렇게 여기고, 사랑해서는 안 된다는 것이죠. 사용과 향유라는 아우구스티누스의 용어는 그가 여기서 의도한, 그리고 다른 인간을 비롯한 창조된 사랑의 대상들보다 하나님을 더 '좋아해야' 한다거나 또는 아마 '우선순위를 두어야' 한다는 논증에서 의도한 역할을 잘하지 못하고 있습니다. 아우구스티누스는 실제로 그가 피하려고 했

---

13   Jeanrond, *A Theology of Love*, pp. 52-58 참조.

던 것—하나님과 다른 인간이 우리의 사랑을 놓고 경쟁한다는 개념—을 주장한 것처럼 되어 가고 있습니다.[14]

하나님의 형상으로서 하나님과 맺는 관계가 모든 인간 정체성에 본유적이라면, 자신을 알고 사랑하는 모든 인간 주체는 어떤 의미에서는 다소 제한적이더라도 하나님을 사랑하고 있는 것입니다. 자신이 이를 자각하고 있든 그렇지 않든 상관없이 말이죠. 하나님은 단순히 우리의 사랑을 두고 경쟁하는 경쟁자**일 수 없습니다**. 내 주체성과 다른 이의 주체성이 늘 존재하도록 생기를 불어넣는 현전으로 관여하시는 하나님 없으면, 내가 나 자신을 사랑하는 것이 불가능한 것처럼, 다른 사람을 사랑하는 것도 불가능합니다. 그리고 이는 타인이 나의 요구와 집착으로부터 어느 정도 자유로워지고, 타인이 나를 향하기에 앞서 하나님을 향하게 되어서, 끊임없이 그 빛으로 돌아간다는 느낌을 우리의 사랑 속에 담보해 줍니다—이는 베아트리체Beatrice와 헤어지면서 단테 알리기에리Dante Alighieris 안에 명확한 표현으로 나타난 『신곡』Commedia: 희극의 한 주제입니다.

아우구스티누스에게 인간을 인간답게 사랑한다는 것은 그들이 무언가에 대한—무한한 사랑에 대한—표지일 수 있다는 점과 관련하여 사랑하는 것입니다. 이는 타인을 나 자신의 영적 진보를 위한 도구로, 다른 누군가(하나님)의 사랑을 배우기 위한 우연적인 기회로 만드는 방식과는 아주 거리가 먼 것입니다. 인간을 인간답게 사

---

14 『그리스도교 교양』 1.9.9.

랑한다는 것은 오히려 내 주제, 내 성취로부터 타인을 자유롭게 하는 것이면서, 또한 자신의 필멸성과 우연성 속에서 필멸하는 우연적인 이웃에 대한 사랑이 하나님을 사랑하는 매개라는 확신을 뒷받침하기 위한 것입니다. 이웃에 대한 사랑이 우리가 그저 도구적인 방식으로 사용하여 별개의 더 숭고한 목적을 달성했을 때 폐기하는 무언가가 아니라는 것이죠.

장롱의 논의를 따라가면서[15] 제가 의도하는 바는 아우구스티누스에게 무엇을 배울 수 있는지를 묻는 것이지, 아우구스티누스의 설명에 결점이나 애매함이 없다고 주장하려는 것이 아닙니다. 제가 보기에 아마도 가장 중요한 통찰은 바로 진실로—신이 아닌 필멸자로, 그럼에도 환원할 수 없는 하나님에 대한 표지로, 그 주체성이 하나님을 의미하거나 '의도'하는 주체로—이웃을 사랑하자는 이러한 고집인 것 같습니다. 내가 만나는 타인은 언제나 이미 하나님과 더불어, 하나님에 의해 관계하는 자이고, 이를 망각하거나 무시하는 한, 타인을 직접적으로 향하는 사랑은 그 무엇이든 환상입니다. 그리고 이는 그리스도교 공동체에서, 단연코 신앙에 대한 공통의 표현이나 경험을 통해 외적으로 연합된 몸이 **우선**이 아니라, 상호 사랑과 섬김, 서로를 향한 즐거움, 다른 이의 필요를 뒷받침하는 것으로 교회의 정체성을 **구성하는** 몸이 아우구스티누스에게 우선인 이유입니다—그리고 이는 세 번째 주제로 이어집니다.

---

15 Jeanrond, *A Theology of Love*, pp. 61-65를 참조하십시오.

아우구스티누스의 교회론 전체를 설명하면 부적절하겠지만, 『요한 서간 강해』를 슬쩍 살펴본다면 충분히 효율적으로 요점을 짚을 수 있습니다. 다섯 번째 설교에서,[16] 아우구스티누스는 그리스도의 몸을 이루는 동료 지체를 위해 자신의 목숨을 내어 줄 준비가 되어 있어야 함에 대해 말합니다. 그리고 이어서 이웃을 위해 '죽는' 첫걸음이 이웃의 물질적 필요를 충족시키기 위해 우리에게 필요 없는 것을 기꺼이 포기하는 것이라고 기술합니다.[17] 신자들 간의 사랑은 다른 이의 구체적인 현실에 주목하면서 지금 여기서 할 수 있는 것과 해야 하는 것에 관한 문제임이 분명합니다.

그 몸의 지체들 간의 사랑의 상호작용은 인간 세계의 구체적 요소들과 무관한 하나님의 더 실제적인 혹은 더 근본적인 사랑에 대한 그림자 같은 것이 아닙니다. 여섯 번째 설교에서,[18] 우리는 공동체의 계속되는 공동생활에서 사랑caritas의 유대를 받아들인 채 세례 성사에서 성령이 오셨다는 외적 표지를 받는 것과 유대를 받아들이지 않은 채 외적 표지를 받는 것의 차이에 대해 주장한, 도나투스주의를 반대하는 논쟁의 메아리를 듣습니다.[19] 그리고 열 번째 설교에서,[20]

---

16   『요한 서간 강해』(*Tractatus in Epistolam Ioannis ad Parthos*. 칠곡: 분도출판사, 최익철 옮김, 2011) 5.4.

17   『요한 서간 강해』 5.12.

18   『요한 서간 강해』 6.10.

19   『요한 서간 강해』 6.10, 『서간집』 185.10.43. 또한 『유익』(*De Unitate*) 4.7과 『세례론』(*De Baptismo*) 4를 참조하십시오.

20   『요한 서간 강해』 10.3.

우리는 (또 다시) 사랑이 있는 믿음과 없는 믿음의 분명한 차이를 발견하고, 또한 그리스도인들이 서로 사랑하는 것이 사실 '한 분 그리스도가 자신을 사랑하는 것'임을 확립한 논증을 발견합니다. 신자들이 그리스도를 사랑하는 것은 서로를 사랑하는 가운데 하는 것인데, 이는 그리스도께서 자신을 사랑하면서 아버지를 사랑하시는 행위 전체에 있는 것입니다. 우리가 이 땅에서 그리스도의 몸을 사랑하지 않으면서 그리스도를 사랑할 수 있다고 상상하는 것은 아버지를 사랑하지 않으면서도 아들을 사랑할 수 있다고 생각하는 것만큼이나 터무니없는 발상입니다. 아우구스티누스는 이를 간결하게 표현합니다. "사랑은 부분으로 나뉠 수 없습니다. 당신이 사랑할 것을 선택하십시오. 그러면 나머지는 저절로 사랑하게 될 것입니다."[21]

이것은 아우구스티누스의 글 곳곳에 스며 있는 머리와 지체들의 일치의 중요성과 관련됩니다. 이러한 일치는 신약성서 본문에서 그가 가장 자주 인용한 구절 중 하나인, 그리스도께서 사울에게 하신 "어찌하여 나를 박해하느냐?"[22]라는 말씀에 근거한 것입니다. 어쨌든 사랑이 나뉠 수 없다는 점은 아우구스티누스의 작품에서 사랑 *caritas, amor, dilectio*에 관하여 이야기한 것은 무엇이든 이런 기본적인 교회론적 원리에 비추어 이해되어야 함을 의미합니다. 이것이 함의하

---

21   이 영역문은 John Leinenweber, *Love One Another, My Friends: St Augustine's Homilies on the First Letter of John* (San Francisco, CA: Harper and Row, 1989), p. 102에서 가져온 것입니다. 이 번역은 특히 읽기 좋습니다.

22   이 구절은 『시편 상해』에서도 계속 인용합니다. 『요한 서간 강해』 10.3도 참조하십시오.

는 바는 가장 일반적인 측면에서 보면, 지성, 기억, 의지의 자연스러운(감추어져 있더라도) 방향으로서 존재론적으로 주어진 하나님과의 관련성으로부터 인간 개인을 떼어 내는 것이 불가능하다는 점뿐만이 아닙니다. 이는 그리스도의 몸 안에서 다른 사람을 사랑하는 일이 그 사랑의 대상과 하나님이 더더욱 친밀하게 연결되어 있음을 필연적으로 함축한다는 것을 깨닫는 데도 필수적입니다. 교회 안에 있는 타인은 그리스도의 사랑이 활기를 띠는 장소입니다. 내 안에서 역사하시는 그리스도의 활동인 사랑은 나를 향해 움직이면서 동시에 다른 사람 안에서 역사하는 사랑으로 나아갑니다. 이런 식으로 나와 묶여 있는 다른 사람들의 범위 전체를 내가 실제로 인지하든 못하든 간에(결국 아우구스티누스는 우리의 몸 안에서는 한쪽 눈이 다른 쪽 눈을 볼 수 없다고 말합니다), 나는 실제로 다른 사람들과 동일한 관점으로 보고 같은 방향으로 움직이면서 연합되어 있습니다.[23]

이것이 아우구스티누스의 교회론에 대한 아렌트의 판단이 엉뚱해 보이는 이유입니다. 아렌트는 자연적인 연대의 '상호 의존성'과 교회 안에서 역사하는 상호 간의 사랑을 대조하면서, "한 개인이 다른 사람과 맺는 관계는 이제 … 상호 의존했을 때와는 달리 당연한 것이 아니다"라고 결론을 내립니다. 왜냐하면 신자들의 사랑은 언제나 "특수한 간접성"[24]으로 나타나기 때문입니다. 장룡은 "신자들

---

23 『요한 서간 강해』 6.10.

24 Arendt, *Love and Saint Augustine*, p. 108. Jeanrond, *A Theology of Love*, p. 61에 인용되어 있습니다. 엘리자베스 영-브루엘의 훌륭한 아렌트 전기도 참조하십시오.

의 공동체가 사랑 위에 세워진 게 아니라 하나님이 은혜의 계시를 보내신 곳인 생물학적으로 매개된 공통의 운명 위에 세워졌음"[25]을 넌지시 나타내며 이를 요약합니다.

하지만 이런 식의 아우구스티누스 읽기는 입증될 수 없습니다. 아우구스티누스의 모형이 사랑에 관한 현대 신학적 논의에 적합하든 그렇지 않든(저는 대부분의 논의보다 더 적합하다고 믿습니다), 그의 모형이 인간 주체가 본성상 하나님을 지향하고 있다는 가정에 철저히 의존하고 있다는 점을 인식할 필요가 있습니다. 인간 주체의 지적 인식과 다다르고자 하는 의지에 관한 사실 자체가 신적 의미를 전달합니다. 그리고 적절한 의도가 발휘되도록 구원 사역으로 이러한 기본적인 지향성을 해방하는 그리스도의 특수한 활동을 구현하는 은혜가 신적 의미를 전달합니다. 우리는 우리 주변의 사물과 사람이 성취할 수 없는 기대를 그것들에 늘 투사하고픈 유혹을 받습니다. 그런 유혹이 그것들은 물론 우리를 축소시킵니다. 우리는 헤아릴 수 없는(하나님을 향해 열려 있기 때문에 헤아릴 수 없는) 타인의 의미를 우리 자신의 필요의 차원으로 환원합니다. 우리는 자

Elisabeth Young-Bruehl, *Hannah Arendt: For Love of the World* (New Haven, CT: Yale University Press, 1982). pp. 74-75를 보면, 평론가들은 아렌트가 아우구스티누스를 기본적으로 신학자로 보지 않았으며 그를 주교가 아닌 '사상가'로 제시했다는 사실에 대해 반대합니다. 이것이 시사하는 바는 중요합니다. 하지만 아렌트만이 용써서 아우구스티누스의 주해 저술과 신학 저술을 제거해 낸 다음 그를 철학자로 해석하려 했던 것은 아닙니다. 하지만 우리는 그의 주해와 신학 저술을 통해서 실제 그가 어떤 상황을 염두에 두고 자신의 개념을 사용했는지를 볼 수 있습니다.

25 Jeanrond, *A Theology of Love*, p. 61.

기 자신을 욕망의 대상의 노예가 되게 만듭니다. 욕망의 대상은 전체를 아우를 수도 최종적일 수도 없는데, 마치 그럴 수 있다는 듯이 말이죠. 하나님에 대한 사랑과 별개로 사람을 사랑하려고 한다면, 그것들의 본질을 무시한 것입니다. 우리는 사용이란 말이 갖는 현대적 의미에서 그것들을 '사용'합니다. 그리고 그것들이 우리의 목적에 이바지하게 만듭니다. 그리고 그렇게 함으로써 우리 자신은 **그것들의** 종이 됩니다. 그리스도의 몸의 지체들이 서로 종노릇해야 한다는 말과 완전히 반대되는 의미에서 말이죠.

이것이 종종 불편한 어휘에 간직되어 있다는 점과 육체와 육체의 감정에 대한 수많은 양면성과 함께 주장된다는 점은 부인할 수 없습니다(아우구스티누스가 반복적으로 자기 몸에 대한 사랑을 적절한 자기-사랑이 수반하는 것의 전형으로 사용한다는 사실을 놓쳐서는 안 되겠지만 말이죠). 그럼에도 아우구스티누스가 제기하는 문제는, 인간이 사랑하는 대상에 대한 존엄이 하나님 쪽을 가리키는 그 사랑의 특성과 결부되어 있음을 인정하지 않고서, 우리가 과연 인간의 사랑에 대한 독자적인 신학을 형성할 수 있는지 여부입니다.

만일 하나님을 사랑할 수 있는 대상 목록 중 하나로 보거나 하나님의 행위와 모든 유한한 작인 간의 철저하고 거의 완전한 불연속을 주장하는 존재론에서 시작한다면, 이러한 '하나님 쪽을 가리킴'은 '유한한 작인과 **무관한** 방향을 가리키는 것'처럼 불편하게 들릴 것입니다. 아우구스티누스는 우리가 다시 생각해 보도록 도전합니다. 그에게 하나님 쪽을 가리킨다는 것은 또한 내면을 가리키는 것이며, 유한한 사랑의 대상 안에서 가장 실제적인 것을—그것이 그 존재와 그 의미의 원천인 무한한 행위와 맺는 관계를—가리키는 것입니다. 『그리스도교 교양』의 언어로 표현하자면, 인간 주체는 사실 하나의 사물이며, 존재하는 실재이지만, 동시에 다른 모든 유한한 존재자와 마찬가지로 하나의 표지입니다. 인간 주체는 시간 속 어느 한순간에 그것이 무엇인지에 의해 규명되지 않습니다. 모든 유한한 존재자에게, 그중에서 특히 인간 주체나 천사 주체에게, 적극적으로, 혹은 '창의적으로' 행동한다는 것은 표지가 될 수 있는 능력을 최대한 발휘한다는 것이며, 따라서 다른 주체들 안에서 사랑의 무한성(즉 하나님)에 대한 인식을 촉진하고 키운다는 것입니다.[26]

"인간 주체는 창조되고, 재창조되며, 따라서 궁극적으로 하나님의 사랑만으로 구성된다. 인간의 사랑에는 공동으로-구성하는 창조성에 대한 이야기가 있을 수 없다."[27] 첫 번째 문장은 아우구스티누스의 사랑과 인간 주체에 대한 가르침뿐만 아니라 이론의 여지가 있긴 하지만 모든 진지한 신학적 이야기(창조자의 자유로운 사랑에 대한 만물의 의존성을 상정하는 모든 이야기)에 대한 완벽하고도 정확한 요약입니다. 두 번째 문장은 첫 번째 문장의 '궁극적으로'라는 단어가 암묵적으로 무시되어 왔음을 넌지시 드러냅니다. 아우구

---

26 Hanby, *Augustine and Modernity*, pp. 31–41에서, 표지가 그 가리키는 것에 참여하는 일, 그리고 표지를 구성하는 구체적인 특이성에 기의가 형태를 부여하는 방식에 관한 모범적인 논의를 볼 수 있습니다.

27 Jeanrond, *A Theology of Love*, p. 61.

스티누스는 우리가 믿음과 사랑 안에서 서로의 인간 여정을 형성하는 데 아무런 역할도 하지 않는다고 주장하는 것이 아닙니다. 그가 교회 안에서 구체적인 인간의 작인 및 인간관계와 하나님의 역사활동이 완전히 무관하다는 어떤 교리로 나아가고 있지 않음을 납득시키는 데는 요한 〔서신〕 설교들만으로도 충분합니다(아우구스티누스가 펠라기우스에 반대하는 작품에서 다룬 은혜와 자유에 관한 문제와는 약간 다른 주제입니다[28]).

그러나 그는 분명, 우리가 인간의 사랑을 통해 발휘할 수 있는 창조성만이 하나님의 사랑의 매개라고 주장했을 것입니다―우리의 존재의 뿌리가 우리 안에 있지 않듯이 사랑의 뿌리가 우리 안에 있지 않다는 단순한 이유 때문입니다. 하나님의 은혜로 인해 우리는 어느 정도 창조적인 피조물일 수 있습니다. 그러나 우리와 우리가 사랑하는 이가 똑같이 피조물임을 기억하지 않으면, 우리는 우리의 창조성을 가능하게 하는 유일한 원천으로부터 우리 자신을 끊어 버리게 됩니다. 우리는 다른 사람에게 적절한 만큼의 의미를 부여하지 않고, 더 많이 부여하면서 동시에 더 적게 부여하게 될 것입니다.

제 생각에 아우구스티누스는 이웃 사랑이 '그저 하나님에 대한 나의 사랑을 보여 주는 예'―장롱은 이를 칼 라너Karl Rahner가 다투고 있는 입장으로 정확히 보았습니다[29]―라며 우리를 설득하려 하고

---

28 여기서 핵심은 신적 구원 행위의 근거는 무엇인가 또는 신적 구원 행위를 받을 만한 자격은 무엇인가가 아니라, 저 구원 행위가 매개되고, 이해되고, 실제로 구현되는 **형태**에 관한 것입니다.

있지 않습니다. 제가 주장해 온 아우구스티누스를 읽는 방식이 맞다면, "이웃에게 관심을 두는 기본적인 인간의 행위는 언제나 이미 영원한 생명이신 하나님과 관계된다. 우리가 이 관계를 인식하지 못하더라도 그렇다"라는 라너의 생각은 '아우구스티누스적 사랑'의 한 형태입니다. 이런 이유로 저는, 다부지게 변혁적이고, 정치적으로 의미 있고, 참여적인 교회 구성 모형에 대한 장롱의 적절하고도 중요한 관심이 아우구스티누스 이해로 인해 전복되는 게 아니라 뒷받침된다고 결론 내립니다.[30]

"조건성에 대한 인정은 인간의 사랑에서 유일하게 무조건적인 것이다"라고 질리언 로즈Gillian Rose는 썼습니다.[31] 로즈는 우리가 끝없는 가능성의 두려움으로, 또한 그로 인해 성취하지 못했다는 끝없는 죄책감으로 자책하지 않으려면, 그 한계성, 어려움, 실패의 두려움이 가득한 사랑의 특성을 깨닫는 일이 필수적이라고 주장합니다. 아마 아우구스티누스라면 인간답게humaniter 사랑한다는 것이 어떤 의미인지를 보여 주는 이 특별한 방식을 환영했을 것입니다.

한나 아렌트가 사랑에 관하여 아우구스티누스를 읽는 방식이 미친 영향은 이미 앞서 6장에서 언급하였습니다. 그리고 이 마지막 장에서는 그것이 최근 어떤 한 가지 특정한 읽기 방식을 형성했는지를 논하고 있습니다. 우리는 마사 누스바움Martha Nussbaum의 작품에서

29   Jeanrond, *A Theology of Love*, p. 146.

30   Jeanrond, *A Theology of Love*, p. 247.

31   Gillian Rose, *Love's Work* (London: Chatto and Windus, 1995), p. 98.

도 약간 유사한 비평적 물음과 더불어 비슷한 읽기 방식을 발견할 것입니다.[32] 누스바움은 아우구스티누스의 가르침을 특유의 감수성과 상상력을 살려서 요약한 다음, 그가 "인간의 조건에서 벗어나고자 하는 바람을 포기했음"[33]을 충분히 인식하면서, 세 가지 주요 문제를 식별합니다. 누스바움은 이를 아우구스티누스가 해결하지 않은 채 우려스럽게 남겨 놓은 문제로 보며, 특히 아렌트를 저 논의에서 여러 차례 언급합니다.[34]

그 문제들은 이렇습니다. 첫째, 아우구스티누스의 도식이 개인의 사랑을 허용하는지 여부. 둘째, 인간의 상호작용을 위한 장소, 이웃에게 진정으로 참여하는 장소가 있는지 여부. 셋째, 아우구스티누스에게 연민의 동기가 누스바움이 주장하는 현대 윤리에 필요한 것, 곧 타인의 물질적, 사회적 고통을 진정으로 돌보는 데 필요한 것과 같은지 여부. 누스바움은 같지 않다고 주장합니다. 아우구스티누스의 연민은 죄와 오류 가운데서 인간이 연대한다는 사실로 인해 유발되지, "불의하고 부당하게 죽은 각각의 경우"[35]로 인해 유발되지 않는다는

---

32 Martha Nussbaum, *Upheavals of Thought: The Intelligence of Emotions* (Cambridge University Press, 2001), pp. 527–556, 특히 pp. 547–556. 이 내용 중 일부는—보다 확연한 비판적 논의가 있는 것은 아니지만—"Augustine and Dante on the Ascent of Love" in Gareth B. Matthews, ed., *The Augustinian Tradition*, pp. 61–90, 특히 pp. 61–74에서도 볼 수 있습니다. 『감정의 격동: 누스바움의 감정철학 3부작』, 조형준 옮김(서울: 새물결, 2015).

33 Nussbaum, *Upheavals of Thought*, p. 547.

34 Nussbaum, *Upheavals of Thought*, pp. 550–553.

35 Nussbaum, *Upheavals of Thought*, p. 553.

것이죠. 누스바움의 결론은 전반적으로 이렇습니다. 아우구스티누스는 기껏해야 개인의 사랑에 대해 양가적인 태도를 보이고 있으며, 공동의 (정치적) 삶을 위한 기초로서 공유된 도덕적 작인에 대해 만족할 만한 개념을 제시하지 않았으며, 인간의 갈망에서 "집요하게 저세상적인 방향"과 결합하여 모든 윤리적 온전함과 미덕의 핵심으로 순종을 강조하고 있으며,[36] 구체적인 세상의 부정의에 직면할 때 수동적이고 순응적인 태도를 취하는 "최면에 걸린" 자아를 낳습니다. 도덕적인 생활에서 감정의 자리들을 회복하기 위해 아우구스티누스가 한 것이 있고, 또한 우리가 필요와 불완전함에 대해 부끄러워해야 한다는 생각을 그가 반박했던 방식도 있지만, 그럼에도 그는 어떤 면에서는 실행 가능한 공공 윤리에 매우 위험한 결과를 초래하는 방식으로 수치심을 재도입합니다. 타락하기 전 인류는 갈망과 분투 너머에 있었고, 회복된 인류는 그것을 이상적인 것으로 바라봅니다. 따라서 가장 일반적인 의미에서, 에로틱한 것은 우리의 타락한 조건에 묶여 있는 것이고, 부끄럽게도 **통제력**을 상실한 것입니다. 보편적으로 우리는 순종에 실패했고, 따라서 위로부터 지시를 받아야 합니다. "에덴의 정치는 이렇습니다. 대상들을 향한 당신의 갈망을, 그것들을 알고자 하는 호기심을, 그리고 독립적인 행동을 창안하려는 바람 자체를 수치로 여기라. 이를 근본 악으로 볼 만큼, 그리고 교회의 권위 앞에 당신의 의지를 굴복시킬 만큼 아주 수치스러워하라."[37]

---

36 Nussbaum, *Upheavals of Thought*, p. 552.

37 Nussbaum, *Upheavals of Thought*, p. 555.

이것은 강력한 비판인데, 심지어 장롱의 비판보다 더 강력합니다. 그 핵심 중 일부는, 특히 이웃이 이 땅에서 구체적으로 겪는 고통에 대한 연민에 아우구스티누스가 무관심하다는 혐의에 대한 것은, 우리가 앞서 인용한 이웃의 물질적 필요를 돕는 일에 관한 텍스트와 관련하여 논박될 수 있습니다. 그리고 인간의 우정에 잘못된 식으로 전념하는 일의 위험성에 대한 아우구스티누스의 경고는 특별한 애정에 대한 것이라기보다, 궁극적으로 타인을 비인격화하고 도구화하는 태도에 대한 것입니다. 이런 태도는 일상적인 인간의 우정을 불가능하게 만듭니다. 아우구스티누스를 **전부**in extenso 읽고 나서 그가 개인의 사랑이 있을 자리를 두지 않았다고 결론 내릴 사람은 없을 것입니다. 그러나 그 기저에 있는 핵심은 인간 연대의 본질과 관련되는데, 누스바움과 아렌트는 모두 아우구스티누스가 근본적으로 죄와 무력함 가운데서 연대하는 것과 관련하여 이를 이해했다고 봅니다. 따라서 둘 다 어떤 아우구스티누스의 세계에서는 지적이며 목적이 있는 연대 **행동**에 거의 또는 전혀 관심을 두지 않는다고 봅니다.

하지만 이것이 간과하고 있는 것은 아우구스티누스가 상호 돌봄과 성장이라는 적극적 연대가 다양한 방식으로 창조 질서에 내재되어 있음을 당연시했다는 점,[38] 그리고 인간 존재의 궁극적 운명이

---

[38] 예를 들어 『신국론』 12.21은 인간 존재들이 모든 인간은 한 개인으로부터 나온 후손이어야 한다는 정하심 가운데 하나님의 목적의 일부로서 '자연적인 동족 의식'을 느낀다고 말합니다. 또한 인간의 자연스러운 친밀감과 본유적인 이웃 의식에 대해 다루는 『서간집』 155.14를 참조하십시오. 아우구스티누스의 사회적 가르침에 대한 최근

신자들의 친교라는 매개를 통한 삼위일체 하나님과의 교제라는 점
입니다. 이러한 논의에서 종종 그렇듯이, 우리는 아우구스티누스가
우리의 본성과 목표에 대해 말한 내용의 전체 신학적 맥락을 무시
하지 않도록 주의해야 합니다. 그리고 이는 아우구스티누스가 개인
의 의지를 교회의 권위에 종속시켰다는 말이 잠재적인 오해를 불러
일으킬 수 있는 이유이기도 합니다.

앞선 여러 장에서 지적했듯이, 아우구스티누스는 우리가 너무 적
극적이어서 '독립적 행동의 창안'을 단념하게 될 필요가 있다는 점
이 우리의 근본 문제라고 생각하지 않습니다. 우리의 근본 문제는
죄가 우리로 하여금 진짜 행동을 **못하게** 만든다는 것입니다. 우리
의 욕망과 즐거움이 유한한 것에 고착되게 하면, 우리는 진리나 생
명 자체를 갈망하기를 멈출 것입니다. 아우구스티누스가 제기한 유
한한 욕망에 대한 비판이 없으면, 우리는 스스로를 너무 쉽게 만족
하도록 방치하고, 그래서 '에로틱한 존재'가 되고, 우리가 행복일 것
이라고 이해한 바에 갇히게 됩니다. 우리는 자신의 욕망을 유한한
대상에, 한정적이고 시간적인 것에 묶어 둠으로써, 자신의 인간성을
국한시키거나 축소시키고, 이러한 유한한 것들이 우리를 정의하게
만들고, 결국 성취 가능한 한계까지 자신의 욕망과 목표를 형성하고
행동하기보다 **반응적으로 행동할** 것입니다. 우리가 하나님의 선하
심을 완전히 바라는 욕망으로 해방될 때, 우리는 더 수동적이 아니

의 개관으로는 Claude Lepelley, "Facing Wealth and Poverty: Defining Augustine's
Social Doctrine", *Augustinian Studies*, 38.1 (2007), pp. 1–17을 보십시오.

라 더 능동적인 존재가 됩니다.

아우구스티누스가 '독립적인 의지'를 침묵시키려 한다는 누스바움의 불만은 우리가 우리 자신의 권리나 자원으로 가지고 있지 않은 한 가지가 독립적 의지라는 아우구스티누스의 기본 확신을 무시하는 경우에만 타당합니다. 타락한 의지는 다른 것에 좌우되는데, 늘 잘못된 방식으로 그러합니다. 그것은 바깥 사물과 내적 정념의 압박으로 형성되며, 명예와 대중의 기대라는 압박으로 형성되고, 아주 제멋대로인 열망으로 된 예측 불가능한 세계에 의해 형성됩니다. 은혜의 역사는 우리를 올바른 방식으로 의존하게 만듭니다. 그래서 우리는 하나님 자신의 자기 없음selflessness의 지평보다 덜한 것에 만족하지 않고, 저 자기 없는 작인이 우리가 세상 및 타인과 맺는 관계를 변혁시키기에, 저 작인에 계속 열려 있으려 합니다. 이것이 아우구스티누스의 패턴 내지 어휘에 있는 애매함을 전부 제거하지는 않습니다. 하지만 그의 영적·윤리적 세계를 낯선 권위가 독립된 개인을 장악하는 세계로 생각하지 않는 것은 중요합니다. 다양하게 경험되고 발휘되는 하나님의 도성의 권위는(우리는 일종의 종교 재판은 말할 것도 없고 포괄적인 교회의 관할권이 완전히 갖춰진 체계를 관리하는 것과 연관하여 시대착오적으로 아우구스티누스를 그려서는 안 됩니다[39]) 우리 욕망의 풍조가 유한한 것을 바라는 우리의 자

---

[39]   권위에 관한 아우구스티누스의 약간 더 미묘한(그리고 무비판적이지 않은) 논의에 대해서는 다음을 보십시오. E. A. Clark, "Distinguishing 'Distinction': Considering Peter Brown's Reconsiderations", *Augustinian Studies*, 36.1 (2005), pp. 251-264. 그리고 같은 책에 실린 로빈 레인 폭스(Robin Lane Fox)의 대답도 보십시오. pp. 265-276.

연적 욕망에 의해 온통 지배되는 수동성으로부터 우리를 구하기 위해 존재합니다.

이 마지막 장은 첫 장과 그 밖의 여러 장에서 스케치한 여러 고려 사항을 상기시킵니다. 여기서 반복적으로 관심을 둔 점은 아우구스티누스가 작업한 신학적 도식에 충분히 주목하지 않은 채 그를 읽어 왔다는 것과, 그가 작업했던 관점에서 보면 여러 군데 산재한 퍼즐이 신선한 시각으로 나타난다는 것입니다. 이미 언급했듯이, 이렇게 말하는 것은 아우구스티누스에 대해 철학적으로 생각할 가능성을 부인한다거나, 그에 대해 생각할 때 그리스도교 교리가 아닌 다른 자리에서 출발하는 것을 방법론적으로 금지하려는 것이 아닙니다. 다만 적어도 그의 성숙기의 작품에서는, 그가 예수님의 삶과 죽음과 부활 사건 및 하나님의 삼중적 삶에 대한 믿음에 근거한 원리가 구성하는 형이상학적 틀 안에서 인간의 조건에 대해, 인식론에 대해, 자기-인식 등에 대해 생각했음을 인정한다는 의미입니다. 만일 그가 설교자이자 교사로서 이 사건들에 대해 묵상했을 뿐이라면, 그는 여전히 그리스도교 전통에서 위대한 인물이었겠지만, 이 전통 바깥의 사람들을 설득하는 일에는 관심이 없었던 것입니다(물론 그는 명백히 바깥 사람들을 설득하는 일에도 관심을 두고 작업을 했습니다). 그러나 또한 그가 단지 인간 의식에 대한 분석가 또는 현상학자이기만 했다면, 그가 종합적으로 이룬 성취 중 가장 독특한 부분이 애매해졌을 것입니다.

본질적으로 아우구스티누스가 하고 있는 일은 그리스도교가 밀

봉된 '교리' 세트도, 희미하게 종교적으로 굴절된 철학도 아닌, 인간이 신적 교제에 이르도록 성장하는 정합적인 이야기로 **생각될** 수 있음을 보이는 것입니다(어느 비평가가 매릴린 로빈슨^{Marilynne Robinson}의 소설 중 하나에 대해 말했던 것처럼요). 이 정합적인 이야기 속에서 시간, 책임, 상호관계, 자기기만, 자기-인식, 공공의 덕과 인격 통합성에 대한 문제들이 조명될 수 있습니다. 그가 특별히 주해나 그리스도론에 대해 말해야 했던 내용은 의미심장하며 지적으로 중요합니다. 그러나 가장 매력적이고 도전적인 것은 어떤 사상가와 함께한다는 느낌, 즉 그 사상가의 교리적 신념이 더 넓은 문제들(협소하게 신학에만 머물지 않는)에 대해 예기치 못한 전망을 열어 주는 그런 사상가와 함께한다는 동반자 의식입니다. 아마 이것이 아우구스티누스를 읽는 현대의 독자들에게 가장 중요한 점일 것입니다. 달리 말하면, 그는 **지혜**를 형성하는 데 관여하는 신학을 보여 주고 있습니다―우리의 환경을 끈기 있게 이해하고 식별한다는 보다 넓은 의미에, 또한 삼위일체의 영원한 삶에 맞춰짐에 대한 아우구스티누스 특유의 전문적인 감각에 그의 신학이 관여하고 있다는 것이죠. 이 책이 아우구스티누스가 그러한 비전을 어떻게 견지하고 있는지에 관한 무언가를 전달했다면, 그 목적을 이룬 것입니다.

설교

찾고 계신 하나님

나의 이 아들은 죽었다가 살아났고,

내가 잃었다가 되찾았다.

(누가복음 15:24)

아우구스티누스 회심 1600주년 기념 설교
더블린 성 요한 교회 St John's Dublin, 1987

복음서를 읽다 보면 자신의 것을 찾아 나선 하나님을 볼 수 있습니다. 잃어버린 이를 찾아 집으로 데려오고자 다급한 신神을 말이죠. 두 세대 전 활동한 웨일즈의 어느 위대한 칼뱅주의 설교자는 성서가 하나님을 찾는 인간에 대해서는 거의 혹은 전혀 말하지 않지만, 우리를 찾는 하나님에 대해서는 엄청 많은 이야기를 한다고 말하곤 했습니다. 아마 그는 성서에 나온 첫 질문이 "아담아, 네가 어디 있느냐?"라는 점을 청중들에게 상기시켜 주었을 것입니다. 그리고 성서의 또 다른 이야기를 보면, 부활절 동산에서 막달라 마리아는 어느 낯선 이에게 나의 주님이 어디 계신지를 물으려고 몸을 굽히지만, 마리아가 발견한 것은 그분이 **그녀에게** 오셨고 그분이 **그녀를** 찾았다는 사실입니다. 마리아를 찾고 부르셔서 자신의 아버지이자 마리아의 아버지이신 분께 함께 가기 위해, 그분이 죽음과 지옥에서 마리아에게로 오셨다는 사실을 말입니다.

아우구스티누스가 다른 모든 것보다 더 곰곰이 생각하고 이해한 복음의 한 측면이 있다면, 바로 이 점일 것입니다. 우리는 원한다면 그의 『고백록』*Confessions*을 하나님을 찾는 사람의 이야기인 것처럼 읽을 수 있습니다—어떤 면에서는 그런 책입니다. 하지만 더 깊이 읽으면, 그것은 잃어버린 자녀를 찾는 하나님의 이야기입니다. 아우구스티누스는 이런저런 일들을 떠올리면서 묻고 또 묻습니다. "나의 하나님, **당신은** 어디 계십니까?" 아우구스티누스는 알았습니다. 하나님께서는 보이지 않게 그를 찾으셨고, 그가 집으로 돌아오도록 몰아오셨으며, 그가 만나는 사람과 환경 속에 숨어서 모든 순간 그를 기다려 오셨다는 것을 말이죠. 그래서 마침내 어느 뜨거운 오후 밀라노의 정원에서 노래하는 아이의 목소리를 통해 그를 부르셨고, 최종적으로 두려움과 자기-불신이라는 단단한 껍질을 부수어 나오게 하셨습니다. "당신은 큰 소리로 부르셔서 저의 막힌 귀를 뚫으셨습니다. … 저를 만지셨고, 제가 당신의 평화를 향한 갈망으로 불타오르도록 조성하셨습니다."* 하나님은 아우구스티누스가 찾기 오래전부터 그가 무엇을 찾고 있는지 알고 계셨습니다. 항상 이러한 점이 아우구스티누스가 생각한 그리스도교의 핵심에 자리하고 있습니다.

아우구스티누스를 읽는 어떤 독자들에게는 이 점이 생소할 수도 있습니다. 그는 또한 하나님을 향한 인간의 욕망을 찬양했으며, 쉼 없이 마음을 탐구한 사람이 아니던가요? 물론 그렇습니다. 하지만 하나님이 우리를 찾으러 오실 때까지, 우리의 탐색은 뻔할 수밖에 없습니다—우리는 우리가 만족을 얻고자 한 것에 좌절하고 실망하며, 스스로 공허함에서 탈출하기 위해 우상과 환상을 창조해 내지만, 속박과 분노와 비참함을 더 깊어지게 할 뿐입니다(갈증을 해소하기 위해 바닷물을 마시는 것과 같습니다). 그래서 하나님께서 우리를 향한 당신의 사랑으로 우리의 갈망을 충족시키기까지, 충족시키지 않는다면, 우리는 참된 것을, 실재인 것을 사랑하고 욕망할 만큼 자유롭지 못합니다. 우리는 쉼 없는 상태를 그치지 못합니다(아우구스티누스를 사랑한 어느 현대인이 말했듯이, "우리는 탐색을 그치지 못합니다"••). 그러나 이제 우리의 쉼 없음은 감사로 가득한 기대이며, 언제나 그렇듯 지금도 우리를 기다리시는 숨겨진 하나님을 향한 그칠 줄 모르는 개방입니다. 아름다운 일과 두려운 일 속에서, 끝없는 드러냄과 은폐 속에서, 우리가 사랑하는 것들의 핵심을 더 깊이 드러내시고, 말씀하시며, 기다리신 하나님을 향해 열려 있게 된 것입니다.

열린 눈으로 기대하는 것, 그것은 그가 이미 우리를 발견하셨을 때 하나님을 향한 우리의 욕망이, 탐색이 작동하는 방식입니다. 『시

●　『고백록』 10.27.38.

●●　T. S. Eliot, 「리틀 기딩」(Little Gidding), 『사중주 네 편』(Four Quartets), 윤혜준 옮김 (서울: 문학과지성사, 2019).

편 상해』의 148편 강화 *Discourse on Ps 148*에서 우리가 읽은 바와 같이, 우리가 함께하는 올바른 삶을 찾는 일에 열중하는 **가운데** 우리는 하나님을 섬기고 찾는 것이지, 하나님과 멀어지는 것이 아닙니다. 이방인, 흠잡는 이, 겉도는 이, 그리고 적의 얼굴에서도 하나님을 추구해야 하고 '기대'해야 합니다. 하나님은 뜻하시면 어디서든 우리에게 오실 수 있습니다. 인간이 하나님을 찾는 행위를 사태의 핵심에 둘 때 발생하는 문제는 그것이 자신을 중심으로 하는 개인주의적인 종교심으로 이어질 수 있다는 점입니다. 전문가의 매력적인 활동처럼, 굉장히 고상한 취미처럼, 그 자체가 하나의 실체인 것처럼, '내 영적 여정'에 대해 청산유수처럼 말하면서 말이죠. 이런 종교심이 제시하는 종교적 탐구는 명민한 눈으로 하나님을 종합적으로 기대하는 것, 즉 아우구스티누스가 아주 잘 보여 주었듯이 우리의 **모든** 경험과 만남 속에서 하나님을 기대하는 것과는 거의 관계가 없을 수도 있습니다. 우리는 하나님이 우리를 찾으셨음을, 하나님이 먼저 시작하셨음을 **알아야 합니다.** 그렇지 않으면 (회심하기 전 아우구스티누스처럼) 우리는 사랑과 주시와 연민 가운데 자라나지도 못하면서, 끝없이 자기 계발을 위한 흥미로운 체계와 기술만 가지고 놀게 됩니다. 하나님께서 우리를—우리 모습 그대로, 우리가 있는 곳에서—**원하고 계심**을 알 때, 우리는 영원히 동일한 환대와 만날 것을 소망하며 우리 앞에 있는 두렵고 때론 끔찍한 경험의 황야를 거쳐 갈 수 있습니다(그는 "우리가 문밖에 있더라도 우리의 집은 무너지지 않습니다"라고 썼습니다).

그러므로 하나님이 먼저 우리를 찾으신다는 확신은 현실적이고 예리한 초점을 갖는 것입니다. 이러한 확신을—성서와 교회로부터, 회심한 이들의 삶으로부터—붙드십시오. 그러면 여러분은 세상을 올바로 주시할 만큼 자유로워집니다. 우리가 인내를 가지고 열린 마음으로 하나님께 귀 기울일 수 있고, 우리에게 앞으로 전진하며 행동과 개입을 감행할 자유가 있는 것은 하나님이 은혜를 준비하고 계시기 때문이며, 하나님이 매 순간 우리가 무엇이든지, 우리가 어디 있든지 받아들이실 것이기 때문입니다. 우리는 또한 우리의 두려움, 욕구, 환상에 맞춰진 종교 체계를 찾는 일로부터 자유로워질 것입니다. 진리가 우리에게 왔습니다—어떤 체계로 온 것이 아니라, 어떤 부르심으로, 아담을 향한 하나님의 부르심으로, 마리아를 향한 부활하신 그리스도의 부르심으로, 이웃집 정원에서 노래하는 어린아이의 목소리로 왔습니다. 진리가 왔으며, 사랑으로 알려지고 받아들여졌습니다. 왜냐하면 사랑이 진리를 보여 주기 때문입니다. *O aeterna veritas et vera caritas et cara aeternitas*—오 영원한 진리여, 진실한 사랑이여, 사랑스러운 영원이여!•

그런데 하나님이 우리를 **원하신다**는 말이 무슨 뜻입니까? 영원한 하나님께서 우리를 필요로 하실까요? 아우구스티누스라면 단호히 아니라고 말했을 것입니다. 하나님께서는 자기 존재의 성취를 우리에게서 찾지 않으시고, 자기 목표를 이루기 위해 우리를 사용하시지

•   『고백록』 7.10.16.

도 **않지만**, 그럼에도 불구하고 까닭 없는 자비로 자기 자신을 우리에게 부어 주십니다. 이것이 기적입니다. 하나님은 우리와 같지 않습니다. 시간을 통해 성취하고, 변화와 성장을 통해 목적을 실현하는 우리와 같지 않습니다. 하나님께는 우리가 필요할 수 없습니다. 하나님은 우리처럼 목표를 가지고 계시지 않습니다. 그래서 아우구스티누스의 말대로, 우리는 하나님이 자신의 선을 위해 우리를 '사용'하시는 게 아니라 우리의 선을 위해 우리를 사용하신다고 생각해야 합니다. 하나님의 선은 오직 사랑입니다. 자기애 없이 순전한 (여기에는 자신을 향하는 것이 없습니다), 순전히 타자를 향하는 사랑입니다. 하나님은 긴급하게, 악착같이, 열정적으로 우리를 찾으십니다. 모든 것이 그 피조물됨과 한계 안에서 기쁨을 누리고 성취되기를 추구하는 불변하는 사랑의 움직임으로 우리를 찾으십니다. 하나님은 오직 자신만을 '필요'로 하시지만, 삼위일체 안에는 있는 사랑의 확산은 자신에게 충분하면서도 늘 하나님이 아닌 것의 삶으로 넘쳐흐릅니다.

다시 말하자면, 이것은 실천적인 교리입니다. 하나님을 원천으로 하는 사랑 자체의 본성은 어떤 이익이나 개인적인 만족감과는 전혀 관계없는 선물이자 보살핌입니다. 우리가 **우리와 비슷한** 사람들을 향해, 우리를 위협하거나 자극하지 않는 사람들을 향해 갖는 따뜻한 감정과는 전혀 관계없습니다. 하나님을 원천으로 하는 사랑은 오히려 낯선 이, 적대자를 향하여 맑은 눈으로 소망을 열어 두는 것과 밀접합니다. 우리가 낯선 이에게서, 적대자에게서, 하나님께서 우리를 찾으심으로 맺으신 그 열매를 보는 것이죠. 하나님은 우리를 사랑하시되, 다른 어떤 목적을 위해서가 아니라 우리의 삶과 우리의 번영을 위해서 사랑하십니다. 우리가 먼저 받아들여질 만한 사람이 되어야 할 필요는 없습니다. 저 사랑으로 인해, 우리가 신뢰할 수 있고 위험을 감수할 수 있도록 자유로워지는 것입니다. 그리고 우리의 사랑은 하나님의 사랑을 반영하기 시작합니다. 하나님의 자비charity로 인해 낯설고 위협적이고 충돌할 것 같은 사람들에게 자비를 베푸는 삶을 살게 된 사람은 하나님께서 지으신 바대로 살아 있는 하나님의 형상이 됩니다. 사물의 중심에 서로를 향한 공포와 죄책감과 분노를 극복할 어떤 힘이 있음을 모든 이에게 알리는 표지인 것입니다. 오직 이에 근거하여서만—흑인과 백인, 자본주의자와 사회주의자, 가톨릭 신자와 개신교도 간의—진정한 화해가 가능합니다. 우리가 갑자기 서로에게 받아들여질 만한 사람이 되었다는 것이 아닙니다. 갑자기 서로 **비슷해**졌다는 것이 아닙니다. 다만 여전히 낯설고 위협적인 사람들에게서 우리 자신을 지키기 위한 무기를 내려놓을 만큼, 자신을 잊은 하나님의 사랑이 우리를 자유롭게 한다는 것입니다. 이런 위험을 무릅쓰지 않으면 변화도 없습니다. 바로 하나님 자신도 우리에게 거절당할 위험을 무릅쓰고 계신 것처럼, 우리에게도 우리의 사랑이 승리하리라는 보장은 없습니다. 다만 하나님께서 이 거절에 굴복하지 않고 변함없이 기다리셨듯이, 우리 안에서 그의 사랑도 여전히 지속되고 있습니다. 우리에게 화해의 길은 고통스럽고 불확실한 길이지, 갑자기 우리의 적을 친구로 생각하는 길이 아닙니다. 화해의 길은 자신이 아는 하나님이 매 순간 자신을 간절히 기다리고 있음을 발견하리라는 기대에 자기 마음을 진정으로 열어 둔 사람에게만 가능합니다.

> 그리스도는 내 밑에 계시고, 내 위에 계시며,
> 그리스도는 승리 중에 계시고, 위험 중에 계시며,
> 그리스도는 나를 사랑하는 모든 이의 마음에 계시며,
> 그리스도는 친구와 낯선 이의 입에 계시네.*

아우구스티누스는 가장 많이 오해받는 구절에서, 우리가 사랑하는 이들 자체가 목적인 것처럼 사랑하지 말고 하나님을 위해서for the sake of God: 하나님 때문에 그들을 '사용'해야 한다고 말하는데, 여기서 그가 우리의 모든 구체적이고 인간적인 사랑이 단지 두고 떠날 도구에 불과하다고 말하고 있는 것이 **아닙니다**. 그는 두 가지 왜곡된 사랑을 경고하고 있는 것입니다. 우리는 우리의 개인적인 목적에 도움이 되기 때문에 다른 사람을 사랑할 수 있고, 우리 자신의 만족을 위해 다른 사람을 '사용'할 수 있습니다. 아니면, 우리는 다른 사람을 우상으로 만들 수 있고, 우리 자신을 다른 사람 안에 완전히 묶어 둘 수 있으며, 우리의 모든 기대와 환상을 다른 사람에게 부여할 수 있습니다. 이 두 가지 방식 모두 파괴적입니다. 우리는 자유 안에서 사랑하

● 「성 패트릭의 기도」(A Prayer of St Patrick) 또는 「성 패트릭의 흉배」(St Patrick's Breastplate)로 여러 변형이 있습니다.

는 법을 배워야 합니다. 다른 이를 삼키려고 발버둥 치거나 아니면 다른 이에게 삼켜**지기**를 갈망하지 않고, 다른 누군가를 사랑하는 법을 말이죠. 오직 하나님의 사랑만이 이를 가능케 합니다. 각 사람은 마침내 하나님과의 관계로 정의됩니다. 나는 여러분을 위해 여러분의 영원한 운명을 정할 수 없고, 여러분도 마찬가지로 제 운명을 정할 수 없습니다—어떤 인간 존재도 다른 인간 존재를 위한 '목적'이 될 수 없다는 뜻입니다. 우리는 하나님께로 가는 길에 있는 피조물로서 서로를 사랑해야 합니다. 저는 하나님의 부르심을 받고 있는 존재로, 하나님께서 형성하시고 있는 존재로 여러분을 사랑해야 합니다. 저는 여러분이 하나님을 향해 자유롭도록 두어야 합니다. 제가 이렇게 할 수 있다면 저는 하나님을 닮은 사랑 속에서 자라날 것입니다. 이는 정말로 내가 **아닌** 것을 사랑하는 사랑이며, 자신의 필요를 채우려고 모든 것을 흡수하려는 생각을 전혀 하지 않는 사랑입니다. 이것이 바로 하나님의 사랑 안에서 자라도록 타인에 대한 사랑을 '사용'하는 방식입니다—아우구스티누스 자신은 불만족스러워서 나중에는 버린 언어입니다만, 그 통찰은 타당합니다. 하나님의 사랑만이 우리를 타인을 소유하거나 타인에게 소유되고 싶은 끔찍한 충동에서—숨 막히는 질투로부터, 남을 조종하고픈 마음으로부터, 자신을 비하하고픈 충동으로부터—자유롭게 합니다. 하나님의 사랑은 사귐을—서로의 차이 속에서, 서로의 자유 속에서 기뻐하는 사람들의 관계를—가능하게 합니다.

그래서 우리가 모든 것 안에서 하나님이 먼저 시작하셨다는 사

실, 지칠 줄 모르고 우리를 찾으신다는 사실, 완전히 이타적으로 사
랑하신다는 사실을 들려주는 아우구스티누스의 이야기를 들을 수
있다면, 우리는 예수 그리스도의 기쁜 소식을 듣게 되는 것입니다.
하지만 아우구스티누스의 사상은 논쟁, 비꼼, 강조점의 변화, 조급
한 이해로 인해 이상한 길에 들어섰습니다. 오직 극소수의 인류만이
예정되어 있다는 교리에서 아우구스티누스의 통찰은 왜곡되었습니
다. 그러나 이런 왜곡으로 인해, 진리에 대한 이러한 희화화의 기저
에 있는 이 비전에 대한 그리스도교의 건전성을 보지 못하고 분별
력을 상실해서는 안 됩니다. 복음은 여전히 사방으로 울려 퍼집니
다. 모든 것의 중심에는 모든 차이와 적의를 이어 줄 사랑이 있습니
다. 잃어버린 이를 찾는 일이 아무리 힘들고 지독하더라도, 아무리
오랜 기다림이 필요하더라도, 어떤 대가가 들더라도 다리가 되어 줄
사랑이 말이죠. 이것이 예수님 안에서 우리를 위해, 우리에게 부어
지는 것입니다. 그 무엇도 이러한 부어 주심을 끊어 버리거나 약하
게 할 수 없다는 확신이 우리를 자유롭게 합니다. 자유로운 사람으
로서, 인격체로서, 교회 공동체로서, 열방으로서, 우리는 우리의 관
계 속에 이 빛을 약간 발산할 수 있습니다. 우리는 (아우구스티누스
가 잘 알고 있었듯이) 우리를 갈라놓는 불확실성이라는 두려운 장
벽을 감수할 수 있는 사람들의 우정으로, 위험한 우정의 약속으로,
서로를 자유롭게 할 수 있습니다. 이러한 장벽이 당신의 생각을 지
배하고 당신의 행동을 지시하게 둔다면, 당신은 진정한 창조적인 사
랑을 알 수 없을 것입니다. 우리가 아는 세상, 장벽이 높아지는 세

상, 적대감이 확고해지는 세상, 폭력과 의혹이 난무하는 세상에서, 이것은 우리가 멈추지 말고 계속 선포해야 하는 기쁜 소식입니다. 우리는 우리 사회의 다양한 편집증 속에 우리를 가두는 저 벽 너머로부터, "집어 읽으라! 집어 읽으라!" 하고 외치는 목소리를 들어야 합니다. 성서에 나오는 하나님의 자비에 대한 기록을 읽으십시오. 성인들의 삶 속에서 은총이 승리한 이야기를 읽으십시오. 그 속에서 하나님의 자비에 대한 기록을 읽으면, 신뢰하고 행동하고 성장하고 싶어집니다. "여러분은 지금이 어느 때인지 압니다. 잠에서 깨어나야 할 때가 벌써 되었습니다."•

●   로마서 13:11(새번역).

찾아보기

인명

주제·문헌